CB081077

Cândido Mendes de Almeida

Cândido Mendes de Almeida

UM JURISTA-HISTORIADOR NO BRASIL OITOCENTISTA

2022

Gustavo Angelelli

ALMEDINA

CÂNDIDO MENDES DE ALMEIDA
UM JURISTA-HISTORIADOR NO BRASIL OITOCENTISTA

AUTOR: Gustavo Angelelli

DIRETOR ALMEDINA BRASIL: Rodrigo Mentz
EDITORA JURÍDICA: Manuella Santos de Castro
EDITOR DE DESENVOLVIMENTO: Aurélio Cesar Nogueira
ASSISTENTES EDITORIAIS: Isabela Leite e Larissa Nogueira
ESTAGIÁRIA DE PRODUÇÃO: Laura Roberti

DIAGRAMAÇÃO: Almedina
DESIGN DE CAPA: Roberta Bassanetto

ISBN: 9786556275536
Junho, 2022

Dados Internacionais de Catalogação na Publicação (CIP)
(Câmara Brasileira do Livro, SP, Brasil)

Angelelli, Gustavo
Cândido Mendes de Almeida : um jurista-historiador
no Brasil oitocentista / Gustavo Angelelli. –
São Paulo : Almedina, 2022.

Bibliografia
ISBN 978-65-5627-553-6

1. Almeida, Cândido Mendes de, 1928-2022
2. Direito - Fontes 3. Direito - História e crítica
4. Historiografia 5. Jornalismo - Brasil I. Título.

22-107018 CDU-34(091)

Índices para catálogo sistemático:

1. Historiografia jurídica : Direito 34(091)

Maria Alice Ferreira - Bibliotecária - CRB-8/7964

Este livro segue as regras do novo Acordo Ortográfico da Língua Portuguesa (1990).

EDITORA: Almedina Brasil
Rua José Maria Lisboa, 860, Conj.131 e 132, Jardim Paulista | 01423-001 São Paulo | Brasil
editora@almedina.com.br
www.almedina.com.br

No percibió los minúsculos y desgarradores destrozos que el tiempo había hecho en la casa, y que después de una ausencia tan prolongada habrían parecido un desastre a cualquier hombre que conservara vivos sus recuerdos. No le dolieron las peladuras de cal en las paredes, ni los sucios algodones de telaraña en los rincones, ni el polvo de las begonias, ni las nervaduras del comején en las vigas, ni el musgo de los quicios, ni ninguna de las trampas insidiosas que le tendía la nostalgia.

GABRIEL GARCÍA MÁRQUEZ
Cien anõs de soledad (1967)

AGRADECIMENTOS

Agradeço, primeiramente, ao Professor José Reinaldo de Lima Lopes, pela amizade e pela orientação, que excedem em muito a elaboração desta pesquisa. Sem os diálogos e trabalhos que mantivemos ao longo da última década, as ideias desenvolvidas neste livro – e mesmo a ideia de fazer esta pesquisa – não existiriam. Apesar disso, os problemas de forma e de conteúdo que se encontrarem no texto, obviamente, são de minha exclusiva responsabilidade.

Agradeço também aos Professores Gustavo César Machado Cabral, Íris Kantor, Ítalo Domingos Santirocchi, João Paulo Garrido Pimenta, Ruy Pereira Camilo Junior e Samuel Rodrigues Barbosa, que compuseram as bancas de qualificação e/ou defesa da tese, os quais gentilmente fizeram leituras críticas e propiciaram interlocuções valiosas para a elaboração da pesquisa e sua conversão neste livro.

Além deles, agradeço a outros tantos Professores e Professoras que, de muitas maneiras, mesmo que indiretamente, contribuíram para o desenvolvimento desta pesquisa. Em especial, agradeço ao Professor Orlando Villas Bôas Filho.

Agradeço também a todos os funcionários das bibliotecas e arquivos que frequentei para a elaboração desta pesquisa, principalmente: da Biblioteca da Faculdade de Direito da Universidade de São Paulo, na pessoa de Rosangela Pupo; do Arquivo da Faculdade de Direito do Recife, na pessoa de Ingrid Rique; da Biblioteca da Faculdade de Direito do Recife, na pessoa de Wagner Carvalho; das Bibliotecas do Instituto de Estudos Brasileiros, Brasiliana Guita e José Mindlin e Florestan Fernandes, da Faculdade de Filosofia, Letras e Ciências Humanas da USP.

Agradeço, sobretudo, à minha família e aos meus amigos. Em especial, à Mariana, aos meus pais Jair e Norma, à minha irmã Thaís, ao Rafael, à Maitê e ao Vicente, e ao Miguel, pelo simples fato de existirem e partilharem a vida comigo. Também aos amigos Ana Carolina Navarrete, Gabriel

Franco da Rosa Lopes, Raphael da Rocha Rodrigues Ferreira e Paulo de Carvalho Yamamoto, que, desde o mestrado, junto com Ana Carolina Bianchi Marques e Barbara Macedo, e agora com o Dudu, têm sido companheiros de tantos momentos. Agradeço também aos Professores e alunos que têm partilhado comigo a vida acadêmica e, ainda, aos(às) companheiros(as) de orientações e monitorias, com destaque para Ariel Engel Pesso, Felipe Augusto Gato Dutra, Luiz Felipe Roque e Osny da Silva Filho, com quem tive mais oportunidade de debater algumas das ideias que compõem este texto. Agradeço, enfim, a todos os amigos e amigas, que mesmo à distância, de Santo André a Dublin, de Blumenau ao Cairo, sempre se lembravam carinhosamente de perguntar como estava a pesquisa.

Por fim, agradeço aos Professores Fernando Rister de Sousa Lima e José Reinaldo de Lima Lopes, por terem incentivado e proporcionado a publicação deste livro.

APRESENTAÇÃO DA COLEÇÃO

A relação entre direito e história, como aquela entre direito e economia, para ser bem compreendida carece de alguma reflexão conceitual preliminar. Afinal, saber do que se fala sempre ajuda. Podemos inicialmente separar os termos, dizendo que o direito consiste numa determinada esfera da vida pública definida por relações não afetivas. O direito é uma prática, um campo da prática que entre nós se distingue pelo seu caráter institucional, público e comum. Em poucas palavras, o direito configura e constitui a vida social, e mais precisamente a política. Práticas são o que fazemos "em vista de", são mais do que simplesmente "ações longas"[1], uma vez que encadeadas sistematicamente e configuradas de modo a formar uma profissão, um ofício, um jogo, uma arte. O direito regula essas relações e as regula por tipos, de maneira universal e impessoal.

A história, por seu turno, é a dimensão existencial dos seres humanos, inseridos no tempo – tempo cósmico, tempo existencial e tempo narrado[2] –, nossa ação consciente de temporalidade ou de finitude. A história é a condição em que vivemos, embora seja sempre, como insiste Ricoeur, narrada. Porque narrada, ela também é prática, também se realiza pelos seres humanos, não se confundindo apenas com o tempo cósmico, o movimento do universo externo. A consciência de si para os seres humanos individuais e para os grupos humanos, que vão de famílias e bandos, a sociedades, nações, estados e civilizações, é sempre uma consciência temporal, de um seu passado, de um presente e de um futuro. A intencionalidade humana, no sentido fenomenológico, é temporal, uma dimensão tanto realçada em diversas filosofias do século XX.

[1] (Ricoeur, O si mesmo como um outro, 1991, p. 182)

[2] Cf. (Ricoeur, 1988)

Seria fácil e correto dizer que todas as disciplinas, da matemática à música, da genética à antropologia, têm uma história. As respectivas teorias seriam, portanto, "históricas". Tal afirmação causa estranhamento. De fato, não precisamos aprender a história da matemática para sermos matemáticos e o mesmo vale para outras disciplinas. Apesar de sabermos que a teoria matemática se desenvolve no tempo e poderia ser, por isso, chamada de histórica, ninguém mais precisa estudar os elementos de geometria ou de medicina dos gregos para estudar matemática. No direito, contudo, a coisa é diferente. Seus clássicos, do *Corpus iuris civilis* ao direito natural de um Grócio ou de um Leibniz continuam a ser de interesse, assim como continuam a ser de interesse os debates havidos entre os pandectistas e os jusnaturalistas, entre os doutrinadores do século XIX e os interessados na escola do direito livre. Mais ainda, categorias e institutos jurídicos, como capacidade, competência, propriedade, crédito e assim por diante, nunca se acham assentadas de modo tal que sobre elas não seja preciso exercer reflexão nova e transformadora.

Isso decorre do próprio objeto da ciência do direito, um saber que tem como finalidade não observar ou constatar algo de fora, um evento, mas determinar e constituir um modo de agir. Estuda-se direito, como se estuda ética ou ciência política, não para descrever um fenômeno, mas para fazer alguma coisa guiado por algum princípio ou razão de ser. Esse estudo para a ação engloba também um estudo sobre as condições da ação, não apenas condições dadas, naturalmente (o meio-ambiente e a estrutura orgânica) ou socialmente (as instituições e a tradição, pela qual o espírito dos mortos pesa sobre os vivos, dizia Marx), mas também sobre as condições que poderíamos criar, re-criar ou transformar. É nesses termos que a teoria do direito se liga à história: a teoria do direito não é descrição pura e simples, mas atribuição de sentido ao mundo das ações. Ela justifica. E as ações incorporam sempre certo particularismo, uma vez que as ações não são da esfera do universal, mas do singular. Princípios são universais por definição, mas ações são necessariamente singulares e por isso as instituições, que podem eventualmente ser descritas e mesmo imaginadas (e criadas) por meio de suas regras constitutivas, só podem realizar-se, acontecer e tornar-se reais se houver gente disposta a agir segundo suas finalidades.

Referimo-nos a direito e história de outro modo como disciplinas ou saberes, e mais especialmente hoje, como saberes profissionais, especializados e acadêmicos. Como disciplina, configuraram-se de formas diferentes ao longo da tradição ocidental, se quisermos dizer assim, embora também seja ou possa ser verdade para outras civilizações, com as quais não estou familiarizado. Nessa dimensão, trata-se de campos de pesquisa autônomos, com objetos e métodos próprios. Como saberes, artes (*crafts,* em inglês) cada um deles tem sua própria história[3], vale dizer, seu desenrolar e sua identidade disciplinar, se quisermos, as quais nunca são estáveis e ininterruptas.[4]

Esta coleção pretende abranger livros da história do direito, tanto na sua dimensão de prática social, quanto na de disciplina, por isso seu título, *História e teoria do direito,* uma vez que a prática, a arte, a profissão jurídica não se realiza sem os seus próprios princípios, expressos e articulados em teorias e ideias a respeito do direito. Os agentes da prática, cidadãos e pessoas comuns, tanto quanto especialistas profissionais e acadêmicos, devem necessariamente ter ideias e compartilhar minimamente sentidos e princípios de ação. Esta coleção pretende explorar esses temas em chave histórica e nesses termos incorpora histórias das teorias do direito, das práticas efetivadas, das instituições dentro das quais se movem os atores do direito, de personagens relevantes.

JOSÉ REINALDO E LIMA LOPES
FERNANDO RISTER DE SOUZA LIMA

[3] (MacIntyre, Three rival versions of moral enquiry: encyclopedia, genealogy and tradition, 1990, p. 127)

[4] (Ricoeur, Time and narrative, 1988, p. 248)

PREFÁCIO

Jurisconsulto, conservador e moderno – o destino de Cândido Mendes de Almeida como historiador do direito

Quem tiver a fortuna de ler o livro de Gustavo Angelelli vai descobrir muitas e muito importantes coisas. Gustavo é um jovem jurista que já disse a que veio em seu livro anterior, *História do direito: tempos do sistema jurídico* (2017), quando confrontou duas teorias a respeito do tempo (e da história), de dois autores muito diferentes, Niklas Luhmann e Reinhart Koselleck. Se aquele foi em primeiro lugar um trabalho de teoria da história, este é o resultado de uma pesquisa histórica autônoma e original do nosso jovem autor. Ele mostra como se faz história, especificamente história intelectual, tendo a necessária formação de historiador e de teórico do direito. É uma promissora novidade no cenário intelectual brasileiro.

A história do direito brasileira ganhou novo impulso a partir dos anos 1990, quando retornou como disciplina do currículo das faculdades jurídicas num ambiente original. Os anos 1990, primeiros anos da redemocratização brasileira, apresentavam duas características relevantes: primeiro, o ensino jurídico ganhava novos ares vindos do compromisso de muitos – mas não todos e nem mesmo a maioria – dos professores de direito com as mudanças visíveis na sociedade brasileira, como por exemplo a emergência de movimentos de reivindicação de direitos sociais afetos à esfera da reprodução da mão de obra, e o sindicalismo – do já então abalado modelo industrial do segundo pós-guerra, afeto à esfera da produção. Em segundo lugar, o direito, como disciplina intelectual, era obrigado a confrontar-se com os outros departamentos universitários cujo campo de investigação (a história, por exemplo) se consolidara durante a ditadura graças à reforma universitária de 1968, entre cujos resultados se encontrava o estabelecimento da pós-graduação. Nesse ambiente, a história do direito precisava mudar de ares. Deveria deixar de ser simples recapitulação e glorificação de autores tradicionais, ou justificação conservadora de institutos e instituições, para transformar-se em pesquisa distanciada e crítica da experiência jurídica. Mas para isso era preciso que encontrasse seu lugar nas novas historiografias surgidas na segunda metade do século XX. Esse percurso já havia sido feito no Atlântico Norte e começava a fazer-se na América do Sul. No Brasil era muito frágil.

A fragilidade se explica porque a história do direito fora introduzida em nossos currículos antes das pesquisas propriamente historiográficas. Assim, como costuma acontecer no ensino do direito brasileiro, improvisaram-se professores sem produção científica no tema e cuja tendência, dado seu amadorismo, foi repetir manuais antigos. Tendiam também a fazer largas histórias sobre o direito no mundo ou sobre o direito romano. Nessa tarefa não se notava ainda qualquer engajamento real com a historiografia geral mais recente, ou com a teoria da história e do direito. Para muitos, a história do direito era apenas uma introdução ao direito mesmo, mas ao direito contemporâneo. De certo modo, essa visão negava a própria historicidade do direito, pois via nele apenas tradição, continuidades. Negava também a autonomia da história e da pesquisa histórica, porque a percebia como mera auxiliar na formação de advogados profissionais.

Essa perspectiva, nascida de uma teoria do direito ainda tributária de filosofias da norma, antes que filosofias da ação, não tinha olhos para aquilo que faz do direito uma disciplina da ação humana e, portanto, prática. As trivialidades cometidas em nome dessa espécie de história do direito são de fazer corar. Uma delas consiste em afirmar que o direito é histórico, assim sem mais. Mas históricas são todas as disciplinas intelectuais. Alguém tem dúvida de que a física, concebida pelos gregos da antiguidade clássica, é a mesma que a de Newton? E a de Newton é a mesma que a de Einstein ou de Max Planck? Todas as disciplinas são históricas porque todas são produzidas por seres humanos. A historicidade do direito procede do objeto a que se dedica que é a ação mesma dos seres humanos vista, percebida, concebida e analisada sob o ponto de vista da vida civil e daquela medida das ações na vida civil que chamamos lei. Ora, a ação humana é necessária e sua historicidade é inevitável. Como dizia Richard Hare (*A linguagem da moral*) a diferença entre a solução de um quebra-cabeças ou de um problema de cálculo e uma questão prática é que a resposta a esta não será encontrada em manual algum. Como dizemos brincando, "a vida nos vem sem manual de instruções". Nesses termos, a historicidade do direito forma-o propriamente: as soluções jurídicas para nossos problemas de convivência e organização da interação humana chegam-nos sem manuais de instruções.

Tudo isso eu digo porque o trabalho de Gustavo Angelelli, que tive o prazer de orientar como doutorando e tenho hoje o orgulho de chamar meu colega, eleva a pesquisa historiográfica brasileira a um novo patamar. Para começar tem como base teoria da história da maior atualidade. Basta ver os autores da historiografia contemporânea com os quais Angelelli dialoga para se ter ideia da novidade de sua abordagem. A pesquisa, diz ele, quer ampliar nossos horizontes indo além de "textos literários privilegiados" ou de disciplinas "formalmente definidas". Acompanha, nisso, tanto historiadores intelectuais, como Donald Kelley, quanto historiadores dos conceitos, como Koselleck, ou historiadores das linguagens e dos contextos, como Skinner e Pocock, e mesmo um filósofo como Paul Ricoeur. Isso para não falar do lugar de destaque atribuído aos historiadores brasileiros – uma vez que é preciso entender Cândido Mendes em seu tempo no Brasil – e aos historiadores do direito contemporâneos, brasileiros ou estrangeiros – uma vez que é preciso dialogar com as formas de fazer história do direito de nosso tempo. Nem se esqueça da riqueza e amplidão das "fontes primárias" que sustentam a tese.

Tudo isso ele faz selecionando claramente da variada obra de Mendes de Almeida as três longuíssimas exposições históricas do *Código Filipino*, dos *Princípios de Direito Mercantil*, e do *Direito Civil Eclesiástico Brasileiro*. Esse recorte é muito bem justificado e desenvolvido ao longo do texto, porque a seu juízo o jurisconsulto e polígrafo Cândido Mendes de Almeida está plenamente inserido no século XIX em geral e particularmente situado no momento brasileiro. Para fazer uma afirmação como esta, nosso jovem autor esmiuçou a obra do brasileiro oitocentista e a recompôs para seus propósitos. Articulou-a em torno dos *usos da história do direito*, e das *con-*

cepções da história do direito. Não se trata de módulos estanques, porque os usos e as razões pelas quais Cândido Mendes faz suas histórias estão determinados pelo que ele pensa ser a própria história, tanto como sucessão de eventos e ações, quanto como disciplina intelectual. As finalidades e a forma de escrever, que incluem a glória da Igreja – primeira e mais importante instituição estruturadora da sociedade brasileira – e a defesa da pátria – fundamento da constituição monárquica, dependem de como ele compreende essa disciplina moderna, consolidada no século XIX, que muda substancialmente a forma de nos aproximarmos do passado.

O livro que se vai ler lança também, a meu juízo, nova luz sobre o século XIX inteiro no Brasil, ao dedicar-se a um autor relativamente ostracizado. Não há ninguém dedicado à história do direito brasileiro que não precise ler Cândido Mendes de Almeida, mas ao mesmo tempo ele foi de certo modo confinado a uma espécie de autor de referência enciclopédica. Conservador, ultramontano à moda brasileira, foi em seu tempo respeitado intelectualmente, destacado membro do Instituto Histórico e Geográfico Brasileiro, intelectual público e combativo parlamentar. A causa que abraçara, a defesa da religião católica, estava, contudo, com seus dias contados. A própria Igreja, querendo permanecer influente na cultura e na sociedade, abria mão de algumas posições para concentrar-se na organização de obras de caridade ou formação das novas elites. De certo era um caminho que já trilhava na Europa, como os estudos sobre o tema vêm mostrando aqui no Brasil (v. Miceli, *A elite eclesiástica brasileira,* Duque Estrada, *Em defesa da ordem,* Santirocchi, *Questão de consciência*). Seu conservadorismo, bem esclarecido por Angelelli e distinto do reacionarismo puro e simples, contribui certamente para que permanecesse na sombra.

O trabalho de Gustavo Angelelli vem resgatar essa figura e restabelecê-la no quadro geral da história da intelectualidade brasileira. Apoiado nas histórias jurídicas de Mendes de Almeida, Gustavo transcende essa fronteira disciplinar e o revela como intelectual de seu tempo, de um certo modo um tipo, mas como bom historiador que é mostra a singularidade do seu autor. Resgata-o em meio aos conflitos de seu tempo, sem nada daquela aura de historiografia encomiástica e quase hagiográfica que ainda se faz no Brasil, hélas, como se história jurídica fosse.

Não desejo roubar mais tempo do leitor, nem antecipar em forma de resumo aquilo que está prestes a ler. Concluo agradecendo Gustavo não apenas a honra de prefaciar o trabalho como também, na qualidade de leitor, o prazer que nos proporciona com essa obra original e de prosa elegante.

São Paulo, abril de 2022.
JOSÉ REINALDO DE LIMA LOPES

SUMÁRIO

INTRODUÇÃO

> Nenhum mestre chegou em nosso país e bem poucos no estrangeiro à altura em que paira o vulto majestoso e inigualável do Senador Cândido Mendes... Todas as fontes do Direito foram por ele pesquisadas, algumas restauradas e muitas outras postas ao alcance dos juristas e advogados. Possuidor de uma grande penetração mental, como revelou em seus ensaios históricos, utilizou as suas faculdades de têmpera não comum em reunir documentos jurídicos esclarecendo-os quando era mister de notas de uma erudição impecável.
>
> CLÓVIS BEVILÁQUA
> apud Almeida (1943, p. 52)

Após longuíssima negociação e sucessivas votações frustradas no parlamento britânico, o *Brexit* (isto é, a retirada do Reino Unido da União Europeia) foi finalmente aprovado no dia 9 de janeiro de 2020. No entanto, uma medida radical como essa trouxe uma série de consequências de múltiplas dimensões para além da política – financeiras, comerciais, jurídicas, dentre outras. Uma delas foi a necessidade de definir-se quais países poderiam pescar em quais águas – lembrando que essa é uma atividade fundamental tanto para os britânicos quanto para diversos países da União Europeia, como a Dinamarca e a Bélgica. No âmbito das discussões entre os embaixadores da União Europeia a respeito do assunto, o representante belga Willem van de Voorde levantou, no dia 7 de outubro de 2020, um novo argumento. Ou melhor, um argumento não tão novo assim. Ele invocou um tratado assinado em 1666 pelo Rei Carlos II, que conferira a 50 pescadores flamengos de Bruges o direito eterno de pescar em águas inglesas. Conforme matéria do jornal *The Guardian*, isso foi feito "para a confusão de alguns, e o deleite de outros", tendo um diplomata entrevistado avaliado a fala da seguinte maneira: "Eu não estava bem certo do que se tratava, mas eu acho que ele estava brincando. [...] Mas, então, você nunca sabe"[5].

Por que, em 2020, a referência a um tratado de 350 anos atrás, em que um monarca conferia direitos eternos, seria encarada com tão pouca seriedade nas negociações atuais? Afinal, direitos eternos conferidos não são direitos que valem para toda a posteridade? Ainda que se admita possam ser revogados, por que ninguém se deu ao trabalho de provar que o tratado não vale mais? Não deveria a Bélgica criar uma comissão de estudos para justificar a legitimidade de um pleito jurídico com esse fundamento histórico? No entanto, o próprio embaixador responsável pela lembrança histórica afirmou tê-la introduzido como "uma importante nota-de-rodapé histórica ilustrando a longa relação entre pescadores belgas e águas britânicas"[6], e não, portanto, como um argumento jurídico capaz de criar uma obrigação ou ao menos afetar os rumos das negociações.

Na verdade, o que soa mais estranho neste século XXI é fazer essas perguntas e, mais ainda, esperar que o referido tratado seja um elemento relevante para as questões atuais. É comum dizer que o direito é histórico, mas isso pode significar muitas coisas, desde uma trivialidade até uma concepção filosófica. Desde meados do século XIX, mas sobretudo no século XX e agora no XXI, a história deixou de ser decisiva para o direito da maneira como era antes, ainda que o direito não tenha deixado de ser histórico.

A obra de Cândido Mendes de Almeida, escrita no século XIX, contudo, aponta para uma direção oposta ao estranhamento gerado pela lem-

[5] "*'I wasn't quite sure what he was on about but I think he was joking,' said one confused diplomat who had listened to Van de Voorde's intervention. 'But, then, you never know.'*" (Boffey, 2020). Devemos o conhecimento dessa notícia ao excelente trabalho que os historiadores Filipe Nobre Figueiredo e Matias Pinto fazem com seu *podcast* Xadrez Verbal.

[6] "*It was an important historical footnote illustrating the long relationship between Belgian fishermen and British waters, Van de Voorde suggested*" (Boffey, 2020).

brança histórica do embaixador belga: o jurista brasileiro escreve longas, às vezes longuíssimas histórias do direito, mostrando a sucessão de medidas jurídicas e atos políticos, a fim de estabelecer qual é o direito legítimo no presente. Essa atividade de historiador do direito, que provavelmente soaria estranha aos juristas práticos hodiernos, também não foi capaz de emplacar muitas de suas pretensões, mas o autor não era visto como um mero antiquário ou excêntrico. Pelo contrário, o maranhense era considerado um homem muito erudito e participava diuturnamente dos debates políticos do seu tempo – na imprensa, na tribuna, no foro. O que mudou desde então? A diferença é simplesmente cultural e geográfica, sendo o Brasil um país que adota práticas estranhas, abandonadas pelos europeus? Encarar o Brasil como uma jaboticaba não parece a melhor resposta (Lopes, 2014, p. 17-22). Aqui como alhures, o que encontramos é uma pluralidade de concepções jurídicas, mais ou menos predominantes, que são envolvidas nas medidas políticas e nas lutas sociais e que se transformam no processo histórico. Mudaram os tempos e, com eles, conceitos fundamentais como os de direito, história e justiça, bem como as visões de mundo mais globais que deles se valem.

Estudar o pensamento histórico-jurídico de Cândido Mendes de Almeida é, dentre outras coisas, entender algo mais sobre a historicidade do direito.

Nascido na Vila de São Bernardo do Brejo dos Anapurus, no dia 14 de outubro de 1818, e falecido no Rio de Janeiro, em 1º de março de 1881, o maranhense Cândido Mendes de Almeida[7] foi um homem do século XIX. Exerceu socialmente diversos papéis: periodista, professor, advogado, promotor, geógrafo, historiador, deputado, senador, além de cargos

[7] Para conhecer a biografia de Cândido Mendes de Almeida, há alguns textos antigos, escritos por pessoas ligadas a ele de alguma maneira mais direta, por laços temporais, familiares ou ideológicos (Blake, 1893, p. 35-40; Sá Viana, 1919; Almeida, 1943; Bastos, 1981; Villaça, 1981). Encontra-se, ainda, uma reunião de informações, acompanhada da síntese de algumas de suas posições no Senado, no texto introdutório a seus *Discursos parlamentares*, escrito por José Honório Rodrigues (1982). Mas o texto mais interessante, especialmente por seu tom crítico às biografias laudatórias e pela adesão a preocupações e métodos historiográficos mais recentes, é o de Ítalo Domingos Santirocchi (2014), intitulado "A coragem de ser só: Cândido Mendes de Almeida, o arauto do ultramontanismo no Brasil".

executivos, como o de secretário de governo e o de diretor de seção no ministério da justiça. Um polígrafo entre tantos, cujos principais traços foram, para contemporâneos e pósteros, a erudição e o ultramontanismo, ambos marcados pelo extremo rigor. Fosse este mais um texto laudatório, diríamos alegoricamente que Cândido Mendes levou o seu rigorismo a tal ponto que situou a duração de sua vida, com precisão quase impecável, à mesma distância entre o século anterior e o século vindouro. Apesar desse pertencimento integral ao Oitocentos, Cândido Mendes dedicou-se obstinadamente a uma prática que o fez transitar pelos tempos históricos – um movimento no qual, de toda forma, os pés nunca desarraigam do presente. É à compreensão dessa prática, a história do direito, que este livro se dedica.

Cândido Mendes possuía um espírito compilador, o que não nos parece destacado de sua visão de mundo, nem da centralidade que a história do direito possuía em seu pensamento, como veremos. Foi compilador de fontes políticas (*As eleições da Província do Maranhão*), jurídicas (*Direito Civil Eclesiástico Brasileiro, Código Filipino, Auxiliar Jurídico, Princípios de Direito Mercantil e Leis de Marinha, Arestos do Supremo Tribunal de Justiça* – ou seja, de legislação, doutrina e jurisprudência), históricas (*Memórias para a história o extinto Estado do Maranhão, A Carolina, O Turiaçu, Pinsônia*, as *Notas sobre a história pátria*, lidas nas sessões e publicadas na Revista do Instituto Histórico e Geográfico Brasileiro – doravante IHGB) e geográficas (*Atlas*).

No bojo de uma vasta produção, entre livros escritos e discursos transcritos, a história do direito encontra-se destacadamente em três textos de Cândido Mendes, que constituem por isso objetos privilegiados de análise para os fins deste estudo: as introduções ao *Direito Civil Eclesiástico Brasileiro* (1866-1873), ao *Código Filipino* (1870) e aos *Princípios de Direito Mercantil e Leis de Marinha* (1874).

A primeira dessas obras consiste em uma compilação de documentos jurídicos históricos de direito eclesiástico relacionados ao Brasil. A introdução histórica é composta por onze artigos que avançam em debates teórico-conceituais e históricos, descendo por vezes a filigranas – diferentemente das introduções ao *Código Filipino* e aos *Princípios de Direito Mercantil*, que tratam de seus temas de maneira menos aprofundada, a primeira por ser muito curta e a segunda por abranger toda a história da humanidade.

Eis, em breves linhas, os assuntos tratados nas mais de quatrocentas páginas da introdução histórica. No primeiro item, Cândido Mendes discute a utilidade geral dos estudos teológico-canônicos e defende a necessidade da criação de uma universidade católica. Após fazer uma avaliação da situação no Brasil, o autor fala, no segundo item, da organização do ensino público no país, especialmente com relação à cadeira de Direito Eclesiástico nas faculdades jurídicas. O terceiro item inaugura uma abordagem mais diretamente histórica, com o tema da origem e dos progressos do direito civil eclesiástico em Portugal. Partindo do direito romano, Cândido Mendes aborda o que chama de "revolução" do poder real, com a destruição da antiga monarquia portuguesa e a consolidação do absolutismo. A decadência do ensino ortodoxo tem seu auge nas reformas de D. José I e Pombal, sobretudo a de 1772, levando à subordinação e à corrupção do clero português. Como contraponto, no quarto item, a Igreja Católica é apresentada como sociedade autônoma, independente e superior à sociedade civil, adversária da heresia e do cesarismo. Em oposição a ela, surgiriam seitas, em especial a heresia jansenista e o cisma galicano, que se instauraram em Portugal decisivamente por meio da reforma josefina. É esse o tema específico do item seguinte, no qual o autor narra a entrada do jansenismo e do galicanismo em Portugal, avaliando os diferentes reinados, até o ápice, com a ascensão do Marquês de Pombal ao poder. Nos itens seis e sete, Cândido Mendes analisa detidamente os elementos que denunciam a doutrina jansênico-galicana nos Estatutos reformados de Coimbra, de 1772. Após isso, no oitavo item, o jurista maranhense avalia os resultados da reforma da instrução pública em Portugal, contrapondo-os à influência que a Companhia de Jesus teve na educação da mocidade desde 1540. O nono item apresenta reflexões acerca das liberdades da Igreja brasileira e disserta sobre as concordatas históricas, em especial uma do rei D. Sebastião, que considera apócrifa. Já o item dez, o maior de todos, com quase cento e vinte páginas, detém-se longamente no debate sobre o padroado, argumentando que não existe esse direito no Brasil[8]. Conta a história desse privilégio e aborda, ainda,

[8] É sobretudo esse item que conduz à afirmação, na coleção *História da América Latina*, de que "o melhor estudo [sobre o Padroado] ainda é a famosa 'Introdução' do livro de Cândido Mendes de Almeida, *Direito Civil Eclesiástico Brasileiro*" (Bethell, 2012, p. 647).

outros temas: os concursos, a condição de empregado civil dos membros do clero, os dízimos, as côngruas e benesses. No último item, Cândido Mendes defende a importância da reforma católica do século XVI, isto é, do Concílio de Trento, e analisa o seu recebimento nos países católicos. Ele defende, ainda, a necessidade de uma concordata entre o Império e a Santa Sé e finaliza com algumas considerações sobre o catolicismo no Brasil.

Para muitos, o *Direito Civil Eclesiástico Brasileiro* é a grande obra produzida por Cândido Mendes. Essa primazia pode ser contestada, haja vista a elaboração de outros livros de relevância e impacto na época, como o *Atlas do Império do Brasil* e o *Código Filipino*. De toda forma, é indubitável que a obra tem um papel central na produção do maranhense e nos debates em torno da questão religiosa, que marcaram Brasil do século XIX.

José Honório Rodrigues (1969, p. 185-186), afirma que "a história da Igreja no Brasil encontra no *Direito civil eclesiástico*, de Cândido Mendes de Almeida, sua obra fundamental". E adiante, após descrever o conteúdo do livro, completa: "Nenhuma obra geral conseguiu, até hoje, ultrapassar o *Direito civil eclesiástico*, que reuniu os frutos de uma pesquisa exaustiva, orientada por seguro método e pela competência universal de Cândido Mendes".

O segundo texto jus-histórico central para as reflexões que se seguem é a introdução ao que Cândido Mendes designou a décima-quarta edição do *Código Filipino*, obra publicada em 1870, um ano após sair do prelo um livro complementar, intitulado *Auxiliar Jurídico*, composto por um conjunto de textos jurídicos de variada natureza que o autor julgava relevantes para uma correta compreensão das *Ordenações Filipinas*.

O texto historiográfico que introduz o *Código Filipino*, designado *Ao Leitor*, compõe-se de seis partes: uma exposição de motivos e cinco tópicos divididos sob um critério primordialmente cronológico, tendo como centro o Reino de Portugal, berço das ordenações. São elas: I. Razão desta obra; II. História da Legislação Portuguesa, e de seus Códigos até a época da Independência. O Direito Romano; III. Leis Visigóticas, o Direito Canônico, e o Código das Sete Partidas; IV. Os Códigos Portugueses – Afonsino, Manuelino, Sebastiânico e Filipino; V. A Legislação Portuguesa depois de 1603: suas alterações até a época da Independência do Brasil; VI. Conclusão.

Logo no início, o autor manifesta o desejo de que seja elaborado um Código Civil para o país, nos termos do artigo 179, § 18, da Constituição. Rejeita, entretanto, a elaboração de uma obra dessa monta às pressas. Após relatar a situação atual, Cândido Mendes justifica a obra que leva ao prelo, diante da dificuldade que os estudiosos do direito encontravam para consultar a numerosa legislação aplicável no Brasil. Afinal, o prometido Código Civil nunca era concluído e a *Consolidação* de Teixeira de Freitas tinha um caráter bastante prático, mas não substituía as *Ordenações*. Diante disso, Cândido Mendes, dotado de um olhar muito mais vocacionado a organizar o passado do que a projetar o futuro, percebendo as necessidades do foro, entendeu que uma nova edição das *Ordenações*, a primeira brasileira, supriria uma falha na divulgação e acesso do direito brasileiro muito mais imediatamente relevante do que a publicação de um projeto de código, que não se sabia quando ficaria pronto e para o que ele não aparentava ter inclinação.

A escolha de Cândido Mendes por uma reedição completa das *Ordenações Filipinas* teve muito sucesso, sendo ainda hoje a preferida da maioria dos leitores. Como José Reinaldo de Lima Lopes observa, a conhecida publicação dessas ordenações pela Editora Calouste Gulbenkian, de Portugal, é uma reprodução da edição de Cândido Mendes[9].

[9] Eis como o autor sintetiza a relevância da obra: "No direito privado, destacam-se Cândido Mendes de Almeida, Augusto Teixeira de Freitas e o Conselheiro Lafayette. [...] Cândido Mendes de Almeida publicou em 1870 a edição clássica das *Ordenações Filipinas*, acompanhada de um volume chamado *Auxiliar jurídico*. A edição recolhe não só o que estava em vigor nos cinco livros das *Ordenações* mas o texto integral, acompanhado de legislação extravagante portuguesa e brasileira. Conhecido como *Código Philippino*, o trabalho serviu a todos os que atuavam no foro e a todos os juristas. A falta de Código Civil, os comentários de doutrina, as discussões com outros autores e as explicações dos textos e suas remissões deram ao trabalho de Cândido Mendes um caráter único. Somava-se o interesse público às doutrinas sobre os institutos. Recentemente, quando se quis reeditar as *Ordenações* em uma publicação histórica, foi a edição de Cândido Mendes de Almeida que se impôs como a melhor e foi reimpressa em fac-símile" (Lopes, 2012, p. 329-330). Por outro lado, no endereço eletrônico do Instituto de História e Teoria das Ideias, da Universidade de Coimbra, encontra-se uma cópia completa das *Ordenações Filipinas* para acesso. A edição escolhida para a digitalização e disponibilização ao público foi, precisamente, a de Cândido Mendes de Almeida (Disponível em: http://www1.ci.uc.pt/ihti/proj/filipinas/. Acesso em: 05 abr. 2022).

Por fim, a terceira obra central para o estudo da historiografia jurídica de Cândido Mendes é a introdução histórica à sexta edição dos *Princípios de Direito Mercantil e Leis de Marinha*, de José da Silva Lisboa, Visconde de Cairu, publicada em 1874.

Inicialmente, antes mesmo da introdução, Cândido Mendes escreve um pequeno texto *Ao Leitor*, no qual justifica a publicação de uma nova edição das obras jurídico-comerciais de Cairu, dizendo ter por finalidade torná-las mais lidas, uma vez que encerraria duas qualidades relevantes: a doutrina, ainda atual, e a linguagem clássica. Esses dois méritos da obra, "fonte tão pura quanto nacional", a recomendariam à mocidade (Almeida, 1874, p. V). O editor, no entanto, entendeu que não seria suficiente republicar uma obra desse vulto, pois desde que foi escrita houve "progressos" na jurisprudência comercial, sendo necessário atualizá-la, "rodeá-la de aditamentos comportáveis com a época". Por essa razão, fez comentários, acrescentou um repositório legislativo e inseriu aditamentos.

Ainda nesse texto prévio, Cândido Mendes traça um perfil biográfico do autor dos *Princípios de Direito Mercantil*, que culmina na afirmação de que é "portanto Silva Lisboa o verdadeiro Patriarca da nossa Independência, como é também entre nós, e em Portugal, o da Jurisprudência Comercial" (Almeida, 1874, p. VIII). Não apenas patriarca, dirá algumas páginas depois, mas também modelo: "Silva Lisboa era o modelo do verdadeiro patriota. Soube servir seu País sem prostrar-se senão a uma influência – *a Verdade*" (Almeida, 1874, p. XII). Isso porque Lisboa tinha uma qualidade sem a qual seria impossível ser patriota e prostrar-se à influência da verdade, aos olhos de Cândido Mendes: o cristianismo. "Essa sólida e viril inteligência", diz o maranhense, "sabia aliar os deveres de cidadão com os de cristão teórico e prático. Estudando sua vida pública e privada, literária ou religiosa, como que se respira numa atmosfera de lhaneza e sinceridade, onde a mentira e a hipocrisia nunca poderiam penetrar". E arremata: "Entre o cidadão e o católico não havia o menor antagonismo" (Almeida, 1874, p. XIII).

A introdução histórica, propriamente, de mais de seiscentas páginas, é organizada em seções, com um item inicial em que define o comércio, seguido da grande periodização da história no esquema tríplice antiga – média – moderna: "Do Comércio em geral, sua origem, classes e importância social" (Almeida, 1874, p. XIX-XXIX), "O Comércio na antiga idade" (Almeida, 1874, p. XXIX-LXVI), "O Comércio na meia idade" (Almeida, 1874, p. LXVI-CCXIX) e "O Comércio na idade moderna" (Almeida, 1874, p. CCXIX-DCXLVIII). Trata-se de uma história da humanidade, encarada a partir de um objeto específico, o comércio e sua regulação, de modo a assumir a forma de uma história geral do comércio e da legislação comercial.

Em seu próprio tempo, a obra de Lisboa teve enorme repercussão e foi objeto de estudos por comerciantes e juristas, servindo, segundo Ferreira Borges, como verdadeiro código mercantil para Portugal (Almeida, 1874, p. VII; Camilo Junior, 2017, p. 118).

No entanto, a reedição dos anos 1870 parece não ter sido recebida com o mesmo entusiasmo de outrora. Camilo Junior (2017, p. 112) chama a atenção para o fato de que, após promulgação do Código Comercial, em 1850, a obra doutrinária de Cairu caiu no esquecimento, suplantada por abordagens de caráter meramente exegético, voltadas para a anotação da nova legislação nacional. "Apesar da reedição dos Princípios", diz ele, "continua a obra a merecer o silêncio da doutrina oitocentista" (Camilo Junior, 2017, p. 120). O mesmo autor aponta obras como o *Abecedário Jurídico-Comercial*, de 1861, o *Código Comercial do Império do Brasil*, de Salustiano Orlando de Araújo Costa, publicado em 1864, com sucessivas reedições, e o *Código Comercial Brasileiro Anotado*, de Antônio Bento de Faria, cuja primeira edição é de 1902, como exemplos de silêncio a respeito da obra de Cairu na segunda metade do século XIX.

Ainda assim, é possível encontrar autores que leram e utilizaram não apenas a obra de Cairu, como a introdução histórica de Cândido Mendes. Um exemplo pode ser visto no livro *Sociedades em comandita segundo o Código Comercial do Império do Brasil*, de Francisco José da Rocha (1884), publicado dez anos depois da reedição dos *Princípios de Direito Mercantil*. Apesar de não fazer tantas referências aos textos consultados no "esboço histórico" que figura no início do texto, Rocha parece ter-se inspirado, ao menos em certa medida, na leitura da história do direito comercial escrita por Cândido Mendes.

Waldemar Ferreira, por outro lado, na história que escreveu acerca da história do direito nos cursos jurídicos, reserva espaço para Cândido Mendes, o jurista que tomou a si o empreendimento de dedicar-se à "história de tais ou quais períodos da evolução jurídica" com maior fôlego. Ferreira (1962, p. 18-19), que além de historiador do direito era comercialista, lembra de seus "sábios comentários ao *Código Filipino*", mas dá maior realce à sexta edição dos *Princípios de Direito Mercantil*.

Como se nota dessa breve apresentação, os três textos principais são introduções a obras organizadas e editadas por Cândido Mendes. Ainda assim, apesar de terem sido escritos em função das compilações e apresentados como introduções, é possível verificar uma forte manifestação autoral nessa composição jus-historiográfica. São textos dotados de relativa autonomia intelectual, utilizados pelo autor para dizer o que é a história do direito e como as fontes histórico-jurídicas devem ser interpretadas. É isso que justifica a sua posição central nesta pesquisa, embora os demais textos do autor não sejam ignorados na abordagem aqui empreendida.

Algumas reflexões que Donald Kelley faz acerca da historiografia "romântica" da primeira metade do século XIX abrem os horizontes desta pesquisa para uma abordagem que não se limite a avaliar a forma da narrativa, os usos especificamente políticos e a novidade da historiografia sob análise – ainda que essas abordagens tenham grande relevância –, mas dirija a atenção também à profundidade analítica e interpretativa dos discursos, a seus usos sociais e às raízes e transições com relação às formas anteriores[10].

O ensaio de Kelley é uma tentativa de ampliar a abordagem e seu alerta inspira a elaboração deste trabalho. No entanto, é preciso deixar claros alguns limites: por um lado, não é o objetivo deste trabalho fazer uma profunda análise da forma narrativa dos discursos de Cândido Mendes de Almeida; por outro, reconhecemos que análises que levem em conta as raízes e transições da forma historiográfica adotada pelo jurista

[10] Diz Kelley (1984, p. 4-5): "Enquanto muito da história da historiografia 'Romântica' foi contada, pelo menos em estilo narrativo, há aspectos dela, tanto substantivos quanto conceituais, que permanecem obscuros. A sua forma narrativa foi estudada com cuidado e afeição, mas pouca atenção se deu à sua profundidade analítica e interpretativa; seus 'usos políticos' foram seguidos com certo detalhamento, mas seus correlatos sociais quase não o foram; sua novidade foi celebrada amplamente, mas suas raízes e transições do Antigo Regime foram largamente ignoradas".

escolhido demandariam um estudo comparativo e integrado de diversas historiografias, anteriores, posteriores e contemporâneas. Não pretendemos tanto com o nosso trabalho, o qual é feito com a convicção de que a análise do pensamento de um autor específico, contextualizado política, social e linguisticamente, é um passo importante para a futura construção daquele tipo de análise mais ampla e de natureza comparativa a que Kelley nos convida.

Este trabalho insere-se, deste modo, em um projeto mais amplo de compreensão da historiografia jurídica, que tem como objeto o estudo da formação e das transformações da consciência jurídica e da consciência histórica no Brasil oitocentista. O objetivo geral é verificar como as transformações do direito, na era da codificação, e da história, no "século da história", são percebidas, vivenciadas e promovidas pelas personagens do Brasil do Oitocentos, com destaque para os juristas. A hipótese, ainda vaga, que motiva o conjunto de pesquisas que se pretende empreender é que, apesar de não pertencerem mais a uma cosmovisão englobante das perspectivas sociais (o que pode ser entendido como fruto da diferenciação social ou do processo de racionalização, a depender do acento teórico adotado) – mas até mesmo como decorrência disso –, as mudanças no direito e na história entrelaçam-se, alimentam-se, negam-se e impulsionam-se num processo dialético, no qual o Brasil se insere, no âmbito mais geral do sistema mundo, com as suas especificidades.

A obra de Cândido Mendes foi escolhida para um primeiro estudo aprofundado, por tratar-se do empreendimento de maior fôlego antes da instituição da disciplina acadêmica da história do direito, manifestando-se a um só tempo como representativa do tempo em que é escrita e como reação a esse tempo.

Outro incentivo vindo de Donald Kelley (1984, p. 11) é a importância de não limitar os estudos de história da historiografia a textos literários privilegiados e a disciplinas formalmente definidas, levando-se em consideração o mundo mais amplo dos discursos históricos, haja vista que o estudo da história é feito em uma larga arena discursiva, sujeita a intromissões de outros campos de estudos e outras espécies de conversação.

A própria escolha de Cândido Mendes de Almeida parece-nos satisfazer em parte essa demanda, pois, apesar de ser reconhecido como grande jurista, geógrafo, político e, inclusive, historiador, ele não aparece como um dos autores canônicos da historiografia oitocentista, como um Francisco Adolfo de Varnhagen ou mesmo um João Manuel Pereira da Silva, sendo poucos os que conhecem e se debruçam sobre seus escritos históricos. Além disso, ainda com base nessa ideia de ampliar o espectro de análise para além de textos especificamente voltados à escrita da história, não limitamos o estudo aos três textos principais de história do direito de Cândido Mendes de Almeida – apesar de centrarmos neles a análise. Para além desses textos, consideramos outros, como seus estudos historiográficos não voltados ao direito (as *Memórias para a história do extinto estado do Maranhão*, os artigos publicados na Revista do IHGB), seus estudos de geografia (de que o *Atlas* é o principal exemplo) e seus discursos parlamentares (âmbito diferente da produção discursiva, em que o caráter oral – apesar de transcrito – bem como o contexto da fala implicam ao discurso dimensões diferentes daquelas do texto escrito, editado e publicado).

Por outro lado, cumpre notar que a história do direito de Cândido Mendes, de que vamos tratar neste trabalho, não é puramente uma história do direito. O conceito de história do direito serve como uma categoria historiográfica para identificar um tipo de texto por ele produzido e que se diferencia de outros, como os textos preponderantemente geográficos (1868), os textos de cunho histórico-geográfico, nos quais a argumentação histórica tem por finalidade a definição de fronteiras (1851, 1852, 1873b) ou os textos históricos que não têm o direito como um objeto privilegiado de análise (1860-1874c, 1876, 1876b, 1877, 1877b, 1878, 1879).

O que caracteriza as três introduções a que nos referimos (ou seja, os textos de 1866, 1870 e 1874) é que são textos cujo principal objeto, ainda que não o único, é o direito. Isso não quer dizer que outros elementos (economia, religião, educação, política etc.) não estejam presentes ou que o direito esteja ausente dos outros textos, assim como não significa que consistam em pura historiografia, pois nesses textos há discussões jusfilosóficas, teológicas, morais, políticas, dentre outras.

Essa complexidade intrínseca à história do direito do autor, que não é só história do direito, entretanto, não é vista como algo que a descaracterize, a faça defeituosa ou incompleta ou torne artificial e arbitrária a análise aqui empreendida. Pelo contrário, essa caracterização de seus textos como história do direito parte da rejeição a uma definição cabal e prévia sobre o que é história do direito, servindo esse estudo para afirmar o contrário, isto é, que são variadas as formas que esse tipo de abordagem pode assumir nas diferentes conjunturas histórico-sociais e nas diferentes culturas jurídicas.

A corroborar a designação dos textos de Cândido Mendes pelo gênero história do direito, Sá Viana (1919, p. 31) afirma, encerrando o seu discurso em homenagem a Cândido Mendes de Almeida em seu centenário de nascimento, no IHGB:

> De todos estes livros e de alguns outros menores, dos quais os bibliógrafos dão notícia, nada temos a dizer, senhores, que não conheçais [...], ainda as que parecem obra apenas do Jurisconsulto, porque Cândido Mendes foi também e esse é certamente o modo mais original e importante da manifestação da sua inteligência – o historiador do Direito, o historiador filósofo e inigualável...

Já em artigo mais recente, cem anos depois do panegírico de Sá Viana, Arnaldo Sampaio de Moraes Godoy (2021, p. 223) afirma, em um texto intitulado "Cândido Mendes de Almeida, historiador do direito", que "o jurista que anotou as *Ordenações Filipinas*, Cândido Mendes, revela-se como um importante autor da história do direito no Brasil".

De outra parte, o fato de depararmo-nos com textos como os de Cândido Mendes, em que se pratica história do direito engendrando múltiplos fatores além do jurídico, serve, desde logo, para apontar as limitações ínsitas a uma história do direito que seja mera ou preponderantemente história da legislação[11], forma que prevalece na abordagem histórica do direito até hoje, sobretudo no bojo das disciplinas chamadas de dogmáticas, e que limita os estudos jus-históricos[12].

[11] Apesar de um dos textos estudados trazer essa designação (Almeida, 1870, p. VII).

[12] O que por vezes chamaremos de "jus-histórico" tem inspiração em Botero Bernal (2013), mas não se enquadra completamente na noção proposta pelo autor, para quem a *iushistoria* seria uma abordagem situada entre o textualismo da dogmática jurídica e o contextualismo historiografia profissional. Para o autor, "toda *iushistoria* é uma historiografia jurídica, porém, nem toda historiografia jurídica é uma *iushistoria*" (Botero Bernal, 2013, p. 25). Não nos prenderemos a essa baliza conceitual neste trabalho, até porque a historiografia jurídica de Cândido Mendes é escrita em um momento no qual a disciplina ainda não

Nosso argumento acerca desse ponto é no sentido de que no século XIX vai tomando forma uma ideia de história enquanto ciência, que possui seus parâmetros e métodos e está bastante ligada à ideia de nação, de cuja influência Cândido Mendes não está imune. Ainda assim, com uma agenda política e intelectual diferente da predominante, marcada pelo conservadorismo ultramontano, Cândido Mendes estabelece um espaço de atuação dotado de características próprias e utilizado para finalidades relativamente distintas daquelas instituídas pela historiografia oficial. Isso faz com que sua história do direito aborde a legislação, mas não se limite a essa fonte do direito; pressuponha o Estado-nação soberano, mas não seja feita primordialmente para satisfazê-lo; e se alimente de conceitos e ideais científicos, mas não deixe de ser tributária de uma doutrina religiosa.

Cândido Mendes de Almeida não é um dos autores mais conhecidos do século XIX e as suas obras não são lidas senão por estudiosos de determinadas áreas especializadas. Mas também não se trata de um total desconhecido: nomeia um município na região do Turiaçu, no Maranhão, e uma faculdade, fundada por sua descendência. Figura, ademais, por décadas nos anais da Câmara e do Senado, onde os estudiosos cada vez mais numerosos da nova história política se deparam com seu nome e suas ideias. As suas obras também são, por vezes, utilizadas e referenciadas.

O *Atlas do Império do Brasil* foi objeto de comentários elogiosos por personalidades como o Visconde de Rio Branco e Rui Barbosa. A ampla e longeva adoção da obra pode ser exemplificada por um estudo historiográfico da década de 1970 sobre os últimos anos do Senado imperial, o qual se apoia nela para indicar o número de senadores por província (LEITE, 1978, p. 48). Não obstante, José Honório Rodrigues (1969, p. 287-289) assevera que Rui Barbosa exagerou o valor do *Atlas*, ao dizer em 1910 que a primazia dessa obra ainda não teria sido destruída. Rodrigues pauta-se na análise de Duarte da Ponte Ribeiro, feita a pedido do Visconde do Rio Branco, ministro titular da Secretaria de Estado dos Negó-

adquiriu um mínimo de autonomia acadêmica e em que a própria historiografia profissional está em busca de seu estatuto enquanto saber.

cios Estrangeiros do Gabinete Itaboraí, no ano de publicação da obra. Segundo Ribeiro, os mapas utilizados por Cândido Mendes continham erros, especialmente com relação a pretensões territoriais frente aos países vizinhos, com destaque para as fronteiras com o Peru e a Bolívia.

Outras utilizações e referências às obras de Cândido Mendes virão no correr do texto, por ocasião da abordagem de temas específicos. O que dissemos aqui, a partir de um olhar panorâmico da sociedade brasileira e de exemplos, já serve para se estabelecer uma primeira ideia de quem foi Cândido Mendes de Almeida e da dimensão que alcançou enquanto agente histórico em seu tempo.

Fruto de nossa tese de doutorado, este texto era composto por três capítulos. No primeiro, eram detidamente analisados os três textos fundamentais em história do direito produzidos por Cândido Mendes de Almeida – a saber, as introduções ao *Direito Civil Eclesiástico Brasileiro* (1866-1873), ao *Código Filipino* (1870) e aos *Princípios de Direito Mercantil e Leis de Marinha* (1874) –, além de um discurso proferido na Câmara dos Deputados, em 20 de julho de 1869, acerca da destinação dos bens das ordens monásticas, uma tema que lhe era caro e que foi enfrentado no mesmo período de produção daquelas histórias. Após uma reestruturação significativa, aquele primeiro capítulo, demasiado analítico – ou melhor, exegético, como foi ressaltado pelos membros da banca examinadora –, foi substituído, a fim de tornar o texto mais fluido, evitar repetições e partir diretamente para as reflexões que constituem o cerne desta pesquisa. Em seu lugar, o primeiro capítulo deste livro traz uma caracterização do pensamento de Cândido Mendes, com destaque para o sentido em que lhe atribuímos o rótulo de conservador.

O segundo e o terceiro capítulos da tese, que traziam reflexões acerca dos usos e das concepções da história do direito pelo jurista-historiador oitocentista, foram mantidos quase integralmente, ressalvadas pequenas modificações, compondo os dois capítulos finais deste livro. Assim, o segundo capítulo contém um estudo do que chamamos de "usos" da história do direito, com o exame das intenções que movem os discursos escritos do autor, a fim de entender para que Cândido Mendes escreveu histórias do direito e de que forma o fez. O terceiro capítulo, por seu turno, volta-se ao estudo do que designamos "concepções" de história do direito, tendo como objetivo compreender os fundamentos do pensamento do autor e a maneira como alguns conceitos centrais adquirem densidade semântica no conjunto da obra estudada.

Por fim, cumpre esclarecer algumas opções na composição e apresentação do texto. As citações diretas de obras cuja edição utilizada e referenciada está em língua diferente do português foram traduzidas por nós. Os destaques de texto, por outro lado, são todos mantidos do original, exceto quando indicamos que são nossos. A fim de diminuir a aridez da leitura, atualizamos a ortografia das citações, com exceção das epígrafes. Nestas, a manutenção da grafia original ajuda a preservar uma proximidade com o tempo do jurista-historiador estudado. Não alteramos nas transcrições, todavia, a pontuação e as utilizações de maiúsculas, para preservar o ritmo que o autor imprimiu a seus textos e as suas preferências.

CAPÍTULO 1
O CONSERVADORISMO DE CÂNDIDO MENDES DE ALMEIDA

Ao considerarmos o conservadorismo de Cândido Mendes de Almeida como um traço relevante, não temos em vista exclusivamente, e sequer primordialmente, seu pertencimento ao Partido Conservador. Esse pertencimento a um grupo partidário é fator importante na sua biografia e na contextualização de sua obra, pois indica os círculos sociais em que se inseria e a linha geral da sua atuação política na Câmara e no Senado imperiais. Mas, dentro do partido conservador, como também do liberal, os políticos muitas vezes divergiam[13].

Ao considerar as divergências internas do partido, contudo, a análise se prenderia ao jogo político, que não é o objeto principal deste trabalho[14]. Assim, apesar de manter contatos com o mundo político-partidário, o destaque ao conservadorismo de Cândido Mendes sustenta-se em outra esfera: trata-se de um estilo de pensamento, que se enraíza nas estruturas sociais e políticas, mas não se reduz a elas[15].

[13] Beatriz Westin de Cerqueira Leite (1978) nos lembra de alguns casos, de ambos os partidos. Um exemplo são as violentas críticas de membros do partido liberal ao gabinete liberal de Sinimbu (Leite, 1978, p. 118). Outro exemplo está na questão religiosa, em que Cândido Mendes teve uma atuação de destaque. Como diz a autora, "o Senador liberal Zacarias defendeu os Bispos na questão religiosa e foram os conservadores os que maior hostilidade fizeram à Igreja no conflito surgido entre Bispos e o Império. Os conservadores atacaram a Igreja e o clero, mas um Mendes de Almeida também conservador os defendeu, apresentando os mesmos pontos de vista dos liberais" (Leite, 1978, p. 121-122).

[14] Sob essa perspectiva, ver os trabalhos de Arthur Roberto Germano Santos (2016, 2021).

[15] Uma abordagem sobre o pensamento conservador brasileiro, levando em conta suas matrizes, especialmente europeias, a partir de pressupostos diferentes, encontra-se em Cabral (2016).

Com base no estudo de Mannheim (1999) sobre o conservadorismo, fazendo as necessárias adaptações ao contexto brasileiro, podemos afirmar que ao longo do século XIX contrastam-se a princípio dois estilos de pensamento, o liberal (radical, progressista) e o conservador, aos quais se acrescenta um terceiro, o socialista, à esquerda. Contra os elementos do pensamento liberal (generalização, sustentação no direito natural, pensamento revolucionário), os conservadores, como os tradicionalistas franceses, ingleses como Burke e os arautos do romantismo alemão, trazem à arena social a centralidade do pensamento histórico.

É a partir dessa constatação, para além das disputas ideológicas na esfera partidária, que a consideração do conservadorismo se mostra fundamental para o nosso objeto de pesquisa – os usos e a concepção de história do direito por um autor específico.

A tese de Mannheim recai sobre o surgimento de um estilo de pensamento conservador específico enquanto um dos fatores mais relevantes na Alemanha da primeira metade do século XIX, tendo se expressado de algumas formas distintas. Conforme o autor,

> nesta tarefa, nós devemos começar com o *pensamento conservador*, porque a percepção moderna de história foi largamente a criação exatamente dessa tendência, e porque a mais significativa realização desse estilo de pensamento em nossa opinião deve ser vista precisamente no fato de que aqui uma mudança da consciência religiosa moderna e dos outros modos de pensar que foram suplantados pelo racionalismo moderno foi transformada em um órganon para compreender os elementos irracionais da história. Essa é uma realização com a qual nem o liberalismo nem o socialismo teriam jamais se preocupado se tivessem permanecido fiéis a seu impulso original (MANNHEIM, 1999, p. 190).

Em torno da preocupação central com a relação entre o pensar e o conhecer, de um lado, e a existência, de outro, e diante da possibilidade e das peculiaridades do conhecimento histórico, levantam-se algumas questões: como a história como ciência é possível, como a historiografia moderna surgiu e desde quando nós temos a disjunção entre "natureza" e "história"? Esta oposição se afirmou radicalmente e ganhou expressão, pela primeira vez, nas lutas políticas e ideológicas do tempo da Revolução Francesa. Ela remete aos tradicionalistas franceses, a Burke e ao romantismo alemão (MANNHEIM, 1999, p. 34).

Ao perguntarmos sobre a origem e as forças sociais que promoveram tais ideias, chegamos à seguinte formulação: "A distinção entre natureza e história revelou-se como o posto avançado de uma antítese ainda mais radical entre dois modos de pensar fundamentalmente diferentes enraizados em duas visões de mundo fundamentalmente diferentes" (MANNHEIM, 1999, p. 34). Com isso, o enfoque da pesquisa passa a ser sobre a contradição entre duas visões de mundo e modos de pensar, nascidos de forças sociais: a disjunção entre pensamento liberal e conservador, que surgiu na virada para o século XIX, em conexão direta com os debates e lutas em torno da Revolução Francesa. Esse contexto sociológico não apenas está na origem das ideias, mas o desenvolvimento ideológico ocorre em constante contato com ele, pelo menos até aproximadamente os anos 1840. Nas palavras de Mannheim (1999, p. 35),

> não apenas o "pensamento histórico" foi inquestionavelmente trazido à ação pelos elementos sociais conservadores contra "generalização", "direito natural" e pensamento "revolucionário", mas também essa divisão de papéis continuou a executar seu papel (com certas exceções, a serem discutidas em detalhe) no ulterior curso de desenvolvimento.

A tese assim provisoriamente estabelecida é a de que "surgiu uma diferenciação de estilos de pensamento na Alemanha durante a primeira metade do século XIX, paralela à diferenciação social e política daquele tempo; e ela continuou a existir, apesar de muitas modificações" (MANNHEIM, 1999, p. 35). Somente a partir dessa base, defende Mannheim, nós podemos ganhar uma compreensão genética da distinção entre pensamento natural-científico e histórico que prevalece hoje na esfera da metodologia.

Para mostrar que o "pensar histórico" era uma tendência do pensar cujas partes eram dotadas de coerência, em contraste com o pensar "universalizante" e "liberal", é preciso avaliar os conceitos utilizados nas obras de seus vários autores, observando neles o efeito do esquema fundamental desse estilo de pensamento. Podemos perceber, assim, a formação de uma lógica característica, que gradualmente se forma em torno de conceitos próprios e redireciona conceitos não próprios para seu curso específico. Isso é perceptível, por exemplo, em conceitos como "liberdade" e "espírito do povo" (*Volksgeist*). Assim, a análise dos significados é um meio fundamental para captar a unidade desse estilo de pensamento (e não como um fim em si mesma) (Mannheim, 1999, p. 36-37).

Essa lógica forma-se para contrapor-se à do direito natural. Frente às ideias de 1789, a "contrarrevolução" não apenas deliberadamente passou a confrontar as teses substantivas do oponente liberal com teses contrárias, mas também com uma lógica contrária, ante o modo de pensar fundado no direito natural ("jacobino"). Essa campanha "contrarrevolucionária" ocorreu em dois estágios (não necessariamente coincidentes com a sua cronologia): primeiro, tentou confrontar o adversário em seu próprio campo, em suas ideias, tirando conclusões diferentes; no segundo estágio, buscou estabelecer um modo de pensar diferente, contra o método equivocado de pensar do adversário (Mannheim, 1999, p. 37).

Não obstante o pensar histórico tenha sido criado ou descoberto pelos conservadores, isso não significa que todos os conservadores tenham seguido esse caminho e aderido a essa forma de pensar. "Nem todo pensamento conservador é pensamento histórico – muito pelo contrário", diz Mannheim (1999, p. 37). Por isso, é importante traçar as correntes do pensamento conservador que permaneceram a-históricas e fundadas no direito natural. Daí a necessidade de perguntar-se quais correntes adotaram o modo histórico de pensar e quais permaneceram a-históricas, bem como quais estratos sociais portaram cada uma dessas formas de pensar.

O pensar histórico é criação do movimento conservador, mas essa afirmação não basta para estabelecer a contemporaneidade do surgimento dos dois movimentos (o intelectual e o social). É preciso demonstrar as origens políticas conservadoras de cada elemento individual daquela forma de pensar (Mannheim, 1999, p. 38)

De outra parte, para Mannheim, é sempre possível relacionar as mudanças de sentido nas ideias conservadoras com as mudanças sociais e políticas da camada social que as porta – isto é, de maneira geral, pode-se afirmar que as ideias e pessoas conservadoras mudam *pari passu*. Além disso, a adesão de novas camadas sociais a essas ideias traz consigo alguma manifestação ideológica correspondente. E, ainda mais importante do que isso: o conservadorismo assume diferentes formas conforme as mudanças de composição das diferentes camadas sociais que portam suas ideias. Diz Mannheim (1999, p. 43):

> Propriamente falando, os conservadorismos da aristocracia, pequenos estados, burocracia e monarquia variam. Eles mudam individualmente e conjuntamente de acordo com as formas de suas inter-relações e de acordo com a relação entre seu conservadorismo e aquele da igreja.

E essas mudanças ideológicas também se dão, gradualmente, com a adesão de novos estratos sociais ao pensamento conservador, como a burguesia.

É preciso atentar para o fato de que Mannheim não escreve sobre o conservadorismo em geral, mas o alemão. Esse conservadorismo, por um lado, manifesta-se em uma sociedade em que os estratos sociais são muito separados e, por outro, expressa-se por meio do pensamento filosófico romântico (não, como no caso da contrarrevolução francesa, por meio da poesia romântica) – beneficiado pela ausência de vida parlamentar, que abalaria a tranquilidade e pureza do desenvolvimento do conservadorismo, que durou quase meio século, terminando apenas em 1847, com a Dieta Prussiana (ao contrário de um Cândido Mendes que, no Brasil, tem justamente no ambiente parlamentar um meio privilegiado para expressar o seu pensamento conservador)[16].

De qualquer modo, até mesmo por ser uma expressão exaltada do conservadorismo, a análise do caso alemão pode auxiliar a compreensão do conservadorismo em geral, enquanto um estilo de pensamento – desde que não estendamos a relação entre pensamento e estratos sociais observados na Alemanha por Mannheim, indistintamente, para o Brasil. O que contribui para o estudo da história do direito de Cândido Mendes, mais do que o conteúdo do pensamento e as relações sociais analisadas pelo sociólogo húngaro, são a forma do pensamento conservador e a ideia de que ele se relaciona com os estratos sociais. Pense-se, por exemplo, que a diferença entre conservadores e liberais no Brasil está longe de ser clara

[16] Sobre esse isolamento do pensamento conservador alemão com relação à política, Mannheim (1999, p. 47) faz uma observação importante: "A ação, como nós sabemos, sempre leva a compromissos e a inconsistência lógica".

como na Alemanha do período do desenvolvimento do conservadorismo. Apesar das diferenças, como o próprio Mannheim (1999, p. 48) diz, "é na Alemanha que nós podemos observar em uma clareza quase paradigmática o impacto das forças sociais sobre as estruturas lógicas do próprio pensar".

Eis, em síntese, a tese de Mannheim (1999, p. 47) quanto à posição da Alemanha na consolidação do pensamento conservador:

> É esta então a situação: sob o impacto ideológico da Revolução Francesa, desenvolveu-se na Alemanha um contramovimento espiritual puramente ideológico que tinha à sua disposição um longo período de tempo para levar à realização os impulsos conservadores e *para pensar sobre eles* até a sua conclusão lógica. O grito de guerra contra a revolução não se originou na Alemanha. Embora falte uma origem alemã genuína, foi lá que ele foi perseguido até a sua conclusão lógica.

O principal estímulo veio da Inglaterra, de Edmund Burke. À Alemanha coube o papel de pensá-lo até o final: "Em uma palavra, a Alemanha alcançou para a ideologia do conservadorismo o que a França alcançou para o Iluminismo progressista – ela a trabalhou mais plenamente até as suas conclusões lógicas" (MANNHEIM, 1999, p. 47).

Vista a posição da Alemanha no desenvolvimento do pensamento conservador, é importante entender por que foi sobretudo no campo da história que esse estilo do pensar encontrou um meio fértil para manifestar-se. Confrontando as ciências exatas e as ciências culturais, históricas, Mannheim argumenta que aquelas têm uma capacidade maior de separar-se do corpo social, orientando-se apenas por sua própria dinâmica (ainda que aspectos sociais a influenciem nos seus pontos de partida). As segundas, por outro lado, apesar de apresentarem visões mais elaboradas, rigorosas e consistentes do que as comuns, estão muito ligadas à experiência ordinária e são sempre influenciadas por seus próprios objetos. Por isso, "o pensar histórico é o pensar conectado à existência *par excellence*" (MANNHEIM, 1999, p. 49). E, por isso, a relação estrutural entre o pensar e o nível existencial da sociedade se manifestam de uma forma especialmente acentuada, propícia para a revolta conservadora contra a pura abstração.

Importante para entender a tese de Mannheim é a ideia de que, em todas as épocas minimamente complexas, há uma pluralidade de tendências e estilos de pensar, mas o "aspecto distintivo do desenvolvimento moderno é que, com início no século XVII e culminando no século XIX, *o elemento político crescentemente se torna o ponto em torno do qual todas essas correntes no universo ideológico se cristalizam*" (Mannheim, 1999, p. 51), por contraposição à Idade Média, em que as correntes giravam em torno da definição religiosa de todos os problemas. Com isso, na modernidade, as diferenças entre as correntes se mostrariam menos ambíguas. Isso porque, em meio a um realinhamento no mundo do espírito e do conhecimento que corresponde à transformação da sociedade hierarquicamente organizada de estamentos em uma sociedade estratificada de classes, "nós não estamos mais lidando com uma visão de mundo unificada, embora internamente variada; de agora em diante, de acordo com a pluralidade dos estratos no todo social, uma série de mundos confrontam-se uns com os outros" (Mannheim, 1999, p. 52).

Central nessas transformações seria a própria concepção de história. Eis, em resumo, como Mannheim (1999, p. 53-59) concebe a questão. Por um lado, a estrutura do mundo moderno já não é mais a de um cosmos fechado, mas sim a de um processo: "a história não é a realização cíclica, senão polifônica, de um projeto básico, mas uma progressão contínua de um estado a um outro, posterior e 'mais alto'". Por outro lado, o tipo de processo do desenvolvimento histórico já não é linear, mas dialético, marcado por antinomias, com a produção do novo a partir de tendências que trabalham em sentidos opostos, de modo que enquanto alguns elementos apontam para o futuro e outros carregam o passado adiante, há também os que trabalham para a estabilização da situação atual. De outra parte, ao mesmo tempo que o processo social se reconstitui a partir de estratos sociais pautados em relações de classe, os territórios passam por um crescimento gradual, para formarem uma unidade histórica coordenada e mais inclusiva. Dessa reestruturação do todo social em classes, ocorre uma separação de visões de mundo pelo fato de que conservadores, burgueses e proletários não querem apenas satisfazer os seus interesses, mas querem um mundo que esteja de acordo com as suas respectivas mentalidades. Com cada visão de mundo fundamental particular, surge uma forma específica de pensamento. A abordagem de uma questão como a legitimação de uma regra é diferente, conforme o estilo de pensamento:

> O pensamento conservador tende a favorecer definições teológico-místicas, ou, em todo caso, transcendentais do problema. O argumento de "direito divino" pertence ao repositório básico do pensamento conservador, mesmo quando o posterior se tornou panteísta, o que quer dizer na realidade incrédulo. A história então toma o lugar da transcendência divina. A linha de pesquisa seguida pelas justificações conservadoras, em consequência, opera predominantemente em um plano de *transcendência mística*. Em contraste, o pensamento liberal-burguês coloca o problema predominantemente em um plano *jurídico*, especialmente em conjunção com o direito natural. A *legitimidade de uma forma de regra* é justificada por meio de construções puramente ideológicas, hipotéticas, que geram os sentidos requeridos, sempre *no nível jurídico de validade* (contrato social) (Mannheim, 1999, p. 56).

É importante reparar que, nesse ponto, Mannheim associa implicitamente o termo jurídico (*juristic*) à concepção moderna, que concentra o poder no Estado e coloca a lei acima de todas as outras fontes, embora sob o manto do direito natural. Mas ele não observa que o próprio plano jurídico passa por essa contraposição de forças sociais e espirituais, sendo aquela remissão à divindade ou à tradição, própria dos conservadores, uma outra forma, não menos jurídica, de conceber as regras.

Prossegue Mannheim (1999, p. 56-57) com a caracterização do pensamento socialista, o qual "define os problemas primariamente no plano da economia. Com isso ele considera a abordagem por meio da constituição jurídica irrelevante por definição, estigmatizando-a como 'ideologia'". E arremata, com uma contraposição entre os três estilos de pensamento:

> Hipostatização do plano mítico-metafísico no caso do pensamento conservador, colocação dos problemas em termos de validade jurídica no caso do pensamento burguês, e hipostatização da esfera econômica no caso do pensamento proletário – estas são constelações típicas, compreensíveis, que indicam que a disputa sobre a legitimidade de uma dada regra ou formas de governo não procedem em um modo homogêneo em que os problemas são definidos diferentemente (Mannheim, 1999, p. 57).

De acordo com Mannheim, as diferentes estruturas axiomáticas de cada estilo de pensamento seriam a razão para as diferentes formas de abordar o mesmo problema. Da mesma maneira como a questão da legitimação de uma regra recebe tratamentos distintos, também a tarefa da interpretação da história, com a qual todas as tendências de pensamento têm de lidar, é diversa e conflitiva. A interpretação da história torna-se uma arma, disponível para as diversas visões de mundo, com seus respectivos projetos de sociedade:

> A forma conservadora fundamental de ver as coisas sob o aspecto da transcendência também entra em jogo aqui, e é a *filosofia metafísica da história* que mais adequadamente corresponde a ela. O pensamento burguês, por outro lado, com seu foco de concentração no plano jurídico, transforma o estado no portador do histórico. Toda a história se torna história estatal, e todos os eventos são explicados em relação com o estado. Mesmo quando a história burguesa é cultural, ela se esforça para abranger seu objeto de análise no "nível da validade", como se estivesse explicando leis (Mannheim, 1999, p. 57-58).

É imperioso notar que Mannheim correlaciona o jurídico com o burguês, com o progressista, com o moderno. Essa correlação é compreensível dentro de sua própria tradição de pensamento. Todavia, partindo de uma perspectiva mais histórica, é possível contestar esse uso dos termos. Tendo em vista que o período pré-moderno é justamente aquele que concebe como principal função do governo fazer a justiça, parece mais adequado falar em uma transformação do jurídico (que, sob a nova forma, aí sim, se correlaciona diretamente com o moderno, o burguês, o progressista), por meio da prevalência não do jurídico em si, mas do político, que encampa o direito, fazendo da vontade do Estado a manifestação do racional, que projeta o mundo por meio de leis e de uma concepção igualitária formal, que faz prevalecer a liberdade individual em seu discurso, concebendo o próprio Estado como fruto de um contrato – justamente a forma jurídica que submete o direito às vontades individuais.

Nesse sentido, ao qualificar a visão de mundo moderna-burguesa-progressista como política, estaremos ainda de acordo com Mannheim, que afirma que a mudança na modernidade se faz pela superação da cosmovisão religiosa por um realinhamento político a partir da nova estratificação da sociedade em classes. No entanto, é preciso ter em conta que para ele a política é justamente o campo mais visível em que essas diferentes visões de mundo se confrontam – algo que talvez possamos chamar, com Koselleck (2009, p. 98), de "politização" [*Politisierung*] dos conceitos.

Mantendo-se a ideia de que a visão de mundo burguesa seja juridicizante, portanto, é preciso deixar claro que é uma juridicização bastante específica: trata-se de um direito que, ao se afastar da religião e da moral e se apoiar nos elementos de individualização e vontade, se formaliza, dessubstancializa, perde a prerrogativa de tratar o tema da justiça, ou restringe esse tema à lógica das comutações[17], e assume um caráter privatista – mesmo no caso do direito público, que se aproxima cada vez mais da figura de um indivíduo, ainda que um indivíduo muito específico e marcado por sua pretensa neutralidade, o Estado.

Também acerca da questão da interpretação da história, o pensamento proletário abre divergência, formando uma terceira via:

> O "pensamento proletário" aparece aqui também como terceiro contendor, e aqui também ele hipostatiza – como os outros hipostatizaram transcendência ou o estado – o plano econômico, e ele traz a assim chamada interpretação "materialista" da história para o campo contra os outros dois, explicando-os como interpretações meramente ideológicas (Mannheim, 1999, p. 58).

Mannheim ainda defende que, no âmbito das diferenciações sociais, ocorre não apenas uma reorganização das estruturas do pensamento,

[17] Como explica Lopes (2004, p. 265-266), "a discussão da justiça, como elemento racional fundante da ordem jurídica ou das leis em particular, perdeu progressivamente a importância. No que diz respeito ao uso da linguagem da justiça, trata-se de uma das mais evidentes transformações pelas quais passou o direito moderno. Se o fundamento do direito pode ser a conveniência, o interesse ou a vontade, vai perdendo sentido a busca da 'natureza' das relações entre os seres humanos. Nesses termos o que aconteceu de mais significativo foi a redução da justiça às trocas. A partir da pessoa humana, que se identificara com o indivíduo, todas as relações poderiam ser descritas como relações de troca consensuais e voluntárias. [...] Institucionalmente, o deslocamento da justiça para uma esfera e o deslocamento da distribuição para outra significaram, o desaparecimento prático, no direito, da preocupação com os temas das coisas indivisíveis".

mas também uma correlata mudança nas estruturas da experiência. Isso está relacionado com a característica distintiva do mundo moderno: a sua completa racionalização, de que as ciências exatas representam uma elaboração consistente. Não que não houvesse elementos de racionalidade em outros tempos e lugares, mas sempre eles se mesclavam com elementos de irracionalidade. É na Europa moderna, a partir da consciência capitalista burguesa, que a racionalização não encontra limites, desenvolvendo-se não apenas em uma particular forma de pensar, mas em uma também particular forma de experiência (Mannheim, 1999, p. 60).

A principal expressão dessa nova forma de pensar são as ciências exatas, que se desenvolvem em duas frentes: contra a compreensão qualitativamente orientada do escolasticismo medieval aristotélico e contra a visão de mundo de traços mágicos e analogizantes da filosofia da natureza renascentista. Por trás de ambas as contraposições, há um traço marcante dessa nova tendência: procurar o conhecimento sobre as coisas exclusivamente de uma perspectiva que permite chegar a resultados universalmente válidos, demonstráveis e comunicáveis, excluindo-se tudo o que diga respeito a experiências, personalidades e comunidades particulares e não seja calculável (Mannheim, 1999, p. 60-61).

Há, assim, uma identificação entre verdade e validade universal, isto é, a ideia de que o ser humano apenas conhece efetivamente algo se esse conhecimento for demonstrável a todos os demais. Com isso, privilegia-se a abstração, tornando-se insensível a todos os elementos em sua particularidade e concretude. No limite, esse conhecimento "elimina todas as *referências existenciais particulares* ao homem, à natureza e às coisas em que cada pedaço de conhecimento vem embutido" (Mannheim, 1999, p. 61). A teoria apenas se ocupa da experiência universal: relaciona-se a vários objetos e é válida para muitos sujeitos – mas apenas com relação aos aspectos gerais – os quais, quanto ao sujeito, serão chamados de "razão".

Essas mudanças guardam relação com uma transformação existencial do sujeito inteiro, estando atrelada a uma atitude psíquica e a uma forma de experiência perante o mundo caracterizadas precisamente por uma abstração, paralela àquela das formas de pensar e que pode ser definida como a perda ou repressão do sentido panteístico do mundo. À forma de pensar abstrata e quantitativa, corresponde uma economia abstrata e quantitativa, em que o valor de uso cede a preeminência para o valor de troca, por meio do qual as coisas são avaliadas em termos de equivalência monetária. E essa orientação da experiência para a abstração e a quantificação não se restringe às relações econômicas e à forma de pensar, expandindo-se enquanto forma universal de experiência (Mannheim, 1999, p. 62).

Mas Mannheim (1999, p. 63) alerta para que, diante desse quadro, não se incorra em uma simplificação:

> Quando se fazem tais imputações sociológicas, no entanto, é importante evitar um falso naturalismo. Isso não deve significar que todo burguês individual sempre e em todo lugar viva exclusivamente com essa atitude perante o mundo à sua volta. Na verdade, o ponto é, cuidadosamente expresso, que o aspecto predominante do projeto de mundo (*Weltwollen*) do novo estrato social, sobre o qual repousa a emergência do capitalismo, traz ao reino do possível uma forma de experiência fundamentalmente nova, orientada sistemática e consistentemente para a quantificação e para a experimentação do mundo como abstrato. Outros estratos sociais podem partilhar e crescentemente manifestar esse tipo de atitude perante o mundo e o seu ambiente; mas ele se torna firmemente mais dominante, reprimindo outras tendências, para o estrato social que está em relação com esse tipo de trabalho de vida que absorve suas atividades diárias, o estrato para o qual o mundo criado por essas relações torna-se seu ambiente imediato e universal.

Mannheim (1999, p. 63-64) constata que, em geral, as tentativas de explicar o mundo moderno limitam-se a apontar para a linha de desenvolvimento racionalista, que experimenta e pensa as coisas de forma abstrata, sem mostrar um fenômeno complementar, de força similar, que se estabelece como uma tendência contraposta: o conservadorismo. Daí a sua pergunta: "o que aconteceu com todas as relações e atitudes vitais, bem como as formas de pensar correspondentes a elas, que foram deslocadas por essa crescente racionalização completa? Elas simplesmente afundaram no passado, ou foram preservadas em algum lugar? E se foram preservadas, de que forma elas nos foram transmitidas?".

Essas relações, atitudes e formas de pensar vitais foram preservadas, mantendo-se a princípio de forma latente e manifestando-se nas beiradas da corrente principal. Sobreviveram sobretudo em estratos baixos da sociedade, camponeses e pequenos burgueses, que continuaram a viver como antes, e mesmo no círculo burguês, no âmbito de suas vidas privadas, cujas relações íntimas eram baseadas em modos de ser não calculados e não racionalizados. Assim, na esfera pública, ligada à política e à economia, desenvolvem-se modos de ser e pensar pautados em abstração, cálculo e racionalidade, ao passo que o irracional estabelece-se na periferia da vida orientada pelo capitalismo, nas relações íntimas (especialmente onde prevalecem os sentimentos pessoais e religiosos). Os elementos dessa forma de experiência e pensamento, assim, permanecem latentes, manifestando-se apenas na periferia da vida social (na relações mais íntimas, por um lado, e nos estratos menos centrais ao capitalismo – isto é, que não se configuram como burguesia ou proletariado –, por outro), até serem resgatados e desenvolverem propriamente uma tendência pública concorrente à abstração racionalista: "Eles foram então revividos pelas forças da contrarrevolução, que os inscreveram em suas bandeiras" (Mannheim, 1999, p. 65).

A significação sociológica do romantismo reside justamente na reação contra o pensamento iluminista – e não somente enquanto movimento de negação, mas que se mostrou capaz de olhar para as experiências e formas de pensar anteriores, elaborá-las em um nível consciente e mobilizá-las contra o estilo de pensamento racionalista. Desta maneira, o romantismo pôde recuperar esses elementos tradicionais, dando-lhes uma nova dignidade e, com isso, salvando-os de extinguir-se. Forma-se assim uma disputa entre os vínculos de comunidade e as relações em sociedade, diz Mannheim (1999, p. 65), valendo-se da conhecida distinção de Ferdinand Tönnies: "família contra contrato, certeza intuitiva contra racionalidade, experiência interior como fonte do conhecimento contra o mecanicista".

Como antítese, todavia, o romantismo foi profundamente afetado pela tese dessa dialética, isto é, pelo racionalismo iluminista. Assim, o romantismo falhou em perceber que, ao resgatar conscientemente a tradição nesta luta contra o racionalismo, estava contribuindo para racionalizá-la – algo que os iluministas não poderiam ter feito por conta própria. "É precisamente porque o racionalismo é a força que sustenta e comanda a época que mesmo o irracional apenas pode tornar-se evidente no nível da racionalidade, no nível da reflexão", afirma Mannheim (1999, p. 65-66).

O romantismo, desta maneira, promoveu a recepção e o arranjo dos elementos e das formas de vida que foram afastados pela marcha do capitalismo e do racionalismo que o acompanha – elementos e formas de vida esses que derivam, em última análise, da cosmovisão religiosa. Mas, ao fazer uma tal recepção e arranjo por meio da reflexão, envolvendo aqueles elementos em questões de metodológicas, conceituais e teóricas, o que o romantismo promoveu foi uma reflexão racional justamente sobre pontos que o racionalismo iluminista não alcançava, pois ou eram invisíveis a ele, ou ele explicitamente os rejeitava (Mannheim, 1999, p. 66).

Os diversos estratos sociais sem interesse ou ameaçados pelo capitalismo tinham uma propensão a aderir às ideias do romantismo e utilizá-las contra a burguesia. Isso vale para camponeses e pequeno-burgueses, mas também para a monarquia esclarecida e empreendedores cujas ligações com o ideário iluminista eram mais históricas do que orgânicas. A oposição à forma de pensamento burguesa, baseada nas abstrações racionalistas do iluminismo, não se iniciou com o movimento socialista do proletariado, à esquerda, mas pela crítica conservadora em nome da tradição, à direita. Devem ser analisadas as transferências da crítica de um lado para o outro. Mas também se deve sempre ter em mente a diferença essencial entre as duas críticas, a conservadora e a proletária. Enquanto aquela reflete sobre a tradição, esta não possui uma tradição prévia ao capitalismo, uma vez que o próprio proletariado enquanto classe é fruto desse sistema econômico e do processo de racionalização que o caracteriza. Deste modo, o proletariado cria a sua própria tradição e oferece ao racionalismo burguês uma crítica talvez mais racionalista do que a própria concepção burguesa poderia alcançar (Mannheim, 1999, p. 67).

Por sua dinâmica própria, a racionalidade proletária se estabelece de maneira a inverter-se em uma irracionalidade, mas de um tipo específico. O seu projeto é dotado de planejamento e cálculo, até mais do que o burguês, burocratizando a sua própria revolta, mas remete a ação ao *elán* revolucionário, um fator indeterminado, impossível de calcular relativamente às chances de vitória ou derrota, ao passo que a irracionalidade com que o burguês precisa lidar é o risco de cada empresa, contentando-se contudo com as estatísticas e um rendimento "ótimo", enquanto o mundo não se racionaliza por inteiro e elimina toda irracionalidade e, portanto, todo o risco. Neste ponto, a racionalidade proletária mantém conexões com o que é contrarrevolucionário. Apesar de serem opostos entre si, o pensamento conservador e o proletário têm afinidades, em sua oposição ao racionalismo burguês. O pensamento do proletariado é uma das formas de oposição à abstração racionalista, ligada à "consciência extática" presente desde as revoltas camponesas. Mas, da maneira como essa forma de pensamento é construída, e sendo fruto mesmo da abstração burguesa contra a qual se volta, o pensamento proletário estabelece uma fusão entre o mais extremo racionalismo e um igualmente extremo irracionalismo. Mas uma análise mais detida deve mostrar que os elementos irracionais dessa "consciência extática" são diferentes dos elementos religiosos que caracterizam especificamente a consciência romântica (Mannheim, 1999, p. 68-69).

Há outro ponto em que a consciência revolucionária se encontra com a conservadora: a dialética, como mostra o encontro dos pensamentos de Hegel e Marx. A dialética, forma de pensar extremamente racionalista, que pretende abranger todo o processo de desenvolvimento e toda a realidade histórica, por meio da fórmula triádica entre tese, antítese e síntese, é profundamente diferente da lógica racional-burguesa, desenvolvida nas ciências naturais e na busca de regularidades universais – sendo, portanto, necessário diferenciar as formas de racionalização do mundo. Contrariamente à busca por generalizações e leis universais do racionalismo, típica do iluminismo e das ciências naturais, em que o indivíduo se perde em meio à abstração, a dialética dá um lugar de destaque ao indivíduo, inserindo-o em um movimento histórico que é, ele próprio, único. Com isso, o racionalismo, em sua forma dialética, transcende a sua própria racionalidade. Além disso, ao tentar traçar a linha interior de desenvolvimento de uma dada cultura, a dialética promove a racionalização de uma dimensão irracional, algo que passa longe das pretensões do pensamento racional iluminista-naturalista. Ademais, o que a dialética procura é discernir o sentido em um processo, o que configura a racionalização filosófica da história – inconciliável, pois, com a exigência de uma abordagem despida de valores e antimetafísica, como aquela que comanda as ciências naturais (Mannheim, 1999, p. 70). Isso tudo aponta para relações entre conservadorismo (Hegel) e socialismo do proletariado (Marx) que não podem ser negligenciadas.

Mas, apesar de todas essas afinidades entre o pensamento conservador e o pensamento proletário, em sua contenda com o racionalismo burguês e, portanto, em defesa de elementos irracionais por este suprimidos, a sua diferença permanece. Em última análise, a postura do pensamento proletário permanece racionalista e relacionada com a tendência positivista do pensamento burguês. Ao adotar as esferas social e econômica como ponto de referência para sua filosofia da história, o pensamento proletário inverte algumas ideias burguesas, mas mantém a adoção de uma hierarquia entre as esferas da realidade social e a ideia de que em alguma medida é necessário passar pelo capitalismo. Assim, permanece o elemento racionalista – e de maneira ainda mais exaltada, uma vez que se demanda uma aceleração do tempo. Mas esta aceleração não leva ao aperfeiçoamento do sistema e sim a uma reviravolta, com a sua superação pelo seu oposto, o qual aparece como algo inerentemente irracional, se confrontado com as balizas do individualismo, da causalidade e da abstração, que definem a racionalidade burguesa (Mannheim, 1999, p. 70).

Uma vez apontados esses amplos horizontes das correntes sociais e formas de pensamento que se constituem ao longo do século XIX, o trabalho de Mannheim segue uma linha mais estreita, preocupado apenas com o primeiro conservadorismo que se manifesta na Alemanha da primeira metade do século XIX, e de um ponto de vista sociológico, apontando suas ramificações, desdobramentos e o substrato social a ele ligado (Mannheim, 1999, p. 71). Esse momento da obra de Mannheim será revisitado ao final deste trabalho, após termos aprofundado as reflexões sobre o pensamento de Cândido Mendes, quando algumas comparações poderão auxiliar a identificar de que tipo era o seu conservadorismo.

Por ora, o que interessa é, vistas as preocupações teóricas e o quadro geral dos estilos de pensamento, entender quais são as características marcantes do conservadorismo, que atribuímos a Cândido Mendes.

Em primeiro lugar, é importante destacar que Mannheim diferencia tradicionalismo e conservadorismo. Aquele é uma inclinação humana atemporal, que rejeita o novo em nome do que é herdado. Esse tipo de atitude pode, em cada contexto histórico, ser adotado seja por quem defende politicamente uma visão de mundo conservadora, seja por quem adere a visões progressistas. Já o conservadorismo é uma estrutura objetiva de outro tipo, porque não é atemporal. Pelo contrário, é histórico, dinâmico, surge em um momento específico, se desenvolve em relação com a experiência das pessoas e encontra seu fim em algum momento. Mas o fato de não ser atemporal não significa que o conservadorismo seja menos objetivo. A sua objetividade consiste em não ter a sua existência limitada ou confundida com a experiência pessoal dos sujeitos. Estes existem em uma determinada época e aderem a essas estruturas objetivas históricas que transcendem a sua existência individual. É por meio dos indivíduos que essas estruturas se atualizam e se transformam, mas elas estão em outro nível da realidade histórica, pois têm existência anterior e autônoma com relação a cada indivíduo. Os sujeitos aderem a uma dessas estruturas objetivas, com sua forma de experienciar e de pensar o mundo, com seu estilo, mas não a criam individualmente, nem a realizam completamente por meio de seus atos individuais. Segundo Mannheim (1999, p. 75-76),

> o "conservadorismo" é um complexo estrutural objetivo, historicamente inserido, que muda dinamicamente, e, enquanto tal, é sempre parte da contextura psíquico-espiritual estruturada total pertencente à realidade social e histórica de uma época específica. O indivíduo experiencia e age de um modo "conservador" (enquanto distinto de um modo meramente "tradicionalista") na medida em que, e apenas na medida em que, ele se *orienta* para uma das fases desse complexo estrutural "conservador" (geralmente a contemporânea) e baseia sua ação nesse complexo estrutural, seja reproduzindo esse complexo no todo ou em parte, seja, ao adaptá-lo a uma situação viva específica, desenvolvendo-o ainda mais.

Por outro lado, são necessárias algumas considerações sobre a distinção entre conservador e liberal, a qual, na primeira metade do século XIX, não se refere apenas a posições políticas distintas, mas a dois modos particulares de ter experiência e de pensar o mundo e, consequentemente, a duas visões de mundo distintas (Mannheim, 1999, p. 85).

Para o surgimento do conservadorismo como uma dessas visões de mundo, enquanto desenvolvimento histórico do tradicionalismo (isto é, dessa tendência humana a rejeitar a inovação), e em reação ao surgimento do progressismo liberal (que, por sua vez, foi um desenvolvimento histórico da tendência humana à mudança), alguns fatores sociais e históricos foram fundamentais. Por um lado, o todo histórico-social precisou tornar-

-se explicitamente dinâmico, isto é, um processo histórico, em que cada elemento conta e pode ser visto em termos da função que cumpre relativamente ao todo. Por outro lado, esse progresso teve de se realizar por meio de diferenciação social, em que estratos sociais horizontais surgem, reagindo de forma mais ou menos homogênea aos acontecimentos e levando uns adiante, outros à estabilidade e outros a retroceder. Além disso, as tendências de pensamento que emanam daí precisavam corresponder, de alguma forma, a essa diferenciação social. Finalmente, essa diferenciação precisou assumir um caráter político e, posteriormente, puramente econômico. Em outras palavras, o que Mannheim (1999, p. 85-86) afirma com essa análise é que o conservadorismo é fruto da sociedade de classes.

O esquema fundamental do pensamento conservador apresenta algumas características centrais, partilhadas por suas diversas correntes.

O modo conservador de ter experiências e pensar o mundo se agarra ao que é imediato e concreto de uma maneira prática. Isso pode ser percebido pelas conotações antirrevolucionárias do conceito moderno de "concreto" (o que será depois apropriado, com uma ontologia diferente, pela crítica à esquerda ao liberalismo). Os atos de experienciar e pensar concretamente referem-se a um "desejo de ser efetivo apenas dentro do ambiente particular imediato em que se está situado, e uma total aversão a todas as coisas que são meramente 'possíveis' ou 'especulativas'" (Mannheim, 1999, p. 88).

Assim podemos interpretar as atitudes de Cândido Mendes, a impressão social gerada em torno delas e a maneira como ele mesmo se apresenta em suas obras: forma-se a imagem do erudito incansável, daquele que labora dia a dia, infatigavelmente, sem desvios, para cumprir a sua missão, pela sua causa. Cada trabalho, cada fala, cada defesa, são entregas a missões que diariamente se apresentam a esse soldado, servo da Igreja, da nação e do Maranhão. O brilho de cada texto, de cada discurso, são contrapostos e submetidos à ideia do mero cumprimento diário do dever. Possuem o mesmo peso que a ida à missa, todos os domingos, até mesmo naquele em que se sentiu mal e que foi significativamente o primeiro de seus últimos dias de vida[18]. E seus trabalhos, de dimensões monumen-

[18] "Esse lutador foi sempre encontrado de pé pelos piores ataques porque sabia dobrar

tais algumas vezes, são sempre apresentados como uma pequena facilitação aos estudos da juventude, isto é, não são concebidos como obras que possuem uma grandiosidade em si mesmas, mas como uma pequena contribuição concreta para que outros continuem uma obra que transcende a todos. Aqui aparece uma humildade religiosa, que o faz sentir-se e apresentar-se como um simples mortal patrocinando a causa de Deus (isto é, da Igreja Católica Apostólica Romana). A liberdade nunca é um valor abstrato: é a liberdade de ação da Igreja, pressuposto para a bem-aventurança de um povo cristão, que deve ser livre para seguir as regras e conduzir a sua vida da forma preconizada por aquela Igreja.

Sob a mesma ótica, pode-se observar o tema da soberania. A soberania, na visão esposada por Cândido Mendes, tem a sua fonte em um ser universal, mas concreto, Deus, rejeitando que recaia sobre o povo, a nação, o direito ou outra dessas formulações que o autor critica, justamente, por serem meras abstrações – embora rejeite, ao mesmo tempo, a ideia de que os príncipes receberiam diretamente de Deus o poder de exercer a soberania no plano terreno. Diz ele:

> Os absolutistas do antigo regime fundavam a Soberania da Realeza no Direito Divino, sustentando que o poder dos Reis provinha *imediatamente* de Deus, como o Poder dos Chaves (sic). Daí resultava a doutrina do maniqueísmo Galicano. Dois poderes iguais em importância tendo idêntica origem (Almeida, 1866, p. CLXXXVIII).

Com relação às outras fundamentações para a soberania, o autor aponta inconsistências nas ideias dos adversários, que selecionavam a doutrina conforme as circunstâncias:

o joelho diante d'Aquele que nos dá a força suprema. E foi por assim dizer nessa atitude de oração que a morte o veio ferir. No domingo, 27 de Fevereiro de 1881, o Senador, acompanhado por seu filho Cândido, dirigia-se para a Igreja do S. Sacramento a fim de assistir à missa das 7, quando foi acometido por uma congestão cerebral que o prostraria para sempre. [...] Assim foi que na sexta-feira, 1 de Março de 1881, às 11 e meia horas terminava a vida do intimorato batalhador, que a morte acometeu mas que não surpreendeu porque como recomenda o Evangelho estava sempre pronto para a partida" (Almeida, 1943, p. 28-29).

> A revolução que enquanto necessitou da Realeza sustentava as mesmas ideias, mudou de tática logo que observou que podia dispensar a proteção. Negou o direito divino, porque a sua principal negação, é a existência de Deus, declarando que a Soberania residia no povo, ou nação. Assim excluía a intervenção do elemento divino, do sobrenatural da sociedade. Os Doutrinários Franceses sentindo o absurdo da opinião revolucionária, inda maior que a dos Galicanos, procuraram um meio termo para explicarem o fato da autoridade. A soberania não está no povo, nem em Deus, mas numa abstração; – na razão, na justiça, na verdade, etc. Tese impossível de sustentar [...] (ALMEIDA, 1866, p. CLXXXVIII).

Havia, portanto, por parte dos regalistas, toda sorte de fundamentação da soberania, apelando para noções abstratas e equivocadas, dentre as quais estava a teoria do contrato social, reproduzida na Declaração dos Direitos do Homem e do Cidadão, de 1789, expressamente referida pelo autor como "a *Magna Charta* do Liberalismo moderno, cujas doutrinas repugnantes ao Catolicismo tantas vezes hão sido condenadas pela Santa Sé" (ALMEIDA, 1866, p. CLXXXIX).

A correta doutrina da soberania seria, portanto, contrária a tais abstrações. Nas palavras de Cândido Mendes:

> A teoria Católica sobre a origem da Soberania é outra e mui diferente, tanto da teoria Galicana ou absolutista como da demagógica ou revolucionária. Excluímos as opiniões intermédias, que mais se aproximam do Direito Divino, do que da Revolução, porque fundando-se em abstrações nenhuma utilidade prática apresentam; revelando antes os sectários certo pejo em defenderem a verdade para não parecerem adictos à teoria galicana, a todos os respeitos condenável, e nem à Católica, por serem heterodoxos ou incrédulos os propagandistas de tais opiniões (ALMEIDA, 1866, p. CLXXXIX).

Nenhuma utilidade prática, portanto, apresentavam as teorias sustentadas em abstrações – diferentemente da teoria católica. Segundo o autor, esta teoria

> sustenta que a soberania tem a sua fonte em Deus, como o criador da autoridade, do poder Social. O modo, as condições por que esse poder se torna

> uma realidade, passando do abstrato ao concreto, é um fato todo humano, e verifica-se no mundo de diferentes formas, como demonstra a história das diversas nações. Nunca se organizou uma nação segundo a teoria de Rousseau. Assim, existindo em Deus a Soberania, e só competindo às nações, conforme se houverem agregado e constituído, a designação da pessoa ou pessoas que tem de exercer a autoridade, explicada fica a teoria Católica. Não havendo soberania popular, e sendo outra e mui diversa a missão do povo, desaparece o direito de insurreição, e do livre arbítrio de mudar a forma do governo, direito legítimo, com a teoria revolucionária (Almeida, 1866, p. CLXXXIX).

Não importam para Cândido Mendes, portanto, as abstrações, encaradas como despidas de utilidade prática. A soberania tem em sua fonte um ser concreto, universal, e realiza-se por meio da história de cada nação, de cada povo particular, concebido em sua concretude. Isso ajuda a entender por que o autor dedicou-se à história do direito, uma história sustentada pelo nível transcendental da esperança cristã, mas que se concentra no relato e na interpretação do nível concreto do drama humano, sem perder-se no nível abstrato do progresso, como veremos mais à frente.

Retornando à exposição de Mannheim, lemos que o reformismo conservador consiste em substituir determinados fatos singulares por outros, enquanto o reformismo progressista inclina-se a mudar tudo em torno desses fatos – o que remete a uma tendência do progressismo ao sistema e do conservadorismo ao caso individual (Mannheim, 1999, p. 88).

O conservador somente pensa sistematicamente sob a forma de uma reação ao pensamento progressista. Isso significa, seguindo os argumentos de Mannheim (1999, p. 88-89), que o pensamento conservador apenas estabelece um sistema próprio como contraponto ao rival, ou então porque o processo histórico chegou a um ponto tal que ele não se reconhece mais no tempo atual e precisa agir para reverter o processo histórico. O conservador prefere, inclusive, negar que possua um sistema[19].

[19] Como exemplos, Mannheim (1999, p. 201) cita, dentre outros, Ranke e Savigny, sendo exceções Stahl e Hegel, com a observação de que a tendência sistematizadora deste não se deve ao seu lado conservador, mas às origens idealistas, ligadas ao racionalismo revolucionário, de seu pensamento.

É esse o significado da distinção entre o concreto e o abstrato enquanto formas de pensar e de ter experiências no mundo: enquanto o progressista, aquele que quer promover mudanças, vive das possibilidades, o conservador, isto é, aquele que pretende obstar ou retardar as mudanças, vive do concreto e do não avanço das formas de vida existentes (Mannheim, 1999, p. 89).

Exemplo disso é a propriedade, uma vez contrastada a ideia de "propriedade genuína", que estabelecia uma relação viva, concreta, infungível e pessoal entre o proprietário e o objeto, e a propriedade moderna que a substituiu, expressa pelo conceito abstrato burguês – mudança essa lamentada pelos conservadores. Adam Müller, por exemplo, atribui à adoção do direito romano a culpa pela corrupção do feudalismo, enquanto fusão de pessoa e coisa (razão pela qual fala em uma "Revolução Romano-Francesa"). Cândido Mendes também atribuirá culpas à adoção do direito romano e será avesso à revolução, embora concentre as suas críticas sobretudo no que considera usurpações engendradas pelo poder temporal, as quais têm como um de seus desdobramentos o desrespeito à propriedade da Igreja.

Outro exemplo do impacto dessa distinção é o conceito de liberdade. Os liberais revolucionários defenderam uma concepção de liberdade, expressa na Declaração dos Direitos do Homem e do Cidadão, segundo a qual o homem é livre econômica e politicamente, isto é, não encontra restrições à sua atividade econômica por parte do Estado ou de corporações e pode fazer o que deseja, sobretudo exercer os "direitos do homem", tendo como único limite a liberdade alheia. Para essa concepção de liberdade sustentar-se, foi presumida a igualdade – mas uma igualdade abstrata, apenas nas esferas econômica e política, e não uma proposta de igualização efetiva das pessoas. Os conservadores assumem essa postulação como um projeto de fato, e não de direito, entendendo que se dizia que os homens são de fato iguais, em todas as esferas. Isso levou à elaboração de um conceito qualitativo de liberdade, oposto ao conceito revolucionário igualitário. Esse conceito qualitativo, conservador, de liberdade rejeita o pressuposto da igualdade de fato, a partir da constatação de que os seres humanos são desiguais por natureza, de maneira que "a liberdade consiste na condição em que cada um e todos, de acordo com o seu princípio mais profundo, atualizam as leis de desenvolvimento singularmente peculiares a si próprios" (Mannheim, 1999, p. 91).

O conceito de liberdade aparece, no pensamento de Cândido Mendes, sobretudo para falar de liberdade de consciência (a qual ele rejeita) e de liberdade religiosa. Esta é aceita por ele, mas não no sentido de uma abertura para cada religião constituir-se à sua maneira, com crenças e ritos próprios, ou para cada indivíduo aderir à religião que quiser. Para ele, em um país católico, liberdade religiosa é a da Igreja Católica. O que se percebe aqui, com auxílio dos argumentos de Mannheim, é que essa liberdade religiosa, enquanto liberdade da Igreja Católica, consiste justamente em uma negação da abstração dos "direitos do homem" em sua diversidade de fato. Há uma diferença de natureza entre as religiões: há a verdadeira e as falsas. Diante disso, liberdade é liberdade concreta, de quem a possui por sua natureza: a Igreja Católica (e, logo, por seguirem-na, também os cristãos – católicos, é claro: os cristãos de verdade). Há, portanto, na base do pensamento de Cândido Mendes, essa ideia de que Mannheim fala: uma desigualdade por natureza e a decorrente liberdade para quem tem esse direito.

Por outro lado, cumpre assinalar que, no âmbito mesmo da Igreja Católica, considerada a verdadeira portadora da liberdade, somente se pode reconhecer a sua hierarquia dentro da ortodoxia da doutrina (Patriarcais, Primaciais, Metropolitanas e Diocesanas). Fora disso, são estabelecidos privilégios injustos (ou seja, foge-se da ideia de liberdade, pois esta é um direito, e o privilégio não). Há uma noção de igualdade, dentro da sociedade cristã, que indica como ilegítima qualquer distinção que não seja feita pela própria Igreja. É nesse sentido que Cândido Mendes faz sua ofensiva contra a Igreja galicana, dizendo que a "Igreja Universal não reconhece a existência de Igrejas *Nacionais*. É uma invenção Galicana, e de sabor herético. [...] Todas as nações pretendendo privilégios, não se poderia no futuro saber qual era o direito comum da grande sociedade Católica" (Almeida, 1866, p. CCXIV-CCXV).

A individualização dessa liberdade qualitativa, com referência à esfera íntima das pessoas – que os liberais não admitem, uma vez que a "esfera privada", para eles, não atinge a "esfera pública", onde o problema da liberdade se coloca –, levaria a uma anarquia. Por essa razão, os conservadores passam a referi-la a um outro sujeito, de modo que não é cada pessoa, mas uma entidade coletiva, a portadora verdadeira da liberdade. Essa entidade coletiva é remetida a "comunidades orgânicas" e, em última instância, aos estamentos – e, no caso do conservadorismo adotado por Cândido Mendes, acima de tudo à Igreja. Mas, como deixar as relações de dominação nas mãos do Estado é perigoso, os conservadores elaboraram distinções acerca dessas liberdades qualitativas, de maneira a inseri-las em uma totalidade superveniente – estrutura essa partilhada por todas as versões de conservadorismo, embora a resposta sobre a composição dessa totalidade seja diferente na Escola Histórica, em Stahl e em Hegel. O princípio da liberdade é mantido internamente, com a sujeição das relações externas ao princípio da ordem. E como fazer com que as duas esferas não colidam? A resposta está em uma harmonia pré-estabelecida, garantida diretamente por Deus, ou por energias nacionais dentro da sociedade. Para Cândido Mendes: por Deus, tendo como sustentação a catolicidade da nação – seja Portugal, seja o Brasil. Nessa linha de pensamento, o conservadorismo inspirou-se em seu rival, o pensamento liberal, procedendo à separação de esferas e à ideia de harmonia, embora injetando nelas outro conteúdo (Mannheim, 1999, p. 92-93). Com a Escola Histórica, a entidade portadora da liberdade é a nação (*Volk*, *Volksgeist*). Com Ranke, passa para o Estado. Diz Mannheim (1999, p. 93):

> Em todo caso, a solução do problema oferecido por Savigny e Ranke é ainda mais claramente caracterizada por uma transferência dessa liberdade qualitativa do indivíduo e dos estamentos para a nação e para o Estado, respectivamente. É apenas essa entidade "mais alta" que é completamente livre dentro dos limites estabelecidos por sua própria lei de desenvolvimento. Isso vincula o indivíduo, cuja vida apenas pode valer a pena dentre desses todos abrangentes e de acordo com os sentidos que eles constituem.

Outro contraste, relacionado àquele entre o concreto e o abstrato, é o que se apresenta na relação entre norma e existência/fato. O pensamento progressista não apenas enxerga o atual em termos de potencialidades, mas também em termos normativos, ao passo que o pensamento conservador procura compreender o atual em relação a suas contingências ou, então, procura compreender as normas em função da existência (Mannheim, 1999, p. 95).

Eis mais um aspecto relevante para entender o fato de Cândido Mendes proceder à sua produção intelectual por meio de compilações, em vez de textos inteiramente autorais[20]. Ele não quis fazer uma obra de direito comercial inteiramente autoral, não quis dizer como deve ser o novo código, nem qual é a melhor forma de se regulamentar o direito eclesiástico: a sua pretensão era compreender as normas em termos do que efetivamente existe, dos fatos, da história, a fim de colocá-las em seu devido lugar. Ele não queria normas novas, mas a organização do mundo existente – embora, dado o mau estado em que o mundo se encontrava, isso apontasse para uma restauração que, na realidade, era uma reestruturação social. Há nisso, é claro, uma normatividade embutida, ou seja, uma linha de argumentação em que o autor pressupõe e defende que tipo de doutrina comercial deve prevalecer, quais são as ideias e normas adequadas para o direito atual, como deve ser a relação entre a Igreja e o Estado. Mas não são ideias normativas abstratas, projetadas para a transformação do futuro: é uma visão que busca organizar o que há de concreto, para fazê-lo impor-se aos comportamentos presentes. Neste sentido, o pragmatismo de Cândido Mendes (sua preocupação em organizar as normas atualmente vigentes e facilitar seu acesso pelos estudantes e práticos do direito) é uma expressão de seu conservadorismo (essa visão que dá preponderância ao concreto sobre o abstrato, ao existente sobre o normativo – ainda que para isso ele acabe apresentando uma visão em certo grau sistemática e idealizada da realidade).

[20] Clóvis Beviláqua já destacava esse aspecto: "Cândido Mendes, no *Código Filipino*, no *Auxiliar Jurídico* e no *Direito Civil Eclesiástico Brasileiro*, foi sobretudo um erudito. Todas as fontes do Direito foram por ele perquiridas, algumas restauradas e muitas outras postas ao alcance dos juízes e advogados. Possuindo grande penetração mental, como revelou em seus ensaios históricos, utilizou as suas faculdades de têmpera não comum em reunir documentos jurídicos, esclarecendo-os, quando era mister, de notas de uma erudição impecável. Não foi um criador nem um doutrinário, mas foi um investigador infatigável, que influiu sobre o desenvolvimento de nossa jurisprudência, poupando penosos labores aos estudiosos e indicando-lhes o caminho a seguir. Esse caminho conduz, pelo amor das coisas pátrias e dos monumentos do saber jurídico, à formação dos espíritos que se consagram ao estudo do Direito e à consolidação de uma doutrina jurídica nacional" (apud Villaça, 1981, p. 69).

O pensamento liberal tem ainda a tendência a observar as coisas de fora, perdendo a conexão com a existência e uma possível solidariedade com ela, enquanto o pensamento conservador prefere perder-se nas partes a visualizar o todo, evitando com isso lidar com os significados em conjunto, o que gera uma tendência ao fatalismo (teológico, natural ou histórico). Cada uma dessas concepções observa o particular de uma forma diferente: o liberal, revolucionário, enxerga-o a partir de algo que está para além ou acima dele, seja em um plano normativo superior (uma norma transcendental), seja em um plano projetado (a utopia de um futuro); já o conservador vê o particular por trás, a partir de seu passado ou de uma prefiguração em germe (Mannheim, 1999, p. 95-96).

Essa ideia ajuda a explicar o interesse historiador de Cândido Mendes (e não só dele) pelos detalhes, a sua adesão à crítica historiográfica oitocentista. E também por que faz textos monumentais, livros inteiros de introdução, e se vale desses elementos em seus discursos parlamentares, para explicar detalhadamente cada particularidade histórica e o que está no germe das questões discutidas. Pensemos, por exemplo, na questão das Cortes de Lamego: ele admite que a historiografia não as reconhece, mas o que importa é que estão no germe histórico da forma de governo portuguesa (ainda que a origem da legitimidade venha de Deus, por meio do povo) – e tudo isso para confrontar aqueles que se valem do descrédito da ocorrência de tal ou qual maneira das Cortes de Lamego para dizer que o rei retira a sua soberania imediatamente de Deus.

Mannheim (1999, p. 96) prossegue acerca desse ponto:

> Parece, então, que esse "o que reside atrás de nós" pode ser experienciado e expresso de duas maneiras: como algo que é antecedente no tempo e se encontra no passado, ou no sentido do "germe", a "essência germinal", da qual a particularidade a ser compreendida aparece como um desdobramento. Para a primeira dessas abordagens, tudo o que existe tem sentido simplesmente porque surgiu como um resultado de um desenvolvimento do passado, e para o último, porque tudo que tem uma história comum e toda objetificação de uma cultura exige uma direção básica simples, uma tendência intencional de crescimento em alma e espírito.

No caso da abordagem "germinal", o particular é concebido "caracterologicamente", como uma manifestação do projeto fundamental. Em ambos os casos, a expansão conservadora sobre o particular leva a uma intuição de totalidade, mas essa totalidade é geralmente uma totalidade concreta[21].

Prossegue Mannheim (1999, p. 96-97), contrastando o que disse com o pensamento liberal: "As expansões sobre o particular que o progressista empreende são na maioria das vezes derivadas da utopia do racionalismo e levam a uma visão *estrutural* da totalidade existente e em desenvolvimento". O autor ilustra a distinção dizendo que, enquanto a visão da totalidade de uma casa, para o conservador, consiste em uma imagem que alguém poderia ter olhando para a casa de todos os lados, em todos os cantos e por todos os ângulos, isto é, por todas as perspectivas que se apresentem como relevantes de pontos de vista concretos, para o progressista essa visão seria a de uma planta (*blueprint*), isto é, focada em um padrão de correção que não é intuitivamente concreto, mas racionalmente analisável.

Além disso, a diferença na expansão do particular entre os pensamentos conservador e progressista configura diferentes experiências de tempo: o progressista sempre experiencia o presente como o começo do futuro, enquanto o conservador tende a enxergá-lo como o último estágio atingido pelo passado. De acordo com Mannheim (1999, p. 97), a linearidade do processo histórico não é nativa do pensamento conservador, que é mais dado à antiga teoria do ciclo eterno, ou a uma noção que funde passado e presente em um só tempo (o que leva o tempo histórico a ser figurado como um espaço imaginário, com o desfazimento da sucessão, característica da experiência especulativa do tempo).

Essa "experiência espacial da história" é ainda mais marcante se levarmos em conta que a terra e o solo servem de substrato histórico, sendo cada indivíduo meramente "um modo dessa eterna substância" (Mannheim, 1999, p. 97). Isso tem implicações para a própria ideia de Estado, uma vez considerado o território como um de seus elementos constitutivos, aquele em que a vida do Estado e a própria história se sustentam.

[21] Em nota, Mannheim apresenta citações tanto de Savigny quanto de Hegel para demonstrar este último argumento, no sentido da totalidade (Mannheim, 1999, p. 204).

Sobre esse ponto, é interessante notar que não há uma total supressão da noção de sucessão no pensamento conservador. Na verdade, a sucessão é considerada como real, como existente, e serve de ancoragem para conceber concretamente a totalidade dos tempos no tempo presente, mediante uma sobreposição de passado, presente e futuro – e daí o estabelecimento de uma noção espacial de tempo histórico, que unifica os diferentes tempos em um só, o qual não é propriamente o presente como ponto de síntese, mas a mistura de todas as temporalidades. O que diverge com relação ao pensamento progressista é que para este a sucessão é concebida de forma analítica, como uma forma de apreender e sistematizar a realidade, o que permite fazer cisões entre passado, presente e futuro. A sucessão, no pensamento conservador, se perde na sua própria síntese. E o mesmo ocorre com a totalidade: todos os tempos se fundem em um e, com isso, o todo já não pode ser percebido como algo abrangente, composto por cada uma das partes. No pensamento analítico, progressista, perde-se a experiência concreta, mas ganha-se mobilidade no trato com o tempo, com a possibilidade – amplamente utilizada – de remeter o passado para trás, como algo totalmente findo, atribuindo-se fortes clivagens entre os tempos históricos, com diferentes valores a cada um deles.

A respeito de Cândido Mendes, especificamente, essas considerações ajudam a entender os acalorados ataques ao já havia muito tempo falecido Marquês de Pombal, bem como as coincidências valorativas que se encontram em seus textos entre os heréticos dos primeiros tempos da Igreja, os jansenistas e os maçons, fazendo com que a sucessão histórica se perca na mistura dos tempos, formando uma concepção espacial da história.

É importante perceber, entretanto, que a espacialização da história pelo conservadorismo não implica uma destemporalização. Pelo contrário: é o pensamento conservador que resgata e complexifica o pensamento histórico, para além das abstrações progressistas. Ao trazerem o passado para o presente, ressaltando a sobreposição das experiências históricas, ao mesmo tempo que promovem a espacialização dos tempos, os conservadores intensificam a experiência do tempo histórico.

Ademais, podemos ver nesse procedimento conservador um mecanismo para lutar contra a progressiva discrepância entre espaço de experiência e horizonte de expectativa que se vinha implementando. Essa discrepância pode ser tornada consciente – e, com isso, mais facilmente propagada e aceita – por meio da abstração progressista, que diferencia clara e expressamente o passado do presente, e ambos do futuro. Com essa concepção espacial dos tempos históricos promovida pelos conservadores, vemos uma tentativa de manter a união e a dependência entre experiências e expectativas, por meio da confusão entre ambas – ou, poderíamos dizer, desdobrando a metáfora de Koselleck (2006, p. 311), por meio da fixação do horizonte em um quadro, estabilizando-o, conservando-o entre quatro linhas bem conhecidas, subtraindo a sua capacidade de inovação, limitando seu ponto de fuga e, com isso, mantendo-o com as cores, técnicas e perspectivas de observação já conhecidas pela experiência histórica tradicional.

A participação das gerações passadas é, assim, enfatizada, ao passo que o presente é inserido na vasta experiência histórica, apresentando-se como um episódio quase insignificante (Mannheim, 1999, p. 98) – ao contrário, aponta Mannheim (1999, p. 205) em nota, da concepção de poder constituinte, conforme a qual o presente pode mudar a constituição, com base na ideia de que nenhuma geração presente pode se arrogar o direito de subjugar gerações futuras.

Segundo Mannheim, essa elevação de unidades corporativas, espaciais, ao nível de substrato histórico é partilhada entre o pensamento conservador e o subsequente pensamento proletário e socialista, configurando dois tipos de interpretação não-individualista da história. A diferença entre os dois tipos é que o conservador tende a construir a vida histórica a partir do ponto de vista de associações orgânicas, como a família, enquanto o proletário concebe novas formas de associação, as quais se configuram sobretudo como aglomerativas, em vez de orgânicas, como é o caso das classes. E, em vez da terra e do solo, são as relações industriais e produtivas que formam a base da história. Já o pensamento burguês, no meio dos dois outros, desenvolve a sua interpretação da sociedade a partir dos indivíduos e concebe a sociedade como a mera soma das partes – o que leva a um desmembramento similar na sua concepção de tempo, dividido em instantes discretos. Em resumo: enquanto o pensamento conservador é orientado em direção ao passado, que sobrevive no presente, e o pensamento burguês, portador do presente, se nutre de novos desenvolvimentos a cada momento, o pensamento proletário busca considerar e promover o futuro dentro do presente, deixando em primeiro plano os elementos do presente que apontam para formas futuras de vida social (MANNHEIM, 1999, p. 99). Mannheim conclui dizendo que há várias formas de experimentar o presente cronológico, a depender de se ressaltamos os elementos nativos do passado que persistem, ou as forças presentes em disputa, ou ainda os fatores que apontam para o futuro.

Mannheim diferencia ainda um conservadorismo inicial, que luta pela manutenção da forma tradicional de vida, em um momento de tensão no qual a forma moderna se impõe (ligado, portanto, ao tradicionalismo), de outro posterior, que eleva ao nível da reflexão e da metodologia a forma de pensamento conservadora. Conforme diz, "o modo conservador de experiência, portanto, preserva-se como era elevando ao nível da reflexão e do controle metódico aquelas atitudes perante o mundo que de outra maneira teriam se perdido para a experiência autêntica" (MANNHEIM, 1999, p. 101).

Nesse ponto, desenvolve-se a história: é quando começa a desaparecer o estágio da experiência direta que a natureza da história é descoberta, por meio da reflexão, com os esforços para desenvolver um método de pensar que pudesse resgatar a antiga atitude fundamental perante o mundo. Ao desenvolver metodicamente essa atitude, os conservadores deram forma a um novo modo de pensar, que permitiu interpretar o mundo e seus acontecimentos de uma maneira própria. Mas Mannheim não considera que todos os desenvolvimentos assim feitos se constituam na base das aspirações progressistas, como se as formas de vida antigas simplesmente morressem. Na verdade, segundo ele, esses elementos se transformam conforme as novas formas de consciência e desenvolvimento social, mantendo viva uma continuidade histórica.

Quando a experiência direta e inicial do conservadorismo, ainda presa ao tradicionalismo, se solta da sua origem e adquire um caráter autorreflexivo, instaura-se a formação de uma corrente de pensamento autônoma, com princípios metodológicos próprios. Nesse ponto, para além do esquema pré-teorético fundamental, é necessário compreender o quadro metodológico que se forma e se constitui como a base dessa forma de pensamento.

Mannheim (1999, p. 102-110) passa, então, a desenvolver as suas ideias relativas ao que chama de núcleo teorético do pensamento conservador, em que busca responder à seguinte questão: para além do esquema fundamental daquele nível pré-teorético e experiencial de que falou até então, não haveria um núcleo propriamente teórico, que fixa as bases sobre as quais o pensamento conservador se desenvolve? Em outras palavras, haveria um problema central, a partir do qual todas as questões e ideias metodológicas podem ser melhor apreendidas organicamente?

O pensamento conservador tornou-se uma entidade definida, com uma estrutura dinâmica, quando opôs-se claramente ao estilo de pensamento revolucionário-burguês e ao modo de pensar do direito natural. Ou seja, adquiriu um ponto de cristalização ao deparar-se com um oponente sistemático, tornando necessário construir um "contrassistema" (Mannheim, 1999, p. 103). Formam-se assim dois sistemas de pensamento em contínuo desenvolvimento, mais do que dois sistemas claramente diferenciáveis. O conservadorismo não quis apenas pensar algo diferente, mas pensar diferentemente do seu oponente, o que gerou não apenas novos conteúdos, mas um novo modo de pensar os conteúdos.

Para compreender a especificidade do pensamento conservador, portanto, precisamos entender o pensamento revolucionário burguês ao qual ele se opõe. Mais precisamente, o direito natural. O direito natural moderno, na visão do autor, é herança do direito natural antigo, mas incorporado à forma de pensar e às concepções burguesas. É assim mesmo que aparece aos contrarrevolucionários, que veem na Declaração de Direitos do Homem e do Cidadão e nas constituições revolucionárias os símbolos do novo modo de pensar que precisa ser extirpado, atacando-o em suas raízes[22] (Mannheim, 1999, p. 103).

[22] A respeito da Revolução Francesa e da Declaração de Direitos do Homem e do Cidadão, Cândido Mendes cita longamente o sacerdote e teólogo jesuíta Ramière, segundo o qual há duas interpretações opostas dos "*Princípios* de 89". A primeira diz que o legislador francês de então não pretendia negar a soberania de Deus e, quando afirmou que a soberania reside na nação, apenas pretendeu afirmar que o consentimento da sociedade foi necessário para dar existência, forma, sujeito e limites ao poder – o que estaria de acordo com os teólogos ultramontanos e, acrescenta Cândido Mendes, com as doutrinas de Santo Tomás de Aquino, Belarmino, Suárez "e em suma com a de toda a escola Católica moderna e antiga". Todavia, diz Ramière, "desgraçadamente, existe outra interpreta-

Após traçar brevemente o histórico da *lex naturae*, dos estoicos à modernidade, passando pelo cristianismo, Mannheim afirma que a forma moderna dessa ideia surge quando o Estado absolutista busca justificar a sua posição com argumentos seculares, abandonando fundamentações teológicas. "Mas esse direito natural secular", diz Mannheim (1999, p. 105), "rapidamente passou para as mãos daqueles que, pensando em nome do mundo burguês, viram nessa doutrina uma arma para a luta revolucionária contra a ordem jurídica dominante". Cessa a busca de validação do poder em premissas teológicas – a soberania real de origem divina, contra a qual Cândido Mendes se insurgia –, remetendo para noções abstratas – nação ou povo como titulares da soberania, teoria também combatida pelo maranhense –, concentrando no indivíduo isolado o papel central, "como corte final de apelação e como fim em si mesmo" (Mannheim, 1999, p. 105).

Assim, a fundamentação eclesiástico-teológica do direito e do poder é afastada pelo pensamento burguês revolucionário. Mas é nesse tipo de fundamentação que o conservador ultramontano Cândido Mendes baseia suas concepções de história, de direito e de mundo, rejeitando tanto o absolutismo quanto o individualismo, os quais são vistos como frutos da mesma árvore, que partilham, portanto, do mesmo mal, veiculado inclusive sob a forma de direito natural.

Isso explica por que Cândido Mendes está intelectualmente próximo de autores contemporâneos como o jesuíta Luigi Taparelli D'Azeglio, o qual busca uma fundamentação para as ciências e para o ensino alternativa ao direito natural racional e ao empirismo positivista, recuperando, para isso, a escolástica como método mais adequado. Já não se trata mais da escolástica tomista ou da segunda escolástica ibérica, e sim de uma

ção, inteiramente oposta à primeira. Por essa interpretação os *Princípios* de 1789 seriam a negação radical da doutrina do Evangelho relativamente aos direitos e deveres sociais. É indispensável que essa interpretação apareça com toda clareza, para que afinal a sociedade possa pronunciar-se com conhecimento de causa entre a Igreja e a Revolução. Em verdade é neste terreno que as duas potências devem travar o combate decisivo". Após atacar "a teoria do sofista Genebrino" (isto é, Rousseau), que seria similar à da Declaração de 1789, Ramière diz: "Cumpre dizê-lo a Igreja não pode tolerar semelhante doutrina. E por que não pode admiti-la? Porque esta doutrina é ao mesmo tempo ímpia, imoral, tirânica, e por consequência eminentemente antissocial" (apud Almeida, 1866, p. CXC-CXCV).

proposta de escolástica oitocentista, que une teoria e prática, superando o abstracionismo e o empirismo puros. Essa proposta metodológica pode ser traçada até Tomás de Aquino, que "enfatizou o valor da observação e da experiência para as ciências normativas, especialmente o direito", mas a sua defesa é feita no âmbito do debate do século XIX. Como diz Thomas Behr (2003, p. 104), "Taparelli acreditou encontrar na escolástica um método científico que poderia integrar os avanços nas ciências sociais e ajudar a desvendar as crises sociais e políticas de seu tempo".

Por outro lado, apesar de uma tendência estabelecida de associar os primeiros conservadores do período pós-Revolução Francesa, dentre os quais destaca-se Joseph de Maistre, a um reacionarismo, associado a um desejo de volta do antigo regime, contra as ideias modernas, Carolina Armenteros (2011) insiste que essa não é a melhor forma de caracterizar essa corrente de pensamento. Lembra, inclusive, que os próprios jesuítas, no início do século XVIII, tiveram certo entusiasmo com ideias iluministas, e que John Locke somente passaria a ser um autor rejeitado nos círculos católicos depois que Voltaire transformou-o em um materialista, o que levou os jansenistas a acusarem os jesuítas de mobilizar a filosofia de um sensualista. Conservadores como Maistre não seriam meramente rivais da liberdade, em nome de uma determinação providencialista da vida, mas tinham a sua própria concepção a respeito. Para Maistre, o tempo da revolução foi uma era em que a liberdade seria praticamente imobilizada, mas isso não significa que todos os tempos fossem de rígida determinação dos acontecimentos pela providência. Um texto como *Du pape*, manifesto ultramontano, seria um exemplo de que o pensamento de Maistre adota uma orientação de pensamento antiabsolutista, que flerta com o antimonarquismo. Segundo Armenteros (2011), o "conservadorismo religioso de Maistre deriva de uma forma de Iluminismo que, desejando manter um lugar para a religião na política e na sociedade, debateu sobre as liberdades políticas decorrentes da relação entre Igreja e Estado".

Algo semelhante se passa com Cândido Mendes. Ele não é, nem poderia ser, um saudosista do mundo pré-moderno. Primeiro, porque não viveu sequer a virada catalisada pela Revolução Francesa, sendo um filho já do século XIX. Segundo, porque o período que antecedeu a fundação do Império não é em sua visão um tempo de glória, mas de ataques à liberdade. Assim como Maistre, Cândido Mendes faz uma defesa fortemente antiabsolutista da liberdade, mas também decorrente das relações entre Igreja e Estado, sendo os direitos individuais mais um reflexo da garantia de uma ordem moral do que o ponto de partida para a formação da ordem jurídica.

Cândido Mendes diferencia-se de outros conservadores, como Maistre, Savigny, Hegel ou Pimenta Bueno, por inúmeros fatores, como o tempo em que viveu e escreveu, o país e a região a que está ligado mais diretamente e a sua relação com a Igreja Católica na vertente ultramontana. Identificá-lo como um conservador, à semelhança dos demais, não significa conceber uma posição política idêntica e estável, mas notar traços comuns nas suas formas de pensar.

Exemplificativamente, podemos compará-lo com Friedrich Carl von Savigny (1779-1861), o importante jurista prussiano do século XIX. Frente à razão individual iluminista, assim como o alemão questiona o apelo a um direito natural, que consistiria em uma verdadeira e obscura fonte do direito por trás dos códigos[23], Cândido Mendes aponta nisto um subterfúgio para concentrar o poder nas mãos do governo[24].

[23] Em seu rechaço à codificação na Alemanha, isto é, à instauração de um código como fonte única ou primordial do direito, Savigny (2013, p. 219) aponta, em seu famoso texto de 1814, que, entre as diferentes visões que propõem essa medida, serviu "como termo de concórdia, muitas vezes, a convicção de que há um direito natural prático ou racional, com qualquer outro nome, uma espécie de legislação ideal boa para todos os tempos e para todos os casos, que é preciso descobrir a fim de aperfeiçoar definitivamente o direito positivo". Mas, na verdade, a decorrência disso seria que a "administração da justiça será feita aparentemente segundo o código, mas de fato far-se-á segundo outra coisa, alheia ao código, a qual será, portanto, a verdadeira fonte do direito. Esta falsa aparência, porém, é extremamente nociva". E completa: "esse perigo não é infundado e se demonstrará que não só se desconhece o conteúdo singular, como também o conceito e a natureza geral dessa fonte do direito efetivamente imperante, que aparece sob os nomes mais variados, seja como direito natural, seja como jurisprudência, seja como analogia jurídica" (Savigny, 2013, p. 222).

[24] Ao comentar a Reforma dos Estatutos da Universidade de Coimbra, de 1772, Cândido Mendes critica o recurso à razão humana como critério final de definição do direito aplicável, o que já fora instituído pela lei de 18 de agosto de 1769: "pois que apurado o tal *critério*, era a razão individual do homem, em último resultado, envolvida em todos os rodeios. Mas a *razão individual* era neste caso o Protestantismo, e a anarquia no ensino, mas

A alternativa proposta por Savigny (2013, p. 226) é abordar o direito de forma histórica e sistemática, para, respectivamente, "captar com agudeza o peculiar de cada época e cada forma jurídica" e "ver cada conceito e cada preceito em uma conexão e interação vivas como um todo, isto é, em uma única conexão que seja verdadeira e natural".

Se Cândido Mendes não é o sistematizador de todo o direito civil, papel exercido por Teixeira de Freitas, com a sua *Consolidação das Leis Civis*, publicada em 1857, ele é ao menos o organizador e editor de obras de ramos distintos: das *Ordenações* vigentes (1870), acompanhadas de doutrina e jurisprudência (1869); da legislação relativa às relações entre Igreja e Estado (1866-1873); da obra de um grande comercialista, acrescida da legislação portuguesa e brasileira pertinente à matéria (1874); dos arestos do Supremo Tribunal de Justiça (1885). Quase todas acompanhadas de introduções, anotações e comentários de cunho histórico – além, é claro, das organizações de fontes históricas não diretamente jurídicas, de que as *Memórias para o extinto estado do Maranhão* (1860-1874) são um bom exemplo.

Por fim, nessa breve comparação, podemos ainda acrescentar certa falta de entusiasmo que o código provoca em ambos: enquanto o jurista prussiano declara que o que se fez em ciência do direito "ainda é pouco, e por isso nego nossa capacidade de produzir um código elogiável" (Savigny, 2013, p. 226), o brasileiro afirma que já era tempo de organizar-se o Código Civil brasileiro, como prometera o legislador constituinte, e reconhece no código o adiantamento dos povos, ordem, civilização e a fixação de uma época. No entanto, diante das "dificuldades de um Código Civil, especialmente na presente época" e da interrupção dos trabalhos de Teixeira de Freitas[25], não é uma contribuição para a elaboração direta de um código que o move, mas a organização da legislação vigente, "de colossal dificuldade para os que se dedicam ao seu estudo" (Almeida, 1870, p. V). Daí que o seu projeto seja outro:

anarquia que seria suplantada pela razão esmagadora do Poder Civil, que se tornava por fim o *verdadeiro critério*, por ser razão do mais forte, ao menos materialmente" (Almeida, 1866, p. CXXIX). Veremos este ponto de forma mais detida adiante.

[25] Sobre isso, ver Formiga (2012, p. 64-65).

> Portanto, no estado em que presentemente se acha nossa Legislação Civil, atentos os embaraços com que se luta para levar a bom termo, e em tempo curto o Código que desejamos; pareceu-nos que, como remédio provisório, não seria mal recebida pelos cultores de nossa Jurisprudência uma edição das nossas *Ordenações*, isenta de erros, e acompanhada em resumo e integralmente da Legislação subsequente que alterou, declarou ou alargou o circuito das suas disposições (Almeida, 1870, p. VI).

A postulação genérica a favor da codificação[26] que se lê na introdução ao *Código Filipino* não implica a aceitação de um sistema inteiramente novo, pautado na racionalidade, mas sim da reforma pontual de uma sociedade madura, pensada como substituição de uma regulamentação ("código") singular, por mais abrangente que seja, por outra[27]. A própria republicação do *Código Filipino* comentado aparece como um aspecto que corrobora essa característica: enquanto não são devidamente substituídas, as *Ordenações* são normas válidas, parte de nossa história e do nosso direito, não sendo necessário, nem admissível, começar tudo do zero para ajustar e resolver os problemas concretos que aparecem, pois

[26] Bem destacada, enquanto tal, por Godoy (2021, p. 209-210), que diz: "Cândido Mendes, que conhecia o trabalho de Bentham [...], era um entusiasta da codificação".

[27] Por isso, entendemos que algumas ideias de Cândido Mendes, reproduzidas por Godoy (2021, p. 210-211), precisam ser vistas com cuidado, como no trecho em que este diz: "Cândido Mendes estudou em Olinda, onde era grande a influência de Bentham e entendia que a mera palavra *código* implicava uma ideia de adiantamento e de progresso dos povos. Acrescentava que a codificação significava '[...] a ordem que sucede à confusão, a civilização à barbaria'. O código, percebia Cândido Mendes, significava também um modo de se fixar o conjunto de instituições e de ideias de uma determinada época". A própria consideração seguinte do autor aponta para o nosso argumento: "Entendia a demora pela redação, discussão e aprovação do novo Código Civil, porque '[...] a empreitada exige sabedoria, consciência, oportunidade e madureza'". Assim, ainda que estivesse a par dos debates do tempo sobre a codificação, o papel e o sentido daquilo que Cândido Mendes entendia por esse termo não podem ser simplesmente assimilados ao conceito liberal que aponta para uma reforma abstrata e sistemática. Deste modo, uma nova edição das *Ordenações Filipinas* não seria apenas um "remédio provisório", como o próprio Cândido Mendes faz parecer, mas um remédio necessário, que não poderia ser substituído de forma integral por um novo conjunto genérico, sistemático e abstrato de prescrições, o qual não poderia senão resultar em uma dose mortal para a sociedade.

o estudo detido delas pode oferecer soluções. Enquanto outros estão olhando para o futuro, afastando-se do passado e mesmo do presente, numa visão totalizante, sistemática, em busca de um novo código (inteiro, novo, racional), o conservador Cândido Mendes não rejeita a reforma na legislação, mas não a concebe da mesma maneira que os demais, e sim como uma substituição da norma herdada do passado, que ainda é presente e que, enquanto não é substituída, precisa ser entendida e aplicada. O pragmatismo que se percebe em Cândido Mendes é, nesse sentido, um dos desdobramentos de seu conservadorismo, da sua forma de experienciar e pensar o mundo, isto é, de uma atitude que não rejeita a tradição (muito pelo contrário), que possui um embasamento transcendental (a esperança centrada não nas conquistas de um progresso salvador neste mundo, mas na salvação por meio da Igreja no outro) e que busca resolver concretamente os problemas do seu tempo e do seu ambiente. Isso pode explicar, também, a sua ligação forte com a geografia e a história: por um lado, a geografia da sua nação, sobretudo do Maranhão, o seu lugar concreto no mundo; por outro, a história do direito, do seu ofício, para resolver os problemas do seu tempo.

Com essa última comparação, não queremos igualar os dois juristas, mas notar inclusive as diferenças: o professor Savigny, em seu texto de 1814, estava em luta contra um possível iminente processo de codificação alemã, ao passo que, em 1870, o deputado Cândido Mendes (que viria a ser eleito e nomeado senador no ano seguinte), já convive com a codificação, presente no Brasil desde a Constituição de 1824, passando pelos códigos criminal (1830), de processo criminal (1832) e de comércio (1850), além de outras leis que assumiam algumas das pretensões dos códigos, como o Decreto 737, de 1850, que determinava a ordem do processo comercial, mas servia na prática como código de processo civil do Império (Lopes, 2012, p. 281).

A diferença na conjuntura ajuda a explicar por que Cândido Mendes é mais aberto à ideia de código, um fato consumado ao redor do mundo, completamente rechaçada por Savigny para a sua Alemanha. Mas, justamente ao considerar a diferença de conjuntura, podemos compreender a semelhança da atitude dos dois juristas: em vez de envidar esforços para promover a codificação, isto é, para elaborar uma lei unitária que se desvincula do passado (seja por deixar conteúdos para trás, seja por dar nova ordem às matérias), ambos voltam-se para o passado e, por meio de um trabalho de erudição, buscam compreender a história do direito e sistematizar, ou ao menos organizar, o direito já existente, separando o que está vigente do que está morto. Um trabalho de jurista.

Outra comparação, novamente com um jurista, mas desta vez mais próximo e tendo em vista especificamente o significado da produção de histórias do direito, pode jogar mais luzes sobre a figura de Cândido Mendes de Almeida, antes de ingressarmos no estudo específico sobre os usos e concepções presentes em sua obra jus-histórica.

Luís Antônio Vieira da Silva, nascido em Fortaleza e graduado em direito na Universidade de Heidelberg, publicava, em 1862, a *História da Independência da Província do Maranhão (1822-1828)*. Em 1854, o jurista e político já havia publicado uma obra de história do direito: a *História interna do direito romano privado até Justiniano*. Vieira da Silva viria a ser eleito senador pelo Maranhão na mesma votação, com apenas dois votos a menos, e nomeado na mesma data que Cândido Mendes (ALMEIDA, 1982, p. 63-70). No entanto, não encontramos menções a suas obras nos escritos deste.

Se considerarmos que os autores são conterrâneos (uma vez aceita a autoidentificação de Vieira da Silva como "natural do Maranhão") (MENDES; GALVES, 2014, p. 40) e contemporâneos (Vieira da Silva viveu entre 1828 e 1889, tendo ingressado no Senado na mesma ocasião de Cândido Mendes), bem como que estão ambos situados numa mesma "atmosfera bem própria à cultura histórica do século XIX, interessada em construir um *corpus* de saber histórico que informasse a ação dos homens públicos na tentativa de organizar/administrar a vida interna das nações" (MENDES; GALVES, 2014, p. 41-42), a ausência de referência chama a atenção.

Isso pode ser explicado pela quase exclusiva referência de Cândido Mendes a autores estrangeiros, sobretudo italianos e franceses, embora vez ou outra dialogue com autores como Varnhagen ou Pereira da Silva, geralmente para criticar suas interpretações, de modo que Vieira da Silva não seria uma excepcionalidade no pouco diálogo com brasileiros nos escritos de Cândido Mendes.

Ademais, se Vieira da Silva estava preocupado com uma inserção rápida na alta política nacional, produzindo um livro para servir à recém-criada cadeira de Direito Romano e outro relativo à história da província à qual a sua carreira política estava ligada, Cândido Mendes tinha motivos e ligações algo diferentes. Embora não fosse de família pobre[28], seu pai não fora Conselheiro de Estado, Ministro e Presidente do Tribunal da Relação do Maranhão (Mendes; Galves, 2014, p. 40). A sua ascensão, portanto, dependia um pouco mais de seu próprio esforço.

Esse esforço foi dirigido à construção de uma carreira como a de todos os que iam subindo nos cargos políticos: começa como professor de liceu e promotor público, passa a deputado e depois a senador. Nesse percurso, ainda exerce as atividades de periodista, advogado, secretário de governo e diretor de seção no ministério da justiça. Mas, no seu caso específico, o caminho trilhado foi se delineando para a defesa de uma noção específica de Estado: não exatamente aquele projetado a partir da Corte, nem aquele imaginado nos alpendres das fazendas de potestades locais. Cândido Mendes rumou desde cedo à Corte, sem se desvincular da sua terra, mas o Estado brasileiro que almejava e pelo qual lutou não fortalecia aquela como o Imperador e os saquaremas desejavam, nem abria tantos espaços para as elites locais como estas pretendiam.

O Estado digno dos esforços do Cândido Mendes privilegiava um terceiro ator, o qual, à diferença dos dois primeiros (Corte e elites locais), era externo: a Igreja Católica Apostólica Romana. Por isso, dentre outras coisas, não é uma história do direito romano que ele produz, mas uma história e uma compilação de direito eclesiástico. Ainda assim, as suas histórias estão perfeitamente adequadas – talvez mais do que a maioria – à ideia de guiar as ações dos homens na administração da vida interna da nação, pois são histórias do direito voltadas para a organização e interpretação do direito vigente (embora sem desprezar o não vigente), a fim de dar subsídios para que aquele direito fosse devidamente conhecido e aplicado pelos juristas.

[28] Como Ítalo Santirocchi (2014, p. 64) ressalta, em contraposição à afirmação comum de que Cândido Mendes nascera em uma "pequena e humilde freguesia do Maranhão", sugerindo-se uma infância pobre, em local de pequena importância, na realidade, "Cândido Mendes provinha de uma família de importância política e econômica no Maranhão. Era membro dos potentados locais, em uma cidade que, mesmo sendo humilde, possuía um posicionamento estratégico, pois fora disputada ferozmente durante a Balaiada, sendo o último local a ser pacificado".

Voltando a Luís Antônio Vieira da Silva, é curioso notar que, após as duas referidas publicações de cunho historiográfico, "ateve-se a escrever para periódicos e a imprimir discursos parlamentares e poemas", vindo a lamentar o fato de "abandonar o estudo que encetara com ânimo de instruir-me". Mendes e Galves (2014, p. 43-44) dizem que "talvez a dinâmica da vida política tenha-o afastado de outras incursões pela pesquisa histórica, trabalho que exige tempo e dedicação".

Inclinações pessoais certamente têm um papel na escolha das atividades a que se dedicar, bem como o tempo disponível para fazê-lo. No entanto, a contraposição com Cândido Mendes permite explorar interpretações de ordem menos pessoal: por que Vieira da Silva teria cessado seus estudos e publicações historiográficas, enquanto Cândido Mendes prosseguiu os seus?

A atuação parlamentar quase incessante foi comum a ambos, que por isso talvez não tivessem o tempo necessário para dedicar-se aos livros. Mas Cândido Mendes fez desses estudos, justamente, uma de suas mais poderosas armas e distinções na política nacional. As suas obras foram lidas por estudantes e citadas por tribunais, enquanto a sua erudição histórica transbordou a escrita acadêmica para ser uma importante aliada na tribuna.

Por que, então, ambos possuindo interesse pela história em geral, e pela história do direito em particular, um continuou e o outro cessou o cultivo desse saber? Parece-nos que a inclinação pessoal não responde a essa pergunta, já que ambos a possuíam. Uma resposta mais apropriada tem caráter mais histórico-sociológico: naquele contexto de Segundo Reinado, que polarizava liberais e conservadores – ambos os partidos internamente complexos, mas intrinsecamente ligados ao poder, sucedendo-se nas cadeiras de governo e oposição –, algumas forças um pouco dissonantes alimentavam-se de ideias e métodos que não eram os mais requeridos e utilizados na peleja parlamentar cotidiana, sendo necessário um fundamento mais específico para desviar-se do comum. Cândido Mendes, apesar de pertencer à disputa partidária e ao cotidiano, representava uma dessas forças que não eram nem irrelevantes, nem centrais: o ultramontanismo.

Sendo o Brasil um país independente havia apenas algumas décadas, mas com um enorme passado colonial, dominado pelo Portugal católico, o conhecimento dos acontecimentos de outrora e das linhas de continuidade e ruptura apresentava-se como a melhor forma de resgatar o papel da Igreja, que há muito vinha se perdendo, embora mantivesse a sua ligação com o Estado pelo cordão do artigo 5 da Constituição Política do Império, que declarava que "a Religião Católica Apostólica Romana continuará a ser a Religião do Império". Deste modo, o estudo histórico, que para Vieira da Silva seria um desvio da política, agora que já se assentara solidamente como um membro do parlamento imperial, para Cândido Mendes apresentava-se como uma das principais armas em defesa da política em que acreditava.

Retrato disso é o fato de que, por encaixar-se de maneira mais orgânica na institucionalidade governamental, Vieira da Silva foi admitido como sócio correspondente do IHGB já em 1863, um ano após escrever a sua história da independência da província do Maranhão – interessado, talvez, em "demarcar espaço como o primeiro historiador da província dedicado à sua fase nacional" (MENDES; GALVES, 2014, p. 45). Cândido Mendes, por outro lado, que publicara três anos antes as *Memórias para a história do extinto estado do Maranhão*, centradas no período colonial, voltado a uma história mais conservadora, continuísta e, podemos dizer, de um Brasil sob determinados aspectos menos independente, parece ter sofrido mais restrições para ser aceito naquele instituto. Apesar da indicação de Varnhagen a D. Pedro II em 1853, ele somente viria a ser admitido sócio em 1869, na qualidade de correspondente, vindo a tornar-se sócio honorário em 1878, já autor de vasta e profunda obra, por sua idade avançada, aliada ao consumado saber e à distinta representação de que dispunha[29] (VILLAÇA, 1981, p. 34-35).

[29] As categorias básicas de sócios eram os efetivos, os correspondentes e os honorários, além dos quais havia ainda os beneméritos e os presidentes honorários (DOMINGOS, 2009, p. 162-163), além do protetor imediato, S. M. I. o Sr. D. Pedro II. O artigo 4º dos estatutos do IHGB distinguia as categorias: "O instituto consta de cinquenta sócios efetivos, vinte e cinco pertencentes à seção de história, e vinte e cinco à de geografia; de um número ilimitado de sócios correspondentes tanto no Império, como em nações estrangeiras; e de sócios honorários, cujo título será conferido às pessoas que, por sua avançada idade, consumado saber e distinta representação, estejam no caso de dar crédito ao Instituto, ficando por conseguinte dispensados dos encargos ordinários a que estão sujeitos os outros sócios" (Extracto ..., 1839, p. 18). A *Revista* de 1880, tomo XLIII, parte I, trazia uma relação

Na história do direito que fazia, Cândido Mendes não se pautava em um conceito acadêmico-disciplinar dessa prática, haja vista ter escrito em um momento anterior à institucionalização da disciplina no Brasil.

Como ressalta Jean-Louis Halpérin (2012, p. 866), o uso do argumento histórico em direito é antigo, mas a elaboração de pesquisas sistemáticas acerca da história do direito é moderna, sendo que somente no século XIX constitui-se uma disciplina acadêmica pautada no postulado da historicidade do direito.

A história do direito já aparecia, até esse momento, sob duas formas principais de abordagem: ou era a história do direito enquanto forma específica de abordagem, que tinha como exemplos Mello Freire e Coelho da Rocha, ou era uma história do direito anexa, instrumental, desenvolvida no bojo de textos doutrinários, com destaque para os civilistas, que concentravam a maior parte do pensamento jusfilosófico.

Após a institucionalização da história do direito como disciplina no currículo dos cursos jurídicos – primeiramente, prevista como "História do direito nacional", pelo Decreto n. 9.360 de 1885, e posteriormente instituída pelo Decreto n. 1.232 H de 1891, em duas cadeiras, "Filosofia do direito/ História do direito" e "História do direito/ História do direito nacional" (PESSO, 2018, p. 299-300) –, os primeiros manuais específicos, de ampla repercussão, surgiriam na década de 1890, com a *História do direito nacional* (1895) e o *Compêndio de História Geral do Direito* (1898), ambos de José Izidoro Martins Junior, lente da faculdade de direito do Recife, sob a forma de um evolucionismo idealista[30]. O lente da faculdade de direito de São Paulo, de sua parte, em 1896, proferia um discurso

nominal de todos os sócios atuais do IHGB, constando que o "Senador Cândido Mendes de Almeida", que ingressara em 1869 (isto é, quando ainda não era senador), tinha a condição de sócio honorário, a qual contava com poucos representantes, comparada com as demais categorias. Contamos, entre os sócios nacionais listados, 36 efetivos, 134 correspondentes e 7 honorários (Joaquim Norberto de Sousa e Silva, em 1841; Dr. Joaquim Manoel de Macedo, em 1845; Dr. Agostinho Marques Perdigão Maneiro, em 1849; Visconde do Bom Retiro, em 1855; Visconde de Mauá, em 1856; Barão Homem de Mello, em 1859; e Senador Cândido Mendes de Almeida, em 1869). Dentre os sócios estrangeiros listados, contamos um efetivo, 129 correspondentes e 36 honorários, totalizando entre brasileiros e estrangeiros 37 sócios efetivos, 263 correspondentes e 43 honorários (Relação ..., 1880, p. I-XI).

[30] Assim o seu pensamento é caracterizado em um texto de José Reinaldo de Lima Lopes

inaugural a seus alunos, defendendo a autonomia científico-disciplinar da matéria[31] (COUTINHO, 1896).

Compreender a história do direito de Cândido Mendes de Almeida implica não fazer um enquadramento prévio e definitivo em nenhuma dessas formas. Sem pretender semelhante autonomia da história do direito enquanto ciência ou disciplina, Cândido Mendes eleva-a, enquanto prática, à posição de saber central para a organização da vida social. Sem grandes formulações teóricas ou projetos acadêmico-disciplinares, a história do direito simplesmente se apresenta, na pena do autor, como um meio essencial para apreender o mundo e definir o direito.

Por meio da história do direito, fala-se o que aconteceu e o que deixou de acontecer e, simultaneamente, fala-se o que é certo e o que é errado, o que é justo e o que é injusto. Assim, educam-se as pessoas, fornecendo-lhes a um só tempo conhecimento (verdade) e critérios de julgamento (moral), e propugna-se pela restauração do que foi perdido, pela manutenção do que é bom e pela construção de um mundo melhor – sempre segundo a visão de mundo esposada pelo autor estudado.

A utopia que daí decorre não é esboçada em projetos abstratos, assim como a avaliação política do mundo atual não é vista como um jogo de interesses puramente contingentes. O que se espera do futuro e o que se vê no presente pautam-se, indissoluvelmente, no conhecimento e no julgamento do passado. Existe uma continuidade dos acontecimentos, com a permanência do que é justo, apesar das ameaças, desvios e violências,

dedicado ao tema da independência na obra histórica de Martins Junior, cuja leitura o autor gentilmente nos permitiu antes de sua publicação.

[31] Dizia Aureliano Coutinho (1896, p. 39-40): "Cada uma dessas formosas e dilatadas províncias do saber humano [o Direito e a História] conta cultores que nos legaram o fruto de suas elucubrações, como base e ponto de partida para as nossas. Mas são por demais escassos os elementos de estudo sobre o consórcio destas duas disciplinas, formando o quadro de uma nova ciência, por isso que as investigações têm até hoje recaído mais sobre a história do direito particular de cada nação do que sobre a história geral do direito". Sobre a história da história do direito nos currículos dos cursos jurídicos no país, ver Ferreira (1962) e, mais recentemente, considerando a sua reintrodução a partir do final da década de 1980, Lopes (2018a). Ambos os autores destacam a produção intelectual de Cândido Mendes, situando-o antes da fase em que matéria assume estatuto de disciplina. Nesse mesmo sentido, cf. Lopes (2018b).

frutos da arbitrariedade. E existe uma perpetuidade dos parâmetros de julgamento, amplificados em direção ao passado e ao futuro, de forma a embaçar as distinções temporais e criar uma ideia de ubiquidade: todos, no passado como no presente, podem ser julgados segundo os mesmos critérios.

A história do direito é, desta maneira, não apenas a escrita que representa o mundo, mas a base que sustenta a vivência social. A narrativa e o acontecimento se confundem. Contar a história do direito é apresentar as entranhas da sociedade. Tendo como eixo a existência da Igreja, antecedida pelas únicas verdadeiras transformações, promovidas pelas revelações divinas (a apresentação da Lei por Deus, o aparecimento de Cristo), a história do direito é mais um campo de batalha do que um processo histórico. Os acontecimentos, em sua contingência, são pequenos golpes e esquivas em uma arena de luta que se mantém continuamente, o que permite tratar os wiclefitas, os jansenistas e os maçons lado a lado, como cúmplices de um mesmo crime. Pombal é atacado como se fosse contemporâneo de Cândido Mendes. Igualmente, Jorge de Cabedo, Gabriel Pereira de Castro, Mello Freire e tantos outros. Isso porque, de certa forma, o são: a história do direito, tal como construída e utilizada por Cândido Mendes, tem esse poder de tornar contemporâneos aqueles que, cronologicamente, estão distantes. Colocadas lado a lado na narrativa personagens a princípio tão distintas e distantes, postas frente a frente as figuras históricas tratadas no texto e o escritor que desfere seus ataques de desforra, instaura-se a contemporaneidade do não-contemporâneo.

Por isso, compreender os usos e as concepções de história do direito na obra de Cândido Mendes de Almeida não é apenas entender como uma pessoa que escreveu cento e cinquenta anos atrás pensava. É, para muito além disso, apreender como a história do direito pode ser mobilizada para estabelecer determinadas formas de lidar com a temporalidade – o que implica formas de conceber o mundo, de manobrar a política e, inclusive, de praticar o direito.

CAPÍTULO 2
OS USOS DA HISTÓRIA DO DIREITO POR CÂNDIDO MENDES DE ALMEIDA

Ao dirigir a atenção aos usos da história do direito, partimos da premissa de que os discursos nesse âmbito, sejam escritos, sejam orais, não são meras constatações de fatos pertinentes a uma realidade inerte, por um sujeito que os observa de fora. Ao elaborar discursos sobre o direito, considerado em sua historicidade, o autor é também um agente histórico, que participa do mesmo tipo de realidade institucional de que fala ou escreve, de modo que toda afirmação historiográfica sobre o direito implica algum tipo de ação sobre o seu objeto. Fazer história do direito, portanto, é sempre mais do que meramente fazer constatações frias. Implica um arcabouço conceitual e temporal presente, com experiências e expectativas que impactam a narrativa e, assim, o próprio objeto do discurso.

O termo "uso" é ambíguo e foi escolhido justamente por isso, pois aponta para diferentes dimensões relativas ao que é feito da história do direito pelo autor. Dessa opção, no entanto, surge a necessidade de uma breve explicação acerca das dimensões dos usos que vamos abordar e da forma como o faremos.

Por usos da história do direito, a princípio, temos em vista as intenções de Cândido Mendes, no sentido especificado no próximo item, enquanto aquilo que o autor está fazendo quando escreve história do direito. Como veremos, essa noção se diferencia da ideia de motivos e envolve atos locucionários, embora tenha como principal objeto de atenção os atos ilocucionários (que envolvem as intenções de Cândido Mendes em escrever o texto, apresentando argumentos e inserindo-se nos debates) e perlocucionários (que envolvem as suas intenções ao escrever o texto, buscando produzir efeitos sobre o público leitor). É disso que trataremos no item inicial deste capítulo.

Já no segundo item, o que abordaremos é não para quê, mas como Cândido Mendes utilizou a história do direito. Ou seja, trataremos a forma dada a suas histórias do direito, tendo em vista o gênero literário, as estratégias argumentativas, os estilos de escrita e a articulação dos conceitos.

Resta, além dessas duas dimensões dos usos da história do direito – isto é, para que o autor a desenvolve e como a constrói –, uma terceira: em que âmbitos discursivos essa história aparece, em quais contextos de lutas e debates. Poderíamos dizer: "onde" ele usa a história do direito. Por ora, esse aspecto aparecerá diluído no texto. Mais à frente, no último capítulo, quando abordarmos a questão da justiça e das causas de Cândido Mendes, essa dimensão voltará a aparecer com mais força, uma vez que intimamente conectada com os debates em que ele está envolvido.

2.1 As intenções na escrita da história

> O Sr. Pacheco: "– Já se vê que é um gosto fazer opposição".
>
> JOAQUIM JOSÉ PACHECO
> *Anais da Câmara dos Deputados*, sessão de 15 de maio de 1850

A produção de discursos nunca é um ato isolado, ou seja, essa é uma atividade que está sempre envolvida em um contexto. Para além da constatação óbvia de que todo discurso é escrito ou proferido em um determinado âmbito social, há a afirmação teórica, menos evidente e que possui implicações específicas, de que o discurso faz parte de um determinado contexto linguístico.

Conforme explica John Pocock (2013, p. 64-65), "para cada coisa a ser dita, escrita ou impressa deve haver uma linguagem na qual ela possa ser expressa. A linguagem determina o que nela pode ser dito, mas ela pode ser modificada pelo que nela é dito". Assim, todo discurso, todo ato de fala, pressupõe uma linguagem – no interior da qual há, ainda, sublinguagens (idiomas, retóricas, jogos de linguagem distinguíveis) –, em que os discursos estão inseridos e que, por sua vez, é modificada por eles.

É nesse âmbito discursivo, considerando o contexto linguístico em que está envolvido, que buscamos compreender o pensamento de Cândido Mendes – pensamento que, enquanto tal, é inapreensível, mas, uma vez enunciado, passa a ter uma história, a qual pode ser vista como uma interação entre o ato de fala e a linguagem (Pocock, 2013, p. 64). Nesse sentido e dessa forma, o pensamento de um agente histórico como Cândido Mendes pode ser reencenado (*re-enacted*) (Collingwood, 1994).

A pergunta que move este item é: para que Cândido Mendes de Almeida escrevia histórias do direito? Trata-se de investigar quais as suas intenções nessa prática. Isso não significa, todavia, inquirir acerca de suas motivações pessoais, consideradas de maneira subjetiva ou até mesmo psicologizante, ou então identificar condicionamentos ou determinações sociais para as suas ações individuais. Embora esses elementos pessoais e sociais não sejam desprezíveis, uma investigação acerca das intenções se move naquele âmbito de relações entre *parole* e *langue*, entre ato de fala e linguagem, entre o discurso e o seu contexto linguístico.

Em texto no qual debate a possibilidade de fixar-se regras para a interpretação dos textos, Quentin Skinner (1972) ataca a questão acerca da relevância ou irrelevância das intenções e motivos do autor na compreensão do sentido do texto[32]. Para enfrentar os anti-intencionalistas, isto é, aqueles que a partir de uma série de argumentos rejeitam a intromissão do elemento autoral na interpretação, ele mostra que há uma relevante distinção, que precisa ser levada em conta, entre intenção e motivo: enquanto as intenções dizem respeito a qual ato de fala o autor está efetuando (se está brincando, falando sério, sendo irônico), os motivos remetem ao que engendrou o ato de fala em questão. Com base nisso, os argumentos de Skinner levam à compreensão de que as intenções são constitutivas do discurso, especialmente quando são consideradas na dimensão da força ilocucionária, não podendo ser desconsideradas na interpretação do sentido – ao menos, quando por sentido (*meaning*) se entende o que o autor quis significar com o que disse[33]. Já os motivos

[32] Apesar de esses argumentos de Skinner fazerem parte de um debate mais diretamente voltado às obras de arte, a base filosófica dos questionamentos acerca do que é o sentido ou significado de um texto, da relevância das intenções e motivos no ato de interpretação e da possibilidade de se estabelecer regras gerais de interpretação abrangem a hermenêutica de textos em geral.

[33] "*What does the writer mean by what he says in his work*" (SKINNER, 1972, p. 397).

podem considerar-se externos ao texto, guardando com ele uma relação contingente, o que faz com que possam ser irrelevantes para a compreensão de seu sentido (Skinner, 1972, p. 402).

Como no caso deste trabalho os textos estudados são objeto de uma investigação histórica, não artística, e a pesquisa é feita com o objetivo de compreender uma forma de pensar e os usos dos discursos veiculados pelos textos, a contingência da relação entre o escritor e a sua obra não é irrelevante, uma vez que constitutiva da própria realidade histórica. Por essa razão, os motivos não nos parecem irrelevantes, de modo que as causas externas (considerando-se o termo "causa" em um sentido bastante amplo), envolvendo o contexto social e as disputas políticas e jurídicas, são levadas em consideração.

Apesar disso, a nossa preocupação neste item está voltada sobretudo para as intenções do autor. Igualmente, não em um sentido subjetivista ou psicologizante, mas encarando a intencionalidade como um elemento ínsito ao discurso. Compreender as intenções do escritor em escrever o texto[34], ou seja, suas intenções ilocucionárias, leva-nos a descrever o que ele devia estar fazendo em sua escrita, isto é, atacando ou defendendo uma linha argumentativa específica, criticando ou contribuindo para uma particular tradição discursiva ou algo do gênero. E, por outro lado, compreender as suas intenções ao escrever o texto, ou seja, suas intenções perlocucionárias, traz ao centro da discussão os efeitos que o autor pretendeu alcançar por meio dele (Skinner, 1972, p. 403-404).

É esse o sentido mais destacado que damos à ideia de "usos da história do direito" por Cândido Mendes. O que buscamos compreender são as intencionalidades que moveram a escrita de textos de história do direito por esse jurista brasileiro do século XIX, considerando-se tanto as pretensões intrínsecas à construção dos discursos quanto os efeitos buscados por esse meio. Por isso, inicialmente, exploraremos indistintamente as intenções perlocucionárias (os efeitos que Cândido Mendes buscou alcançar com esses textos) e as ilocucionárias (como ele se inseriu nos debates, apresentando argumentos e contribuindo para determinadas

[34] Apesar de soar estranho em português, Skinner – inspirando-se em Austin (1962) – faz uma distinção relevante entre a intenção em escrever [*in writing*] e a intenção ao escrever [*by writing*] o texto, explicada a seguir.

tradições discursivas), para depois tratarmos da forma que ele deu a seus discursos. No próximo capítulo, com o aprofundamento da concepção que Cândido Mendes tinha do direito e da história e das causas em que ele se envolveu, poderemos fazer uma avaliação mais completa, defendendo a ideia de que fazer história do direito, usando-a com determinadas intenções, a partir de uma determinada visão de mundo, foi uma forma privilegiada que esse jurista brasileiro encontrou para fazer justiça.

2.1.1 Para glória da Igreja

> [...] E porque como Rei e Senhor Soberano, que no temporal não reconhece Superior, como Supremo Magistrado, como Padroeiro, e Protector de todas as Igrejas dos meus Reinos, e como Defensor nelles da observancia dos Canones, e Disciplina Ecclesiastica e da Paz publica das Igrejas e dos Estados delles, e para manter todos os meus vassallos de um e outro Fóro na perfeita tranquillidade, etc. etc.
>
> Carta Régia de 16 de maio de 1774
> *In*: Almeida (1866, p. CCCLXXXVIII) [35]

> Que os Gallicanos que queriam impor a supremacia do Estado sustentassem tão revoltante doutrina, comprehende-se; mas repugna á rasão e á consciencia que o faça um verdadeiro Catholico. Seria a destruição do mais precioso bem da Igreja, a sua liberdade.
>
> CÂNDIDO MENDES DE ALMEIDA
> *Direito Civil Eclesiástico Brasileiro* (1866, p. CCCLI)

A partir da caracterização dos usos da história do direito como a efetuação desse tipo de discurso para participar dos debates e tentar influenciar os rumos sociais, o primeiro uso que merece destaque é a defesa da Igreja Católica. Diante da identificação do conservadorismo ultramontano

[35] Carta régia atribuída por Cândido Mendes ao "sangrento e pedante Ministro" Pombal, a qual "o Patriarca servilmente subscreveu".

como cerne do pensamento de Cândido Mendes, não poderia ser diferente, haja vista o caráter dominante desse uso, que figura em primeiro lugar entre as preocupações do jurista-historiador e possui implicações no significado de outros usos que serão tratados na sequência.

Falar da defesa da Igreja no Brasil do século XIX, ainda mais no bojo de um estudo sobre Cândido Mendes de Almeida, que advogou em defesa do bispo de Olinda perante Supremo Tribunal de Justiça, traz imediatamente à mente a famosa questão religiosa, cujo clímax ocorreu entre 1873 e 1874, justamente com o processo e julgamento daquele prelado e do bispo do Pará, por se recusarem a cumprir ordens da autoridade civil. Todavia, em que pese a relevância desse acontecimento, que configura o ápice das disputas entre Estado e Igreja no país, as tensões desenrolaram-se ao longo de todo o século. Deste modo, para além e antes da atuação judicial, o envolvimento do maranhense e de outros agentes, clérigos e leigos, em defesa da Igreja, já vinha ocorrendo havia anos, de que é prova o fato de que o primeiro volume do *Direito Civil Eclesiástico Brasileiro*, onde está contida a introdução histórica altamente combativa, data de 1866.

Mas, como dito, as disputas vêm de muito antes, envolvendo discussões sobre a vigência e extensão do padroado, a elaboração de uma concordata e a instituição do matrimônio civil, dentre outras questões, transpassadas por uma delicada relação diplomática, como bem mostra o trabalho de Ítalo Santirocchi (2015).

Sem pretender voltar excessivamente no tempo, é preciso retratar, ainda que brevemente, as transformações perpetradas durante o reinado de D. José I. Com efeito, não é sem razão que o ministro plenipotenciário desse monarca, Sebastião José de Carvalho e Melo, o Marquês de Pombal, aparece como um arquirrival nos textos de Cândido Mendes. Afinal, os princípios do regalismo pombalino, baseados na ideia de que as regalias teriam como origem o poder dos imperadores romanos e antigas concessões papais, continuaram a guiar a política religiosa do Brasil independente (Santirocchi, 2015, p. 53).

Essa atuação do governo português não tinha a Igreja Católica como exclusivo oponente, mas qualquer poder que se dispusesse a disputar espaços com o real. Assim, para combater os outros poderes, foram promovidas inúmeras reformas de Estado, no sentido de maior centralização, a partir de uma política "votada de maneira firme e inabalável à eliminação sistemática de todas as formas de oposição ao poder do Estado absolutista" (FALCON, 2017, p. 37). Não havia, segundo Falcon (2017, p. 51), setores que escapassem ao controle da ideologia dominante, imposta pelo governo, o que implicava, com relação à Igreja, um "esvaziamento do poder eclesiástico ou, pelo menos, sua submissão total à autoridade monárquica", de que foram exemplos a reforma da Inquisição e a criação da Real Mesa Censória, bem como o ambiente que se construiu no âmbito da literatura e das artes.

Nesse contexto, como diz Santirocchi (2015, p. 53), o governo português e os juristas mais diretamente ligados ao poder trabalharam para a formação de um corpo doutrinário destinado a "defender a supremacia do poder real sobre o eclesiástico". Defendia-se que os padres deveriam apenas atuar como moralizadores e educadores do povo, instruindo e dando exemplo de conduta moral, de modo a "ajudar o poder civil a exercer o controle sobre as consciências dos seus súditos".

A Universidade de Coimbra tornou-se a principal instituição dedicada à divulgação da cultura iluminista, o que impactou sua faculdade de direito, onde formaram-se gerações de juristas brasileiros, em razão da inexistência de centros de formação superior no Brasil. Diante disso, quando criados os cursos jurídicos de Olinda e de São Paulo, em 1827, os juristas que viriam ocupar as cadeiras como lentes das diversas disciplinas haviam sido formados naquele ambiente e estavam embebidos, ainda que de forma variável, naquela cultura. Com efeito, como diz Lopes (2012, p. 324), "o Brasil reproduziria em grande parte o enfoque adotado em Coimbra (apesar da opinião contrária de alguns)", na linha da reforma pombalina de 1772, com a pretensão de ilustração e de uma racionalidade moderna, dedutivista e sistemática.

Diante da difusão da nova cultura, instaurada pelas reformas iniciadas no reinado de D. José I, grande parcela da população letrada passava a rejeitar a tradição, mesmo que parcialmente, em nome de uma forma de pensar e viver que seria mais racional, fosse pela centralização do poder, fosse pela liberalização político-econômica. Dentre as pessoas influenciadas pela nova cultura, incluíam-se inúmeros padres, tanto no reino quanto na colônia, inclusive no âmbito de corporações religiosas regulares, como os beneditinos e franciscanos do Rio de Janeiro e do seminário de Olinda, o qual chegou a ser chamado por Muniz Tavares de "Nova

Coimbra" (Santirocchi, 2015, p. 54-55). Esses prelados assumiam a incumbência de promover a educação moral ilustrada da população, vista como portadora de um catolicismo supersticioso e ignorante.

Essa nova cultura coimbrã, símbolo de um conjunto mais amplo de reformas em Portugal, que se irradiava para além do reino e se instalava no Brasil, onde já havia grupos sociais propensos a ideias liberais e mesmo revolucionárias (basta lembrar de movimentos como a Inconfidência Mineira), é encarada no século XIX como um ponto decisivo da história recente e da formação nacional, não somente por seus entusiastas, que reivindicam a herança ou simplesmente tratam o assunto como página virada da história, mas também por seus detratores. Dentre estes, um grupo que se sente especialmente afetado são os clérigos e fiéis que defendem uma Igreja Católica forte, soberana e universal, os quais, por contraposição ao clero liberal e regalista, são chamados de ultramontanos.

Cândido Mendes de Almeida destaca-se como um dos "campeões" dessa corrente e usará os meios que tem à disposição – jornais, foro, tribuna, prensa – para defender a Igreja. E uma de suas principais armas será precisamente a história do direito, por meio da qual busca resgatar o histórico de tensões entre os poderes civil e eclesiástico, a fim de demonstrar o quanto aquele foi pouco a pouco usurpando a jurisdição do último.

Cumpre notar, todavia, que o próprio discurso combatido, embora reconhecidamente inovador, buscava fundar sua legitimidade na tradição. Mesmo a Lei de 18 de agosto de 1769, que ficaria conhecida como "Lei da Boa Razão", apesar de pautar-se em um discurso ilustrado, não se propunha explicitamente como ruptura, mas como o "desenvolvimento natural de premissas já contidas nas antigas ordenações, e como restaurador de uma ordem conturbada pela chicana dos advogados e pela má compreensão dos juízes que teriam transformado o direito romano, de subsidiário, em direito único" (Falcon, 2017, p. 39).

Esse discurso de restauração, com remissões a um passado legitimador que precisaria ser resgatado, é generalizado no processo de reforma do final do século XVIII. Como afirma Santirocchi (2015, p. 58),

> as bases onde se apoia o discurso justificador do regalismo português são as referências à igreja primitiva, aos direitos dos imperadores romanos, ao

direito divino dos reis, às antigas concessões pontifícias ou imperiais, aos antigos concílios e ao direito de autonomia das igrejas nacionais. É no passado, na tradição, que o pombalismo buscava construir o seu discurso regalista e legitimar a sua prática.

Assim, ao atuar no campo da história do direito, oferecendo contrajustificações ao discurso regalista, corrigindo-o e contando a história que considera verdadeira, Cândido Mendes busca dominar um terreno no qual os reformadores civis se moveram para executar as suas ofensivas e ampliar o seu espaço jurisdicional. O ultramontano, estrategicamente, aponta as falsidades do relato pombalino e, com isso, mina as justificações de suas medidas, apontando-lhes a ilegitimidade e a injustiça. Como consequência, habilita-se a questionar a validade de leis e de institutos, que se fundam nas mentiras agora escancaradas.

Deste modo, o uso da história do direito para defender a Igreja está longe de ser uma excentricidade da parte de Cândido Mendes, ao menos em princípio. No entanto, quando a escreve, já se passaram quase cem anos das reformas em Portugal, o Brasil está independente e a cultura jurídica mundial (ao menos aquela afetada, direta ou indiretamente, pela cultura europeia) está em grande medida transformada. Ainda assim, Cândido Mendes escolhe esse caminho, no qual há campo bastante fértil para as suas reflexões.

Ao longo deste trabalho, a defesa da Igreja virá à tona inúmeras vezes. Por ora, o que importa é apenas ilustrar o uso da história do direito com essa intenção. A própria elaboração da compilação de normas de direito civil eclesiástico brasileiro, acompanhada de sua introdução histórica, configura a mais patente prova desse uso. Entretanto, a apresentação de alguns argumentos específicos utilizados por Cândido Mendes auxiliará na compreensão dessa dimensão de sua historiografia jurídica.

Um tema central no debate entre regalistas e ultramontanos naquele contexto é o do padroado[36], objeto de uma das partes da introdução ao

[36] A explicação sintética de Santirocchi (2015, p. 49) basta para um primeiro entendimento acerca desse instituto, que se dividia em dois, o real e o ultramarino: "O padroado real dava ao monarca o direito de apresentar os benefícios maiores (bispos e arcebispos), além de usufruir de parte dos dízimos pagos pelos fiéis em território português. Já o padroado

Direito Civil Eclesiástico Brasileiro, em que Cândido Mendes defende a tese de que, conforme o direito canônico, o governo do Brasil não tinha o direito do padroado – dentre outros motivos, por culpa do próprio governo, uma vez que a Bula *Praeclara Portugalliae* do papa Leão XII não fora recebida (Almeida, 1866, p. CCLXXXI).

Após uma série de argumentos e transcrições de autores e documentos, Cândido Mendes sintetiza um ponto que lhe parece decisivo, logo após confrontar a transformação dos empregados eclesiásticos em funcionários civis do Estado:

> O Padroado é criação da Igreja, e vive do seu influxo, também não dá direito senão para a apresentação de candidatos aos Empregos da Igreja, e por virtude desse privilégio a defender a própria Igreja e suas instituições. Como daqui concluir que o defensor pode-se tornar o destruidor dessas instituições? (Almeida, 1866, p. CCCL).

Desse trecho, depreende-se que a rejeição que Cândido Mendes opõe ao padroado – isto é, a um instituto que teria como efeito prático a transferência de determinados poderes da Igreja para o Estado – é feita com base em pelo menos três aspectos: a origem, o direito e a natureza.

Quanto à origem, a longa dissertação do autor busca demonstrar como, historicamente, o controle do padroado nunca saiu das mãos da Igreja – ao menos não legitimamente –, com a consequência de que, tendo-se originado da Igreja, a ela pertence. Ou seja, trata-se de um reconhecimento de poder em função das origens: se historicamente foi criado pela Igreja, apesar de invasões e confusões ao longo dos séculos, esse poder lhe pertence. É o recurso ao passado, mais especificamente ao ponto de criação, para definir a disputa.

Quanto ao direito, Cândido Mendes afirma que o padroado confere apenas um direito ao Estado, o de apresentar candidatos para ocupar cargos na Igreja. Não se trata de um direito subjetivo em sentido moderno, contudo, reconhecido ou permitido a todos pela lei, mas do

ultramarino se consolidou por meio da união do grão-mestrado da Ordem de Cristo à Coroa (Bula *Praeclara charissimi*, 30/12/1550), a qual tinha recebido em concessão o poder espiritual sobre as ilhas e futuras conquistas portuguesas".

desdobramento de um privilégio concedido pela própria Igreja, beneficiária do bom exercício daquele direito. Nesse sentido, na base do argumento, está o reconhecimento de privilégios, na contramão dos discursos liberais do século. É valido lembrar que, apesar do discurso liberal, a desigualdade nunca deixou de existir, de que são exemplos evidentes a manutenção da escravidão nas colônias das potências europeias e nos países recém-independentes da América, a ausência de reconhecimento da igualdade política e civil entre homens e mulheres e a diferença de classe que se realça na mesma medida em que discurso igualitário se profere. Contra esse discurso liberal, os conservadores e os socialistas lutam em nome do reconhecimento das desigualdades – ainda que com sinais opostos, aqueles em defesa do reconhecimento e aceitação da existência das desigualdades naturais e tradicionais e os socialistas revolucionários em defesa do reconhecimento e enfrentamento das desigualdades econômicas e sociais que sustentam a opressão da classe burguesa sobre a proletária. Diante disso, apesar de soar anacrônica a fundamentação de argumentos em privilégios, algo que era mais natural nos séculos anteriores e vai se tornando cada vez mais intolerável frente à retórica liberal, o discurso de Cândido Mendes e dos defensores da Igreja em torno de privilégios não é nem absurda (haja vista a pluralidade de discursos que buscam o reconhecimento das desigualdades, como dissemos), nem irreal (haja vista a efetiva existência de desigualdades, que por um lado se manifesta pela manutenção das distinções sociais caras à aristocracia e por outro lado estoura nas lutas e revoluções sociais do período).

Por fim, quanto à natureza, Cândido Mendes argumenta que é inerente à existência do padroado a sua finalidade, isto é, a defesa da Igreja, de maneira que, usado para invadir a esfera de poder desta e subtrair seus privilégios, o instituto perde o seu sentido e a manutenção de seus mecanismos torna-se nefasta, ilegítima.

Todos esses aspectos em conjunto formam uma base para a narrativa e para a avaliação dos fatos históricos, com a incontornável destruição das justificativas que fundamentaram as reformas portuguesas do final do século XVIII. Afinal, se um instituto da importância do padroado é criação da Igreja, que o concede a quem bem entender, com a finalidade de defendê-la, então toda narrativa que negue essa origem e os limites do instituto e todo ato do poder temporal que utilize o padroado de forma a ofender a Igreja devem ser condenados.

Outra argumentação que realça a importância da história do direito para a defesa da Igreja e de sua liberdade é a da elevação do estudo do direito canônico a matéria fundamental do ensino. Sobre isso, Cândido Mendes diz:

> O Direito Canônico era o Direito da Igreja. Desde que esta perdia sua autonomia, limitada sua interferência tão somente às coisas do espírito, ao *puramente espiritual*... conforme a tecnologia da Seita, o estudo do Direito Canônico deixava de ter utilidade prática, tornando-se simplesmente um estudo de mero ornato, em que nem todos poderiam despender o seu tempo (Almeida, 1866, p. CXXI).

Por motivos históricos marcados pela perfídia (nomeadamente, a "revolução" provocada pela reforma josefina/pombalina), a Igreja teria sido subtraída indevidamente de sua autonomia e, com isso, o direito canônico teria perdido a sua importância no ensino: já não teria utilidade prática para os estudantes, tornando-se mero ornato. Logo, uma tarefa da história do direito (isto é, um de seus usos) seria reabilitar o direito canônico. Ensinar a história desse direito seria uma forma de tentar resgatá-lo, mostrar a sua utilidade prática, a qual deveria se seguir à justa restauração do papel da Igreja.

Por outro lado, o uso da história do direito como forma de defender a Igreja em sua glória implica conhecer e expor quem foram ao longo do tempo os seus adversários e como agiram para derrubá-la. Como diz Cândido Mendes, ao tratar da importância do estudo das fontes do direito canônico, "convém que não ignoremos todos os expedientes da Seita que no século último dominou na Monarquia Portuguesa, e cujos estragos ainda sentimos" (Almeida, 1866, p. CXXX). Assim, conhecer a história e divulgá-la é importante e útil, pois fornece informações sobre o inimigo, sobre a maneira como agiu e sobre o porquê dos estragos ainda presentes, por ele promovidos.

Como se nota, nessa ideia está implícita uma noção de continuidade histórica, pois os males do passado perduraram até o tempo presente e o conhecimento de sua origem e percurso é apresentado como um instrumento necessário para superá-los. Esse uso da história reflete um interesse fortemente calcado no presente, pois tem como objetivo compreender as coisas como são na atualidade, a fim de corrigi-las. Somente por meio da história seria possível compreender o presente, uma vez que o passado ainda fazia sentir seus estragos.

Nesse compasso, há demasiada importância em conhecer as fontes do direito canônico e do direito eclesiástico da maneira como eram concebidas no século anterior, porque a ideia de uma continuidade histórica faz com que elas impactem no direito presente, sendo a um só tempo indiretamente fontes jurídicas (ainda que muitas delas ilegítimas, na sua visão) e diretamente fontes históricas. Direito e história confluem.

Segundo os Estatutos da Universidade de Coimbra, reformados em 1772, as ditas fontes, combatidas pelo autor, são: a escritura sagrada; a tradição; o símbolo da fé; o consentimento comum das igrejas dispersas; o consentimento comum da igreja congregada e nos concílios gerais ecumênicos (consentimentos esses que são, nas palavras Cândido Mendes, "oriundos das cabeças dos Reformadores Portugueses"); os decretos dos sumos pontífices, que constituem a maior parte do direito eclesiástico público; as sentenças dos santos padres; os corpos do direito canônico e civil; a observância; as concordatas das nações com a cúria romana (formulação que Cândido Mendes corrige, apontando que as concordatas são feitas com o chefe da Igreja, ou seja, o papa, com a consequência de que a expressão escolhida pelos Estatutos não o ataca diretamente, mas faz dele implicitamente corréu dos males atribuídos à cúria); as leis dos soberanos temporais; e o direito natural (Almeida, 1866, p. CXXX-CXXXI).

Outro ponto que Cândido Mendes critica nos Estatutos reformados da Universidade de Coimbra é o que neles estava estabelecido para o ensino da história eclesiástica. Contesta o trecho em que os Estatutos falam dos abusos da Igreja, da cessação das penitências canônicas, de falsos decretais, do excesso de indulgências e, sobretudo, da "separação do foro interno do externo no século duodécimo, e da ocasião, que ela deu a uma nova *Jurisprudência Canônica* quase toda Forense, qual é a das *Decretais Pontifícias* [...]; *padecendo entretanto a Moral da Igreja* [...]" (Almeida, 1866, p. CXVI). Segundo Cândido Mendes, Lutero não encontrara pretextos melhores do que esses para postular a separação da Igreja Romana.

Diante da centralidade da defesa da Igreja, no decorrer deste trabalho aparecerão outros exemplos de uso da história do direito para essa finalidade. Por ora, esses exemplos bastam para mostrar o contexto de debates em que Cândido Mendes se inseria e de que forma introduzia seus argumentos para participar do debate, elegendo a história do direito como um campo primordial para derrotar as narrativas e medidas contrapostas e, assim, deslegitimar as medidas com base nelas adotadas.

No entanto, apesar de sua centralidade no pensamento de Cândido Mendes, como temos ressaltado, inclusive ao iniciar o estudo dos usos por este tópico, a defesa irrestrita da Igreja Católica precisa ser matizada. Por um lado, há inúmeros temas que não dizem respeito diretamente à relação Estado-Igreja, desde discussões fundamentais, como a abolição, até debates menos centrais, como a subvenção de teatros pelo poder público, em que a concepção ultramontana pode ter implicações apenas de forma mediata ou está de todo ausente. Por outro lado, o próprio Cândido Mendes certamente não encarava a sua atividade intelectual como uma mera reprodução impensada das doutrinas da Igreja. Com base nelas, e para defendê-las, desenvolvia argumentos e ideias, entendendo ser tão livre pensador quanto se consideravam os adeptos das doutrinas contrárias. Por isso, sentia-se à vontade para refletir sobre diversos aspectos da realidade histórica, desde que não ofendessem as premissas básicas da ortodoxia da doutrina católica.

Assim, envolvido na complexa situação da defesa ultramontana da liberdade da Igreja no Império do Brasil, é preciso sempre ressaltar que Cândido Mendes de Almeida é um homem de seu tempo. E, se pode ser (como foi) taxado de conservador radical (quase "fundamentalista", como se diria hoje), isso não significa a concordância com tudo o que tenha acontecido no passado. Ao menos, parece ser isso o que ele pretende mostrar, por exemplo, ao comentar o Título XCIV do Livro V das *Ordenações Filipinas*, que trata "Dos Mouros e Judeus, que andam sem sinal". Por esse dispositivo, os mouros e judeus que andassem no Reino de Portugal com a licença real, fossem livres ou cativos, deveriam carregar um sinal pelo qual fossem reconhecidos: uma carapuça ou chapéu amarelo para os judeus e uma lua de pano vermelho de quatro dedos, cosida no ombro direito, na capa e no pelote, para os mouros. Quem desrespeitasse esse preceito deveria ser preso e pagar uma multa. O comentário de Cândido

Mendes é de reprovação: "Esta Legislação além de não ter hoje vigor, caiu em desuso no século 18, por odiosa", tendo a "pena excessivamente severa" – embora contemporize: "Na época em que foi promulgada tinha explicação, e talvez utilidade" (Almeida, 1870, p. 1245).

Além disso, é preciso ter em mente que defender a Igreja, como Cândido Mendes fez em seu tempo, não significava simplesmente postar-se do seu lado, contra tudo o que dela se diferenciasse. Defendê-la era lutar pela preservação de seu espaço na ordem jurídica nacional, era contribuir para encontrar a verdade histórica, era ainda postular que suas normas e preceitos fossem reconhecidos e aplicados. E mais: era defender a pátria, por mais contraditória que essa afirmação soe, por parecer adequar-se mais à doutrina contraposta, a regalista.

2.1.2 Em defesa da pátria

> O fructo desses momentos que dispensamos, tem o publico na presente obra, cheia de defeitos sem duvida, mas sómente inspirada pelo amor do bem, e do vivo interesse que excita em todos os seus filhos uma Patria querida. Ora essa Patria que he nossa segunda familia, desejamos que seja bem conhecida e apreciada por seus filhos, como pelos estranhos. He uma gemma cujas scintillações anciamos que todos contemplem.
>
> CÂNDIDO MENDES DE ALMEIDA
> *Atlas do Império do Brasil* (1868, p. 7)

Cândido Mendes e os ultramontanos não se viam como adversários da pátria, da nação, do governo brasileiros. Essa é a imagem que os antiultramontanos faziam deles, sob argumentos como o de que o ultramontanismo pretendia sujeitar o país a uma potência estrangeira, a Santa Sé, constituindo uma ameaça à consolidação do Império (Obeid, 2013, p. 66). Não é, todavia, como os ultramontanos viam a si próprios.

Termos como pátria e nação são vocábulos por meio dos quais conceitos políticos fundamentais se expressam e, enquanto tais, são plurívocos e disputados socialmente. Seria um equívoco acreditar que apenas um ou outro conjunto de agentes esteja do lado da pátria ou da nação, enquanto os outros lhes seriam contrários, uma vez que se estaria aderindo ingenuamente aos argumentos do primeiro grupo. Todos defendem a pátria e a nação. O que muda é o que cada um concebe por meio desses termos, ou seja, quais são a identidade, a composição e a forma de organização consideradas corretas e que por isso se defende sejam implementadas, contra as perspectivas rivais.

Nesse sentido, defender a Igreja Católica no Brasil não é apenas defender a Igreja Católica, na perspectiva dos ultramontanos, mas também defender o Brasil contra as concepções que não reconhecem o verdadeiro e constitucional fundamento religioso do Estado brasileiro e as saudáveis relações que o Império deveria manter com a Santa Sé.

"A pátria é a casa em ponto grande", afirma Cândido Mendes (Almeida, 1868, p. 7), para explicar com uma metáfora a necessidade de se conhecer o país. Não se poderia dirigi-la bem sem conhecer cada um de seus compartimentos e discriminar o domínio próprio do alheio. Por esta razão, a geografia é uma ciência de primeira importância, que contribui para o desenvolvimento da indústria, das relações comerciais e da defesa do país. Assim justifica-se a elaboração de um Atlas do Império.

Da mesma forma como conhecer a geografia do país é relevante, Cândido Mendes busca contribuir para a elaboração da história pátria, que declaradamente o move na escrita das *Memórias para a história do extinto estado do Maranhão* (1860, p. XII), cuja introdução termina com os seguintes votos: "Possam nossos gloriosos antepassados sob a lousa do sepulcro estremecer de júbilo, vendo não olvidados seus nomes e seus feitos por aqueles a quem deram uma pátria". Palavras do mesmo Cândido Mendes que viria a publicar perante o IHGB, no final do anos 1870, um conjunto de artigos intitulados *Notas para a história pátria* (Almeida, 1876, 1877a, 1877b, 1878, 1879).

É inegável que o autor se apresenta como um defensor da pátria e cada obra sua se oferece como testemunho disso. Vejamos como se encerram as três histórias do direito que configuram o cerne de nossas reflexões.

Na introdução ao *Código Filipino*, Cândido Mendes encaminha o final do texto com a afirmação de que, mesmo que a obra não tivesse atingido a perfeição desejada, ficava aberta a senda para que outros mais talentosos levassem a tarefa adiante. Prossegue: "Se assim acontecer não nos arrependemos do *labor improbus* com que arcamos; e não podendo alcançar a meta que nos enlevava a mente, consola-nos a recordação de que, por amor da causa pública, outros melhor inspirados o conseguiram". E encerra dizendo que é esse "um belo certame em que a Pátria Comum, que todos idolatramos, colherá maior proveito" (Almeida, 1870, p. XXXVII).

Por sua vez, a introdução aos *Princípios de Direito Mercantil* é concluída com a defesa da urgente necessidade de civilizar o oeste, do que dependeria "o engrandecimento de nosso país". "Estorcendo-nos no litoral, como até o presente temos feito", diz, "continuamos a limitar nossos recursos, desperdiçaremos tempo precioso. E quem sabe, se despedaçado o gigantesco monumento que nossos maiores nos legaram, outros virão realizar a missão que por nossa incúria, tibieza ou cobardia não queremos desempenhar?". Então, remata:

> Nosso patriotismo se sobressalta com esse pensamento desolador. Mas a confiança que temos no esperançoso porvir do nosso país se alenta na proteção que até hoje nos tem dispensado a Divina Providência, permitindo, com tão débeis recursos, a criação de um opulento e poderoso Estado; esforço inútil, contraditório e ilógico, se a mira não fosse a consagração de um elevado empenho (Almeida, 1874, p. DCXLVIII).

E mesmo no *Direito Civil Eclesiástico Brasileiro*, onde mais se poderia enxergar uma falta de preocupação com a pátria, tamanha a circunflexão à Igreja Católica que lá se encontra, Cândido Mendes é explícito em declarar-se desejoso de seu bem, já antecipando a defesa contra a provável suspeita que recairia sobre ele: "Também nos não acusa a consciência de havermos claudicado contra a nossa Pátria temporal. Desejamos ardentemente sua felicidade, e por isso nossa boa-fé e nossa sinceridade nos impuseram o dever de sermos historiadores tão exatos como a verdade reclamava" (Almeida, 1866, p. CCCCXXIV).

Percebe-se, portanto, quão superficial e anacrônico seria imputar a Cândido Mendes exclusivamente uma defesa da Igreja Católica, ainda que esse elemento seja dominante em seu pensamento. Ele defende a sua pátria e, vestindo o *ethos* do seu tempo, considera-se um patriota entre tantos. É necessário, portanto, compreender melhor o que ele entende por esse conceito e por essa atitude.

Para isso, cumpre ressaltar que pátria[37] não é apenas sinônimo de país ou nação, termos que se costuma associar automaticamente à forma política estatal moderna. O conceito de pátria efetivamente refere-se à nação, mas refere-se também, de forma mais geral, ao local de origem. Em um país da dimensão do Brasil, isso não pode significar simplesmente ser brasileiro, sobretudo considerando-se uma história colonial durante a qual mal se estabeleciam conexões entre as diversas províncias, muitas delas sentindo-se mais próximas da metrópole do que umas das outras. Essa condição se agravava no caso do Maranhão, que formara no tempo colonial um Estado próprio, separado do Estado do Brasil – aquele "extinto Estado" sobre o qual Cândido Mendes junta memórias, para contribuir com a elaboração de sua história (1860-1874). Nesse sentido, a pátria de Cândido Mendes de Almeida, considerada a dimensão interna do país, é o Maranhão, província em que nasceu e para a qual logo retornou após estudar direito em Olinda. Também foi por sua província que elegeu-se deputado e senador e, enquanto parlamentar na Corte, defendeu constantemente os interesses do Maranhão. Por isso, englobamos como usos da história do direito em defesa da pátria tanto os discursos em prol do Estado-nação, simbolizado pelo Império, quanto em prol do Maranhão.

De outra parte, incluímos também no mesmo âmbito duas temáticas sensíveis: a educação da população e a fixação das fronteiras. Elas poderiam figurar autonomamente, mas entendemos que a sua inclusão como formas de defesa da pátria tem o condão de dotar de maior densidade semântica este conceito. A educação da população aparece como uma preocupação de base para a construção de uma versão específica de pátria, intimamente conectada com a intenção apresentada no item

[37] Marco Pamplona destaca que, na passagem do século XVIII para o XIX, em associação com as revoluções atlânticas e as guerras napoleônicas, o vocábulo "pátria" passou por transformações que atingiram o "mosaico de pátrias" então existente, passando das "pequenas pátrias" (províncias, regiões) à "Pátria grande", singular coletivo identificado com a nação/coroa, à qual se buscava conferir a carga afetiva que acompanha o termo. Não obstante, ainda na década de 1840, período até o qual vai o referido verbete, "o uso do termo pátria continuaria remetendo-se a lugares variados e sendo empregado no plural. Mas ele também sofreria modificações e tenderia a se singularizar, sendo utilizado cada vez mais na sua identificação com a nação, à medida que esta aprofundava sua sinonímia com o Estado imperial" (Pamplona, 2014, p. 297).

anterior, a defesa da doutrina católica. Por outro lado, a fixação das fronteiras aponta para uma temática central do século XIX, quando os países latino-americanos se tornam independentes e se sucedem guerras e disputas fronteiriças, tanto externas quanto internas – o que aponta, uma vez mais, para a defesa dos interesses do Maranhão.

2.1.2.1 Para a construção da nação

> O Sr. Mendes de Almeida – Por consequência fere-se, sem dúvida alguma, a Constituição suprimindo-se os direitos políticos de uma grande massa de cidadãos, e, digo mais, suprimindo-se um direito social, pois assim considero o direito de votar. E, Sr. Presidente, quem diz nação regida por governo liberal, diz nação regida por si mesma e a dispensa de tão grande número de cidadãos de interferirem através do voto no governo do país será compatível com a índole de semelhante sistema, ainda mesmo que tais cidadãos ficassem satisfeitos? Ora se a nação deve ser regida, governada por si mesma...
> O Sr. F. Otaviano – E não pela polícia...
> O Sr. Mendes de Almeida – E não pela polícia certamente. Ora nação não consiste em meia dúzia de ricos...
> O Sr. F. Otaviano – Está claro...
> O Sr. Mandes de Almeida – ... nação é a universalidade de cidadãos que têm uma renda razoável.
> O Sr. Zacarias – Ah!...
>
> *Anais do Senado do Império,* sessão de 22 de fevereiro de 1873, *In*: Almeida (1982, p. 356-357)

A defesa da nação ao lado da defesa da Igreja poderia soar estranha a alguns ouvidos, em virtude da contraposição entre os defensores do poder temporal forte (regalistas) e os defensores de maior reconhecimento de poder para a Igreja (ultramontanos). Mas esses dois objetos de desejo e de defesa, a Igreja e a nação, somente se contrapõem aos olhos dos primeiros, dos regalistas, que tiram como consequência a acusação de que os segundos são alheios ou mesmo ofensivos aos interesses da nação. Para os ultramontanos, no entanto, a sua defesa da Igreja é também uma defesa da nação: uma nação erigida conforme os princípios cristãos, nos termos da doutrina católica, mas ainda assim uma nação a ser defendida. Assim, nação e Igreja, entidades contraditórias aos olhos dos seus arquirrivais, são complementares sob as suas premissas.

Diante disso, a classificação de Cândido Mendes como um conservador ultramontano, à diferença tanto de liberais quanto de outros tipos de conservadores, como os tradicionalistas e os nacionalistas, merece realce não apenas quando se tematiza a religião, mas também e sobretudo quando se aborda o tema da nação. Afinal, para além de uma concepção religiosa que contesta as doutrinas rivais, acusadas de sectarismo, o termo ultramontanismo adquire a sua significação moderna no século XIX juntamente com seu contraposto, o galicanismo, que representa um conjunto de doutrinas acusadas de privilegiar os Estados-nação que vinham se fortalecendo, em detrimento da Igreja Católica. Daí, inclusive, o termo "ultramontanismo", que se refere à visão de mundo da Igreja em Roma, do outro lado dos Alpes, frente à concepção nacional alemã ou francesa (Gres-Gayer, 2003, p. 283).

Nos textos de Cândido Mendes, encontram-se frequentes referências ao galicanismo, sobretudo sob a forma composta jansenismo-galicanismo. Todavia, essa disputa no Brasil desenrola-se especialmente por meio de outro termo: regalismo, que congrega precisamente o conjunto de doutrinas que defendem a preeminência e os avanços do Estado nacional sobre campos que seriam, para os ultramontanos, do domínio da Igreja. Produz-se, assim, uma tensão entre uma concepção que dá fundamento religioso à organização social em sua totalidade, a ultramontana, e uma concepção que promove um progressivo afastamento das instituições religiosas, por meio de sua cooptação e secularização, o que retira delas precisamente o elemento religioso. Portanto, tendo de um lado os que defendem uma amplificação do poder temporal e do outro os que defendem uma amplificação do poder eclesiástico, a disputa desenvolve-se em pelo menos dois campos distintos, mas que se entrelaçam: por um lado, o campo político, em que jogam um papel importante as manifestações de poder de ambos os lados, a participação dos agentes[38] ligados a cada

[38] Quanto aos agentes, vale destacar o clero regalista, que desponta com especial vigor na

um nos centros de decisão política e as relações diplomáticas; por outro, o campo jurídico, uma vez que a discussão sobre poder e soberania se faz essencialmente por meio de um debate sobre jurisdições, isto é, qual instituição, Estado ou Igreja, possui poder legítimo para organizar a sociedade, estabelecer regras e dizer o direito para cada parcela da vida social.

Apesar de ser tratada por muitos regalistas como uma potência estrangeira, a Igreja não se apresenta nas disputas simplesmente como uma nação entre outras. Ela mantém sempre a sua pretensão de universalismo, de poder transversal aos Estados nacionais, com domínio sobre uma esfera presente em todas as sociedades, na qual os governos civis não poderiam intervir. Por isso, não fazia sentido para os ultramontanos encetar o debate em termos de soberania, como convinha aos regalistas, cada vez mais firmados na convicção de que o poder está todo contido na divisão do mundo em termos de soberania territorial, conforme a qual cada Estado seria independente dos outros e supremo internamente. Frente a essa organização geopolítica composta unicamente por poderes absolutos e territoriais, não haveria mais espaço para uma igreja que pretendesse manter sob sua tutela exclusiva um âmbito de poderes universais, incidentes sobre todas as sociedades, ainda que tais poderes se restringissem a uma parcela do domínio social, o âmbito eclesiástico-espiritual. As igrejas nacionais, fossem as protestantes, fossem as dissidências católicas, se enquadravam melhor no novo consenso político que se vinha consolidando[39].

Os ultramontanos percebiam que o avanço sobre o poder da Igreja vinha sendo paulatinamente bem sucedido, inclusive por meio do reconhecimento pelo governo civil de que a ela competiria controlar o âmbito espiritual – mas apenas o "puramente" espiritual. Desse reconhecimento

década de 1830 e tem o Padre Diogo Feijó como sua principal figura, por contraposição ao clero que, desde então, já oferecia no parlamento uma resistência pautada na ortodoxia romana (embora ainda não se pudesse falar totalmente em ultramontanismo) (Santirocchi, 2015, p. 75). Entre os leigos havia, de um lado, regalistas e, de outro, fiéis ultramontanos, ambos contando com conservadores e liberais. Sobre a contribuição dos fiéis ao ultramontanismo, cf. Santirocchi (2015, p. 251 et seq.), com destaque para o conservador Cândido Mendes (p. 256-261) e o liberal Zacarias de Góis e Vasconcelos (p. 262-263).

[39] Sobre as igrejas nacionais e as religiões oficiais de Estado no século XIX, cf. Obeid (2013, p. 23 et seq.).

restritivo, tudo o que pertencesse à esfera material, inclusive aquilo que era necessário para a Igreja se manter, como a sua propriedade, passava para o domínio do poder temporal.

Os embates entre regalistas e ultramontanos, portanto, estão intimamente ligados à formação e consolidação do Estado-nação moderno, sustentado pela noção moderna de soberania. Os ultramontanos representam, nesse sentido, um conservadorismo de tipo especial, que rejeita a nova ordem política do mundo com base em uma questão específica: essa nova ordem já não admitia o papel universalista que por bastante tempo foi desejado e mantido pela Igreja Católica.

A nação, concebida enquanto comunidade imaginada, nos termos propostos por Benedict Anderson, é intrinsecamente limitada e soberana. Segundo Anderson (2008, p. 32-34), a nação forma-se como uma unidade que, nos limites de fronteiras finitas, congrega seus membros em uma profunda camaradagem horizontal. Todos esses indivíduos possuem a imagem viva de sua comunhão, mesmo diante do fato de que jamais conhecerão a maioria dos seus companheiros. Nascida sob o influxo do iluminismo e da revolução, essa nação imagina-se soberana a partir da destruição da legitimidade do reino dinástico hierárquico, que se justificava por sua origem divina. Com a amplificação dessa imagem de nação, as pretensões por universalidade foram colocadas em xeque. Como afirma Anderson (2008, p. 34),

> amadurecendo numa fase da história humana em que mesmo os adeptos mais fervorosos de qualquer religião universal se defrontavam inevitavelmente com o *pluralismo* vivo dessas religiões e com o alomorfismo entre as pretensões ontológicas e a extensão territorial de cada credo, as nações sonham em ser livres – e, quando sob dominação divina, estão diretamente sob Sua égide. A garantia e o emblema dessa liberdade é o Estado Soberano.

Imerso nesse contexto linguístico, um autor como Cândido Mendes assume diversos pressupostos do conceito oitocentista de nação, tanto em seu trabalho jurídico quanto em sua historiografia, para não falar de sua atuação institucional no legislativo brasileiro. Ainda assim, o elemento mais impactante em sua forma de pensar possui um forte componente antinacionalista. Isso não significa uma total rejeição ao conceito de nação e suas implicações, mas a necessidade de conciliar tal conceito com o fundamento contrário que constitui o pensamento ultramontano. Dessa tensão, aparece um conceito próprio de nação, que supõe as soberanias territoriais, a Constituição como fundamento político-jurídico e a pretensão de desenvolvimento e elevação do país no concerto da civilização, mas que estabelece ao mesmo tempo a necessidade de que esse Estado soberano, independente, poderoso, se submeta às prescrições da Santa Sé e promova sua auto-organização com base nos princípios da Igreja Católica. Um instrumento fundamental para isso seriam as concordatas, que em seu tempo eram insistentemente tentadas e fracassadas (Almeida, 1866, p. CCCLXLI et seq.; Santirocchi, 2012, 2015, p. 386 et seq.), mas nas quais se depositava uma esperança de conciliação entre Santa Sé e Império, papa e imperador, Igreja e nação.

Importa notar que a própria escrita da história aparece fundamentalmente ligada à formação e afirmação das nações no século XIX[40]. Isso não significa que não se produzisse conhecimento histórico no Brasil antes da independência, haja vista que esforços no sentido da construção de uma memória histórica vinham desde o período colonial, com todas as tensões que semelhante atividade intelectual em solo americano acarretava (Kantor, 2003). A partir da formação do Estado-nação independente, contudo, a escrita da história adquiria outros significados, entrelaçando-se com os debates em torno da questão da memória nacional, uma vez que o Império precisava "fixar as suas origens, de maneira a dotá-lo de um passado único e coerente que o legitimasse" (Guimarães, 2018, p. 54).

Como aponta Temístocles Cezar (2018, p. 19), a geração de José Bonifácio, para quem "o passado e o presente ainda estavam 'incomodamente próximos'", sentiu a necessidade de um gesto de separação. "Nessa fissura política e ideológica", diz, "os historiadores adquirem relevância como cirurgiões que fracionam a história em tempos distintos, neste

[40] François Dosse (2017b) mostra como, na França do século XIX, o historiador detinha uma autoridade inconteste e um elevado nível nas relações de poder na cristalização da identidade nacional. Segundo ele, "durante um século, uma verdadeira sobreposição de consciência nacional e discurso historiográfico constituía a base da função que parecia natural ao historiador: missão patriótica, em que ele era meio sacerdote, meio soldado" (Dosse, 2017b, p. 11).

caso, entre passado colonial e presente monárquico". No entanto, passa o tempo, mudam as gerações e as demandas que se sentem:

> À geração de Varnhagen – Nabuco de Araújo, Saraiva, Zacarias, Cotegipe, Paraná, Rio Branco, Gonçalves de Magalhães, Gonçalves Dias, José de Alencar, João Francisco Lisboa, Vitor Meireles, entre outros [como Cândido Mendes, acrescentamos] –, herdeira do legado dos fundadores do Império do Brasil – Bonifácio, Pedro I, Vasconcelos, Evaristo, Feijó e alguns mais –, coube dar forma a esses mundos e empenhar-se em sua conservação.

Estabelece-se, assim, um processo de construção da ideia de nação brasileira, um "autêntico projeto de Estado", no qual os agentes estatais e a elite letrada empenharam os recursos de que dispunham, dentre os quais a história e a literatura, "modalidades de escrita privilegiadas para a constituição do patrimônio identitário a ser partilhado, no qual se projetaria uma imagem sem rasuras da nação, capaz de neutralizar todos os impasses na integração dos respectivos súditos em uma consciência nacional e histórica" (Cezar, 2018, p. 20-21). Para a construção dessa "retórica da nacionalidade", Varnhagen teria constituído um cânone.

Institucionalmente, no entanto, merece destaque a atuação do Instituto Histórico e Geográfico Brasileiro, encabeçado pelo próprio imperador. Como diz Simone Tiago Domingos (2009, p. 163), o IHGB era uma instituição de caráter cultural, nos moldes de uma academia, "permeada pelo iluminismo e objetivando o *traçar da gênese da nacionalidade brasileira*. Ou seja, o desenvolvimento e construção de uma ideia de *nação*, que se projetava na figura de uma civilização branca e europeia nos trópicos". Além de outras atividades, o IHGB "assumiu como função principal definir uma História da nação, uma história oficial, bem como as justificativas para a conformação de seu território" (Domingos, 2009, p. 165).

O IHGB é formado, portanto, para elaborar a história nacional oficial de um país recém-constituído, em um século em que as histórias nacionais ganham campo e adquirem enorme peso. Mas Cândido Mendes não era entusiasta de ideias iluministas e tinha preocupações maiores do que a elaboração de uma história oficial. Melhor dizendo, as suas preocupações o levavam a preocupar-se com a história oficial, mas a partir de uma versão que divergia e contrariava parcialmente aquela que vinha sendo escrita, na qual vislumbrava o abandono da importância da Igreja e, inclusive, ofensivas a ela, de que os ataques aos jesuítas talvez fossem o exemplo mais visível. Sua ideia de nação, portanto, não era a mesma de uma considerável parte dos membros do instituto. Apesar de viver no mesmo país e frequentar os mesmos lugares que eles, partilhando o interesse pela história nacional e pelas carreiras públicas, os ataques que Cândido Mendes profere contra o poder temporal e a sua pretensão de que esse poder se limite, para devolver o espaço jurisdicional da Igreja, incompatibilizam-no parcialmente com as atividades do IHGB, instituição que apenas tardiamente ele viria a integrar, apesar de uma antiga indicação de Varnhagen, não levada adiante pelo imperador.

Era forte, portanto, a incompatibilidade das ideias de Cândido Mendes com as que predominavam no instituto, "Casa da Memória Nacional" vocacionada a justificar o poder imperial, onde se verificava "a sustentação de um projeto político graças a uma militância intelectual homogênea, marcada pela fidelidade ao imperador" (Guimarães, 1995, p. 599). Embora Cândido Mendes não fosse antimonarquista, era um crítico da Coroa com relação a questões específicas, mas para ele decisivas.

Os interesses nacionais e o projeto científico estabelecido levam à formação de uma cultura histórica responsável por colocar a história no centro do processo de definição de sentidos para o homem contemporâneo (Domingos, 2009, p. 165-166). Referindo-se às ideias de Manuel Salgado Guimarães, Domingos diz ainda que "esta cultura histórica congregava passado, presente e futuro, 'remetendo-nos para o passado como lugar por excelência de definição de um sentido original, razão explicativa da própria existência do presente'", de maneira que o "nascimento da História como disciplina não se dissociava de um projeto político uma vez que, somados aos métodos de trabalho para a pesquisa histórica, esperava-se obter um caminho que orientasse para o futuro".

A centralidade da história, que deve bastante aos conservadores por seu repúdio ao abstrato e a-histórico do pensamento liberal, estabelece-se como elemento primordial para a construção das narrativas afirmativas da nação, por liberais e conservadores, como também viria a ser por socialistas. Assim, se a forma de pensar conservadora está na base de um tipo de concepção que privilegia a abordagem histórica, isso não significa que a história se torne domínio exclusivo de conservadores. Pelo contrário, em sua íntima ligação com a formação da identidade nacional, torna-se domínio em que os liberais sentem-se bastante à vontade e que utilizam para afirmar sua versão da nação.

Deste modo, ao mesmo tempo que Cândido Mendes não é um adversário da ideia de nação, os liberais não são inimigos da história. Cada um dos estilos de pensamento apropria-se dos conceitos à sua maneira, por meio de sua lógica própria, para afirmar e defender a identidade de nação que julga verdadeira, no âmbito de uma cultura histórica.

Apesar de concentrada, em seu projeto oficial, no IHGB, a tarefa de estabelecer a identidade da nação por meio de sua história não era exclusiva de seus membros, estando ligada a um processo mais amplo de construção nacional no qual ampla parcela da elite estava envolvida. Dentro desse contexto, desenvolveu-se a cultura jurídica brasileira oitocentista, sintetizada da seguinte maneira por José Reinaldo de Lima Lopes (2007, p. 8-9):

> Havia duas tarefas simultânea e igualmente importantes. Uma era a de construir um *estado nacional* e, por implicação, um direito nacional o quanto possível autônomo do direito português e do direito colonial, aquele direito em que as capitanias eram nada mais que divisões do território para efeito de administração de um domínio. A outra era a de erguer um *estado constitucional liberal* no qual formas antigas de representação e participação política, como o velho municipalismo das câmaras, fossem substituídas pelo novo ideário do Estado-nação, organizado segundo os princípios constitucionais. Assim, a tarefa que na Europa era de *reforma* e *modernização*, no Brasil era quase de *invenção*. Ainda que, claro está, o novo direito brasileiro se visse na contingência de viver do velho direito colonial ou metropolitano. Os juristas estiveram, portanto, ocupados com essa tarefa imediata e todos os juristas estiveram nela envolvidos de forma bastante absorvente, seja como legisladores, presidentes de províncias, ministros, ou seja como magistrados ou "oficiais" de justiça e fazenda pelo menos.

Cândido Mendes de Almeida faz parte desse grupo social privilegiado, dessa elite política, majoritariamente de formação jurídica, incumbida de estabelecer um novo Estado nacional, assentado nas bases do constitucionalismo liberal do período. Mas o novo Estado e o novo direito não poderiam ser tão radicalmente novos, abdicando de maneira integral da herança e construindo-se do zero. Pelo contrário, seria necessário compreender a tradição e transformá-la em parte da identidade brasileira, como o passado que conduziu ao presente.

O direito recebido não poderia ser simplesmente descartado, o que logo se percebeu, como se nota pela Lei de 20 de outubro de 1823[41]. Cândido Mendes busca contribuir nesse aspecto, republicando, com anotações, uma norma fundamental do período colonial que ainda guiava a prática dos juristas, as *Ordenações Filipinas*, juntamente com textos que hoje chamaríamos de jurisprudenciais e doutrinários, bem como a legislação relativa às relações do Estado brasileiro com a Igreja Católica e uma obra de doutrina jurídico-comercial, além de outros textos e de sua atuação como jornalista, professor, promotor, advogado, deputado, senador e diretor de seção da Secretaria de Estado da Justiça. Quando faleceu, estava trabalhando em uma compilação das decisões do Supremo Tribunal de Justiça, que viria a ser publicada postumamente, em coautoria com seu filho Fernando.

Além disso, como argumenta Lopes, a (alta) cultura jurídica não se manifestava no Brasil em círculos acadêmicos, nos moldes das Universidades alemãs, mas na prática, sobretudo nessa tarefa de formar o Estado-nação brasileiro. Como os demais juristas (Teixeira de Freitas, Rui Barbosa, Nabuco de Araújo e tantos outros), Cândido Mendes não foi professor de direito – sequer obteve o título de doutor como seu contemporâneo Zacarias –, tendo-se afastado da faculdade, mas contribuiu com obras e com a sua atuação, no foro e na tribuna. Por outro lado, diferen-

[41] Vale a pena ler na íntegra os textos dos dois artigos da lei: "Art. 1º As Ordenações, Leis, Regimentos, Alvarás, Decretos, e Resoluções promulgadas pelos Reis de Portugal, e pelas quais o Brasil se governava até o dia 25 de Abril de 1821, em que Sua Majestade Fidelíssima, atual Rei de Portugal, e Algarves, se ausentou desta Corte; e todas as que foram promulgadas daquela data em diante pelo Senhor D. Pedro de Alcântara, como Regente do Brasil, enquanto Reino, e como Imperador Constitucional dele, desde que se erigiu em Império, ficam em inteiro vigor na parte, em que não tiverem sido revogadas, para por elas se regularem os negócios do interior deste Império, enquanto se não organizar um novo Código, ou não forem especialmente alteradas. Art. 2º Todos os Decretos publicados pelas Cortes de Portugal, que vão especificados na Tabela junta, ficam igualmente valiosos, enquanto não forem expressamente revogados".

tementе da maioria daqueles juristas-políticos, intelectuais práticos por excelência, há algo de acadêmico em Cândido Mendes, sempre lembrado como o erudito disciplinado nos estudos, especialmente vocacionado às perquirições de caráter histórico. Conjugado esse caráter com as questões jurídicas que lhe interessavam e ao país, temos a formação da obra de história do direito que nos ocupa nesta pesquisa. Foi por estas vias que viveu e pensou a nação.

Parte considerável do trabalho de construção da ideia de nação brasileira consiste em um jogo de familiaridade e distanciamento com relação à antiga metrópole, no qual se manifestam tensões entre continuidade e ruptura, tradição e inovação. Apesar de ser possível identificar tendências nos discursos, apontando para um ou outro lado, na prática discursiva esses elementos estão misturados, sem uma solução fácil e definitiva, que aponte para um país novo, onde tudo estaria para ser construído do zero, ou para uma extensão americana da cultura portuguesa.

Assim, apesar de o Brasil ser um Estado politicamente independente desde a década de 1820 e de já ter passado o período mais agudo das revoltas separatistas, o que levou a uma consolidação do Império a partir da década de 1840, no âmbito das narrativas históricas, enquanto instrumento de afirmação da nação, continuava a manifestar-se o paradoxo de buscar no passado a formação da identidade de um Estado-nação que havia poucas décadas tornara-se independente, criando um jogo de continuidades e descontinuidades entre o passado colonial e o presente imperial.

Esse paradoxo se expressa, por exemplo, em um discurso proferido na Câmara em 1850, que serve bem para ilustrar este ponto. Naquela ocasião, logo após afirmar que "[...] o repertório português, cuja literatura suponho também nossa, é muito pobre", o deputado Mendes de Almeida faz considerações acerca "do nosso estado, sendo nós um país nascente, ..." (Anais da Câmara, sessão de 15 de maio de 1850, p. 101). Deste modo, aparecem lado a lado a herança da linhagem histórica e a novidade do país recente.

Ainda que Cândido Mendes fosse nascido na véspera da independência, que ocorreu quando tinha quatro anos, e tivesse ocupado diversos cargos públicos no Estado brasileiro (professor, promotor, advogado, secretário, deputado, senador), possuía vínculos com Portugal, como se nota por sua condição de membro da Sociedade de Geografia de Lisboa. Os conservadores maranhenses eram especialmente próximos dos portugueses, sobretudo desde a adesão do Maranhão à independência, em 1823, ocasião em que criou-se um clima de tensão entre os portugueses e os "filhos da terra", que desenvolveriam um forte discurso antilusitano, em torno do partido liberal (Abrantes; Santos, 2011, p. 58-59). Quando a isso se soma a constatação da inexistência de uma crítica à ideia de nação no século XIX e, portanto, da ausência de problematização das identidades que se forjavam historiograficamente, como se desenvolverá somente no século seguinte (Anderson, 2008; Geary, 2005), não resulta estranho encontrarmos nos textos de Cândido Mendes assimilações e continuidades que geram uma identidade entre a nação portuguesa e a brasileira, como quando diz em um comentário às *Ordenações*: "[...] Consulte-se também J. A. de Figueiredo na *Memória* sobre qual foi a época certa da introdução do Direito Justiniano *em Portugal*, o modo da sua introdução, e os graus de autoridade, que *entre nós* adquiriu" (Almeida, 1870, p. 664, nota 3 – destacamos).

Para além das questões atinentes à identidade nacional, todavia, a defesa da pátria tinha uma dimensão interna, ligada às localidades e, de forma mais visível, às distintas províncias. Nesse sentido, chama a atenção a atuação de Cândido Mendes em defesa do seu Maranhão.

2.1.2.2 No interesse do Maranhão

> Nossa opinião, como já se terá previsto, é em favor da Provincia do Maranhão; vamos pois sustentar o seu direito, quer pelo lado administrativo, quer pelo ecclesiastico; mas para isso não deixaremos em pé um só dos argumentos, que em seu abono apresentão os defensores da Provincia de Goyas.
>
> CÂNDIDO MENDES DE ALMEIDA
> *A Carolina* (1852, p. XII)

Outra diferença que separava Cândido Mendes do projeto – ainda que, em si mesmo, relativamente plural (Domingos, 2008) – do IHGB, além do conceito de nação, era a importância a ser dada às histórias particulares das províncias. Enquanto o cônego Januário da Cunha Barbosa, no paradigmático discurso de abertura do instituto, criticava o interesse que guiava os escritores até então, "mais interessados em escrever 'histórias particulares das províncias do que uma história geral'" (Domingos, 2009, p. 166) – crítica essa mais forte nos anos iniciais do instituto, vindo a *Revista* a receber no futuro inúmeras contribuições a respeito de províncias particulares –, Cândido Mendes escreveu monografias acerca do seu Maranhão, destinadas a determinar melhor as suas fronteiras (1851, 1852) e a sua história (1860-1874).

É claro, o maranhense não deixou de se preocupar com as questões propriamente nacionais, tanto histórico-geográficas (1868, 1873b, 1876, 1877a, 1877b, 1878, 1879) quanto jurídicas (1866-73, 1869, 1870, 1874, 1885), mas o Maranhão manteve-se sempre presente em seus escritos e discursos.

Pode-se afirmar que Cândido Mendes foi de certo modo alheio à pretensão de escrever uma história geral para o Brasil. O mais próximo de uma história geral que escreveu foi a do comércio, mas relativa a toda a humanidade e quase toda ela de segunda mão, baseada em bibliografia estrangeira. Ainda assim, por outra via, acabou por escrever amplas histórias sobre temas específicos, que remontavam da colonização aos tempos atuais, as quais somadas não formam uma história geral, mas concentram-se em traços profundos, parcelas ou mesmo detalhes da totalidade concreta da história, que poderiam eventualmente contribuir para a escrita de uma história geral do Brasil. Seus estudos seriam, inclusive, aproveitados na grande história geral brasileira, especialmente pelas mãos de seu comentador Capistrano de Abreu (apud Varnhagen, 1962, t. 1, p. 23, 129, 167, 259, entre outras).

É importante ressaltar, ainda, o caráter prático das monografias voltadas ao Maranhão. *O Turiaçu*, *A Carolina* e outros textos do gênero representam usos da geografia e da história do direito para fins bastante concretos, em defesa da fixação das fronteiras do Maranhão conforme a sua verdadeira e tradicional composição. Nas palavras de Sá Viana (1919, p. 10), a respeito de *O Turiaçu*, foi "obra de quem sabia utilizar a História em proveito do Direito". E complementa, com o tom panegírico de seu discurso: "Para vencimento da causa faltava o advogado reto e competente que, certo da prova, do seu valor e do modo de usá-la utilmente, restaurasse a verdade, fosse, enfim, o que foi Cândido Mendes, o *vir probus ac peritus discendi*".

Em *A Carolina*, no âmbito da disputa fronteiriça entre as províncias de Goiás e do Maranhão, vemos Cândido Mendes explicitamente fundar na história a sua defesa do pleito do torrão natal. Logo no início de seu texto, o maranhense diz "algumas palavras" acerca dos que

> primeiro navegaram e exploraram o rio Tocantins; fazendo depois um pequeno esboço histórico das primeiras questões de limites que teve o Maranhão, quando Estado separado do Brasil, compreendendo as quatro Províncias do Pará, Maranhão, Piauí e Amazonas, com a antiga Capitania de S. Paulo, a cuja jurisdição pertencia a atual Província de Goiás. O conhecimento destes fatos parece-nos muito proveitoso, para a fácil compreensão, e resolução deste pleito, que se acha afeto à Câmara dos Srs. Deputados (Almeida, 1852, XIII).

Assim, segue páginas e mais páginas apresentando o histórico da região, a fim de contribuir para o pronto julgamento que "a justiça, a utilidade pública em geral e sobretudo o bem dos povos daquela interessante porção do Império" reclamavam (Almeida, 1852, p. XII).

Após mostrar a "usurpação por parte de Goiás" (Almeida, 1852, p. XXIV), Cândido Mendes afirma que os fazendeiros do Maranhão foram sucessivamente ocupando o território da Carolina, então disputado, tendo por isso "uma posse real, incontestável e efetiva sobre este território, que os Goianos não podem disputar com justiça, nem com sombra alguma de equidade" (Almeida, 1852, p. XLIII).

Trata-se, afinal, sempre de disputas por poder e por jurisdição, nas quais Cândido Mendes se insere mediante a defesa daqueles que têm direitos e, por isso, estão do lado da justiça (a Igreja, o Maranhão), contra os usurpadores, que invadem a esfera alheia (o Estado conduzido por regalistas, as províncias do Pará e de Goiás).

No caso dos estudos específicos sobre o Maranhão, além da defesa de sua pátria local, há outra intenção que merece ser examinada destacadamente, a qual aparece também em outros textos, sobretudo no *Atlas*: a fixação de fronteiras.

2.1.2.3 Para a fixação das fronteiras

> [...] Esse *desideratum* será somente realisavel quando mais nos compenetrarmos da necessidade da conquista real do nosso territorio, estudando-o, e aproveitando as vantagens que elle offerece. Sobretudo he urgente, indispensavel, o abandono das fachas coloniaes em que ainda nos envolvemos, afim de que possamos emprehender esse herculeo commettimento. Da civilisação do Oéste depende o engrandecimento de nosso paiz.
>
> CÂNDIDO MENDES DE ALMEIDA
> *Introdução, In*: José da Silva Lisboa (Visconde de Cairu), *Princípios de direito mercantil e leis de marinha* (1874, p. DCXLVIII)

A questão das fronteiras aparece, à primeira vista, como assunto para a geografia. É evidente e inegável, de fato, o seu caráter geográfico. Todavia, é também uma questão essencialmente jurídica, especificamente no contexto do século XIX, com as inúmeras guerras entre potências e de independência. Para o Brasil, que se torna independente em 1822, os debates e embates pelas fronteiras internacionais e internas são inúmeros. Apesar de a unidade nacional estar em grande medida consolidada no Segundo Reinado, a demarcação fronteiriça com outros países está longe de ser concluída, da mesma maneira como as disputas entre províncias ainda acirra os ânimos em inúmeros pontos do país, para não falar de pretensões separatistas.

O Brasil, portanto, passa nesse momento por sua construção nacional, o que repercute na obra de Cândido Mendes, grande parte dela voltada precisamente para essas questões. No *Atlas*, isso fica bastante claro, quando trata dos limites internacionais do Brasil. Em muitos casos, os tratados que fixavam os limites com outros países apenas foram firmados no século XIX, estando ainda ("já", segundo ele) a se iniciar o processo de demarcação (República do Peru); em outros, mesmo que houvesse tratados desde o século XVIII, as fronteiras ainda eram disputadas (Guiana Francesa); em outros casos, ainda, como os Estados Unidos da Colômbia (denominados República de Nova Granada até pouco tempo antes) e a Guiana Holandesa, sequer havia até aquele momento tentativas de regularização das fronteiras (ALMEIDA, 1868, p, 9). Além desses, Cândido Mendes menciona também as pendências abertas com a República do Paraguai e a Confederação Argentina – sem, contudo, referir-se mais explicitamente à Guerra do Paraguai (1864-1870). E há também um caso de Estado limítrofe ("conterrâneo") com o qual os limites e respectivas demarcações já estão resolvidos: trata-se da República Oriental do Uruguai – ainda que, para isso, em nome da paz e da harmonia, o Império brasileiro tivesse cedido territórios, como também ocorreu frente à República da Bolívia.

A fixação das fronteiras é vista a um só tempo como a garantia de um espaço exclusivo de jurisdição, como uma demonstração de poder, como o estabelecimento de maior segurança e tranquilidade internas e, antes de tudo, como a consolidação de uma identidade nacional. Como diz João Paulo Pimenta (2006, p. 18), "o *território* é, simultaneamente, uma ideia e uma realidade que organiza e confere sentido a *Estado* e *nação*".

Nesse âmbito de preocupações, vale destacar um trecho escrito por Cândido Mendes em sua obra *Pinsônia*, na qual propugnava pela formação de uma nova província:

> Em minha opinião tem sido um grande erro dos nossos Estadistas, o abandono da divisão do nosso território em províncias de regular extensão, segregando os territórios desabitados, aliás muito vastos, das províncias a que estão sujeitos sem interesse algum para o Império, e podem no futuro constituir um perigo para a integridade desta grande comunidade política pela cobiça que excitam, máxime nesta época, em que a força está primando o direito. *Caveant Consules!* (ALMEIDA, 1873b, p. VI).

Como se vê, Cândido Mendes criticava a distribuição político-territorial do Império, cuja desigualdade gerava o distanciamento de vastos territórios desabitados relativamente às províncias a que pertenciam, colocando em risco a integridade da própria nação – para além das disputas fronteiriças internas, que também perturbavam a ordem e mereciam a dedicação do maranhense. Isso seria ainda mais grave, em sua visão, em um tempo no qual a força tinha cada vez mais primazia sobre o direito – observação esta que, vinda de um autor com o seu perfil, seguramente remete à primazia do Estado sobre à Igreja, com destaque para a recente unificação italiana, em detrimento dos interesses papais.

Por mais distintos que pareçam os temas desta e da próxima seção, fronteiras e educação, no século XIX andam ambos atados pela ideia de nação. Apontando para essa relação, Benedetta Albani (2014, p. 4) apresenta como importante uso da história no século XIX o de servir de instrumento de educação cívica e moral para a construção do Estado nacional, chamando em seguida a atenção para a relevância da dimensão espacial. Segundo ela,

> desde suas origens a investigação histórica, entendida em sentido amplo como a reconstrução de eventos realmente ocorridos indagados mediante uma metodologia específica, enfrentou-se necessariamente com algumas concepções do espaço mais ou menos complexas. Estas foram, por sua vez, influenciadas pelas ideias políticas e filosóficas dos autores e de seu entorno cultural assim como pelos objetivos, implícitos ou explícitos, do uso do discurso histórico na sociedade. Por exemplo, durante o século XIX, tanto a historiografia de caráter romântico como aquela de tendência positivista olhavam a história como um instrumento de educação cívica e moral em vista da construção dos estados nacionais, e entendiam o espaço como o território no qual se encarnava o "espírito" de cada povo e onde se exercia o poder do Estado, considerado em suas funções políticas e jurídicas.

Como temos ressaltado desde o início, o tema da disputa de jurisdições é central no pensamento de Cândido Mendes, em vista sobretudo da disputa entre Igreja e Estado, o que não significa uma atuação contra a nação, mas a defesa da nação de acordo com essa concepção. Isso implica estabelecer corretamente as fronteiras, internas e externas, para fixar o espaço jurisdicional brasileiro frente aos demais países e dividi-lo adequadamente, em termos administrativos, eclesiásticos, eleitorais e judiciários, como aparece no *Atlas* (Almeida, 1868).

O uso da geografia e da história aparece como instrumento basilar para sustentar juridicamente esse projeto de uma nação integrante da comunidade católica. Mas não apenas para sustentá-lo na prática jurídica – enquanto advogado, legislador ou funcionário público –, e sim para reformar a fundo a mentalidade dominante na sociedade, ainda muito afetada pelos ideários concorrentes. Por isso, era necessário ir mais longe e transformar a cultura jurídica, ou melhor, preservar a boa e velha cultura jurídica contra os avanços das ideias que se diziam modernas e liberais mas, sob o olhar ultramontano, veiculavam interesses perniciosos, que afastavam o país da cristandade.

Assegurar o domínio e a boa organização territoriais era importante. Mas a garantia de sucesso do projeto ultramontano dependia da correção do elemento humano que vivia dentro dessas fronteiras.

2.1.2.4 Para a educação da população

> Entre as desvantagens com que lutamos não he menor a deficiencia de solida e saudavel instrucção da nossa população. Descuido digno de severo reparo em mais de meio seculo de regimen autonomo. Nenhum governo tem tratado seriamente deste assumpto. [...] O governo politico, cuja missão he a manutenção da ordem e defesa da sociedade, não tem o encargo de ensinar. Todo o esforço que faz no sentido de levar á termo commettimento estranho á sua missão he sempre improficuo, maxime quando elle se mostra estranho ou indifferente ás doutrinas elevadas que são os principios geradores da sciencia humana. Essa desordem influe em demasia na sociedade á que um tal governo preside: falta o estimulo moral que se prende á uma doutrina bem definida. Infelizmente esse *virus* tem-se sobremodo infiltrado em nossas administrações desde o primeiro reinado. A nossa sociedade ou antes as classes directoras, o viveiro do pessoal dos governos, não tem idéas fixas sobre as grandes doutrinas sociais em que a religião occupa o primeiro lugar. [...] Se o mal não tem produsido todas as consequencias do seu grande elasterio, he por duas causas. O fundo religioso catholico que ainda predomina na população e resiste ao impulso das más doutrinas, e a forma de governo que adoptamos.
>
> CÂNDIDO MENDES DE ALMEIDA
>
> *Introdução, In*: José da Silva Lisboa (Visconde de Cairu), *Princípios de direito mercantil e leis de marinha* (1874, p. DCXLV-DCXLVI)

Cândido Mendes dedica as suas obras aos jovens estudantes, visando à educação da população. Percebe-se isso facilmente no *Atlas*, onde consta na própria capa que é trabalho "dedicado à Sua Majestade o Imperador, o Senhor D. Pedro II, destinado à instrução pública no Império com especialidade à dos alunos do Imperial Colégio de Pedro II".

Não se pode deixar de lembrar, neste ponto, que a carreira de Cândido Mendes começa como professor de história e geografia do liceu de São Luís, cargo que ocupou por quatorze anos (Almeida, 1943, p. 15-16).

Esse elemento pedagógico e a preocupação destacada com o aprendizado dos jovens aparece também nas três introduções histórico-jurídicas.

No *Código Filipino*, pronuncia logo no início que, na elaboração de seu trabalho, teve "sempre em mira a juventude que cursa nas Faculdades de Direito, e que aliás dispõe em seu tirocínio de tão limitado tempo" (Almeida, 1870, p. VI). E ao final oferece-o "à mocidade estudiosa que cursa as Faculdades de Direito; não só com o propósito de facilitar-lhe o conhecimento do nosso Direito Civil, mas como tênue reembolso que fazemos à Pátria pela instrução que nos dispensou em nossa juventude" (Almeida, 1870, p. XXXVI).

Já na introdução aos *Princípios de Direito Mercantil*, Cândido Mendes afirma de forma contundente a importância da educação para a formação do país, criticando a situação atual do Brasil: "Uma nação não se pode reputar independente, autônoma, quando, em relação à educação de sua população, vive sob a tutela de outras. É esta presentemente a nossa situação. Temos, é certo, independência política; quanto ao mais nossa subordinação é visível. Estamos avassalados ao estrangeiro" (Almeida, 1874, p. V). A construção da nação e a implementação da educação da população aparecem, assim, como medidas indissociáveis.

A isso, acrescenta uma afirmação retrospectiva sobre toda a sua produção intelectual, em que situa a educação como seu principal motor: "Como por vezes havemos declarado nas obras de nossa lavra, um só móvel nos incita o esforço – *a instrução da Mocidade Brasileira*, e, sempre que for possível, almejamos sua realização por intermédio de autores nacionais. Somente em último caso devemos recorrer ao estrangeiro" (Almeida, 1874, p. XII). Uma vez mais, educação e nação são apresentados como facetas interligadas de um mesmo projeto, sem o qual não se vislumbra a real independência do país.

Mas qual deveria ser o conteúdo dessa educação, tão relevante para efetivamente tornar o Brasil um país independente? Suas obras dão exemplos: a história do mundo e do Brasil, em um aspecto central como o comércio (1874); o multifacetado direito vigente e histórico, incluindo leis, ordenações, alvarás, arestos e obras doutrinárias (1869, 1870); a geografia do país, para conhecer adequadamente suas fronteiras e disputas internacionais, bem como suas divisões internas (administrativas, eclesiásticas, eleitorais e judiciárias) (1868).

Por trás de todos esses conteúdos, contudo, há um elemento forte, que se manifesta sob vários aspectos: o fundamento moral da história do comércio; o direito justo e legítimo, consideradas as normas e a jurisdição da Igreja; o reconhecimento da soberania territorial do país, mas sem desconsiderar suas diferenças internas e a divisão eclesiástica como fator tão relevante quanto as divisões administrativas, eleitorais e judiciárias. Cândido Mendes está, sim, preocupado com a construção da nação e com a sua independência. Mas isso implica reconhecer adequadamente o espaço institucional da Igreja Católica, a partir do qual ela possa atuar livremente na implementação da sua doutrina. Isso significa que, para além do espaço político, jurídico, administrativo que incumbe ao poder civil, deveria ser reconhecido e respeitado um espaço moral, com reforço do Estado, mas cujo domínio estaria nas mãos da Igreja – que era, afinal, a religião oficial do Estado, como a própria Constituição declarava em seu artigo 5. Diante disso, a educação necessária ao Brasil, inclusive para definir-se vez por todas como nação independente, seria a educação católica, em cumprimento à norma fundamental.

Assim, as asserções a respeito do elemento pedagógico que lemos na introdução ao *Direito Civil Eclesiástico Brasileiro* destacam-se, uma vez que tocam no âmago da questão. Cândido Mendes começa o seu texto com uma afirmação que revela uma concepção antropológica:

> Se pois o homem é uma entidade essencialmente teológica, tem necessidade, é seu dever procurar conhecer a lei de que é o produto, para poder com segurança e certeza pautar suas ações por essa norma. Quanto mais ele se esforçar por obter esse *desideratum*, tanto melhor satisfará o seu destino no mundo (Almeida, 1866, p. IX).

A carga normativa de uma concepção como essa é enorme: o ser humano deve satisfazer o seu destino por meio de suas ações, as quais devem adequar-se à lei que, por isso, deve ser por ele conhecida. Deste modo, não basta que as ações produzam efeitos aparentemente positivos, se não estiverem de acordo com a lei que rege o mundo, assim como não adianta aguardar a graça divina para salvar-se, sendo preciso agir conforme os preceitos divinos.

Diante disso, a educação das pessoas destaca-se como um elemento fundamental para a consecução dos desígnios divinos. Sem que elas compreendam a lei, o destino humano não se cumpre. Essa educação é, portanto, acima de tudo uma educação moral teológica. Em uma nação católica, essa verdade não poderia ser olvidada. Nas palavras de Cândido Mendes, "desde que uma Nação não toma por base da educação pública a Religião que adotou, prepara por si um mau futuro; tanto mais aterrador, quanto maior for o antagonismo da sua legislação com o princípio religioso" (Almeida, 1866, p. XV). Não obstante, o antagonismo fora instituído radicalmente durante o período colonial, quando se fez a reorganização dos ensinos primário e secundário em 1759, bem como a reforma do ensino superior em 1772. Obra de Pombal, "não são medidas dignas de louvor", diz Cândido Mendes, que completa: "foram para a Monarquia Lusitana no século passado segundo terremoto" (Almeida, 1866, p. CLIV). Uma vez nação independente, apesar da opção constitucional pela religião católica, o Brasil ainda sofria os abalos das medidas inauguradas no governo de D. José I.

O elemento religioso, portanto, é fundamental na sua visão acerca da educação – e esta, por sua vez, é central na construção da nação – não só pela ideia abstrata de que a base moral seria positivamente necessária para a edificação das relações sociais e para elevar o país em meio à cristandade. Essa visão justifica-se juridicamente pela adoção constitucional da religião católica como religião de Estado e, concretamente, pela observação da situação histórica do país, em que os princípios morais não vinham sendo adequadamente implantados, nem ensinados.

Ao elaborar a sua crítica ao beneplácito previsto no artigo 102, § 14, da Constituição do Império, Cândido Mendes afirma que consiste em "uma das conquistas mais caras ao Galicanismo, e de que dificilmente abrirá mão. Sem transformar-se a educação nacional não cederá o terreno ganho, seria para essa seita um suicídio, e para todas que visam no Poder Temporal o seu apoio" (ALMEIDA, 1866, p. CCCLXLIII). A educação é apresentada, nesse contexto, como um instrumento de transformação social, em vista da necessidade de derrotar-se a influência galicana.

A própria educação, todavia, estava cooptada pela doutrina adversa. Por isso, Cândido Mendes insere-se em uma discussão propriamente disciplinar-pedagógica, em que critica as referências bibliográficas utilizadas e os conteúdos ministrados em determinadas matérias. Nesse sentido, contesta as escolhas de Jeronimo Vilella de Castro Tavares, lente de direito eclesiástico no Recife:

> O Professor encarregado do ensino do Direito Eclesiástico em Faculdades onde o Direito Natural Protestante é o primeiro leite que bebem os alunos, nenhum obstáculo opôs à doutrina Jansênico-Galicana do *Placet* ilimitado, que aplaude como Van-Espen, Dupin, ou Nuytz. O ilustre Professor, cujos sentimentos católicos já tivemos ocasião de apreciar, não duvida recomendar a seus discípulos a leitura da obra do condenado Van-Espen, a legislação Portuguesa que já conhecemos, e o que sobremodo deploramos – assegura na nota 157 do § 212, que o *direito* de conceder ou negar o Beneplácito aos decretos dos Concílios, Letras Apostólicas e quaisquer outras Constituições Eclesiásticas, conforme se opuserem ou não às Constituições do Estado, *pertence sem dúvida ao Imperante Civil*, e é reconhecido por *todos* os Escritores, *que tratam deste assunto, e solenemente confirmado* pelas pretendidas Concordatas do Governo Português!! (ALMEIDA, 1866 p. CCCCXIII).

Essas ideias em detrimento da boa doutrina católica vinham desde antes. Cândido Mendes destaca um Alvará publicado em Portugal em 10 de maio de 1805 – o qual, faz questão de ressaltar, "não teve plena aplicação no Brasil" e, ademais, "tornou-se letra morta", mas ainda assim configurou verdadeiro ataque do poder temporal. Segundo ele, os

> Regalistas ganharam com a publicação desse documento: foi ainda uma conquista para o Poder Real, que adquiriu mais um direito majestático – *o de promover a sólida instrução do Clero*, como se exprime Borges Carneiro, pretensão outrora desconhecida em Portugal. Era, portanto, uma novidade, um verdadeiro abuso da força (ALMEIDA, 1866, p. XIX-XX).

O acirramento das disputas entre Igreja e Estado, que levou à prevalência dessas ideias em Portugal, ocorreu precisamente com o detestado Pombal e guarda relação direta com a ordem dos jesuítas, alvo, no Brasil do século XIX, da defesa histórica pelos ultramontanos e do ódio de quem aderia ao disseminado antijesuitismo. Com efeito, durante o período pombalino, os jesuítas sofreram inúmeras derrotas, passando pela expulsão das colônias até a extinção da corporação. Um dos campos de embate entre a Companhia de Jesus e o governo absoluto reformador eram os centros de ensino, até então dominados por aquela ordem. Francisco Falcon (2017, p. 46) sintetiza os impactos do *Verdadeiro método de estudar*, de Luís António Verney, expoente do iluminismo lusitano, e da expulsão dos jesuítas:

> quebrada com esses golpes a resistência da antiga e temível fortaleza, aprisionados ou desterrados os seus defensores, abriu-se finalmente o caminho para o assalto às posições eclesiásticas restantes. Estava definido também o seu primeiro alvo – a educação – pois esta era a base, afinal de contas, da formação das mentalidades, mais ainda, da formação dos intelectuais: dois aspectos a serem transformados, uma vez libertos da tutela dos jesuítas.

Cândido Mendes e os ultramontanos eram saudosos dessa tutela da educação pelos jesuítas e de seu método. É curioso notar que, já na passagem para o século XX, o sobrinho de Cândido, João Mendes de Almeida Júnior (1899, p. 155-156), participa de um debate com Pedro Lessa (os dois, juristas renomados, eram professores da faculdade de direito de São Paulo), em que alegava a grande "superioridade do método escolástico". Dizia que "os nossos jurisconsultos são, em geral, escolásticos, sem que ficassem acobardados por aquela nota dos Estatutos de Coimbra, pela qual o poderoso ministro Pombal denominava a Escolástica – *filosofia dos árabes*". E vai mais longe, profetizando que "a Escolástica será a filosofia do século XX"[42].

[42] Lessa (1899, p. 185-189) responde: "Não: francamente a amostra da Escolástica exibida pelo sr. dr. João Mendes Junior não abona a doutrina. A verdade está com Hippolyto Taine, para quem a substância é o conjunto das qualidades, ou com Stuart Mill, para quem a substância, por outras palavras, é o complexo dos atributos, ou com Alexandre

Além das intenções manifestas de contribuir para a educação da mocidade, nota-se o caráter pedagógico das obras de Cândido Mendes por sua própria composição, sobretudo em decorrência da tarefa de compilar e publicar materiais. No caso do *Código Filipino*, organizou e publicou uma primeira edição integral brasileira das *Ordenações*, contando já o país 48 anos de independência e uma considerável produção legislativa, incluindo alguns códigos. Resgatava, assim, normas históricas, mas muitas ainda vigentes, facilitando o acesso e estudo pelos alunos das faculdades e pelos práticos do foro. No caso dos *Princípios de Direito Mercantil*, a intenção foi devolver aos estudiosos e práticos do comércio uma doutrina moral. Já com o *Direito Civil Eclesiástico Brasileiro*, resgatou, organizou e publicou as mais importantes normas que regeram ao longo da história, e ainda regiam, as relações entre o Brasil e a Santa Sé, o que servia de arma contra o ensino desvirtuado dos direitos canônico e eclesiástico sob os preceitos do direito natural protestante.

Além disso, a história do direito de Cândido Mendes é em diversas partes um instrumento de pedagogia, incluindo estímulos para que seus leitores (os católicos, que hão de concordar com ele) resistam em nome da doutrina católica e repreensões a quem age mal, inclusive mediante críticas nominais, como ocorre quando contesta o Bispo do Rio de Janeiro, D. Manoel do Monte Rodrigues de Araújo, por defender em 1857 doutrina já condenada pela Igreja em 1486, e ainda por cima apoiando-se em um livro arrolado no *Index Librorum Prohibitorum* em 1851. Segundo Cândido Mendes, ao adotar semelhante posicionamento na questão do beneplácito, o bispo fora ignorante ou medroso:

> Notamos ainda que com toda a cautela o Bispo Brasileiro repelindo o *Placet* ilimitado, faz sentir que trata da questão *de jure constituendo*, sem mencionar

Bain [...]. Razão teve o marquês de Pombal, quando chamou à Escolástica – *filosofia dos árabes*. Aquele Cornoldi que nos apresenta Sócrates, Platão, Aristóteles e Cícero, como fervorosos cultores da Escolástica, aquele Cornoldi em cuja autoridade tanto confia o sr. dr. João Mendes Júnior, por certo *é das Arábias*. Santo Tomás de Aquino, em que havia de dar a tua Escolástica!". Por outro lado, é importante lembrar que a posição de Almeida Júnior está em conformidade com o preceito XIII condenado pelo *Syllabus*, tal como transcrito por Cândido Mendes no *Direito Civil Eclesiástico Brasileiro*: "O método e os princípios por que os antigos Doutores escolásticos ensinaram a Teologia não convêm às necessidades da nossa época, e ao progresso das ciências" (Almeida, 1873, p. 890).

> as decisões da Santa Sé contra o *Placet*, qualquer que seja a sua forma ou limitação; o que indica senão ignorância medo impróprio de um Pastor, encarregado de levar a bons e saudáveis pastos às suas ovelhas (Almeida, 1866, p. CCCCXII).

Não parece haver receio de cometer indelicadezas por parte do autor, uma vez que está atuando em defesa da causa da liberdade da Igreja: "Com um Pastor desta têmpera", prossegue, "nunca a Igreja conquistaria a sua liberdade e independência nos Países em que fosse oprimida" (Almeida, 1866, p. CCCCXII).

Além do fundamento teológico, que aponta para o tipo de educação necessário a toda nação cristã, e especificamente à brasileira, é importante notar que a própria elaboração de uma historiografia traz consigo um elemento pedagógico, que assume configurações variadas nas diferentes sociedades e épocas.

Em Cândido Mendes, vemos essa relação entre história e educação encontrar explicação na natureza humana. Não que em seus textos encontremos análises profundas, seja sobre aquela relação, seja sobre esta natureza. Mas algumas das ideias expressas pelo autor apontam para qual é a sua concepção acerca desses temas, para além daquela antropologia teológica acima mencionada.

Um trecho do *Atlas* dá indícios sobre esse tema. Ao justificar os equívocos que poderão ser encontrados em seu trabalho, Cândido Mendes afirma: "O errar é moléstia da humanidade, e a ela não poderíamos escapar. O que chamamos experiência não é mais do que a ciência ou a história dos próprios erros, porquanto só depois de conhecê-los é que conseguimos acertar" (Almeida, 1868, p. 8). Esse trecho, que serve de autodefesa antecipada às possíveis críticas que seriam feitas à obra que levava ao prelo, extravasa o argumento específico a que se dedica, pois contém uma afirmação geral acerca da humanidade: o erro é um mal inevitável que se verifica por toda a história, sendo necessário observar a experiência a fim de que, munidos de conhecimento científico ou histórico, os homens possam aprender, corrigir os seus erros e acertar. Essa afirmação caracteriza, a um só tempo, a dimensão do acontecimento e a do saber: a história(-acontecimento) é constituída por uma sucessão de erros, cuja crítica forma o conhecimento histórico, capaz de pautar a nossa ação para evitar a repetição dos erros já cometidos.

Pautado nessa visão, Cândido Mendes arremata o trecho englobando o caráter educativo do conhecimento histórico e geográfico na finalidade maior de prestar serviços à pátria. Afinal, ensinar os cidadãos atuais e futuros é orientar a sua ação, para que se evitem os erros do passado, guiando a nação para destinos elevados (os quais, como vimos, enquadram-se nos destinos traçados pela lei divina para o ser humano no mundo):

> Sem dúvida é nobre e belo pôr nossa inteligência e nossa pena ao serviço da Pátria que idolatramos, máxime quando o fim é instruir cidadãos, que no futuro possam colocar os destinos da nossa nacionalidade em firme, eminente e glorioso pedestal (Almeida, 1868, p. 8).

Mais do que o uso pedagógico da história em geral, no entanto, o uso específico da história do direito com a intenção de promover a educação da população não é fortuito e possui um significado especial. Como diz José Reinaldo de Lima Lopes (2004), é longa a tradição para a qual a lei possui por função ensinar. Essa ideia era forte em Tomás de Aquino e Luís de Molina retoma-a, ainda que de forma matizada.

Nos textos de Cândido Mendes, a lei não aparece a princípio com um forte sentido de ensinamento, ao menos não declarado, até mesmo porque ele não se debruça filosoficamente sobre o que é direito, tema que se concentrava, no século XIX, sobretudo nas obras dos civilistas[43]. Não obstante, tendo em vista a posição central por ele destinada à história para o ensino e para a compreensão prática do direito, percebe-se que, se a lei voltada para as ações particulares não recebe atenção especial para a pedagogia da população, é a própria história do direito, por meio da compilação, reedição e narração, com seu fundamento moral, que é utilizada por ele para ensinar, de forma global, qual é a visão de mundo (e, portanto, de direito e de nação) que a população deveria seguir.

[43] Como José Reinaldo de Lima Lopes (2004, p. 127) mostra, o civilista português Coelho da Rocha, muito difundido no Brasil, tratava em seu curso de direito civil dos temas que antes compunham a disciplina geral do direito e o direito natural, como os conceitos de lei e de direito.

Não sendo o povo, em sentido amplo, visto como ilustrado ou partícipe de um processo democrático, os destinatários imediatos do ensino, para o qual Cândido Mendes contribui com a divulgação das normas, sistematizando-as, interpretando-as e contando a sua história, são o clero, que deve escolher agir, ou reagir, em nome da Igreja, e os estudantes (nomeadamente, os do Colégio Pedro II, no caso do *Atlas*; e os das faculdades de direito, no caso de obras como *Direito Civil Eclesiástico Brasileiro*, *Código Filipino* e *Princípios de Direito Mercantil*), para que entendam a origem e os limites dos poderes eclesiástico e estatal, a fim de que escolham agir conforme a justa relação entre Estado e Igreja quando ocuparem cargos e ofícios, isto é, para que não sejam regalistas.

De toda forma, vale a pena voltar a Luís de Molina. No conceito de lei do jesuíta espanhol, encontra-se tanto a concepção mais moderna de comando quanto a de ensino, recebida de Tomás de Aquino e que se liga à noção pré-moderna de medida. Para ele, a função de legislar – isto é, de comandar e ensinar – compete a qualquer governante. "Deus legisla para o universo, o rei legisla para seus súditos e o papa legisla para os cristãos", como sintetiza Lopes (2004, p. 101).

Podemos afirmar que Cândido Mendes está de acordo com isso. No entanto, em seu contexto, parece-lhe que o rei anda legislando para os cristãos, em detrimento do papa, substituindo-se ilegitimamente uma autoridade por outra na tarefa de comandar e ensinar. Caberia restabelecer os limites das jurisdições, com a preponderância da Igreja, uma vez que os súditos do rei – isto é, os nacionais brasileiros – eram também cristãos e estariam sob o comando e ensino do papa.

No entanto, para Molina, se a autoridade competente fizer leis danosas, não podem os súditos desobedecer, mas apenas pedir que sejam revogadas. Como Cândido Mendes vê um problema não apenas no conteúdo, mas na competência ou jurisdição da autoridade, brada para que os cristãos, laicos também, mas sobretudo o clero, lutem (Almeida, 1866, CCCLXXXIX-CCCLXL).

2.1.3 Para distinguir-se socialmente

> Depois de pagar o seu tributo de veneração á memoria do Visconde de Cayrú, annunciando as mais modestas pretenções, o

> Senador Candido Mendes occupa-se da historia do commercio e das navegações desde os tempos mais remotos até nossos dias [...] A historia do commercio e da navegação, escripta magistralmente pelo digno Senador, é trabalho que muito o honra [...] e constitue para o seu autor um titulo de alto merito, abrindo-lhe lugar de distincção entre os poucos que entre nós consagrão-se ao esquecido e malbaratado culto da sciencia do direito.
>
> O Direito – Revista de legislação, doutrina e jurisprudência
> Ano II – 1874, 4º volume, n. 1 a 8 (p. 234-236)

Cândido Mendes de Almeida seguia o roteiro da elite ligada à Corte, que ocupava os cargos de maior prestígio do país. Para isso, valeu-se das armas sociais de que pôde dispor, como redes de relações pessoais e um diploma de bacharel em direito. Mas também valeu-se de instrumentos peculiares, dentre os quais destacam-se suas histórias do direito, cujo uso, juntamente com seus trabalhos geográficos, também se deu com a finalidade de conquistar prestígio social e distinguir-se entre seus pares, tendo chegado à altíssima função de senador e à categoria de sócio honorário do IHGB.

Maranhense, foi em sua terra que começou a carreira, tão logo retornou de Olinda, onde formou-se no curso jurídico. Atuou como advogado, promotor e professor de história e geografia, e participou vivamente da produção de periódicos, em meio à polêmica entre bem-te-vis e cabanos. Em linhas gerais, os primeiros eram os liberais, ligados aos proprietários locais, enquanto os segundos eram os conservadores, que mantinham maior ligação com os portugueses.

A família Almeida, associada aos cabanos, era inimiga dos Jansen[44], bem-te-vis, liderados pela matriarca Ana Jansen. Nas palavras de Abrantes e Santos (2011, p. 55), ela "conseguiu atrair, com seus 'encantos', o

[44] Inimizade notória. Como dizem Abrantes e Santos, baseando-se em Viveiros, "o mais odiado dos inimigos de Ana Jansen foi, sem dúvida, Cândido Mendes de Almeida, apelidado de 'o Cão Mendes', a quem coube muitas injúrias e ultrajes através das páginas de *O Guajajara*" (Abrantes; Santos, 2011, p. 60). Cf. *O Guajajara*, onde Cândido Mendes é tratado como "*Inimigo do País*", na edição n. 15, de 22 de agosto de 1840 (p. 60); chamado de "Cão Mendes", na edição n. 21, de 19 de setembro de 1840 (p. 84); e tem dedicada a si

homem mais rico do Maranhão nessa época", o coronel Izidoro Rodrigues Pereira, "natural da Vila de Maiorca de São Lourenço, em Portugal. Sua fortuna foi proveniente da herança que recebeu de seu pai, Manoel Rodrigues Pereira, considerado detentor da maior fortuna do Maranhão na virada para o século XIX, resultante da compra das propriedades dos jesuítas".

Após migrar para a Corte, na condição de deputado, Cândido Mendes deixou de se envolver com a intensidade de antes nos assuntos da Província[45], embora nos estudos sobre fronteiras e nos debates parlamentares mantivesse a constante preocupação com a terra natal.

Ainda assim, o jurista-historiador precisava fazer o nome para eleger-se deputado e alavancar a carreira pública, ao mesmo tempo que combatia o crescente prestígio de Ana Jansen e sua família. Para além da condição de bacharel em direito, já bastante distintiva naquele tempo em que havia apenas dois cursos no Brasil, ambos muito recentes, a construção de uma aura de erudição, por meio de estudos históricos, jurídicos e geográficos foi consolidando o reconhecimento social de Cândido Mendes, apontando para mais um uso da história do direito, a distinção social.

Por outro lado, com o prestígio social aumentado pela via da aura intelectual, Cândido Mendes pôde valer-se justamente dos estudos realizados para defender seus pontos de vista e contrapor-se aos adversários, inclusive os maranhenses, apesar de, como dissemos, o seu novo contexto ser dominado pela vida na Corte.

Como acabamos de ver, a fortuna da família de Ana Jansen baseava-se na compra das propriedades que haviam pertencido aos jesuítas, provavelmente no final do século XVIII, no tempo em que Pombal expulsou a corporação religiosa do Brasil. Os interesses de Cândido Mendes, frente

uma das biografias "dos mais distintos Gaviões" (isto é, cabanos, conservadores), intitulada "Cão Mendes", na edição n. 26, de 24 de outubro de 1840 (p. 101-104).

45 Intensidade que chegara às vias de fato, como recorda Santirocchi (2014, p. 68), acerca de uma briga noticiada em jornal, desmistificando a imagem de rigor e sobriedade de Cândido Mendes. Este fora desafiado para um duelo por Izidoro Jansen Pereira, filho de Ana Jansen. Almeida compareceu ao local, no horário marcado, mas o desafiante não, vindo a alegar que não passava de um deboche e que Cândido Mendes apanharia em outra ocasião. Depois disso, em pleno teatro São Luís, a surra efetivamente aconteceu, mas pelas mãos de outro Izidoro, pai daquele e marido de Ana Jansen.

a isso, combinavam-se: o árduo defensor da Igreja afrontaria a inimiga local e sua linhagem política para fazer justiça aos jesuítas, assim como o cabano defenderia os jesuítas para confrontar a poderosa bem-ti-vi. A defesa dos jesuítas e o combate a Ana Jansen, portanto, articulam-se, compondo uma mesma posição social, religiosa e política.

E a história foi um veículo primordial para que Cândido Mendes se posicionasse, como mostra Simone Tiago Domingos (2008), ao argumentar que as *Notas para a história pátria*, preparadas para o IHGB, tinham como intenção defender os jesuítas contra as concepções historiográficas e políticas que culpavam aquela ordem religiosa pelos males e atrasos do Brasil.

Paralelamente, ao longo de sua atuação na Câmara e no Senado, Cândido Mendes constantemente defenderia a propriedade da Igreja contra os avanços regalistas, que pretendiam tomar os bens das ordens religiosas, convertendo-os em títulos da dívida pública inalienáveis. A forma como a família rival enriqueceu possivelmente foi um motivo relevante para a sua atuação, para além do sentimento religioso.

Cândido Mendes passa, assim, a construir uma vida pública, o que implicava assumir diversos cargos sucessivamente, em uma escala que levasse até o topo, o que significava um cargo vitalício no Senado, a função de Conselheiro do imperador ou o magistério no Colégio Pedro II. Como os demais, especialmente por não descender de uma família tão poderosa a nível nacional, o maranhense começou por cargos e funções mais baixos: professor de liceu, advogado, promotor. Passaria pelos de secretário de província e diretor de seção e, depois de anos como deputado, ascenderia ao posto de senador.

Antonio Candido (2007, p. 16-17) sintetiza o que significava ser funcionário no Império:

> [...] quando se pensa nisso é que se vê até que ponto a vida da nação girava em boa parte à volta do ser ou não ser funcionário. Ser funcionário era, como se dizia, "ter uma posta", um lugar que dava renda, garantia, prestígio e posição. De cargo em cargo os funcionários iam-se escalonando até perto do governo do país. [...] afinal, na Corte, os do ápice, grisalhos, melhorando a situação financeira com os acúmulos de função ou as boas comissões, promovidos de oficiais a comendadores e dignitários, transitando da Ordem da Rosa ou

da de Cristo para a do Cruzeiro, juntando ao nome o título de conselheiro, e até de barão, esteios da Monarquia. Ser funcionário era entrar para essa cadeia da felicidade, que no final podia situar os de maior êxito ao lado dos fazendeiros e comerciantes prósperos, acima dos sitiantes, caixeiros, artesãos, agregados, para não falar nos escravos. Mas ser funcionário dependia de muita coisa. Dos favores, dos protetores, do parentesco e até da habilitação.

Junto a isso, o Brasil do século XIX era um país que, apesar da declaração liberal de igualdade na Constituição, cultivava ainda uma cultura de privilégios, não apenas para a ascensão aos ofícios públicos, não apenas os privilégios econômicos que jamais deixaram de existir, mas também os nominais, herdados do Antigo Regime português – como, aliás, sói acontecer ainda hoje em países monárquicos, vinculados a suas tradições seculares, cujo exemplo mais evidente é o Reino Unido. Nesse sentido, a elite era composta em grande medida por Duques e Duquesas, Marqueses e Marquesas, Condes e Condessas, Visconde e Viscondessas, Barões e Baronesas.

Dentre as possíveis distinções honoríficas, destacamos as seguintes: aquele que prestava importantes serviços à Coroa e à nação poderia ser nomeado Conselheiro[46]; poderia receber um daqueles títulos acima enunciados; poderia, ainda, receber insígnias como a Ordem da Rosa, a de N. S. Jesus Cristo e a Imperial do Cruzeiro[47]. Cândido Mendes de Almeida não foi nomeado Conselheiro do Imperador. Também não recebeu o título nobiliárquico de visconde, barão ou qualquer outro, apesar de não

[46] Como diz Antonio Candido, o título de conselheiro era o "galardão dos altos funcionários de boa folha". E faz uma importante observação: "Este 'título do Conselho', puramente honorífico, não deve ser confundido com os dos membros do Conselho de Estado, que eram doze, com até doze suplentes, e exerciam funções efetivas como assessores do imperador. O 'título do Conselho' era dado em geral aos 'que houvessem exercido cargos tais como Juízes do Supremo Tribunal de Justiça, Ministros de Estado, Presidentes de Tribunais de Relação, Bispos, Presidentes de Província e outros, por força da lei ou de costume'" (Candido, 2007, p. 36). A citação que o autor faz, indicada com aspas simples, é da obra de João Camilo de Oliveira Torres, *A democracia coroada (Teoria política do Império do Brasil)*. Quanto ao Conselho de Estado, órgão de consulta do poder moderador e intérprete privilegiado do direito no Brasil oitocentista, cf. Lopes (2007, 2010a).

[47] Para conhecer as várias Ordens do Império, cf. *Almanak Laemmert*, 1849, p. 23 et seq.

serem tão poucos os condecorados[48]. Foi honrado com a Ordem da Rosa, mas apenas no nível de oficial[49]. Isso mesmo tendo ocupado posições da maior importância no Império brasileiro, como a função de senador, além de ter recebido a condição de sócio honorário do IHGB. Por outro lado, foi condecorado com a Ordem de São Gregório Magno, da Igreja de Roma, no alto nível de comendador[50], e com a Ordem de Nossa Senhora da Conceição de Villa Viçosa, de Portugal, também no grau de comendador[51]- [52]. Talvez essas constatações guardem uma relação: o comendador bravo e fiel com quem a Igreja podia contar em terras brasileiras – "o soldado da Cruz"[53] –, católico distinto, que mantinha proximidade com os portugueses, devia ser, como contraponto, um oficial insuscetível de despertar maior confiança e afinidade com o governo imperial[54].

48 Percebe-se que o número de pessoas com títulos nobiliárquicos não era pequeno ao observar-se, por exemplo, o Almanak Laemmert, que possui, no ano de 1873, 14 páginas listando os "Grandes do Império" (*Almanak Laemmert*, 1873, p. 49-62).

49 A Ordem da Rosa possuía seis níveis: 1. Grã-Cruz; 2. Grande Dignitário; 3. Dignitário; 4. Comendador; 5. Oficial; 6. Cavaleiro (*Almanak Laemmert*, 1873, p. 26; 1849, p. 24). De acordo com Antonio Candido, "os três graus inferiores da Ordem da Rosa (cavaleiro, oficial, comendador) eram concedidos em número ilimitado, havendo milhares deles pelo país; mas os três superiores eram incrivelmente restritos: apenas trinta e dois dignitários, dezesseis grandes dignitários, oito grã-cruzes" (Candido, 2007, p. 104).

50 A Ordem de São Gregório Magno possuía quatro níveis: 1. Grã-Cruz; 2. Comendador; 3. Oficial; 4. Cavaleiro (*Almanak Laemmert*, 1873, p. 27).

51 A Ordem de Nossa Senhora da Conceição de Villa Viçosa tinha três graus: 1. Grã-Cruz; 2. Comendador; 3. Cavaleiro (*Almanak Laemmert*, 1881, p. 31).

52 Cândido Antônio Mendes de Almeida, seu bisneto, narra a sequência das condecorações: "Em 1857 é condecorado com o oficialato da ordem da Rosa, e algum tempo depois recebe também a comenda de N. S. da Conceição de Vila-Viçosa de Portugal. [...] Em 1860 também recebe a comenda de S. Gregório Magno" (Almeida, 1943, p. 18).

53 A expressão é do Mons. Luiz da Silva Brito, que ministrou os últimos sacramentos de Cândido Mendes. Ele faz uma narrativa desse evento, que pode ser lida em Almeida (1943, p. 28).

54 Essa suspeita já fora levantada por seus contemporâneos, como se lê no artigo publicado na *Gazeta de Notícias*, por ocasião de sua morte: "Não teve o ilustre morto títulos heráldicos, nunca se assentou nos conselhos da coroa; faltava-lhe mérito? Não. Mas dizem que seu aferro ao catolicismo foi um perene obstáculo para subir a essas regiões: verdade é que títulos honoríficos nada acrescentam a homens da estatura de Cândido Mendes" (apud Almeida, 1943, p. 30).

Antonio Candido (2007, p. 133), no estudo em que examina o que significou ser funcionário no Brasil Império a partir da trajetória de Antônio Nicolau Tolentino, comenta o entroncamento de papéis sociais nesses agentes históricos:

> O burocrata que se torna político ou homem de dinheiro deixa de ser propriamente burocrata. Mas é possível continuar a sê-lo em condições mais complexas e socialmente mais satisfatórias, se puder estabelecer relações com o mundo da política e dispuser de meios para viver, ao menos até certo ponto, como os homens que têm dinheiro. Essa combinação dosada dos três papéis, com franca predominância do primeiro, foi a fórmula da vida de Tolentino.

Apesar de ter atingido um patamar acima da média, também Cândido Mendes de Almeida não ficou registrado nos anais da história do país como um dos gigantes, que entraram para a história e nela permaneceram visíveis (um Marquês de Olinda, um Barão do Rio Branco, um Marquês de São Vicente, um Conselheiro Ribas). Mas também não foi alguém que saiu do nada e concentrou seus esforços em uma carreira burocrática para se destacar e atingir uma difícil, mas possível, ascensão social. Afinal, como vimos, não procedia de família tão humilde como muitas vezes se supõe, tendo se formado em direito e com condições de firmar uma carreira política. Assim como Tolentino, parece ter combinado os três papéis, de alguma maneira. Não parece ter-lhe faltado dinheiro[55]. Cumpriu fielmente seu posto de burocrata, no exercício das variadas funções públicas que assumiu. Mas, diferente de Tolentino, em Cândido Mendes predominou francamente o político.

Essa posição acima da média, mas abaixo do pináculo, dentre os homens da elite imperial, pode também ser notada pela leitura dos necrológios do Almanak Laemmert, que entre as edições de 1881 e 1882 passa por uma mudança na forma de registro. Enquanto na primeira se registra, como se fazia havia muitos anos, o "Necrológio das Casas Titulares" (*Almanak*

[55] Embora se leia na biografia escrita por seu bisneto que "morreu pobre, observa o professor Lacerda de Almeida, mostrando assim que as altas posições que ocupara lhe foram ocasião de servir a Pátria e não de explorá-la" (Almeida, 1943, p. 29).

Laemmert, 1881, p. 70-72), isto é, daqueles que tinham títulos de nobreza (Duque/Duquesa, Visconde/Viscondessa etc.), no ano seguinte o título da seção é alterado para "Necrologia da Nobreza e dos Varões Ilustres Brasileiros" (*Almanak Laemmert*, 1882, p. 59-62). Como Cândido Mendes de Almeida não era titular, não teria lugar na edição de 1881 (cujo último óbito registrado é de 8 de janeiro de 1881), mas poderia ter sido incluído na de 1882, que passara a admitir em sua lista também os "varões ilustres brasileiros" (nessa edição, o primeiro óbito registrado é de 8 de abril de 1881). Tendo falecido em 1º de março de 1881, o nome dele poderia constar na edição de 1882, ao lado de Luiz Vicente de Simoni, Benevenuto Augusto de Magalhães Taques e Pedro Autran da Matta Albuquerque. Mas não consta.

Assim, apesar de figurar na elite, ter desempenhado altos cargos e impactado seus contemporâneos, Cândido Mendes de Almeida não é "um dos figurões que aparecem nos livros de história: Olinda, Caxias, Rio Branco, Mauá, Ângelo Muniz, Saldanha Marinho e outros" (Candido, 2007, p. 14). Por isso, seria exagerado replicar a Cândido Mendes o que Antonio Candido (2007, p. 131) fala de Tolentino, mas não de todo equivocado, uma vez consideradas essas diferenças entre os dois:

> Morto, um homem desses acaba rapidamente, porque funcionou num escalão secundário, que não dá ingresso à História. Mas no momento da morte desperta um certo eco, preserva-se algum tempo meio embalsamado nos títulos, condecorações, escritos e bens materiais, por ter morrido aceito e certificado por uma classe a que não pertencia de início, mas na qual penetrou com esforço prolongado. Morreu aceito, porque, correspondendo ao que ela queria e precisava, adaptou-se aos seus padrões; os bons e os maus, pois estes são condição para o funcionamento daqueles. Ele a serviu, ela o recompensou.

Acrescente-se o que Antonio Candido (2007, p. 137-138) diz sobre a mobilidade social da época e a concessão de títulos nobiliárquicos a pessoas de toda sorte:

> O seu caso [do Conselheiro Tolentino] serve para ilustrar a mobilidade vertical no Brasil monárquico, cuja classe dominante sabia cooptar os elemen-

> tos auxiliares de que precisava. Basta pensar no critério de atribuição dos títulos nobiliárquicos, que eram dados a ricos e pobres, brancos e mestiços, membros de famílias importantes e gente "sem nascimento". Era uma sociedade relativamente flexível no universo dos homens livres (não dos escravos, é claro). Daí o contraste entre o peso da dominação de classe e a facilidade com que podiam ser incorporados os que correspondiam aos interesses da oligarquia[56], independentemente da origem social. A capacidade de recrutar elementos novos para manter o sistema foi um dos fatores de preservação do poder nas classes dominantes, que souberam se renovar sem largar as rédeas nem mudar de mentalidade além do inevitável.

A questão da distinção social não apenas move usos da história por Cândido Mendes, como também é por ele tematizada em seus escritos. José Honório Rodrigues (1969, p. 257-261), ao falar da genealogia como gênero ou disciplina auxiliar da história – que, segundo ele, aplicada ao estudo das gerações e das pessoas que cresceram juntas, simplificaria excessivamente o estudo da história do Brasil, onde todos os homens participam das mesmas realidades condicionantes e se parecem[57] –, ressalta o espírito crítico de alguns historiadores portugueses e brasileiros com relação à construção de linhagens nobiliárquicas. Nesse contexto, Rodrigues ressalta a postura do maranhense, no artigo "Quem era o bacharel de Cananeia" (Almeida, 1877a, p. 227-229):

> Cândido Mendes, além de estranhar os meios pouco regulares muitas vezes empregados para alcançar certas distinções ou para coonestar o uso e confirmar a ancianidade do título, e de criticar os cronistas da Bahia e de São Paulo, que nos séculos XVIII e XIX padeceram da mania de nobiliarquia, lastimava que se procurassem "esses títulos de nobreza muito discutíveis fora da pátria, quando podiam simplesmente firmá-los em serviços prestados no interesse do torrão natal" (Rodrigues, 1969, p. 259-260).

[56] Sobre a caracterização do Brasil de 1860-1889 como oligárquico, cf. Lynch (2014).

[57] No que parece uma adaptação da célebre expressão "nada tão parecido com um saquarema, como um luzia no poder", objeto de reflexões no conhecido estudo de Ilmar Rohloff de Mattos (2017), Rodrigues (1969, p. 257) diz: "Nada mais parecido com um ultramontano que um anticlerical do século XIX".

Assim, além de usar a história do direito para distinguir-se, Cândido Mendes usa-a para criticar o seu mau uso na distinção alheia. Afinal, fazer estudos históricos sérios e rigorosos seria uma forma de prestar serviços à pátria e, como desdobramento natural, distinguir-se socialmente, enquanto elaborar genealogias contestáveis, e ainda por cima buscando as origens que supostamente legitimariam a reivindicação de títulos de nobreza fora do torrão natal, seria agir sem ter em vista interesses patrióticos. Um abuso, portanto, da história do direito, cuja denúncia ressalta uma vez mais que existe um conceito de pátria defendido por Cândido Mendes, o qual não cabe na mera submissão à Igreja enquanto potência estrangeira, como acusavam os adversários do ultramontanismo.

2.1.4 Em busca da verdade

> A historia do nosso paiz está cheia de factos mal averiguados, e não poucos creados pela imaginação de escriptores em épocas mui afastadas dos acontecimentos, e quasi sempre no interesse de dar importancia e rodear de prestígio certas individualidades de sua affeição, influentes e poderosas, de quem dependiam, estabelecendo relações de parentesco, reaes ou ficticias, com entidades que exaltavam, e de existencia muitas vezes problematica. Vivemos assim cercados de fabulas, que deturpam a historia; fabulas que se dramatisam com detalhes de pura imaginação, sentindo-se que por falta de verdadeira critica ellas se reproduzam nos livros dos modernos cultores da historia nacional.
>
> O dever do moderno historiador é, armado de uma critica, tão sensata como severa, expurgar de nossa historia taes excrescencias, que tanto a maculam.
>
> CÂNDIDO MENDES DE ALMEIDA
> *Notas para a história pátria* (1876a, p. 5-6)

É um aparente paradoxo afirmar que Cândido Mendes adota as bases da doutrina da Igreja Católica em seu pensamento e que, ao mesmo tempo, usa a história em geral, e a história do direito em especial, para buscar a verdade. Ainda mais quando se complementa a afirmação indicando que essa busca se dá nos moldes da nova história oitocentista, pautada na imparcialidade e na leitura de fontes (oficiais, sobretudo), com a respectiva crítica.

A aparência de paradoxo, contudo, se dissolve quando compreendemos o seguinte: como, nessa visão, a verdade está do lado da doutrina católica, buscar a verdade e defender a Igreja se confundem em certo ponto, confluindo para uma defesa da verdade católica. Essa confluência entre busca da verdade e crença em uma doutrina específica é exclusiva de uma visão católica apenas no ponto de que a referida doutrina é aquela da Igreja.

Seria ilusório, porém, acreditar no discurso cientificista do século XIX, que ganha especial força com o positivismo, de que o historiador seria imparcial, em decorrência da neutralidade dos próprios fatos históricos que são seu objeto de pesquisa, os quais deveriam ser descritos "tal como ocorreram" – o que sempre remete à figura de Ranke. Na realidade, liberais, conservadores e socialistas, católicos, protestantes e indiferentistas religiosos, todos assumem pontos de partida, princípios que embasam suas descrições e narrativas históricas. Por mais que se possa discutir a possibilidade e a metodologia para proceder-se a uma investigação imparcial, essa preocupação não pode se confundir com a suposição de que existe um pensamento sem pressupostos. Essa confusão parece marcar certa historiografia do século XIX, munida de ideais emprestados das ciências naturais, e tem como consequência não historiografias absolutamente isentas, mas historiografias que acreditam ser absolutamente isentas, com a correlativa acusação às demais por sua parcialidade. Esse ideal naturalístico de certa historiografia se implementa ao longo do século XIX e ganha especial força com o positivismo. Mas, no mesmo século XIX, historiadores de todos os matizes vinculam sua busca pela verdade com crenças pré-estabelecidas. Pode-se argumentar que eles poderiam e deveriam distinguir melhor os pressupostos de seus pensamentos, para separar conceitos prévios de resultados ideologicamente fabricados antes da própria pesquisa. Mas essa exigência não está implementada em nenhuma parte, em nenhum espectro, naquele momento. Diante disso, não se nega que um ultramontano possa ser criticado pelos pressupostos de seu pensamento. Nega-se, apenas, que somente neles se observem práticas condenadas como pecados historiográficos. Dito isso, vejamos como Cândido Mendes de Almeida faz confluírem em sua discussão a doutrina e a verdade.

No âmbito da discussão sobre os estatutos das ordens militares portuguesas, organizados na primeira metade do século XVII, sob o reinado dos Filipes de Castela, Cândido Mendes remete aos opúsculos de Azeredo Coutinho, "Prelado Galicano", para apontar os problemas de tais estatutos. O jurista-historiador concorda com os argumentos do prelado português, apesar de considerar indigna a finalidade da argumentação. Segundo Cândido Mendes, o galicano exerceu esse encargo de criticar os estatutos "infelizmente não com o propósito de defender a verdade, mas para favorecer a Coroa contra a Mesa de Consciência com quem estava despeitado" (Almeida, 1866, p. CCLXXXXVIII). De toda forma, diz Cândido Mendes, "a verdade ganhou", com a extinção que vinha ocorrendo desses "tristes manejos" (aparentemente, refere-se à tentativa de favorecimento à Coroa que se encontra nos opúsculos) e com o desaparecimento da Mesa de Consciência (inimigo em comum entre o ultramontano e o galicano). Mais: "o direito da verdade que não depende do tempo reconquistou a sua legítima posição, ao menos perante as consciências que não se deixam envolver no fumaçal (sic) da mentira".

Vemos, assim, que a verdade merece ser alçada de volta à sua posição legítima por direito próprio, um direito que transcende todos os tempos – não por consistir em uma razão abstrata e universal, mas por manter-se firme, com suas sólidas bases, frente às intempéries das épocas e dos arranjos políticos de momento, porque representante do eterno no mundo. A verdade assim concebida, em seu pleno direito, coincide com a ortodoxia da doutrina da Igreja Católica, de modo que defender a verdade é, ao mesmo tempo, defender a Igreja.

O século XIX, contudo, é já um período maduro no processo de separação entre Igreja e Estado, que ainda não se consolidou inteiramente, nem em todos os lugares, mas que já parece adquirir aspectos de irreversibilidade. Um indicador disso é a parte final do trecho acima citado. Deste modo, após passar longas páginas contando a história de como a Igreja tem sido afrontada pelo poder secular, seria uma contradição, em defesa da Igreja, afirmar a sua vitória. É isto o que o autor faz, todavia, e não poderia ser diferente – afinal, a verdade, por definição, não pode ser substituída enquanto tal por outra. Mas como poderia a verdade vencer, se está sendo derrotada, se os ataques contra ela desferidos são o próprio motivo da escrita dessa história?

O recurso para esse argumento é a sempre repisada distinção, que assume contornos e significados diferentes em cada contexto argumentativo, entre corpo e alma, poder espiritual e poder secular, sociedade e indivíduo, material e espiritual, ascético e mundano[58]. Neste caso, a distinção mobilizada é aquela entre corpo social e consciência. Enquanto aquele sucumbe, em grande medida, frente aos avanços e usurpações do poder secular, que não preza pela religiosidade da educação e pelo respeito institucional à Igreja, resta a consciência do bom católico como local de manifestação e preservação da verdade. De modo que, apesar de a verdade ser tão concreta quanto os edifícios da Igreja em Roma, a sua vitória, neste momento, não se verifica na sociedade nacional, mas nos indivíduos que se curvam perante a verdade (isto é, perante a Igreja).

De outra parte, a busca pela verdade possui uma face menos filosófica ou teológica, menos diretamente vocacionada a mostrar pela história a verdade em seu conteúdo profundo e em seus contornos decisivos, e mais lateral, fissurada pelos detalhes, de que as *Notas para a história pátria*, preparadas para serem lidas e publicadas no IHGB, são o melhor exemplo.

Esse interesse pelos detalhes, pelas pequenas coisas, poderia ser visto como um preciosismo ou um rigorismo do *ethos* científico oitocentista, mas parece apontar para algo mais: por um lado, uma intenção de revelar ao público pontos de verdade desconhecidos ou pouco conhecidos, vendo-se relevância em todo conhecimento da verdade, por menor que seja – e até por isso, pois quanto mais singular e concreto, mais real o objeto aparece –; e por outro, uma pretensão de inserir-se e melhorar a

[58] É importante frisar que, ao colocar lado a lado essas distinções (e outras tantas que encontramos na história do pensamento), não estamos equiparando-as ou dizendo que são diferentes formas de fazer a mesma contraposição. Apenas ressaltamos a força das distinções que separam dicotomicamente o mundo, as quais não se confundem e muitas vezes se entrelaçam (pense-se, por exemplo, na disputa histórica entre o poder real e o poder eclesiástico sobre o que é espiritual e o que é secular, em busca de definir – e ampliar – as respectivas jurisdições).

posição no meio intelectual justamente por meio dessa atividade, de descobertas e de exercício público do rigor científico e da crítica.

Essa combinação de fatores revela-se também nas três introduções histórico-jurídicas. A história do comércio, por exemplo, é um texto de história geral da humanidade, com um objeto específico – precisamente o comércio. Mas essa história não é narrada apenas nas linhas gerais e articulações das diferentes sociedades. Por vezes, ela se perde copiosamente em detalhes que muitos julgariam insignificantes, como em um trecho em que diz, acerca dos romanos: "Os Militares trajavam o *sagum*, mui estreito, não tendo a amplidão da toga. Os Gregos introduziram em Roma, o *pallium*, manto mais leve e mais curto que a toga. Os pobres e os escravos trajavam somente a túnica comum de cor parda" (Almeida, 1874, p. LX). Certamente esse dado pode ser do interesse de algum curioso ou mesmo ensejar algum tipo de interpretação histórica, seja das distinções sociais em Roma a partir da vestimenta, seja das trocas culturais entre as diferentes sociedades. Todavia, em regra, esses detalhes aparecem no texto introdutório aos *Princípios de Direito Mercantil* com caráter meramente informativo, no âmbito de uma grande história da humanidade, sem pretensões críticas ou interpretativas.

Diferentemente, na introdução ao *Direito Civil Eclesiástico Brasileiro*, alguns detalhes tornam-se o centro da narrativa, de modo a assumir uma função que excede o caráter meramente informativo que verificamos na história do comércio. É o que vemos, por exemplo, quando Cândido Mendes fala dos concílios provinciais que se seguiram ao tridentino. Diz ele: "De todos daremos uma resumida notícia em vista dos estudos que fizemos, pois infelizmente não há um escritor Eclesiástico ou profano, que com algum detalhe se ocupasse destas matérias" (Almeida, 1866, p. CCCLXXXIII). Logo após, no entanto, seguem-se páginas e páginas de apresentação específica de cada um desses eventos.

Quando abordarmos a forma da historiografia jurídica de Cândido Mendes, voltaremos à questão dos detalhes sob outra ótica, e já não mais em vista de suas intenções (seja a intenção de verdade, seja a de distinção), com a ressalva de que esses aspectos aparecem mesclados na realidade histórica e o que muda é apenas o aspecto que o pesquisador seleciona.

Outra forma de mostrar a verdade adotada por Cândido Mendes era a demonstração da falsidade de documentos históricos, apontados como apócrifos. As alegações que faz nesse sentido são lembradas inclusive por José Honório Rodrigues (1969, p. 342) em uma "lista selecionada de exemplos de aplicação dos princípios da crítica aos problemas de autenticidade, especialmente relacionados com forjicações reconhecidas ou alegadas":

> [...] c) Bulas e concordatas apócrifas. Cândido Mendes de Almeida registra como falsas: a terceira Concordata de 1233, entre o rei D. Sancho e o clero (*Direito civil eclesiástico brasileiro*, Rio de Janeiro, Garnier, 1866, t. 1, 5; no mesmo sentido vide Alexandre Herculano, *História de Portugal*, t. 2, 473, nota 15), e a décima sétima Concordata celebrada em 1578, entre o rei D. Sebastião e o clero português (*ibid.*, 1º vol., CCXXI-CCXXXIII, transcrição no vol. 1º, 200-221).

Desta maneira, para alcançar a verdade (em consonância com a doutrina católica), Cândido Mendes faz uso de estratégias historiográficas, de que são exemplo a atenção aos detalhes e a contestação da autenticidade de documentos. Isso possibilita que ele, para além da afirmação dogmática da verdade teológica, vá em busca da demonstração da verdade histórica. Tendo em vista seu objeto especial de estudo, o direito, o uso da história não apenas o aproxima da verdade, mas o coloca em condições de disputar a legitimidade, a justiça e a validade das normas e decisões jurídicas.

Dentre os entusiastas dos estudos historiográficos apresentados por Cândido Mendes ao IHGB, destaca-se a figura de Capistrano de Abreu, que o considerava um dos poucos que poderiam escrever sobre o século XVI com a mesma autoridade de Varnhagen (Rodrigues, 1982, p. 42). Será Capistrano o responsável por inserir um conjunto de notas à História Geral do Brasil, do próprio Varnhagen, apontando para os estudos historiográficos de Cândido Mendes, sobretudo as *Notas para a história pátria* – embora, por vezes, contestando-o[59].

[59] Eis um exemplo: "O primeiro ponto a que chegou a armada de 1501 foi, no entender de C. Mendes de Almeida, o cabo dos Marcos, entre a baías Formosa e da Traição, *Revista*

Logo após a Biblioteca Nacional receber uma cópia do processo do senhor de Bolés, arquivado na Torre do Tombo, o historiador cearense decide publicar um artigo, em 1903, no qual faz o que chama de "um apanhado ligeiro dos autos" (Abreu, 1938, p. 14). O início de seu texto faz uma breve recapitulação da questão, com um resumo do caso em que "um calvinista pertinaz" teria se envolvido. Desse caso, destacava-se a figura de José de Anchieta, que teria atuado fortemente para a conversão e execução do herege, mas ninguém sabia até cerca de vinte e cinco anos antes quem era Bolés. Capistrano de Abreu (1938, p. 13) lembra que, em 1879, Ramiz Galvão publicara um artigo cogitando que João Cointa, senhor de Bolés, que assinava a autoria de um livro presente na Biblioteca Nacional e era referido na conhecida narrativa de Jean de Léry, seria o mesmo Bolés das crônicas jesuítas. "Ao mesmo tempo", diz Capistrano de Abreu (1938, p. 13-14),

> Cândido Mendes, de saudosa memória, na *Revista Trimestral* do Instituto Histórico, por considerações de grande vigor lógico e alta penetração psicológica, afirmou a identidade dos dois, assegurando mais que Bolés não sofrera o suplício, nem Anchieta representara o papel por seus panegiristas atribuído ao taumaturgo do Novo Mundo.

Em Portugal, em 1900, Souza Viterbo teria chegado à mesma conclusão. Diante disso, Capistrano de Abreu (1938, p. 14) afirma: "Eis, pois, o mesmo fato descoberto independentemente três vezes por pessoas diversas, duas auxiliadas pelo acaso, Cândido Mendes levado só pela força de sua inteligência, por considerações intrínsecas e atirando logo a barra mais adiante que os dois".

Vê-se, por essas apreciações e adjetivações, o quanto Capistrano de Abreu atribuía de valor ao trabalho do historiador maranhense do século XIX. Por reconhecimento a sua capacidade intelectual, certamente. Mas talvez também por partilhar determinadas convicções, como se nota ao final do texto do cearense, que considera extremamente improvável que João Cointa tivesse retornado à colônia, o que afastaria a imagem de rigor

Instituto Histórico, 40, parte II, 1877, págs. 185-198. Esta opinião parece, entretanto, pouco fundada. [...]". Esse trecho encontra-se em Varnhagen (1962, p. 83).

e crueldade criada sobre a figura da Anchieta. "Por isso", conclui Capistrano de Abreu (1938, p. 30), "nada se opõe, antes tudo impõe a aceitação do testemunho do próprio Anchieta. Bolés foi mandado para a Inquisição de Lisboa; depois foi para a Índia e não mais apareceu".

2.1.5 Para produzir (i)legitimidade

> – Está pouco inteirado dessa historia.
>
> CÂNDIDO MENDES DE ALMEIDA
> *Anais do Senado do Império*, sessão de 17 de maio de 1873

> – V. Ex.ª historicamente tem toda razão.
>
> FRANCISCO OTAVIANO DE ALMEIDA ROSA
> *Anais do Senado do Império*, sessão de 28 de julho de 1871,
> *In*: Almeida (1982, p. 210)

O debate histórico de que Cândido Mendes participa é, simultaneamente, um debate político e, mais do que isso, de teoria política, pois envolve a definição dos conceitos de soberania e de legitimidade, do que são e de como se manifestaram ao longo da história até o presente, ainda que esses tópicos sejam tratados pelo jurista-historiador maranhense em função das questões concretas e não em termos teóricos abstratos. Os adversários da supremacia pontifícia – e, portanto, de Cândido Mendes –, por exemplo, defendiam a "doutrina da nulidade das Concordatas com o Clero, não obstante as confirmações do Soberano Pontífice" (Almeida, 1866, p. 113), o que envolve a um só tempo questionar a validade desses atos políticos no passado, a sua aplicabilidade no presente e a possibilidade de tais documentos serem utilizados como fundamento para a constituição de normas, acordos e relações que engajem para o futuro.

A definição conceitual e doutrinária induz a uma leitura da história: ou é uma história das concordatas legítimas, que fundamenta o presente, ou é uma história de atos que receberam tal nome, mas nada valem e, portanto, não vinculam a produção atual de normas, ensejando uma revisão jurídica e histórica. Da mesma maneira, a forma e conteúdo de uma história das concordatas, ou assumindo sua validade, ou rejeitando-a, leva a um ou outro encadeamento histórico de atos, que sustenta ou afasta a legitimidade de normas e ações políticas.

O político, o jurídico e o histórico separam-se apenas analiticamente, mas um é base para o outro na produção de legitimidade. Essa mútua implicação entre a leitura histórica e a definição do que produz legitimidade é bem exemplificada a seguir, numa transcrição de Mello Freire, em que este une-se à contestação que Gabriel Pereira de Castro faz, no século anterior, às ideias de Francisco Suárez, discordando, contudo, dos fundamentos da crítica. E, logo a seguir, Cândido Mendes, implicitamente endossando Suárez e discordando de Pereira de Castro, critica os argumentos de Mello Freire, escritos no século precedente. Eis um extrato da sequência de argumentos. Diz Mello Freire (apud Almeida, 1866, p. 114):

> E posto que em seu louvor, e pelo que de bom e excelente disse se não deva prejudicar Pereira de Castro, e a causa que defendeu, reduzindo um tal e tão importante adversário; todavia não se pode negar que ele não sustentou convenientemente os princípios de Direito Público, e tampouco que conhecesse e bem discriminasse os limites dos poderes eclesiásticos e civil; como exuberantemente demonstram as breves notas que fez às ditas Concordatas, a carta ao Padre Suárez, publicada na *Monomachia*, e o prelúdio 2º que se lê no livro 1 do tratado de *Manu Regia*. E bem que houvesse omitido as fontes genuínas da Sagrada Escritura, dos Santos Padres, e Concílios, rebateu o Padre Suárez já com os prejuízos dos Escolásticos, já com as mesmas Bulas e Decretos dos Sumos Pontífices, e finalmente com o privilégio e Concordatas do Reino, mas nunca se estribando na natureza e índole do Império, como se o poder supremo dos Reis baseado no direito divino e natural e nos Concílios Ecumênicos, e em outros tão sólidos fundamentos necessitassem semelhante defesa. Mas nada se deve imputar, e atenta a grande obscuridade da época, a um varão tão benemérito e instruído, tanto mais quanto não tinha ele faculdade de ler outros livros além dos que fossem aprovados por Suárez, e outros defensores da Cúria Romana.

A isso responde Cândido Mendes:

> Do que fica exposto pode-se aquilatar quanto orgulho e quanto ódio se aninhava na seita que conquistou o poder em Portugal no meado do século

> 18, de que Mello era um dos mais distintos e fanáticos corifeus. Com que leviandade aprecia ele os homens e as doutrinas dos séculos precedentes! Mas Mello era um homem do seu século, educado nas doutrinas jansenistas e galicanas, não podia deixar, como todos os sectários anticatólicos, de estreitamente ligar-se à defesa do alargamento das prerrogativas do poder temporal, representado pela Realeza, cada dia mais intemperante e mais absurda no seu absolutismo (Almeida, 1866, p. 114).

Como se vê, apesar de Mello Freire tecer críticas a Gabriel Pereira de Castro, compreende as limitações intelectuais em que este estava envolvido, por viver em um tempo dominado pelas doutrinas católicas, de que Suárez seria um dos grandes representantes. Da mesma forma, Cândido Mendes condena veementemente as posições de Mello Freire, mas manifesta uma relativa condescendência, ainda que meramente retórica, ao considerar que ele vivera em um tempo no qual as doutrinas anticatólicas dominavam. Para os dois autores, a explicação histórica é fundamental para entender a legitimidade dos argumentos. Mas é essa noção de legitimidade, já pressuposta por cada um, que define o conteúdo da história a ser escrita. A história do direito aparece, assim, como um ponto de encontro fundamental entre história, política e direito, que permite a um autor mostrar o encadeamento dos acontecimentos relevantes, acompanhado da avaliação acerca da correção ou incorreção da ação daqueles que neles estiveram envolvidos.

Deste modo, Cândido Mendes faz uso da história do direito para apontar a legitimidade e a ilegitimidade das ações dos homens no tempo, bem como dos substratos e obras que possibilitaram e veicularam tais ações, em especial determinados documentos jurídicos históricos.

A linha fundamental que guia a história, tal como narrada por Cândido Mendes, é a da luta entre o secular e o eclesiástico, um conflito que se estabeleceu por culpa daquele e que se consolidou na modernidade sob a forma da secularização do Estado, com todos os impactos que isso gera no direito, na educação, na religião, na economia e nas demais esferas da vida social. Essa consolidação, no entanto, não seria fruto apenas de invasões brutas de poder, com a atuação do Estado no âmbito em que a atuação legítima seria apenas da Igreja, mas também de invasões simbólicas, por meio de narrativas e justificações de medidas pelo poder secular que se apoiam sobretudo na história.

É por isso que, ao contar essa história, Cândido Mendes precisa não apenas relatar corretamente a história tal como aconteceu, selecionando as fontes, avaliando-as adequadamente e confrontando-as entre si (crítica histórica das fontes), mas também fazer as devidas correções nas histórias tal como foram contadas (crítica à historiografia anterior). Nesse sentido, vemos o autor utilizando dezenas de páginas para mostrar que o beneplácito não era um direito dos reis de Portugal da maneira como Pombal o declarava nas suas *Deduções Cronológicas.* "Os Reis da Espanha, e de Portugal nessa época", diz Cândido Mendes, "contentavam-se com o *Recurso à Coroa,* não havia ainda plena opressão da Igreja" (Almeida, 1866, p. CCCC).

Deste modo, a crítica histórica e a crítica historiográfica se entrelaçam, uma vez que a rejeição da narrativa falsa, que é preponderante em razão do domínio político de seu elaborador, o Marquês de Pombal, é utilizada como meio para restituir a verdade histórica. O *placet* não era um direito real, nem por lei, nem por costume, afirma Cândido Mendes, de modo que a narrativa pombalina é falsa, sendo equivocado remeter o odioso instituto do beneplácito para antes de 1765, isto é, do governo do próprio Ministro (Almeida, 1866, p. CCCCIII).

Na verdade, para Cândido Mendes, é essa narrativa forjada, com seus interesses escusos, que justifica a instauração do instituto e configura a mudança histórica, rumo à plena opressão da Igreja. A crítica histórica das fontes (a qual busca demonstrar que não havia beneplácito antes de 1765) entrelaça-se com a crítica historiográfica (a qual rejeita a ideia contrária, advogada pelo governo e pelos ideólogos ligados a Pombal), tendo como resultado a afirmação historiográfica de que, na verdade, o regime do beneplácito instaurou-se naquele ano, sob a proteção daquela falsa historiografia.

Assim como Pombal fizera uso da história do direito para estabelecer as bases de legitimação de um instituto que seria útil para implementar as suas medidas de governo, Cândido Mendes faz uso da história do direito para desmascarar essas bases e mostrar a ilegitimidade tanto da narrativa histórica pombalina quanto do instituto jurídico por ela sustentado.

Esse uso da história do direito não se limita a contestar legitimidades formadas nos séculos anteriores, mas estende-se a eventos e pretensões fabricados no século XIX. Cândido Mendes argumenta, por exemplo, que a pretensão dos novos governantes das nações independentes da América à sucessão nos privilégios outrora concedidos pela autoridade pontifícia é indevida. Isso fica bem ilustrado com a transcrição da "magistral resposta" do Cardeal Antonelli à intenção do Imperador Maximiliano, do México, de fazer restabelecer a antiga legislação, na qual o representante da Igreja rejeita a "*reprodução de semelhantes abusos* da parte dos governos que sucederam à Espanha em diversas Repúblicas na América Meridional". O Cardeal prossegue, com a afirmação de que é

> do dever do abaixo assinado declarar que, feita a necessária distinção entre os privilégios legítimos conferidos outrora à Espanha, e a ingerência abusiva exercida de tempos em tempos sobre diferentes pontos relativos às coisas e às pessoas Eclesiásticas, a Dinastia atual do novo Imperador não poderia de forma alguma suceder no gozo dos primeiros, outorgados *exclusivamente* à Dinastia de Castela e de Leão, sem obter uma concessão especial e nova da Santa Sé.

E finaliza dizendo que "daqui não se pode concluir que se recuse a entrar em amistosas negociações a fim de estabelecer-se o mútuo acordo entre a Igreja e Estado, e impedir a volta desses deploráveis abusos" (apud Almeida, 1866, p. CCLXXXVI-CCLXXXVIII).

Nota-se, por esse trecho, que Cândido Mendes e os representantes da Igreja combatem certo uso da história do direito, que propugna uma continuidade entre passado e presente (nesse caso do México, entre Dinastias, pertencentes a regimes políticos e Estados nacionais diversos, embora territorial e historicamente ligados) e busca, nessa continuidade, legitimar certa esfera de poder (o que é combatido porque é um poder que avança sobre os poderes da Igreja – e, por isso, é tratado como "usurpação" e "invasão"). Mais especificamente, para intentar esse objetivo, recorre-se "ao Padroado *à força* como entre nós" (Almeida, 1866, p. CCLXXXVIII).

Assim, percebe-se que fazer história do direito, para Cândido Mendes, é também mostrar uma verdade histórica que rompa com a ideia de continuidade que está na base de determinadas pretensões de legitimidade. Ideia essa baseada, segundo ele, em pressupostos falsos e, portanto, fundada em um mau uso (ou mais: um abuso) da história e do direito. O seu discurso acerca da história do direito, portanto, está em um campo de combate por legitimidade. Esse combate é percebido como tal pelos próprios agentes, que entendem viver "nestes tempos, em que a guerra à Igreja parece ser feita com uma palavra de passe, pelo concurso harmônico de todas as influências a ela hostis" (Almeida, 1866, p. CCLXXXVIII). E isso no âmbito de uma luta que é travada desde o nascimento da Igreja – o que, por sua vez, traz a sua própria noção de continuidade.

O ato de combater envolve fazer uso da história do direito, em luta contra o uso de outros – que, para Cândido Mendes, assume o aspecto de abuso. Para isso, ele se vale de argumentos e sugestionamentos que também apontam para continuidades, como quando fala da "linha de abusos e invasões que [a Corte do México] encetou antes de firmada e consolidada no trono de Montezuma e Iturbide a dinastia do atual Imperador" (Almeida, 1866, p. CCLXXXVIII), gerando uma ligação entre o líder asteca e os monarcas mexicanos das duas dinastias, vinculados justamente pelos ataques que todos teriam promovido contra a Igreja.

Para além das narrativas, o uso da história do direito para produzir (i)legitimidade envolve a crítica documental, em torno do caráter autêntico ou apócrifo de documentos que sustentam medidas políticas. Provada a inautenticidade daqueles, estas perdem a base de legitimação, o que acarreta, por via de consequência, a injustiça em todos os seus desdobramentos.

Isso pode ser notado na discussão que Cândido Mendes enfrenta acerca da contestação que teria havido por parte dos portugueses quanto à abolição dos privilégios das Ordens Militares pelo Concílio de Trento e subsequente favorecimento ao Mestrado, concentrado na figura do rei. Contra a narrativa construída em torno dessa suposta contestação, que não teria ocorrido durante o Concílio de Trento, nem no momento de seu recebimento em Portugal, mas apenas nove anos depois, em 1573, Cândido Mendes aponta, dentre outros fatores, o silêncio de praticamente todos os grandes jurisconsultos e canonistas do período em que esse fato teria acontecido (Valasco, Gama, Cabedo, Caldas, Agostinho Barbosa, dentre outros), os quais falaram copiosamente sobre o assunto e nunca referiram-se a tais reclamações por parte de Portugal (Almeida, 1866,

p. CCC). Além disso, diz que as próprias *Ordenações* silenciam a respeito e, quando tratam de comendadores e cavaleiros das Ordens, é para tirar-lhes privilégios, mais do que para mantê-los ou revalidá-los. Lançada a dúvida sobre os fatos, Cândido Mendes alega a inautenticidade de um Breve do Papa Gregório XIII, de 1575, que teria sido fabricado por uma "célebre Junta de Letrados de Évora" (Almeida, 1866, p. CCCIX), documento em que se pautaram os estatutos das Ordens, no início do século XVII, para manter seus privilégios. Para demonstrar seu argumento, dentre outros fatores, Cândido Mendes refere-se a uma Bula do Papa Pio V, de 1570, que por solicitação de D. Sebastião abolia todos os privilégios e isenções internas das Ordens, autorizando ao mesmo tempo o rei a elaborar os seus estatutos, o que foi feito dois anos depois e, já em 1572, confirmado por Bula papal. Ao que emenda uma pergunta, para a qual supõe não haver resposta positiva aceitável: "Se o Rei D. Sebastião e seus Ministros quisessem reclamar contra o Concílio de Trento, prescindiriam da Mesa de Consciência em Lisboa, para mandarem a Évora examinar por cinco Desembargadores, ex-Definidores de Aviz, questões relativas aos privilégios das Ordens Militares?" (Almeida, 1866, p. CCCI). Era um dos alicerces do regramento das ordens militares, tal como elaborado no século XVII, que o jurista-historiador maranhense buscava minar.

Vemos que essa crítica busca cercar com diversos argumentos uma versão da história. Apontar as inconsistências do discurso e de seus fundamentos, levantando suspeitas sobre a fiabilidade dos documentos que lhe servem de sustentação, e contar a história do direito de outra maneira é uma forma de levantar suspeitas e minar a legitimidade da versão contestada, a fim de destruí-la. Nesse âmbito, para desvelar a verdade histórica, o autor mostra como a história é usada para deturpar a verdade, criando-se linhas de continuidade inexistentes e legitimações sem fundamento. Abre-se assim o campo para uma restauração da verdadeira legitimidade.

Mais adiante, as relações entre história e direito se estreitam ainda mais, mostrando que fazer história do direito é dizer qual é o direito que vale e qual é a história que conta. Ao criticar duramente o tratado *de Manu Regia*, de Gabriel Pereira de Castro, "monumento de má-fé e escândalo" como o de Cabedo e merecedor da condenação do *Index* da Igreja de Roma, Cândido Mendes diz que tal livro foi "preparado no interesse do Poder Civil e também das Ordens, para quem descobriu sempre Bulas, leis e alvitres" (ALMEIDA, 1866, p. CCCIV). Ora, o caráter ofensivo dessa afirmação é claríssimo: no interesse do Poder Civil e das Ordens já dominadas por esse poder (ou seja, no interesse do inimigo regalista, que tanto é combatido no *Direito Civil Eclesiástico Brasileiro*), teriam sido "descobertas" normas inautênticas da Igreja e do Estado, o que significa que teriam sido criadas em um momento posterior à sua suposta elaboração, para atender aos (odiosos) interesses presentes. Nota-se, neste ponto, que o que Cândido Mendes critica é um uso da história do direito: a criação de normas históricas falsas por determinados juristas, a fim de defenderem interesses ilegítimos, com base em direitos inexistentes. Assim, decorre da crítica a acusação de que certas "descobertas" históricas que levaram a determinada produção de legitimidade política e jurídica seriam, na verdade, invenções de documentos *a posteriori*, as quais possibilitaram a criação, posterior e retroativa, de direito ilegítimo.

Toda essa discussão somente faz sentido se considerada a força do direito anterior na estrutura jurídica do Antigo Regime, que ainda pauta discussões nas quais Cândido Mendes se envolve em sua história do direito. O jurista do Oitocentos mostra como a história é fundamental (ou, pelo menos, fora no século XVII a respeito do qual fala nesse trecho) para a criação e legitimação do direito. Fundamental, inclusive, por ser feita muitas vezes de maneira equivocada, criando falsos direitos e posições ilegítimas. A sua história do direito visa a corrigir esses erros históricos (na dupla acepção de erros do passado e de erros historiográficos).

Não obstante, no seu século XIX, a história do direito parece não se mostrar tão eficaz, uma vez que o recurso à tradição já importa menos do que outrora, ao mesmo tempo que as casas legislativas se reúnem para promover constantemente nova legislação para o direito positivo estatal, da qual são consideradas constitucionalmente o intérprete autêntico (artigo 15, VIII, da Constituição do Império[60]). Destarte, a finalidade da história do direito e seus argumentos são inteligíveis, mas já não têm o mesmo impacto de outrora.

O jurista maranhense, conhecedor dos debates dos séculos anteriores, faz a sua crítica jurídica e historiográfica, mostrando como foram estabe-

[60] Dispunha o artigo 15 da Constituição de 1824: "É da atribuição da Assembleia Geral: [...] VIII. Fazer Leis, interpretá-las, suspendê-las, e revogá-las".

lecidas sucessivamente situações jurídicas ilegítimas, pautadas em falsos conhecimentos históricos. Ainda que pudesse ter razão em seus argumentos, no entanto, a história do direito do seu tempo já não parece ter o mesmo poder de antes, pois já não possui o mesmo apelo na própria constituição e legitimação do direito. Não que o direito tenha perdido a sua condição histórica – o século XIX, aliás, é o século da história. Mas a historicidade, isto é, o significado e as implicações do caráter histórico do direito do século XIX, está se transformando no seu tempo, com um desprendimento em relação ao passado e uma abertura relativamente ao futuro, sob o manto das filosofias do progresso que, desde o século XVIII, vinham ganhando repercussão e desdobramentos.

Cândido Mendes, como homem do século XIX, não está imune às pressões do progresso, cujas significações absorve e reelabora, como veremos na terceira parte deste livro. Mas, como conservador, reage a elas de maneira distinta, isto é, justamente ressaltando o papel e o poder da história na construção da sociedade e, especificamente, do direito. Apontar para as deficiências e inautenticidades presentes na origem de determinadas situações é a solução que encontra para restaurar legitimidades (sobretudo, as da Igreja).

Ainda que a sua linha de defesa possa ter causado comoção e adesão entre os seus e alimentado o debate público, a balança do tempo já vinha pendendo mais para o futuro do que para o passado, com o fenômeno da positivação suplantando, ainda que de forma lenta, conflitiva e nada linear, a tradição no que toca às fontes (criação) e à legitimação (fundamentação) do direito.

De outra parte, cumpre esclarecer que o século XIX é o século da história científica, que vai se constituindo e tentando provar-se uma ciência tão digna quanto as demais, para o que alcança maior sucesso quando se insere em um diálogo ciências sociais, a inaugurar a historiografia "moderna" (Novais; Silva, 2011, p. 9). Cândido Mendes é filho desse século e dessa história e busca escrevê-la nos moldes do tempo: baseia-se em fontes documentais, sobretudo oficiais, e busca fazer, por meio da crítica das fontes e das narrativas, uma destruição de fábulas (Almeida, 1876a, p. 5-6), além de mostrar pelos detalhes mais ínfimos a correta visão da história, que deveria auxiliar na compreensão e formação do Estado nacional moderno (ainda que isso implicasse, em sua visão, o necessário reconhecimento por esse Estado do livre exercício pela Igreja de seus legítimos poderes).

Apesar de fazer isso com a finalidade de transformar o direito, recolocando as coisas no seu devido lugar, a história que escreve, científica, já sofre os influxos de um modelo que a afasta do direito, no bojo de um processo de autonomização dos campos sociais – ou sistemas, para falar com Niklas Luhmann (2006, 2007). Tornava-se, assim, cada vez mais improvável que essa história do direito surtisse o impacto desejado pelo jurista conservador: a história passa a ser vista cada vez mais como representação, distanciada do âmago de seu objeto, enquanto o direito passa a desenvolver uma lógica própria diferente dos moldes anteriores, menos centrada na tradição e mais voltada para a inovação – transformação essa que tem como fenômeno central, justamente, o da positivação, isto é, da mudança como cerne do direito (Luhmann, 1983, p. 34, p. 225 et seq.).

Mostrar a verdade perde a importância na fixação da legitimidade, que se concentra nos critérios de validade, cujo núcleo é a atuação da autoridade legislativa. Sem perder a sua historicidade imanente, o direito a transforma e se imuniza frente às verdades ditas pela ciência. O autocontrole da própria historicidade leva, no âmbito das operações desse sistema, à construção de uma memória que privilegia o esquecimento e a inovação sobre a lembrança e a tradição e, no âmbito de sua autodescrição, à elaboração de teorias e doutrinas que realçam o caráter histórico das transformações sociais (positivismo empírico) ou da dinâmica normativa do sistema (positivismo normativo), nos dois casos transformações e processos presentes, abertos para as novidades do futuro, superando as influências do historicismo, com seu apelo à presença do passado e a seu peso na definição das legitimidades.

A história do direito de Cândido Mendes está muito mais próxima desta última corrente, do historicismo, com seu conservadorismo imanente. Todas as três formas de descrição do direito acima referidas (positivismo empírico, positivismo normativo, historicismo jurídico), no sentido aqui apresentado, são ainda assim descrições internas do próprio direito, mais ou menos abertas às descrições científicas, mas cada vez mais autônomas para definir o que é direito e o que é legítimo por meio de critérios próprios, os quais não são a verdade, não dependem necessariamente dela e, se em seu nome produzem algo nesse sentido, não é a verdade científica, mas um homônimo, construído especificamente para as operações próprias do sistema jurídico (Luhmann, 1996, p. 98, 2006, p. 335; Angelelli, 2017, p. 120-130).

2.1.6 Pelo triunfo do bom senso e da justiça

> Cessará o ultra-despotismo do Estado, em que se encarnou o dos Reys absolutos do ultimo seculo, ou pelo menos muitas de suas leis ficarão sem rasão de existencia, e a discussão de suas pretenções dará em resultado o triumpho do bom senso e da justiça.
>
> CÂNDIDO MENDES DE ALMEIDA
> *Direito Civil Eclesiástico Brasileiro* (1866, p. CCCCXX)

O tema da separação e da relação entre as jurisdições espiritual e temporal é nodal para a noção de justiça na concepção cristã, uma vez que se trata do estabelecimento, no plano das instituições, da verdade divina e da ordem natural das coisas – ou seja, envolve a realização dos desígnios de Deus e o "dar a cada um o que é seu", em seu aspecto mais fundamental em uma visão teológico-cristã: a Deus o que é de Deus, a César o que é de César. Mas isso com a predominância, dados aqueles desígnios, da primeira frase, tendo em vista que Deus é a fonte mesma da distinção.

Assim, a distinção, preservada e realizada em sua assimetria, é o princípio da liberdade humana, como se extrai da fala de Cândido Mendes:

> A Igreja desde o seu nascimento travou luta com o Poder Temporal, que no mundo se julgava único. Foi ela quem, executando a divina palavra do Redentor, fez a distinção dos dois Poderes, exercendo o espiritual a primazia. Por esse princípio que encerra em si a liberdade do homem curtiu ela três séculos de sangrenta perseguição na época do Paganismo (Almeida, 1866, p. CCLXXXVIII).

Sobre a distinção das jurisdições, Cândido Mendes argumenta que a própria Constituição reconhece implicitamente a incompetência do poder temporal para lidar com as matérias eclesiásticas ao dispor, no artigo 179, § 14, sobre as habilitações necessárias para que os cidadãos ocupem cargos públicos, onde "positivamente discrimina quais os cargos que ela tem em mira, e que cabem sob sua jurisdição – *Civis, Políticos ou Militares.* Não trata dos *Eclesiásticos,* porque reconhece no Poder Temporal a incompetência, não obstante dizer-se no art. 102 § 2, que o Poder Executivo está autorizado para *nomear Bispos*, e *prover* os Benefícios Eclesiásticos". Assim, a atribuição deste último artigo estaria deliminada, uma vez que a competência conferida ao poder estatal dependeria de concurso pontifício (Almeida, 1866, p. CCCXXXVIII).

Ao criticar a legislação brasileira considerada ofensiva à Igreja, Cândido Mendes aponta para o poder civil como um poder que, por meio do abuso da força, adota um procedimento "injusto". Nessa ocasião, ao criticar o clero complacente, instiga os religiosos a travarem luta em defesa da Igreja, inclusive por meio da livre discussão, representando "a boa doutrina". Diz ele:

> E o que é mais lastimoso, o Clero tornou-se mudo, e ainda se conserva, pensando poder viver vida tranquila mas sem merecimento, em vez de travar luta heroica e gloriosa protestando incessantemente contra o injusto proceder do Poder que dispõe da força e dela abusa: e por meio da discussão livre, representando e pregando a boa doutrina (Almeida, 1866, p. CCCXXXVII).

Nesse sentido, vemos que, por um lado, Cândido Mendes dá o tom do contexto histórico que antecede o clímax da questão religiosa, indicando a existência de um grupo de ultramontanos combativos, a incentivar atitudes como as que seriam adotadas pelos Bispos de Olinda e do Pará. Por outro, percebemos que toda a discussão histórico-jurídica, sobretudo em torno da separação entre as jurisdições eclesiástica e civil, desagua em um grito por justiça, que não só é conclamado pelo autor, como é por ele mesmo dado, na tribuna, no foro e também por meio de seu livro.

Deste modo, a defesa da Igreja, para a qual Cândido Mendes reivindica um papel dominante na nação em construção a que pertence, implica a atualização da história, a fim de mostrar os abusos do outro poder, o civil, que teria avançado ilegitimamente para além de seus limites. Esclarece-se, assim, por meio da história do direito, a correta separação entre as esferas temporal e espiritual, base fundamental para o estabelecimento da justiça.

A partir disso, não faria sentido propor-se um direito inédito, pois é sobre as bases históricas, que sustentam o que é legítimo e justo, que o direito deve ser construído. Neste momento, emerge uma última grande intenção, de cunho mais prático, como decorrência das que examinamos anteriormente: se o direito é histórico, é na história que se deve identificar o direito válido e aplicável. Sem perder de vista as intenções que movem os usos anteriormente apresentados, a história do direito ganha contornos bastante práticos, configurando-se como o repositório de regras, fundamentos e ideias que devem moldar a aplicação do direito no presente.

2.1.7 Para aplicar o direito

> Não sabemos qual o acolhimento que fará o Publico a trabalho tão imperfeito; mas qualquer que seja nos sujeitamos ao *verdict*, com a consciencia tranquilla de que emprehendemos esta obra sob o pensamento de sua utilidade pratica, suppondo ter bem interpretado e satisfeito senão uma necessidade publica, ao menos academica.
>
> CÂNDIDO MENDES DE ALMEIDA
> *Código Filipino* (1870, p. XXXVII)

Após enumerar e desenvolver algumas intenções de escrita que poderiam ser caracterizadas como religiosas (defesa da Igreja), políticas (construção da nação, interesse da província natal, produção de legitimidade) e intelectuais (busca da verdade), nos aproximamos mais especificamente do direito no tópico anterior, com uma intenção de caráter jusfilosófico, com contornos sociais e institucionais: promover a realização da justiça.

Neste último tópico acerca das intenções da escrita da história do direito por Cândido Mendes de Almeida, vamos abordar uma questão especificamente jurídica, menos trivial ou meramente instrumental do que se poderia imaginar à primeira vista: a aplicação do direito.

Este ponto, por um lado, ressalta a preocupação com a prática jurídica por parte do jurista-historiador maranhense – aspecto ligado a (ainda que não exclusivamente explicado por) seu estilo de pensamento conservador. Por outro lado, destaca a mudança do direito na passagem para a modernidade, em torno do fenômeno da positivação, a ensejar, em sua historicidade, uma sobreposição de temporalidades e, por via de consequência, uma divergência acerca do papel da história do direito – que oscila entre os extremos de um papel constitutivo e de um papel meramente cognoscitivo (no limite, de curiosidade e antiquário) na formação e aplicação do direito.

Nas transformações do direito do antigo regime para o direito moderno, muda o papel do historiador do direito (entendendo-se aqui, por esse termo, não o acadêmico que domina uma disciplina específica, mas o jurista conhecedor do passado e das mudanças temporais do direito), que deixa de ser ativo e prático. Isso não significa que seu papel se torne totalmente passivo ou meramente ornamental, mas que o historiador do direito é instado pela nova configuração do direito a revisá-lo, em busca de uma posição menos ancilar. Como aponta Pio Caroni (2013, p. 14-15),

> as codificações liberaram os historiadores do direito da tarefa prática assumida até então, que era importante mas, bem olhada, contingente. Obrigam-nos por isso a refletir sobre a urgência e sobre o conteúdo específico de sua vocação *verdadeira* (é dizer, nem auxiliar nem instrumental). Isto significa que, deste ponto de vista, também viraram a página.

Enquanto jurista e historiador conservador, Cândido Mendes dá um papel de destaque para a história do direito na formação e aplicação do direito, não apenas no conhecimento de um passado remoto e morto. E isso não simplesmente como um resgate do passado, mas como uma alternativa para a construção do direito atual. Contra uma prática meramente pautada no conjunto de regras atuais – que, no Brasil, sequer estava plenamente sistematizado, a própria codificação civil sendo constantemente protelada –, Cândido Mendes atua no sentido de republicar textos antigos, mas portadores de conjuntos normativos ainda utilizados no foro, e usar a história para interpretá-los e justificar a vigência ou não de determinadas normas, bem como o significado, a legitimidade e a forma de interpretá-las.

É uma atitude alternativa à de outros juristas, como Teixeira de Freitas, que se empenha na sistematização teórica e conceitual do direito civil brasileiro, por meio do revolvimento do passado, é certo, mas reformulando-o nos termos presentes e em vista da elaboração futura de um código. Para Cândido Mendes, a história do direito não aparece como fonte de conhecimento a ser reformulado, mas como fonte jurídica a ser interpretada e aplicada.

Por isso, o uso que Cândido Mendes dá à história do direito é mais constitutivo e prático do que o que lhe dá Teixeira de Freitas, embora também não chegue ao ponto de considerar, como Savigny, que o direito histórico oriundo do povo seria o verdadeiro direito. Está, nesse sentido, mais próximo dos juristas da passagem do Antigo Regime para a modernidade, para os quais a história do direito assumia um caráter auxiliar para a prática. Mas, ao adotar essa postura em um tempo em que o direito positivo moderno, codificado, se vai implementando mais e mais, esse uso confere à história do direito um caráter mais constitutivo, pelo fato de trazer o direito anterior à presença dos contemporâneos e tratá-lo como vivo, concorrendo com ou mesmo superando as inovações legislativas. Mais do que auxiliar a compreensão das fontes jurídicas tradicionais, que eram reconhecidas pela cultura jurídica pré-codificações, esse uso em pleno século XIX faz da história do direito o meio pelo qual se busca resgatar o reconhecimento dos documentos tradicionais enquanto fontes do direito.

Na seção *Ao leitor* do *Auxiliar Jurídico*, Cândido Mendes justifica a publicação do *Código Filipino* pelo fato de que não havia ainda edição brasileira, nem havia sido anotado e comentado por jurisconsulto brasileiro algum. Acrescenta em nota: "Não excetuamos o autor do *Digesto Brazileiro*[61], porque o seu trabalho limitou-se a três livros das Ordenações, cujo texto reproduziu em resumo. Ainda nesses mesmos livros os títulos, cujas disposições estão revogadas, foram excluídos" (Almeida, 1869, p. V). No comentário geral ao Livro V, reconhece ainda que "este Livro acha-se quase todo revogado, depois que foram promulgados o *Código Criminal* em 1830, e o *Código de Processo Criminal* em 1832". Mas acrescenta: "Entendemos que não devíamos segregá-lo dos outros, não obstante esta

[61] O autor refere-se à obra de Luiz da Silva Alves de Azambuja Suzano (1791-1873), advogado, político e professor nascido no Rio de Janeiro, publicada em 1845, com segunda edição em 1854 e terceira em 1866 (BLAKE, 1899, p. 465).

circunstância, porque para os que estudam o Direito é sempre conveniente conhecer a Legislação revogada, já para estudos comparativos, já para saber-se a história respectiva, os adiantamentos que tem feito nesta parte o País", arrematando com certa ironia: "Julgamos que com estas palavras temos justificado o nosso procedimento quanto ao *Livro Quinto* das Ordenações Filipinas, que muita gente, que aliás consulta o Direito Romano, olha com desdém" (ALMEIDA, 1870, p. 1147).

Expressamente, o autor lança alguns argumentos em torno de uma utilidade relativamente acessória do conhecimento da história do direito: a conveniência para o estudante de conhecer a legislação revogada; o embasamento para elaborar estudos comparativos; a necessidade de conhecer a história para se fazer uma avaliação das melhorias alcançadas com o passar do tempo. Não obstante, ao levantar o questionamento acerca do interesse pelo direito romano – que possuía efetiva aplicação no foro, mesmo sendo um direito antigo e estrangeiro – em face ao desinteresse pela legislação pátria revogada, Cândido Mendes parece abrir as portas para algum tipo de utilização prática das *Ordenações*, mesmo de suas disposições revogadas, ainda que não com o mesmo peso dos dispositivos vigentes.

Na seção *Ao Leitor* do *Código Filipino* – isto é, naquilo que temos chamado de introdução histórica –, essa ideia aparece de maneira ainda mais expressa. Contra aqueles que questionassem o interesse em publicar as *Ordenações* em sua integralidade, Cândido Mendes contrapõe o interesse prático que há nas leis em desuso ou revogadas por seu "valor histórico, servindo muitas vezes o seu conhecimento para a inteligência ainda das Leis que se acham em vigor, contendo algumas mui sã doutrina, e excelentes princípios de Direito, úteis de saber". E acrescenta: "Não é, portanto, um estudo de simples erudição e de ornato, tem sua importância como o do Direito Romano, e das Leis estranhas ao nosso País, sobretudo em relação ao mesmo Código Filipino tão difícil de compreender em muitos dos seus parágrafos" (ALMEIDA, 1870, p. VII).

Deste modo, a história do direito aparece, por meio da revitalização dos documentos jurídicos históricos e de sua interpretação, como uma fonte jurídica, pelo menos tão importante quanto o direito romano e o direito estrangeiro. Mas, pelo valor que Cândido Mendes lhe atribui, aparece como uma fonte de tipo especial: mais do que uma fonte complementar, subsidiária, como o direito romano e o estrangeiro, a história do direito brasileiro (e português, por extensão) tem um valor interpretativo, fornecendo subsídios para a compreensão e interpretação da legislação vigente.

Pode-se ir além. Ao habilitar a história do direito como um meio importante de intepretação e aplicação das normas jurídicas, exsurge a estratégia do jurista-historiador conservador de trazer para o momento presente (atualizar) as ordenações inteiras, de forma a possibilitar nova seleção e comentários. Publicar, anotar e comentar todos os livros, inclusive os títulos revogados, é uma forma de chamar a atenção novamente para todas as disposições, inclusive as referentes à Igreja, que vinham sendo esquecidas, e as que mais caracterizam as intenções de seu rival, o regalismo.

Deste modo, reeditar e comentar globalmente as *Ordenações* era uma forma de reforçar a sua aplicação e, ao mesmo tempo, permitir nova seleção, a partir de outra interpretação. Trazer para o presente o passado em bloco é uma forma de resgatar justificações e disputas, permitindo a um só tempo uma releitura da história e uma reinterpretação do direito, ambos com impacto sobre o tempo presente. Mostra-se, por esse meio, como chegamos até aqui e, ao mesmo tempo, quanto, quando e onde nos desviamos dos preceitos da justiça.

Mostrar a verdade histórica é apontar os erros e acertos e, com isso, estabelecer as bases de legitimidade das ações. Esse uso da história do direito, portanto, não apenas serve para melhor entender o que se passou, mas também para fornecer os critérios de compreensão do que é certo e do que é errado, do que é justo e do que é injusto, do que e aplicável e do que não é. Ou seja, fornece um conceito de direito. E um conceito de direito não é algo secundário: é a concepção básica que constitui um campo, uma prática social, a qual é dotada de um sentido próprio (LOPES, 2004, p. 27 et seq., 2021).

Assim, a história do direito não tem um uso meramente cognitivo ou especulativo. Enquanto história, forma uma visão de mundo, que guia a ação das pessoas em sociedade. Enquanto história do direito, forma um conceito de direito, um conceito dentre outros possíveis, o que atesta a historicidade dessa prática. Deste modo, a história do direito pode ser usada – e é usada efetivamente por Cândido Mendes de Almeida – não apenas para contar a história, não apenas para estabelecer as bases das ações e instituições legítimas, mas para dizer o que é direito, quais são as regras sociais, o que é justo, isto é, para moldar o regramento social, os parâmetros de interpretação e de julgamento e a ação das pessoas.

2.2 A forma da escrita da história

Este item, inserido no âmbito dos usos da história do direito por Cândido Mendes de Almeida, visa a uma apresentação da forma que o maranhense adota para desenvolver seus estudos nesse âmbito, isto é, de como ele elabora sua história do direito. Não é nossa intenção, no entanto, fazer uma análise profunda sobre estilo e narrativa, à maneira de abordagens que têm sido feitas sobre a história nas últimas décadas, sob o influxo de autores como Hayden White[62]. Buscamos apenas apresentar alguns traços da forma que a escrita de Cândido Mendes assume e tirar disso algumas implicações a respeito da intersecção entre as suas intenções e as concepções de história do direito que sustentam o seu pensamento. Esse esboço pode servir a pesquisas futuras do gênero, as quais, em contrapartida, tendem a perder a relação do pensador, enquanto agente histórico, com a sociedade e a prática a que se dedica, algo que não abdicamos de trabalhar nesta pesquisa.

2.2.1 Gênero literário, modelos e estilo

> Nem sua devoção, nem sua sciencia marchavão nas estradas livres, illimitadas, e não batidas; todavia tinhão uma qualidade que essencialmente os distinguia, era um methodo severo. Tudo era calculado, por que tinha o mesmo fim.
> Um tal aggregado na mesma Corporação de sciencia em grão sufficiente de profundez e de zelo infatigavel, de trabalho e de persuasão, de pompa e mortificação, de propagação e unidade systematicas, nunca antes delles existio no mundo.
>
> LEOPOLD VON RANKE
> apud Almeida (1866, p. CLVIII)

[62] A questão é bem explorada por Donald Kelley (2013)

O primeiro passo que daremos na busca por compreender melhor a forma de que Cândido Mendes de Almeida dota as suas histórias do direito é abordar algumas questões pertinentes aos gêneros literários, com destaque para gêneros vizinhos da historiografia, que com ela interagem e que aparecem de alguma maneira na obra do maranhense, bem como aos modelos que o inspiraram e ao seu estilo de escrita. De início, voltemos a uma atividade a que o jurista-historiador também se dedicou, a publicação de periódicos.

João Paulo Garrido Pimenta explica a importância que o periodismo teve na passagem do século XVIII para o XIX e, portanto, das formas políticas do Antigo Regime aos Estados nacionais. Segundo ele, foi "fator determinante do movimento e uma de suas consequências". E aponta, em nota, que na França revolucionária houve uma "proliferação de prensas tipográficas e consequente emergência de jornais, livros e panfletos" (Pimenta, 2006, p. 69).

Estabelece-se assim, ao longo do século XIX, uma crescente atividade de imprensa, sobretudo por meio de periódicos, que significa a implantação de uma nova temporalidade na divulgação das ideias, por períodos curtos (semestres, meses, semanas, dias). Cria-se uma nova forma, muito mais potente do que a publicação de livros, na difusão dessas ideias, e abre-se espaço para um novo tipo de agente. Cândido Mendes de Almeida, que publica seus livros e chega a criar a sua própria tipografia em casa, o *Instituto Philomathico*, não está fora dessa prática: desde os bancos da faculdade de direito, publica periódicos e folhetins.

João Paulo Pimenta e Valdei Lopes de Araujo (2014, p. 11), ao tratar da percepção das transformações do tempo histórico pelos próprios agentes no início do século XIX, dizem que

> o caráter especialmente histórico do tempo presente é constantemente sublinhado, justificando o empenho do *Correio* [*Braziliense*] em estabelecer a verdade, pois seriam os jornais os "anais modernos", de onde os historiadores, no futuro, retirariam seus fatos.

A preocupação de Cândido Mendes com a verdade, nessa linha de ideias, não somente envolve a sua atividade como historiador, mas também como periodista, completando a figura de Janus: busca da verdade do passado, registro da verdade do presente – ambas as atividades para a garantia da verdade no futuro.

Este é um dentre vários fatores que mostram que, apesar de avesso à revolução, ele viveu e atuou com base em estruturas estreitamente ligadas ao elemento revolucionário. Essa constatação não é feita para dizer que ele era incoerente, contraditório ou mal-intencionado. Serve para vermos que o seu conservadorismo não é uma pura continuidade da tradição defendida, mas um dos frutos da revolução, que ao lado do progressismo liberal gerou formas de vida e pensamento conservadoras e proletárias (Mannheim, 1999). Isto ajuda a perceber que a diversidade de formas de pensar, ainda que irredutíveis umas às outras, possui uma base comum, ao menos ao assim chamado ocidente e às sociedades afetadas pelo domínio europeu. E, ainda, auxilia a afastar a percepção de continuidade que preenche o conteúdo do conservadorismo a que Cândido Mendes adere, ao lado de outros tantos conservadorismos. Trata-se de uma forma de pensar moderna, própria do século XIX.

Mais do que uma busca pela verdade, no entanto, a atividade da publicação de periódicos consiste na participação nas polêmicas políticas do tempo. Isso é feito, certamente, para apontar os erros dos adversários e postar-se ao lado da verdade. Mas o exercício metódico da crítica e das demonstrações científicas cedem seu lugar por completo ao interesse partidário ou pessoal e à lógica das rivalidades políticas.

Joaquim Maria Serra Sobrinho (1883, p. 10-12), em seu livro *Sessenta anos de jornalismo brasileiro*, no qual analisa a imprensa no Maranhão entre 1820 e 1880, mostra-se um entusiasta da atividade de publicação de periódicos, base para o desenvolvimento do progresso e para as conquistas da liberdade e da civilização. Entende, inclusive, que a imprensa brasileira é prolífica e adiantada, acrescentando que a "imprensa na província do Maranhão é uma das mais notáveis do império, quer pela importância política que exerceu, quer pelo valor literário dos que nela militaram". Nesse estudo, Serra Sobrinho não deixa de reconhecer o papel que Cândido Mendes exerceu por meio sua atividade jornalística. Entretanto, não considera sua participação nesse ramo da melhor qualidade.

Primeiramente, após constatar que *O Observador* era "órgão doutrinário do partido conservador", surgido em agosto de 1847, tendo como redator até 1850 Cândido Mendes de Almeida, nisto sucedido por Sotero dos Reis e, depois Dionysio Alves de Carvalho, faz suas ponderações: "Foi o Dr. Cândido Mendes um escritor abalizado e os seus trabalhos, em obras de grande valia e maior tomo, atestam o mérito do polemista. Embora intolerante na política local, deixou páginas notáveis no observador" (Serra Sobrinho, 1883, p. 42-43). Posteriormente, elenca-o ao lado de Sotero dos Reis, João Lisboa, Odorico Mendes, Gonçalves Dias e alguns outros como modelo de vernaculidade (Serra Sobrinho, 1883, p. 107).

Contudo, adiante, o tom é outro, até contraditório com esse, com uma apreciação bem menos elogiosa. Apesar de ressaltar seu conhecimento da geografia do país, Serra Sobrinho (1883, p. 139-140) diz:

> Cândido Mendes de Almeida, que tão importantes livros escreveu e tanto ilustrou os anais do nosso parlamento, não deixa reputação igual como jornalista que foi no Maranhão. Os artigos que escreveu no Observador nem caracterizam uma individualidade, nem assinalam uma época. Embora os assuntos políticos que debateu fossem tratados com a competência de quem era bastante versado em questões sociais, a especialidade de Cândido Mendes não era a imprensa periódica, mas sim as páginas do livro de ciência e as pesquisas históricas. Dotado de um estilo desigual, frouxo, e por vezes nebuloso, Cândido Mendes era polemista que não desnorteava o adversário, malgrado sua pertinácia em combater. Conservador de escola e por índole, nunca deixou de sustentar as teses autoritárias e católicas com a convicção do mais fervoroso sectário de José de Maistre.

Apesar da relevância da publicação de periódicos no Oitocentos e de Cândido Mendes ter-se dedicado a essa atividade, não foi a principal de sua carreira, nem é o objeto específico desta pesquisa, o que nos leva de volta à prática historiográfica.

O século XIX é conhecido como o século da história. Mas é, também, em certo sentido, o século da memória. A historiografia mesma não contribui apenas para formar um conjunto de análises e interpretações pautadas em fontes documentais, mas também para criar ideias de passado e relações temporais capazes de reformular e constituir identidades, especialmente a identidade nacional de um país em construção, como vimos acima.

Nesse sentido, a historiografia não pode ser vista apenas como relato de um passado distante, mas como parte de uma prática discursiva voltada a criar identidades. Essa observação ajuda a compreender por que, nesse período, foi valorizada para a escrita historiográfica a presença do historiador, isto é, o seu testemunho enquanto observador visual (Cezar, 2018, p. 81-83).

Outro impacto desse âmbito maior em que a historiografia se insere é o privilégio dado, por um autor como Cândido Mendes de Almeida, às fontes mais próximas dos fatos, seja uma proximidade temporal, com a utilização dos relatos de viajantes do século XVI, seja uma proximidade institucional-ideológica, com a preferência pelas informações contidas em documentos da Igreja Católica.

Além disso, o gênero literário de memórias é dotado de importância não desprezível naquele século. Cândido Mendes publica uma obra que anuncia esse gênero em seu título, ainda que indicando, também no título, a finalidade de contribuir para a escrita da história. Trata-se das *Memórias para a história do extinto estado do Maranhão*, que tem o primeiro tomo publicado em 1860 e o segundo, em 1873.

Cândido Mendes não é o único a lidar com o gênero naquele tempo. Sobre a mesma província, poucos anos antes, em 1854, havia sido publicada na Revista do Instituo Histórico e Geográfico Brasileiro a *Memória relativa às capitanias do Piauí e Maranhão*, escrita em 1810 por Francisco Xavier Machado. Entretanto, enquanto a *Memória* de Machado de 1810 é um conjunto de relatos de viagem, com proposições para o rei, as *Memórias* de 1860, de Cândido Mendes, consistem em uma compilação de documentos. Apesar de manterem referência a um mesmo gênero de escrita, o caráter das duas obras é diferente, tanto que a de Cândido Mendes parece enquadrar-se mais no projeto do IHGB, ao tornar presentes documentos passados, do que no gênero literário do texto de Machado, que faz relatos. Na realidade, a *Memória* de Machado é um documento quase cinquentenário, resgatado em 1854, que bem poderia ter sido compilado pelo jurista-historiador maranhense.

As *Memórias* de Cândido Mendes não são memórias suas propriamente: é mais uma de suas compilações. Neste caso, não de normas jurídicas, decisões judiciais, textos de doutrina do direito, regras relativas à Igreja ou mapas, mas uma compilação de memórias e documentos de difícil acesso. Cândido Mendes faz, por iniciativa própria, a respeito de um tema que lhe é caro – a composição da história do seu Maranhão – o que IHGB já vinha fazendo de maneira mais sistemática e institucional, ao publicar documentos históricos, dentre os quais memórias, com a finalidade de organizar a escrita da história do país, naquele que era ainda o século de sua formação.

Cândido Mendes, aparentemente, faz isso por conta própria porque está fora do IHGB, porque está interessado especificamente no Maranhão e porque tem uma preferência com relação aos documentos a serem coligidos, uma preferência condizente com sua visão de mundo – tanto é que ele começa com a publicação da *História* do Padre José de Moraes, jesuíta, que ocupa praticamente todo o primeiro volume e que muitos poderiam contestar se são efetivamente memórias, uma vez que a obra foi publicada sob o título de *História*.

Por que, afinal, essa opção de Cândido Mendes de publicar a *História* de José de Moraes como memórias? Uma hipótese é que o faz porque a ideia de memória dá maior noção de presença, ou de pertença, e assim se faz mais verossímil. Essa alteração de termo para designar o gênero a que a obra pertence pode significar que as memórias, mais próximas dos fatos do que a história, possuem maior credibilidade. Diante da impossibilidade de ficar frente a frente com os fatos, as memórias seriam a forma mais legítima de tomar conhecimento do que se passou.

Outro gênero literário que merece ser abordado neste trabalho é a biografia. Este livro mesmo que o leitor tem em mãos, sobre o pensamento de Cândido Mendes, vale notar, não tem a pretensão de ser a biografia de um varão ilustre destinada a, nas palavras de Januário da Cunha Barbosa, "arrancar ao esquecimento, em que jazem sepultados, os nomes e feitos de tantos ilustres Brasileiros, que honraram a pátria por suas letras e por seus diversos e brilhantes serviços" (apud Cezar, 2003, p. 74). Esse regime de historicidade, próprio das histórias e biografias do século XIX, em que se tateia em busca de marcas de cientificidade e de realizar a tarefa de escrever a história da nação (Cezar, 2003, p. 74), está mais diretamente ligado ao historiador do direito estudado do que à nossas preocupações e pretensões com este trabalho.

Inserido naquele contexto de experiências e expectativas em torno da construção da nação, Cândido Mendes também liga-se, à sua maneira, à *historia magistra vitae*, ao estabelecimento de modelos exemplares a serem louvados e seguidos (Cezar, 2003, p. 74). Mas, no seu caso, há mais contraexemplos – Pombal, acima de todos. Alguns modelos positivos contrapõem-se à visão dominante, sobretudo religiosos como o jesuíta Gabriel Malagrida, pintado como um mártir (1866, p. LXXXII-LXXXIX). E outros são resgatados, como Cairu, que não apenas merece uma pequena biografia e tantos elogios, mas a reedição de sua obra jurídico-comercial.

Por outro lado, Cândido Mendes participa do debate biográfico no próprio parlamento, quando discute o que significa ser e quem é um "grande homem", fazendo a diferença entre grandes homens "bons" e "maus" (Anais da Câmara, sessão de 20 de julho de 1869).

Se Cândido Mendes não é autor de longas biografias, é importante lembrar que nenhum dos principais historiadores brasileiros do século XIX escreveu grandes textos nesse gênero, limitando-se a "pequenas notícias biográficas que não ultrapassam mais de duas ou três páginas" (Cezar, 2003, p. 75), algo que o jurista-historiador maranhense também fez. Basta mencionar algumas das mais relevantes, como as de Mello Freire (Almeida, 1869, p. 781-782), Lobão (Almeida, 1869, p. 783) e Joaquim José Caetano Pereira e Sousa (Almeida, 1869, p. 788) – "que aliás eram pouco conhecidas de muitos dos nossos Juristas" (Almeida, 1869, p. IX) –, além das páginas biográficas acerca de José da Silva Lisboa que compõem a seção *Ao Leitor* dos *Princípios de Direito Mercantil* (1874).

Essas biografias, se não são de brasileiros ilustres, de modo a ressaltar a nacionalidade, são de grandes juristas portugueses, de "três grandes vultos [que] se destacam nessa época [...] mui conhecidos por seus trabalhos, e que andam nas mãos de todos os que cultivam a Jurisprudência Pátria" (Almeida, 1869, p. VIII). Assim, o fato de não serem brasileiros perde a importância perante o fato de serem grandes juristas portugueses ainda lidos e utilizados no país. Para além do aspecto prático, isso implica a adoção de certa ideia de nação, a qual faz prevalecer a continuidade histórica, em vez de uma ruptura tendente a afirmar uma identidade brasileira independente e originária.

Em vez da "retórica da nacionalidade" prevalente no IHGB e nos historiadores mais umbilicalmente ligados ao instituto, podemos ver nas pequenas notícias biográficas publicadas por Cândido Mendes o que poderíamos chamar de uma "outra retórica da nacionalidade", isto é, uma narrativa relativamente alternativa – embora não de todo incompatível, pois envolta no mesmo âmbito de preocupações – da nação.

Por outro lado, cumpre indagar quais teriam sido os modelos de Cândido Mendes para construir as suas narrativas. As suas referências são inúmeras e variadas, mas é possível verificar a predominância de certos autores ou linhagens intelectuais nas diferentes obras.

Por um lado, na introdução aos *Princípios de Direito Mercantil*, Jean-Marie Pardessus[63] aparece como o grande modelo de Cândido Mendes, tanto na forma quanto no conteúdo. A qualidade do trabalho de compilador e intérprete do autor francês é exaltada a todo momento pelo brasileiro, que o considera "tão distinto Jurisconsulto como eminente historiador" (ALMEIDA, 1874, p. CCXXIII) – elogios evidentemente situados entre os mais dignos para Cândido Mendes, uma vez que eram duas das atividades que ele mesmo julgou merecedoras de sua dedicação. Ao lado de Scherer, Pardessus serve como uma mão que guia o jurista-historiador brasileiro no vastíssimo campo da história da humanidade, perseguida pelo fio do comércio.

Por outro lado, tendo em vista temas de domínio mais direto de Cândido Mendes, porque referentes ao direito nacional, com a possibilidade de contato direto com fontes, vale destacar o tratamento dispensado a Paschoal José de Mello Freire dos Reis. Apesar de rivalizar intelectualmente com o grande jurista do período pós-pombalino, Cândido Mendes reconhece o valor ainda atual de sua obra para os estudos em direito no Brasil. Além disso, é notável que ele mesmo registra, pautado no panegírico de Francisco de Borja Garção Stockler, recitado em 1799 em homenagem ao jurista português, que Mello Freire publicou as suas *Instituições de Direito Civil Português* em 1788, no reinado de D. Maria I, começando-as pela *História* – texto frequentemente citado por Cândido Mendes, ao lado da *História* de Coelho da Rocha (ALMEIDA, 1869, p. 781).

Cândido Mendes não virá a produzir uma obra doutrinária como as referidas *Instituições*, mas usa a mesma estratégia de Mello Freire: como

[63] Jurista francês de renome, conhecido principalmente por ter sido o primeiro professor de direito comercial da faculdade de direito de Paris e fundador da disciplina, após a codificação de 1807. Desde cedo, o gosto pela história levou Pardessus a participar do movimento de publicação de fontes antigas (HILAIRE, 2007).

introdução à sua própria obra jurídica (seja a recopilação das normas relativas ao direito civil eclesiástico brasileiro, seja a organização e comentários às *Ordenações*, seja ainda a reedição da obra jurídico-comercial de Cairu), apresenta histórias do direito, que visam dar ao público-leitor – prioritariamente, como no caso do português, os estudantes dos cursos jurídicos – sustentação histórico-hermenêutica para a compreensão dos textos.

No entanto, a diferença entre esse trabalho e o de caráter mais doutrinário, de Mello Freire, precisa ser matizada. Afinal, o principal valor atribuído às *Instituições de Direito Civil Português* é, nos dizeres de Stockler, o de ter pela primeira vez apresentado a Portugal

> a sua vasta e complicada Legislação reduzida a um sistema científico, breve e inteligível. Cinco pequenos volumes de quarto, onde resplandecem igualmente a crítica, a filosofia, e a vastíssima erudição de seu autor, contêm essencialmente tudo quanto se acha compreendido no amplíssimo corpo das nossas Ordenações, e na copiosíssima coleção de nossas Leis extravagantes: e encerram além disso uma grande parte dos princípios mais sãos da Jurisprudência Universal, que a perspicácia dos espíritos mais capazes de remontar à primitiva origem dos deveres dos homens, e aos verdadeiros princípios das sociedades civis, soube derivar destas puríssimas fontes, em benefício da humanidade (apud ALMEIDA, 1869, p. 782).

Sem muitas alterações, poderíamos adotar esse trecho para apreciar a própria obra de Cândido Mendes. Talvez nem mesmo adaptações seriam necessárias, mas explicações do que significam termos como "sistema científico", "princípios sãos da Jurisprudência Universal", "verdadeiros princípios das sociedades civis" e do que leva ao "benefício da humanidade". O português do século XVIII era um representante do pensamento iluminista, desejoso de aplicar ao direito as regras racionais e fortalecer o poder real, enquanto o brasileiro do século XIX – passados eventos como a Revolução Francesa e a reação a ela – representa uma contraposição a esse tipo de ideário, em nome de valores tradicionais, de uma sociedade cristã e da liberdade da Igreja de Roma contra o que considerava usurpações pelo Estado.

Assim, curiosamente, enquanto os juristas do Oitocentos mais diretamente herdeiros dos ideais abraçados por Mello Freire superam o seu método, voltando-se muito mais à produção legislativa do que à narração da história jurídica e à organização das fontes do país, Cândido Mendes, contrapondo-se a essas ideias, mantém em prática um método de composição literária jurídica que lembra o de Mello Freire. Isso ocorre porque, agora, esse método de escrever a história e organizar as fontes pretéritas já não significa ordenar para permitir o avanço, mas voltar às fontes tradicionais para mantê-las vivas.

É importante ressaltar, no entanto, que isso não faz de Cândido Mendes um reacionário. À sua maneira, ele defende a elaboração do código civil, cobrando a satisfação da promessa constitucional (1870, p. V). Além disso, tece inúmeros elogios ao Código Comercial de 1850 (1874, p. DCXLVII-DCXLVIII). E mais: conduzindo uma vida de parlamentar, primeiro deputado e depois senador, participa cotidianamente do processo legislativo. Vê e vive, portanto, a inelutabilidade do novo, a consolidação do direito em sua forma moderna, centrada na positivação, ou seja, no seu caráter mutável (LUHMANN, 1983, p. 34, p. 225 et seq.).

Essa contraposição entre viver o direito moderno, essencialmente legislado, e pensar o direito na sua pluralidade de fontes e jurisdições, como aparece na tradição, é a tensão que marca a sua vida e obra. Assim, apesar de soar anacrônico, faz um trabalho teórico que remete à forma antiga, ao mesmo tempo que atua no parlamento na forma moderna. E as duas coisas se entrelaçam, quando traz à tribuna temas e argumentos históricos, ou quando em seus textos teóricos propõe as medidas que considera adequadas – o que, no próprio contexto em que seus textos são publicados, implica a proposta de medidas legislativas sob a forma moderna. Essa tensão entre o antigo e o moderno estão presentes na obra de Cândido Mendes e se expressa também no gênero dos textos que escreve.

As ambiguidades em torno da situação de transição do regime jurídico anterior, colonial e estrangeiro, para um novo direito, moderno e nacional, não são exclusividade do pensamento de Cândido Mendes. Elas estarão presentes em "toda a formação do direito nacional no curso da primeira metade do século XIX, integrando o novo e o velho numa cultura e em instituições frequentemente paradoxais" (LOPES, 2003,

p. 195). E seguirão pela segunda metade daquele século, sobretudo para um espírito conservador como o dele.

Além de apontar alguns autores como inspiração ou contraponto de composição historiográfica, a questão dos modelos envolve ainda o tema das virtudes do historiador. Afinal, como deve agir aquele que se incumbe de escrever a história? Quais preceitos deve seguir? Cândido Mendes não é alheio a essa questão e ressalta, dentre as virtudes do historiador, o escrúpulo. Referindo-se ao autor de um suplemento à edição de 1760 das *Crônica de D. Pedro*, de Fernão Lopes, diz que

> todo o trabalho de Baião é fazer a apologia de Pedro *Cru*, apologia digna da época em que escreveu (1760). Além disso sendo este historiador pouco escrupuloso, segundo atesta Inocêncio no t. 5 do seu *Dicionário Biográfico*, ninguém mais próprio para narrar as virtudes daquele monarca (Almeida, 1866, p. CCCC).

Outra virtude destacada por ele, pertinente tanto ao historiador quanto ao homem em geral, é a indignação, sobretudo contra essa "época de moderantismo" (Almeida, 1866, p. CCCCXXIV). Como se nota, seja no parlamento, seja com a pena na mão, Cândido Mendes valoriza a atitude combativa.

De outra parte, a atenção aos detalhes, que já foi objeto de algumas reflexões anteriormente, retoma importância no exame dos modelos, apontando para um estilo de escrita. Em contraposição à grandiosidade da abordagem histórica de Cândido Mendes de Almeida nas três obras centrais para esta pesquisa (a história da legislação, a história do comércio, a história do direito civil eclesiástico brasileiro), os artigos publicados na Revista do IHGB chamam a atenção por serem monografias que têm por tema questões extremamente miúdas, detalhes, em que muitos relutariam em ver importância. Para além da necessidade de relacionar essas pequenas questões com questões maiores, vale notar que essa forma de fazer história no século XIX não é peculiar a ao jurista-historiador maranhense. Pelo contrário, é um tipo de monografia bastante comum no período.

Veja-se, a respeito, o que Temístocles Cezar diz sobre Varnhagen (que é um dos principais adversários intelectuais que Cândido Mendes escolhe nesses textos – talvez porque contrapor-se ao historiador-modelo fosse uma maneira eficaz de fazer o próprio nome):

> [...] Esse último ponto [a exaustão do detalhe] relaciona-se à acusação imputada por Capistrano de Abreu, entre outros, de que Varnhagen tratava de assuntos ou detalhes sem importância ou de importância menor pela simples razão de serem descobertas suas. Certamente, essa prática não foi uma característica apenas de Varnhagen. De certa maneira, ela fez parte da metodologia moderna da história em vista de consolidação no século XIX. Exaurir até o mais ínfimo detalhe um tema qualquer para chegar à realidade fática, esgotar a fonte, é um modo de os historiadores evitarem se reconhecer no texto e, sub-repticiamente, manterem o domínio sobre a história. Charles Péguy considerava esta dupla pretensão do método histórico moderno como uma aspiração divina... (Cezar, 2018, p. 120-121).

Cezar continua, abrindo uma importante perspectiva de análise:

> A ironia de Péguy leva a pensar que parte considerável da historiografia do século XIX, na qual se pode incluir a brasileira, participou deste processo de institucionalização do discurso objetivo ou científico sobre o passado, em que a figura do historiador oscilava do *auctor* ao *scriptor*, reaparecendo aqui e ali com os traços do *compilator*, "esse que, visando a anular-se como autor, acrescenta ao texto notas cada vez mais numerosas e eruditas, tendendo até, a rigor, a converter-se em *scriptor*, o simples copista". Em consequência, a regra do bom estilo oitocentista não poderia ser outra senão aquela que, tal qual Renan, define como um valor a clareza, a perfeita adaptação ao tema e o "total esquecimento de si próprio" (Cezar, 2018, p. 121)[64].

Encontra-se nessa ideia uma importante chave para pensar as relações entre a escrita da história e a forma do direito no Oitocentos, as quais assumem especial importância no trabalho de Cândido Mendes. Ele se diz um entusiasta dos códigos, mas o que faz como jurista é publicar compilações (que, em certo aspecto, são o antípoda dos códigos modernos), recheando-as de notas eruditas – algo que vinha sendo realizado na Ale-

[64] As aspas são citações de François Hartog.

manha, em um esforço coletivo de publicação crítica de fontes (Stolleis, 2020, p. 22). O estilo do historiador combina-se com a prática intelectual do jurista, combinando a forma do direito e a forma da historiografia, ambas no sentido de mostrar exaustivamente a realidade na sua raiz, na sua fonte (jurídica, histórica), apagando o autor – cujo próprio estilo de vida é visto como apagado: recolhido entre livros, um erudito rigoroso, como costuma ser retratado.

Mas nada disso apaga o seu cotidiano: um parlamentar aguerrido, com discursos colossais, que sempre chamam a atenção, precisamente, pela erudição. Afinal, a erudição tem dois lados: se tem a função de mostrar detalhadamente a realidade, que vale assim por si mesma e não por quem a enuncia, não deixa de chamar a atenção para o seu dono, que renega os aspectos mundanos da vida e se eleva tanto quanto um ser humano pode... sem jamais o admitir, aspirando à divindade.

Quanto a Varnhagen, todavia, Temístocles Cezar tem a seguinte interpretação:

> A questão é como chegar a este ponto de abnegação absoluta? Varnhagen, parece-me, em que pesem suas tentativas, está muito distante de cumprir esta premissa teórica e metodológica. Seu estilo não engana. Ele é a marca que justamente "diferencia e distingue o historiador, é também a prova de sua invencível subjetividade"[65]. Assim, se o estudo do estilo das fontes históricas ofereceu a Varnhagen a oportunidade de explicar a seus leitores como a função mimética se desenvolve desde a descoberta, passando pela crítica documental à escrita, ele igualmente lhe conferiu a chance de observar seus efeitos. Positivos ou negativos, eles correspondem a intenções e respostas objetivas e subjetivas a problemas da operação historiográfica em termos mais amplos. [...] De qualquer forma, o estilo tal como a narrativa, nunca deixou de existir, muito menos foi substituído por outra categoria estética, retórica ou heurística. Como um micróbio literário permaneceu latente no discurso do historiador (Cezar, 2018, p. 121-122).

Também em Cândido Mendes, a atenção aos detalhes, enquanto busca de objetividade científica e distanciamento da subjetividade do

[65] As aspas referem-se a uma citação de Peter Gay.

historiador, não iludiu a ninguém. No seu caso, o ultramontanismo sempre sobressaltou e foi visto por seus contemporâneos e pela posteridade como elemento dominante, o que logo se afigura contraditório com qualquer pretensão de neutralidade.

As defesas dos jesuítas, por um lado, e da instrução pública católica, por outro, combinadas à constante citação de estudiosos jesuítas (dos quais talvez o mais destacado exemplo seja Taparelli D'Azeglio), convergem para a formação do caráter intelectual do próprio Cândido Mendes.

Não parece exagero afirmar que o estilo de escrita, e também de vida, de Cândido Mendes de Almeida é em grande medida baseado no dos religiosos, e dos jesuítas em particular, a quem tanto defende. Há o rigor e a austeridade, tanto moral quanto intelectual, além de uma aura de ausência de projetos pessoais (sempre a serviço: da nação, do Maranhão e sobretudo da Igreja – tanto é que suas obras, apesar das milhares de páginas escritas de próprio punho, são sempre anexas a outras obras, nas quais ele ainda trabalha para explicar, interpretar).

Esse *ethos* ou forma de proceder, relativamente aos jesuítas, é explicado por Carlos Alberto de Moura Ribeiro Zeron (2011, p. 72), quando fala a respeito do Pe. Manuel da Nóbrega: "Mais ainda, porém, ele não se exprime como indivíduo – ele que assina habitualmente suas cartas com qualificativos como 'filho indigno' e 'filho inútil' –, mas como membro da Companhia. O enunciador de seu discurso é, com efeito, toda a Companhia de Jesus". A mesma ideia aparece em nota, com a citação de um trecho da *Crônica da Companhia de Jesus do Estado do Brasil...* de Simão Vasconcelos S.J.: "O missionário jesuíta não tem individualidade: '[...] passavam os nossos contentes em sua pobreza, vivendo do suor de seu rosto, e trabalhando no bem daquelas almas, pelas quais deram de mão ao mundo, pátria, parentes, e tudo o que, tirado Deus, possuíam'".

Para justificar universalmente sua postura, Cândido Mendes vale-se da citação de Ranke, o grande historiador nascido em ambiente luterano, que elogia os jesuítas, como se lê na epígrafe acima. E mais, recorre até mesmo ao iluminista Voltaire:

> Durante sete anos vivi nos colégios dos Jesuítas, o que observei? A vida a mais laboriosa e a mais frugal, todas as horas partilhadas entre os cuidados conosco empregados e os exercícios de sua austera profissão. Invoco o tes-

> temunho de milhares de homens como eu por eles educados. É por isso que não deixo de espantar-me de que se possa acusá-los de ensinar uma moral corrompida. Como outras ordens Monásticas, tiveram épocas obscuras, Casuístas que defenderam o pró e o contra em questões hoje esclarecidas ou esquecidas; mas, em boa fé, será pela sátira engenhosa das Cartas Provinciais que se poderá julgar de sua moral? (apud Almeida, 1866, p. CLVI).

De toda forma, é importante registrar que a adesão a esse *ethos* não é exclusiva do maranhense. Como aponta Armenteros (2011), ao falar sobre Maistre e seus herdeiros histórico-filosóficos, "como guerreiros humildes de Cristo, era esperado dos tradicionalistas que não desejassem ganhar fama".

2.2.2 Artifícios e estratégias de escrita

> Esta obrigação, e o interesse da verdade historica, imposerão-nos a ingrata tarefa de contrariar as opiniões e affirmativas de um illustrado escritor que tantos e tão relevantes serviços ha prestado á historia patria, alem das qualidades distinctas que o ornão como cavalheiro. Mas, em tal situação, a *amica veritas* deve ter a preferencia, até por que conhecida ella, todos ganhamos.
>
> CÂNDIDO MENDES DE ALMEIDA
> *Memórias para a história do extinto Estado do Maranhão* (1874c, p. LXII)

Também sem a pretensão de esgotar o assunto, o objetivo deste tópico é identificar algumas estratégias e artifícios linguísticos utilizados por Cândido Mendes de Almeida na composição escrita de suas histórias do direito. Esse tema pode ser analisado a fundo e ensejar uma tese autônoma. Mas, no âmbito deste trabalho, tem apenas o papel de mostrar alguns exemplos de como Cândido Mendes constrói o seu discurso e busca persuadir de seus argumentos.

Uma estratégia comum encontrada nos textos de Cândido Mendes é a reprodução de documentos jurídicos históricos por ele contestados, sempre acompanhados de uma interpretação dos fatos, com o intuito de desacreditar o documento ou convencer o leitor dos equívocos nele contidos. Exemplo dessa estratégia diz respeito ao Alvará de 1º de agosto de 1752, transcrito "para conhecimento dos incrédulos" (Almeida, 1866, p. CCCXLVI). Por meio dessa fórmula, Cândido Mendes já induz o leitor a encarar o documento reproduzido como absurdo, conforme a verdade recém-demonstrada.

Além disso, ao mostrar os documentos históricos, mesmo os repugnantes à visão de mundo defendida, Cândido Mendes encontra uma forma de demonstrar a sua imparcialidade e a correção de seu proceder enquanto historiador – imparcialidade, é claro, que tem como parâmetro a verdade que o autor considera inquestionável, de sorte que o seu discurso aparece como uma defesa imparcial da verdade contra a mentira, não como a defesa parcial de um espectro político-ideológico contra outro.

Também a elaboração de projeções temporais assume a condição de estratégia de escrita quando prestamos atenção primordialmente às técnicas de linguagem utilizadas para gerar os efeitos histórico-temporais pretendidos.

Nesse sentido, a noção de continuidade, que pode ser ressaltada por contraposição à de ruptura e da qual se podem extrair preferências teóricas, ideológicas ou políticas do autor, pode ser examinada em função do meio linguístico utilizado para apresentá-la. Vejamos o seguinte trecho:

> O Brasil é Católico e fidelíssimo, nós o cremos piamente, e quando duvidássemos, a história dos últimos cem anos no-lo provaria com caracteres de sangue e fogo. Não foi debalde que o nome de *Vera* ou *Santa Cruz* lhe foi imposto por Cabral, aconselhado provavelmente por Fr. Henrique Soares, o célebre Custódio Franciscano que teve a extraordinária fortuna de ser o primeiro Apóstolo do Brasil, e o da Índia Cis e Trans Gangética, acabando Bispo da primeira terra de África que os Portugueses conquistaram. Oriundo da Europa pregou o Catolicismo em três partes do mundo; sendo o feliz precursor de S. Francisco Xavier, e dos Anchietas, Nóbregas, Azevedos, Vieiras, e Malagridas. Ora a Fé Católica pregada e selada com o sangue do seu primeiro Bispo, de S. Ignácio de Azevedo e de outros Apóstolos tem tido tal força que procurando-se há mais de um século desarraigá-la do solo, não se tem felizmente conseguido (Almeida, 1866, p. CCCLXLI-CCCLXLII).

Nesse trecho, o autor pretende mostrar que, apesar das investidas inimigas, sobretudo com Pombal (a quem se refere quando fala dos "caracteres de sangue e fogo"), o catolicismo mantém-se vivo, tendo uma raiz muito mais profunda do que as doutrinas que ensejam os ataques a ele, remetendo à própria fundação e batizado do país (na condição de colônia). Não bastaria, no entanto, referir-se a uma origem profunda, ao sêmen do catolicismo brasileiro, sendo necessário mostrar que a semente frutificou. É para isso que lista uma cadeia hereditária de sacerdotes que fizeram fama, o que dá a base para ele afirmar em seguida que as "massas populares têm resistido a todo o vendaval da heterodoxia, representada pelas classes dominantes; cuja educação, como não se ignora, é toda preparada para extirpar, e não cimentar o Catolicismo" (Almeida, 1866, p. CCCLXLII). O elemento popular se apresenta, então, como o herdeiro e o sustentáculo do catolicismo mais puro, em contraposição às elites governantes que atacam a Igreja diuturnamente. Mas, para chegar a isso, a estratégia de Cândido Mendes foi apontar uma origem e, por meio de uma justaposição de nomes importantes, que permitem uma associação tácita entre a história da Igreja no Brasil e o processo de colonização e formação de um espírito brasileiro, traçar uma continuidade na linhagem católica, formada por autoridades que jamais teriam deixado de resistir e arrebanhar o povo em seu fervor católico.

Uma estratégia argumentativa que também se apreende na obra de Cândido Mendes é o uso do conceito do adversário contra ele próprio, o que também envolve certa ironia. Geralmente, a ironia de Cândido Mendes é bastante explícita, acompanhada de exclamações[66]. Mas, em alguns momentos, encontramos uma sutileza maior, quando a ironia é um desdobramento do tipo de argumentação, com o questionamento do adversário a partir de seus próprios conceitos.

[66] Por vezes, exclamações do plural, literalmente, e ainda acompanhadas de reticências: "[...] E note-se, é o mesmo escritor que na página precedente (225) cita um Aviso de 1816, restringindo o exercício daquele Tribunal da ilha da Madeira, e cuja linguagem nos lábios do Ministro da Coroa é o mais singular dos contrassensos, tendo-se em vista a legislação então vigente!!... E ainda mais é o próprio Governo quem excita os Bispos a revoltarem-se contra essa legislação, e contra os privilégios concedidos pelo Papa à Inquisição, à solicitação dos mesmos Reis, tão canonizados pelo historiador!! – Desejáramos ver a íntegra de tal Aviso, que se não encontra em Coleção alguma" (Almeida, 1866, p. CCLXXVI).

É o caso de uma discussão que ele faz sobre as cartas de publicação, instituídas por D. Pedro em 1361 e que seriam um antecedente do beneplácito moderno. Após a revogação por D. João II, em 1486, da lei que permitia medidas dessa natureza, estas somente ressurgiriam em 1765, com D. José e Pombal no poder. Cândido Mendes se regozija ao constatar esse lapso em que cessou o uso das referidas cartas, "com grande desprazer dos Regalistas", mas acrescenta que autores como Pereira de Castro logo surgem com uma doutrina de que D. João II não poderia ter revogado a lei de D. Pedro I, "porque *a jurisdição não era sua, mas do Reino,* fundamento descoberto nos séculos XVI e XVII, para as alterações que se projetavam, pois é visível sua futilidade e impertinência" (Almeida, 1866, p. CCCCII). Tendo apresentado esse quadro, Cândido Mendes aponta para uma artimanha do Ministro de D. José: "Pombal que não cessa de elogiar D. João II em sua *Dedução Cronológica,* não querendo explicar este fato por boas razões, apelou para a falsidade histórica, segundo seu inveterado costume"[67] (Almeida, 1866, p. CCCCII). Já antevemos aí uma dicotomia subjacente, que será ressaltada adiante: aquela entre falsidade e verdade histórica. Mas, neste ponto, queremos chamar a atenção para o fato de que o termo "verdade" não aparece nesse trecho. Ao apontar que Pombal vale-se de falsidade histórica para tecer seus elogios, o que lhe falta – isto é, o termo que se contrapõe ao de falsidade histórica – são "boas razões". Pelo próprio termo, pode-se bem compreender que a razão está do lado da verdade – e que ambas estão do lado oposto ao do Ministro português. Todavia, o termo composto "boas razões", utilizado para atacar Pombal, traz uma implícita referência à famosa lei de 18 de agosto de 1769, de autoria daquele governante, a qual foi apelidada justamente de Lei da Boa Razão. Uma lei que causou impactos tremendos no direito português, com a submissão dos costumes, do direito canônico e do direito romano à assim chamada boa razão, além da supressão das doutrinas romanistas medievais. Cândido Mendes já criticara essa ideia

[67] Cândido Mendes não atribuía a redação da famosa *Dedução Cronológica e Analítica* a José de Seabra da Silva, mas ao próprio Sebastião José de Carvalho e Melo. Francisco Falcon (2017, p. 49) parece hesitar prudentemente diante dessa questão da autoria, ao dizer que o primeiro fora "íntimo colaborador de Pombal, autor ou coautor da 'Dedução cronológica e analítica'".

de razão, apontando para o fato de que ela se sustentava sobre a razão individual protestante e que não teria outro resultado senão fortalecer o poder real. Agora, usa o próprio termo – mas, é claro, com um significado com o qual Pombal jamais concordaria – para atacar o arquiteto da "boa razão", a quem não somente faltariam a verdade e a (boa) razão, mas que seria marcado por um "inveterado costume" de mentir – costume nada racional.

Como se pode notar dos exemplos acima, as estratégias historiográficas guardam mais relação com o presente do historiador do que com o passado que ele examina. Falar que alguém exerce a atividade de historiador não quer dizer necessariamente – nem geralmente – que essa pessoa esteja mais interessada no passado do que no presente. Essa afirmação vale, inclusive, para um historiador conservador do século XIX, como Cândido Mendes. O passado exerce um papel fundamental nas disputas políticas e intelectuais em que está envolvido, mas isso não significa uma alienação perante as disputas do presente, acompanhada de uma atenção restrita às coisas do passado.

É o que se pode perceber, por exemplo, quando tentamos compreender uma nota de rodapé, na qual Cândido Mendes diz que "Canaes nos seus *Estudos Biográficos* à p. 96 refere, acerca do exame que sofreu em Roma o Concílio de Braga, uma anedota que por inverossímil não lhe prestamos crédito, e tem contra si a declaração da Sacra Congregação do Concílio, anexa à edição de 1681" (Almeida, 1866, p. CCCLXXV). Afirma, então, que semelhante anedota "sai da grande forja dos adversários de Roma" , mas não conta ao leitor o seu conteúdo. Não parece que o efeito pretendido pelo autor tenha sido o de gerar uma curiosidade, de instigar o leitor a consultar a fonte referida, para conhecer a anedota. Pelo contrário, o que se extrai desse trecho é que ele sente a necessidade de apontar a ausência de credibilidade e o caráter falso de uma anedota que se supõe ser conhecida pelo público leitor, mas não de repeti-la, justamente por esse caráter. Ora, fosse sua pretensão simplesmente escrever uma história para a posteridade, ou consolidar uma interpretação sobre a questão, deveria ter abordado pausadamente os argumentos em torno dela, como faz com relação a outros temas. Apenas referir-se à anedota, em nota de rodapé, para contestá-la, mas sem repeti-la, indica outra estratégia: não registrar a história falsa, não cristalizá-la por escrito para ser conhecida pela posteridade, mas contestá-la para os seus contemporâneos, que lerão esse texto e saberão do que se trata. Se não souberem, melhor.

Assim, observa-se que Cândido Mendes adota uma estratégia retórica de confrontar inimigos do passado para atingir os rivais do presente, compreensível diante de sua posição social e política e do valor que atribui à história. Essa retórica pode ser exemplificada com os ataques aos jansenistas, que também atingem os maçons e protestantes do seu tempo, criando-se identidade entre eles por meio do estabelecimento uma continuidade histórica, como se nota no seguinte trecho: "Mas se o Concílio [de Trento] pelas belas reformas que fez, foi tão detestado por toda a sorte de inimigos da Igreja, ainda hoje é vítima dos mesmos adversários" (Almeida, 1866, p. CCCLXXII).

Por outro lado, embora esteja inserido na disputa política contemporânea e tenha a expectativa de que seus estudos reflitam nela, o debate desenrola-se no campo historiográfico. E, ao fazê-lo, o autor submerge nos meandros da argumentação pré-oitocentista, perdendo-se por vezes no passado.

Nesse sentido, apesar de referências pontuais a autores contemporâneos, como Jeronimo Villela de Castro Tavares, lente de direito eclesiástico no Recife, a sua escrita busca reparar a história tal como contada por autores do século XVIII e início do XIX, como Mello Freire. Um debate como o promovido por ele acaba visto como de grande erudição não somente enquanto um elogio pela vastidão de conhecimentos que demonstra, mas porque muitos desses conhecimentos já não despertam mais o mesmo interesse em grande parte dos intelectuais, e menos ainda dos juristas práticos, de seu tempo.

Assim, de certa forma, o erudito historiador é também um aparente resquício do passado, que como este causa seus impactos, mas vai deixando de ser, naquele tempo, o fator determinante do mundo social e político. O erudito aparece como um ermitão, que à semelhança dos monges recolhe-se para realizar a sua missão. Mas, quando volta à cidade, já nem todos acompanham as suas ideias – para ele mais profundas, porque fruto de reflexão, mas para aqueles obsoletas, desajustadas do tempo presente do mundo.

Isso, contudo, soma-se à peculiaridade de que Cândido Mendes era um assíduo parlamentar, fosse nos tempos de deputado, fosse nos de senador (Rodrigues, 1982, p. 18-19), o que relativiza o caráter reservado de uma vida disciplinada e devota aos estudos, sempre lembrado quando se fala de Cândido Mendes. A força da imagem, de toda forma, tinha ressonância nos próprios debates. A história se apresentava através do político e impressionava a todos por sua erudição. Mas essa história, tão viva nos escritos, vista como erudição pelos contemporâneos, perdia a força política e jurídica, tornava-se aos poucos antiquário, embora Cândido Mendes lutasse pela manutenção de sua pertinência.

Observado sob esse aspecto, Cândido Mendes representa uma tradição em que a história auxilia decisivamente na definição do direito, tradição essa que um autor como Mello Freire buscava romper com suas revisões históricas e com sua forma ilustrada de enxergar o direito. Contra tal rompimento, Cândido Mendes ingressa três quartos de século depois no debate, tornando-se um dos campões da concepção conservadora no Brasil.

O rompimento, todavia, estava se aprofundando. E a atuação de Cândido Mendes, apesar de pretender manter uma tradição jurídica, já passava a integrar a reação aos racionalistas, absolutistas e liberais[68], que venceram em 1789 e subordinaram a tradição do direito historicamente fundamentado, reação que vem de ingleses como Burke, de franceses como Maistre e Chateaubriand, de alemães como Hugo, Savigny e Hegel, de espanhóis como Donoso Cortês, de italianos como Taparelli d'Azeglio e de portugueses e brasileiros como José da Silva Lisboa – embora com diferenças entre si, como a adesão de Lisboa ao liberalismo econômico.

[68] É importante ressaltar que, para Cândido Mendes, não há uma distinção rígida entre absolutistas e liberais, tendo em vista que estes também são absolutistas, pois atuam igualmente como tolhedores da liberdade da Igreja. Em vez de real, no entanto, o absolutismo dos liberais é estatal. Cf. Almeida (1866, p. CCCLXL), onde se lê que "os absolutistas de todos os matizes, os do Rei outrora, os do Estado, hoje, são propagandistas desses fantasiados terrores, porque sua mira é dominarem a Igreja". Para enfrentar toda sorte de absolutistas, a ciência da história possui um papel fundamental: "Essa gritaria tão estúpida, e ao mesmo tempo tão nociva à marcha da Igreja, a ciência histórica moderna fará desaparecer, e bem triste papel representarão na posteridade os defensores de semelhantes teses".

Ademais, a contraposição viria também à esquerda, que tem em Karl Marx sua principal figura.

Assim, Cândido Mendes é a um só tempo um portador das ideias do passado, convertidas em uma erudição relativamente estéril no presente, e um representante da reação às ideias do presente com base no passado, impondo-se no debate político e jurídico por uma elogiável erudição, erigida precisamente sobre o seu conhecimento acerca da história. O erudito aparece, a um só tempo, respeitável e inerme, ou antes, armado de uma velharia que impressiona. Essa erudição histórica, portanto, é o sinal da presença do passado, uma tradição pesada, mas que no presente se rejeita e para a qual evita-se dirigir o olhar, pois o passado é como um fantasma, que enquanto tal não existe, mas sob a condição de passado presente (experiência, tradição) assusta e gera um desejo de distância por parte dos rebentos do século.

2.2.3 A utilização de conceitos

> Inaugurando dest'arte o primeiro Atlas na terra de Santa Cruz, quizemos dar um fraco mas significativo testemunho de gratidão, à esses venerandos athletas, de que as Americas, herdeiras da civilisação do antigo Continente e continuadoras de suas glorias, serão o eterno documento e galardão de sua immorredoura memoria. O Brazil, fructo dessas fadigas, e o mais elevado representante daquella civilisação nas plagas illuminadas pela constellação do Cruzeiro, não desmerecerá da sua missão, e fará bemdita a memoria dos que o patentearão ao mundo regenerado por Jesu-Christo.
>
> CÂNDIDO MENDES DE ALMEIDA
> *Atlas do Império do Brasil* (1868, p. 8)

Embora este não seja um trabalho típico de história conceitual, ele nos leva ao exame de três conceitos centrais na prática jus-historiadora de Cândido Mendes de Almeida, o que terá lugar no último capítulo, onde nos debruçaremos sobre as noções de história, direito e justiça. Não obstante, é certo que não são esses os únicos conceitos relevantes presentes na historiografia jurídica de Cândido Mendes. Pelo contrário, há inúmeros outros de extrema importância para a sociedade e o tempo do autor (alguns dos quais contêm seus correspondentes alemães listados entre os conceitos políticos fundamentais dignos de verbete próprio no *Geschichtliche Grundbegriffe*, o monumental léxico organizado por Otto Brunner, Werner Conze e Reinhart Koselleck).

O objetivo deste item não é fazer a história desses conceitos, mas refletir acerca de sua articulação nos discursos do jurista-historiador maranhense. Para além da análise de ordem semântica, em torno da significação dos conceitos, portanto, destaca-se uma preocupação com a forma, ou sintaxe, do arcabouço conceitual mobilizado por Cândido Mendes.

Uma primeira noção temporal relevante gira em torno do conceito de periodização, embora esse termo propriamente não seja tematizado pelo autor. Entretanto, encontra-se em sua obra a distinção tripartida entre antiguidade, idade média e idade moderna, mais forte na introdução aos *Princípios de Direito Mercantil*, mas também presente nos demais textos. A virada do medievo para a modernidade é situada, pelo autor, no século XV, como se depreende de uma passagem em que interrompe suas considerações acerca da Espanha, por ter chegado ao termo temporal da idade média, deixando para outro momento as considerações sobre a mesma nação em sua fase moderna: "Tudo o mais que respeita à história do comércio e legislação da Espanha, posterior ao século XV, se encontrará no artigo relativo a essa nação, quando se tratar do comércio moderno" (ALMEIDA, 1874, p. CCXXVIII). Mais adiante, ele fixa com precisão a data que considera a virada entre as eras: 1499, mais precisamente 10 de julho, quando a expedição de Vasco da Gama aporta em Lisboa, carregada de riquezas e glória: "Era o ano terminal da meia idade, ainda que outros façam começar a idade moderna de 1453 ou 1492, milésimo da conquista de Constantinopla, ou da descoberta da América, acontecimentos de grande alcance" (ALMEIDA, 1874, p. CCXXXIV).

Por outro lado, é preciso compreender o que o autor entende por moderno e modernidade, conceitos que nem sempre aparecem na chave da periodização e da contraposição entre diferentes idades históricas. Com efeito, vemos em Cândido Mendes usos distintos dos termos moderno e modernidade, ora na definição de uma época histórica, como acima apontado, ora com uma conotação negativa, para apontar as mudanças decorrentes das "revoluções" que subverteram a ordem das coisas nos últimos séculos, ora para referir-se a uma mudança constitutiva do novo, o qual permanece de alguma forma atual, ainda que com uma distância de milênios com relação ao presente e baseado em mitos de origem estranhos à historiografia científica (como ocorre quando diz que a Grécia tomou "a forma moderna depois do dilúvio de Deucalião e catástrofe da *Atlântida*") (Almeida, 1874, p. XLIII).

Também aparece o termo "moderno" em um sentido positivo, enquanto aquilo que se pôde descobrir em razão da vinda de Cristo. Consequentemente, "moderno" é o que vem após esse eixo da concepção histórica cristã, a revelação de Deus pelo envio de seu filho (e, portanto, de si mesmo), dividindo-se o mundo em antigo e moderno. É o que se lê quando Cândido Mendes fala do vinho em Atenas, recebido das ilhas gregas da Ásia, da Macedônia e do Egito: "A Enologia antiga é mui diferente da moderna. O fabrico do vinho como se realiza presentemente parece haver sido um segredo revelado às gerações cristãs, dignas de possuí-lo" (Almeida, 1874, p. XLIX). E, junto com esse conceito positivo de "moderno", vem um conceito de "revolução" do mesmo tipo: "Esse segredo é por si só uma revolução no comércio. [...] Os vinhos de luxo, os que figuravam nas mesas de Atenas e de Roma, não possuíam nem a força, nem o sabor, e nem o *fumet* dos de nossas eras" (Almeida, 1874, p. XLIX).

Esses diversos significados se encontram e se entrelaçam ao longo das páginas escritas por Cândido Mendes. É significativo o fato de que o autor inicia sua introdução histórica ao *Direito Civil Eclesiástico Brasileiro* com uma citação de Saint-Bonnet, considerada pelo brasileiro "uma grande verdade" sobre a "marcha do homem no mundo, principalmente durante a grande e maravilhosa fase da civilização cristã", em que consta que foram os padres da Igreja que fundaram a consciência moderna, uma vez que "a Igreja repartiu e adaptou o fruto do seu ensino para todas as almas, segundo as convenientes medidas; e produziu este grupo de nações, ou, para melhor dizer, esta grande família que chamamos Europa" (apud Almeida, 1866, p. IX).

Ampliando no tempo essas ideias, Cândido Mendes afirma que "o destino, e os progressos das associações religiosas e políticas desde a mais remota antiguidade dependeram da consciência dos povos formada por uma ideia, que pôde viver e expandir-se". Com base nisso, o autor apresenta a distinção entre antigo e moderno, de maneira a valorar o segundo termo em detrimento do primeiro:

> Assim como a consciência moderna foi criada pelos que se encarregaram de propagar o ensino da Igreja, assim a antiga tem o cunho da idolatria ou do politeísmo; e as nações ainda hoje fora do grêmio cristão têm a sua consciência modelada nos dogmas de suas respectivas Religiões; e só por esse prisma podem ser apreciadas (Almeida, 1866, p. IX).

Uma afirmação desse tipo poderia espantar, sobretudo quando confrontada com os ataques que o autor faz ao Estado moderno e com a condenação à afirmação de que "o Pontífice Romano pode e deve conciliar e transigir com o progresso, com o Liberalismo e com a civilização moderna", estabelecida no item LXXX do *Syllabus Errorum*, que Cândido Mendes faz constar de sua compilação da legislação canônica e eclesiástica (Almeida, 1873, p. 897). No entanto, observando atentamente esse trecho, percebe-se que o moderno não está necessariamente ligado ao período que sucede o medievo, nem os progressos são fruto de uma abertura para o futuro com base no controle do ser humano sobre a natureza. O moderno, e em especial a consciência moderna, fundada pelos padres da Igreja, conforme a formulação de Saint-Bonnet ratificada por Cândido Mendes, remonta ao início da Igreja e coincide com a sua existência, por contraposição ao antigo e sua consciência, atribuídos aos povos que não conheceram a verdade cristã (interpretada e guiada, é claro, pela Igreja Católica).

A contraposição entre o antigo e o moderno reaparece poucas páginas depois, mas com sinais invertidos. Após dizer que as "Universidades antigas foram em princípio Faculdades de Teologia" – onde "antigas" aparece com uma conotação positiva e dentro do conceito de "moderno" no sentido anterior, uma vez que as universidades são criadas no seio da Europa cristã, em que a Igreja ia se afirmando como poder –, Cândido Mendes reprova as faculdades "modernas", que não poderiam durar tanto quanto aquelas, ao que acrescenta:

> E se se considera o valor do ensino, sua qualidade específica, a sociedade ganhou mais com o antigo, do que não tem acontecido com o organizado modernamente, pelo espírito que o dirige; que não é, e não tem sido o mais

> tranquilizador para a mesma sociedade onde imperam, ou deveriam imperar as doutrinas cristãs (Almeida, 1866, p. XII).

No âmbito de seu enfrentamento aos regalistas, Cândido Mendes critica todo posicionamento que confira atribuições indevidas ao poder temporal, seja sob a pecha de "moderno", seja sob a de "liberal". Em ataque contra um texto publicado em 1847 pelo cônego da Sé da Bahia, Joaquim Cajueiro de Campos, reimpresso em 1853, em São Paulo, pelo cônego Ildefonso Xavier Ferreira, "cujas doutrinas estão longe do perfume da ortodoxia", Cândido Mendes diz:

> Custa muito acreditar que um Cônego formado e Lente de Teologia Dogmática traçasse o que se lê nas primeiras páginas do seu *Prólogo!* Para um Eclesiástico em tais condições, todas as leis seculares primam sobre as da Igreja, e estas por amor da paz e da paz sem dignidade, devem sujeitar-se a tudo quanto queira o Poder que dispõe da força, basta que venham acobertadas com o que se alcunha de *ideias modernas* (Almeida, 1866, p. CCCLXXXI).

Surge assim, como distinção conceitual mais profunda, que prevalece sobre as aparências ou reivindicações de "liberal" e "moderno", a dicotomia ortodoxia/heterodoxia. Das ideias ortodoxas decorreriam reformas positivas, de que o principal exemplo é a do Concílio de Trento, enquanto a heterodoxas levariam a reformas negativas, dentre as quais a mais impactante para a realidade brasileira teria sido a de Pombal – que, por seu caráter negativo, é chamada pelo autor inúmeras vezes de "revolução". Segundo Cândido Mendes,

> as nossas duas primeiras Legislaturas, abundantes de Padres Jansenistas e de Bacharéis de Coimbra[69], como se sabe, procuravam sobretudo legislar acerca de matérias religiosas. As ideias heterodoxas que tinham bebido naquelas

[69] Os bacharéis vindos de Portugal são chamados pelo autor de "Galicanos cristalizados que nos vieram de Coimbra e influem em nossa administração". Reclama que o "velho e obcecado Galicanismo, que aliás nenhum medo mostra do Racionalismo Franc-Maçon, estremece de horror com a ideia de um Concílio [Provincial, defendido pelo autor]" (Almeida, 1866, p. CCCLXXXVI).

> fontes de pestilência os inclinavam a reformas naquele sentido, e por isso na turba de projetos que deixaram, não escaparam os Concílios Provinciais, que pelo fermento Jansenista de que estavam saturados, denominavam *Nacionais* a seu modo (Almeida, 1866, p. CCCLXXXIV-CCCLXXXV).

O polo positivo ortodoxia, como se percebe, é composto pelas ideias que não se afastam a doutrina católica ou, como o autor diz muitas vezes, das ideias cristãs. Esse tratamento de catolicismo e cristianismo como sinônimos é também uma arma conceitual empregada por Cândido Mendes, que estabelece um conceito positivo de cristão e relega ao polo antitético conceitos como heresia, seita e paganismo, estabelecendo uma assimetria. Ao igualar cristão e católico, todas as correntes religiosas diferentes do catolicismo automaticamente recebem a pecha pejorativa dos conceitos negativos, subentendendo-se como não-religiões ou falsas religiões, por contraposição àquela que seria a única e verdadeira. Com base nisso, o autor pode dizer que "o sistema das Igrejas *Nacionais* é todo pagão" (Almeida, 1866, p. CCCLXXXIX).

De outra parte, o conceito de civilização está no centro da semântica oitocentista. Um caráter fundamental assumido por esse conceito, intimamente ligado às políticas nacionais europeias, com destaque para as coloniais (Villas Bôas Filho, 2007), é a referência subjacente a uma escala em que os diferentes povos, os anteriores frente aos atuais, mas também os contemporâneos entre si, são colocados e comparados. Essa escala civilizacional tem como eixo o lado positivo da distinção civilizado/não-civilizado, que assume a posição ideal e, com isso, a função de padrão diante do qual os casos concretos são avaliados. Esse padrão, no entanto, não paira sobre a escala simplesmente, mas coincide com o topo, de modo que se vê concretizado na realidade dos países dominantes, que são aqueles que não apenas colonizam, como também controlam o uso do conceito e da escala.

Esse conceito e seus usos são disseminados e utilizados inclusive no âmbito dos povos dominados, em especial por suas elites, que muitas vezes sentem-se mais próximas do padrão do que dos grupos submissos e oprimidos. O Brasil não é exceção e Cândido Mendes, enquanto parte das elites, não está isento de inserir em seus discursos essa semântica da civilização.

Lemos, por exemplo, na introdução aos *Princípios de Direito Mercantil*, que "Passau e Ratisbona recebiam os gêneros e artefatos de Constantinopla principalmente objetos de luxo, e os vendia (sic) para diferentes cidades da Alemanha e França, sobretudo as mais notáveis e mais civilizadas [...]" (ALMEIDA, 1874, p. LXXV). Nesse trecho, as cidades europeias são inseridas na escala, com a constatação da existência de algumas mais, outras menos civilizadas – isto é, mais ou menos próximas do padrão, imposto pelas primeiras.

De maneira semelhante, os povos indígenas são encarados como "bárbaros" ou "selvagens" diante da civilização – como se pode facilmente inferir, de matriz europeia. Assim, no Brasil da passagem do século XVII para o XVIII, teria havido um "movimento extraordinário de imigração para os lugares das minas auríferas de todos os pontos do Brasil, e também de Portugal, movimento benéfico que deu em resultado o povoamento e cultura de regiões até então sob o domínio selvagem" (ALMEIDA, 1874, p. CCCLXXIV).

Ligado a esse significado escalar, mas parcialmente diferente, é o uso do conceito de civilização como sinônimo de humanidade, e especificamente da cristandade. Mantém-se ainda a referência à escala, ao apontar para a situação mais alta, o padrão, mas o elemento principal já não é a comparação entre diferentes sociedades, e sim o movimento que leva ao auge. Nesse sentido, ao falar dos normandos na Idade Média, Cândido Mendes diz: "Quando o Cristianismo chamou-os ao seu redil, todas essas grandes qualidades foram aproveitadas em seu benefício e da civilização. Portanto a invasão Normanda foi sem dúvida de grande vantagem para o Mundo moderno e para a marcha da civilização" (ALMEIDA, 1874, p. CXXXVIII).

Mas o conceito de civilização nem sempre aparece preso à escala progressiva que leva da antiguidade à modernidade e que diferencia os povos "primitivos", "atrasados" ou "selvagens" dos "modernos" ou "civilizados". Ainda que não perca totalmente a característica de apontar para uma formação social que já alcançou determinado grau de organização, não é central a sujeição do conceito àquela escala em um uso como o seguinte: "O certo é que os Gregos atribuem a civilização de sua pátria aos imigrantes de Cécrope, e de Cadmo, a quem dão a glória de haver-lhes ensinado o alfabeto" (ALMEIDA, 1874, p. XLIII). Neste caso específico da Grécia, não podemos olvidar também que há uma referência implícita àquela sociedade como berço da civilização ocidental, apesar de Cândido Mendes relativizar, de certa maneira, essa atribuição, ao tratar de diversas outras sociedades antigas, algumas das quais merecendo seu enaltecimento, embora também críticas, como os fenícios, povo semita, por seu comércio e navegação, ensinados aos gregos (Almeida, 1874, p. XXXIV et seq.).

As caracterizações e distinções histórico-temporais pautadas em conceitos-chave, como o de civilização, e em antitéticos assimétricos, como cristão/não-cristão (estando no bojo desse negativo inúmeras referências, com suas peculiaridades – “asiáticos”, “maometanos”, “selvagens” e mesmo “jansenistas” e “protestantes”, desde que o catolicismo é o verdadeiro cristianismo), se entrecruzam com modulações temporais, como a atribuição do adjetivo “atrasado”. Exemplo disso é, no texto sobre a história do comércio, o momento em que Cândido Mendes diz que a vinda de Cristo e a sua pregação da religião divina é a razão fundamental pela qual o comércio mundial superou o estágio em que estavam na antiguidade os fenícios, gregos, egípcios e cartagineses. Segundo ele, “disto ainda hoje nos dão clara prova os povos que habitam em torno do Mediterrâneo, em que os mais atrasados dos povos Cristãos ficam a grande distância, dos que o não são” (Almeida, 1874, p. XXVI).

A base dessa distância é um fator temporal, de fundamento moral: a estabilidade gerada pela confiança. Segundo Cândido Mendes,

> o Comércio é uma das indústrias que no seu viver muito depende da moralidade dos agentes. Sem ela os contratos sobre Seguros, Sociedades em comandita, industriais ou anônimas, as Comissões, as Letras de câmbio, operações bancárias, seriam impossíveis porque se apoiam na confiança dos que para eles concorrem (Almeida, 1874, p. XXVI).

Deste modo, fica estabelecido que o desenvolvimento da civilização depende do cristianismo, cuja moralidade permite a confiança e, com ela, o comércio. Gera-se, assim, uma progressiva e graduada distinção entre países que adotam essa religião e os que não a adotam, constituindo-se no polo negativo do binômio um complexo de povos não-cristãos, que diferenciam-se entre si pela proximidade ou distanciamento com relação ao cristianismo, o que faz deles povos mais ou menos atrasados. Em função de sua moralidade (e da consequente possibilidade de confiança), a diferença religiosa traz consigo um fator temporal (estabilidade), que a faz tornar-se diferença econômica (capacidade de comércio), criando uma nova distinção temporal: o avanço ou atraso comparativo no desenvolvimento da civilização, em que o topo e padrão comparativo é representado pelas nações cristãs – também elas submetidas a uma escala interna.

Diante disso, aparece o conceito de revolução, geralmente com uma conotação negativa. Entende-se que assim apareça ao estilo de pensamento ora estudado, pois a revolução aparece como um fenômeno que abala as estruturas sociais, afeta a moralidade e desestabiliza a sociedade, promovendo a falta de confiança e, consequentemente, levando à anarquia. O maior exemplo é o governo pombalino, no reinado de D. José I, mas há outros tantos, como o de D. João, "Mestre da Ordem militar de Avis, filho bastardo de D. Pedro I, [que] põe-se à frente de uma revolução que lhe assegura a posse da Coroa, depois que a fortuna o secundara na batalha de Aljubarrota" (ALMEIDA, 1870, p. XIX).

Já quanto às revoluções europeias em geral, Cândido Mendes ataca todas as que ocorreram na França, no último século – a de 1789, obviamente, mas também a de 1830 e a de 1848. E aponta que em todas elas os erros dos adversários da Igreja foram derrotados, faltando apenas derrubá-los do governo, ao que se segue uma provocação: talvez seja necessária mais uma revolução, para fazer com que os sectários daquele cisma compreendam de uma vez que a verdadeira doutrina é a católica.

Diante disso, apesar dos efeitos terríveis, e justamente por causa deles, a lembrança das revoluções na França aparece como "o mais poderoso argumento em favor da Igreja" – e Cândido Mendes confia na Providência que, no Brasil, não precisaremos passar por isso. Eis como se expressa:

> Depois da revolução de 1848 os Bispos Franceses solicitaram do Santo Padre a convocação de um Concílio Nacional, presidido por um Delegado da Santa Sé. As revoluções naquele País têm sido o mais poderoso argumento em favor da Igreja. A de 1789 exterminou o Jansenismo, a de 1830 o Galicanismo Eclesiástico, e a de 1848 o mesmo erro nas massas Católicas; faltando ainda o governamental, cuja existência continua por causa dos interesses mundanos que lhe impedem a conversão. Talvez seja indispensável outra revolução

> para fazer compreender que o verdadeiro interesse humano e governamental é a Santa Igreja Católica. Confiamos na Providência que tais provações nos sejam dispensadas, e que a terra de Santa Cruz se torne digna da Fé que abraçou (Almeida, 1866, p. CCCLXXXVII).

Longe de serem termos incompatíveis, como se poderia supor a partir da retórica liberal, revolução e absolutismo estão imbricados, para Cândido Mendes. Em determinado trecho, por exemplo, fala do "Poder revolucionário e centralista, que avassalava Portugal, [o qual] não escolhia para reger as Dioceses senão pessoal mais dedicado aos seus interesses que aos da Igreja [...]" (Almeida, 1866, p. CCCLXXXI).

Apesar de o conceito de revolução aparecer quase sempre como algo negativo, encontram-se algumas ocorrências de um acento positivo atribuído ao termo[70]. Acima de tudo, isso ocorre quando Cândido Mendes se refere a uma revolução pacífica. Lê-se esse uso quando chama José da Silva Lisboa, Visconde de Cairu, de "apóstolo da revolução pacífica pela conquista das ideias", o qual bem sabia "que perante o sopro da verdade caem derrocados os formidáveis castelos do erro, as casamatas dos interesses inconfessáveis, com o mesmo fragor como as muralhas de Jericó, ao clangor das trombetas de Josué. Basta que a luz se faça" (Almeida, 1874, p. IX).

Mais adiante, no mesmo texto, Cândido Mendes afirma que o comércio interno do Brasil dependeria da criação de um primeiro grande mercado distante do litoral, o que poderia ser conseguido com a mudança da corte, medida fácil com o auxílio da viação férrea. Com isso, seria promovida uma grande mudança, mas não daquelas temíveis, como a de 1789, e sim desejada. Revolução, mas "revolução pacífica, que fazendo a mutação dos horizontes, alterando o centro de gravidade, daria larguezas e segurança à nossa política mesmo extranacional, e mais vigoroso impulso a nossa civilização material" (Almeida, 1874, p. DCXLV).

Também vemos um uso do termo revolução com conotação positiva quando Cândido Mendes fala da introdução, pelos árabes, do papel de algodão na Europa: "Essa indústria só por si fez imensa revolução no

[70] Sobre as oscilações no conceito de revolução, entre a positividade e a negatividade a ele atribuídos ao longo da história do Brasil, cf. Pimenta e Fanni (2019).

adiantamento das letras e das artes, até então dependentes do *papyrus* egípcio, e do *vellum* de Pérgamo" (Almeida, 1874, p. LXXXIX). Neste caso, como a inovação é da ordem da técnica, parece não oferecer perigo ao posicionamento político-religioso do autor, de modo que o próprio termo despe-se do complexo de significados que o tornam, em outros contextos, odioso. Assim, além da revolução pacífica (promovida, em verdade, por meio de reformas), a revolução técnica aparece como uma exceção, a comprovar que, desde que não ofendam os preceitos cristãos, as mudanças sociais são possíveis e mesmo desejáveis.

De toda forma, apesar de algumas ocorrências de uso positivo do conceito de revolução, Cândido Mendes não chega ao ponto de falar em uma "feliz revolução" que as leis civis preparam, como o faz Portalis (2013, p. 203), principal jurista envolvido na elaboração do Código Civil francês de 1804, o *Code Napoléon*[71].

A noção de revolução, afinal, implica uma grande ruptura, e a retórica da Igreja Católica havia séculos sustentava o seu poder em uma ideia de continuidade, o que a fazia preferir o termo reforma – embora este também possa referir-se a uma cisão substancial na continuidade, de que o seu uso para designar a própria Reforma Protestante é exemplo (Berman, 1983, p. 87).

A rejeição geral às revoluções, no entanto, não significa um repúdio intransigente a qualquer ruptura em prol de uma concepção de história totalmente baseada na continuidade. Ruptura e continuidade são conceitos que, aplicados às realidades históricas concretas, se moldam um em relação ao outro de maneiras diferentes, podendo haver a preponderância de um dos polos, mas não a exclusividade.

Assim, aparece como um objeto privilegiado da historiografia jurídica de Cândido Mendes precisamente uma ruptura: aquela promovida por Pombal, que teria subvertido a ordem das coisas, em benefício do regalismo jansênico-galicano. Não obstante, por trás dessa ruptura, qualificada negativamente como "revolução", há um fato histórico mais

[71] Estamos falando de um advogado de renome, oriundo da alta burguesia, que fora perseguido por Robespierre durante o regime do Terror – ou seja, alguém que viveu efetivamente a Revolução Francesa –, vindo posteriormente a assumir uma função pública na França pós-revolucionária, destacando-se no Império (Lopes, 2013, p. 183).

profundo e fundamental, caracterizado pela continuidade: a verdade cristã (católica, romana), a qual permanece no povo (que não é soberano, mas recebe a graça de Deus) e que é exemplarmente defendida antes mesmo das revoluções setecentistas pelos jesuítas. Para além de um mero exemplo, na verdade, trata-se de uma ligação, uma continuidade que, mais forte do que qualquer revolução, leva dos jesuítas de outrora ao tempo de Cândido Mendes. O combate à maçonaria de seu tempo é o mesmo combate que se travara contra o antijesuitismo jansenista. Assim, há uma continuidade forjada, e a nação que Cândido Mendes defende é uma nação cristã quase atemporal, vestida de universalidade e de continuidade.

De toda forma, apesar da continuidade cristã-eclesiástica subjacente a todos os desenvolvimentos e percalços da história concreta, a sequência e o acirramento dos avanços revolucionários vão estabelecendo um processo de sedimentação das agruras criadas pelos adversários, que se encrustam nos edifícios político-institucionais, tomam o parlamento e ascendem ao governo civil, em prejuízo das boas e necessárias relações que uma nação cristã deve manter com a Igreja Católica. Esse processo perverso é expresso pelo conceito de secularização, que aparece com frequência nos textos de Cândido Mendes, geralmente associado ao de Estado moderno e com conotação negativa. Em determinado trecho, por exemplo, ele diz:

> Esta absurda pretensão do Estado moderno, *secularizado*, de querer tornar seus os funcionários Eclesiásticos é no presente século em geral defendida. É um dos dogmas mais prediletos dos mantenedores das ideias pretendidas *modernas*. O Estado um, o Estado onipotente não pode conhecer outros funcionários senão os seus sob pena de vingar a célebre heresia do *Status in statu*, tão fulminada pelos *Estatólatras* (Almeida, 1866, p. CCCLI).

Como se percebe, os conceitos destacados pelo próprio autor entrelaçam-se, sob a diretriz da visão de mundo e da forma de pensar de Cândido Mendes. Apesar de algumas variações semânticas, detectadas em conceitos como moderno e revolução, é possível traçar uma linha que separa os conceitos de conotação primordialmente positiva (cristão, católico, ortodoxia, civilização) dos conceitos de conotação primordialmente negativa (pagão, heterodoxia, revolução, secularização), cujo caráter antitético assimétrico serve para reforçar a posição do autor.

Mediante esse entrelaçamento, delineiam-se as fronteiras entre o certo e o errado, o nós e o outro, o amigo e o inimigo. No seguinte trecho, percebe-se a mútua implicação entre as ideias de heterodoxia, mentira e inovação jurídica, atribuídas ao inimigo Pombal, que já sabemos ser o representante máximo do jansenismo-galicano em Portugal, por contraposição ao que se espera de uma nação católica:

> Portanto a obra de Pombal, filha da falsidade e do escândalo, não era o que se praticava outrora durante o regime de D. Pedro o *Cru*, e de sua Dinastia; era uma criação nova, insuflada pelo espírito de heterodoxia, a mais desenfreada contra a Igreja. Nessa Carta ao Patriarca de Lisboa Pombal não mente só quando afirma, que criando o *Placet*, mantém um costume antiquíssimo do Reino, mas quando assegura apoiado nos cadafalsos e nas fogueiras, que era essa a prática de todas as nações Católicas (Almeida, 1866, p. CCCCX).

Além disso, merece destaque a associação entre conceitos políticos e conceitos temporais. Ao tratar da questão relativa à elaboração de uma concordata, Cândido Mendes diz:

> Bem sabemos que uma Concordata com Santa Sé, dada uma semelhante situação, é quase um impossível. As classes dominantes não quereriam a organização regular da Igreja Católica; o que lhes convém é esse estado precário e quase anárquico, que facilita ao Governo o despotismo que para com ela usa (Almeida, 1866, p. CCCLXLII).

Desse trecho, extrai-se que o estado de coisas atual é ruim, nefasto, contrário à verdadeira doutrina, aquela da Igreja. Para classificá-lo dessa forma, Cândido Mendes justapõe um conceito temporal e um conceito político, ambos concebidos de forma negativa: esse estado de coisas é precário e anárquico, ou seja, não se sustenta, não tem uma base firme, e não permite a instauração de uma ordem. Logo, não pode durar, pois não pode cumprir a finalidade de uma organização política.

Mas, de acordo com o seu argumento, o Governo vale-se justamente desse estado para beneficiar-se, uma vez que a ordenação política e social com base na doutrina da Igreja remete ao duradouro – e mesmo ao eterno, em certos aspectos –, enquanto a organização estatal cesarista, regalista, galicana alimenta-se precisamente da ausência de semelhante ordem perene. Assim, se por um lado o autor poderia manifestar contentamento com a constatação da precariedade do governo civil, por outro ele não o faz, porque entende que é justamente essa condição que fortalece aquele governo, em detrimento da Igreja.

Cumpre notar, no entanto, que os conceitos, especialmente os temporais, oscilam a depender do argumento. Nesse sentido, raramente vislumbra-se uma crítica um pouco mais aberta à Santa Sé, quanto menos aos papas. O que deve ser questionado vem sob uma conceituação mais leve. Assim, em um raro exemplo, Cândido Mendes fala dos "*infortúnios* do Pontificado do Papa Clemente XIV", dentre os quais conta-se "a escolha daquele Núncio, que não soube ou não quis defender os direitos da Santa Sé" (Almeida, 1866, p. CCCCVIII – destaque nosso). O que é criticável, como se nota, recai sobre uma pessoa concreta, o Núncio Conti, não à Igreja em si, preservando-se também o papa, apesar de haver uma crítica implícita à escolha daquele representante. Mas essa crítica não atinge diretamente o papa, porque é descrita como infortúnio, isto é, como uma fortuna adversa, tendo a sorte jogado contra.

Diante do conjunto de conceitos escolhidos, exemplificados pelo uso que o autor faz deles em diversas partes de seu trabalho e acompanhados de algumas reflexões acerca de seu significado no pensamento de Cândido Mendes, foi possível fazer um sobrevoo sobre a concepção de mundo do jurista-historiador brasileiro. Com base nesse pano de fundo, estamos mais aptos a enveredar, no próximo capítulo, pela questão dos fundamentos da história do direito, que nos levarão a uma melhor compreensão das concepções de história do direito na obra de Cândido Mendes de Almeida.

CAPÍTULO 3
AS CONCEPÇÕES DA HISTÓRIA DO DIREITO DE CÂNDIDO MENDES DE ALMEIDA

Uma vez apresentados os usos da história do direito por Cândido Mendes de Almeida, tendo em vista as intenções que mais se destacam em seus textos, bem como a forma pela qual os discursos se constroem, considerando-se questões como o gênero literário, as estratégias de escrita e a articulação de conceitos fundamentais, passaremos ao tema das concepções de história do direito que o jurista-historiador adota, âmbito no qual novas dimensões de seu conservadorismo se revelam. Essas reflexões nos levarão a olhar de perto os conceitos de história, direito e justiça. Mas, antes, é necessário perscrutar os fundamentos que subjazem a sua visão de mundo e a sua forma de pensar.

3.1 Os fundamentos da história escrita

Nos textos de Cândido Mendes, encontram-se ideias que apontam para diferentes concepções e *topoi* históricos, desde remissões à providência até argumentos que atribuem as mudanças históricas a decisões tomadas por pessoas do alto escalão da política, passando pela alusão a substratos quase imutáveis, garantidores da continuidade. Esses diferentes argumentos, que se alternam e entrelaçam, poderiam ser abordados sucessivamente, de maneira justaposta. Procedendo dessa maneira, no entanto, os diferentes fundamentos dados à história mal se relacionariam e a mera justaposição exaltaria o que eles têm de incongruente. Sem acreditar na coerência absoluta do pensamento de um autor – quanto menos de uma mente mais jurídica, política e religiosa do que filosófica como a de Cândido Mendes – não nos parece falsa ou irrelevante a constatação de que essa coerência é buscada por um pensador que, como ele, pretende oferecer ao público leitor uma apreciação verdadeira das coisas de que fala.

Em vista disso, para não desconsiderar a pretensão de coerência e para captar as relações entre os variados fundamentos da história, optamos por uma abordagem diferente, na tentativa de abarcar os diversos fundamentos históricos mobilizados pelo autor no bojo de uma dialética que permita extrair significados mais profundos da contraposição entre eles.

A base filosófica para essa proposta está no ensaio *O cristianismo e o sentido da história*, em que Paul Ricoeur (1990) sustenta que a filosofia da história cristã, pautada na esperança, e a filosofia da história filosófica da modernidade, que tem o progresso como um elemento central, não são incompatíveis, como muitas vezes se pensa. Segundo ele, apesar da aparente contradição entre a concepção cristã e a noção de um progresso contínuo, que surgiu justamente da laicização, ou seja, de uma degradação racionalista da escatologia cristã, a esperança e o progresso podem coexistir, pois situam-se em planos diferentes: enquanto este remete à acumulação de algo adquirido (instrumentos materiais, culturais, de consciência e espiritualidade), engendrando uma história abstrata, aquela está no plano dos acontecimentos humanos (ações, decisões, crises), o que a liga a uma história concreta. A história cristã estaria fundada em incertezas e ambiguidades justamente por isso, por tratar-se de uma história concreta, cuja busca por um sentido global se confronta com as ações e tomadas de decisão concretas que essa história supõe. Daí haver, para o filósofo francês, três níveis diferentes a serem levados em consideração: o nível abstrato do progresso, o nível existencial da ambiguidade e o nível misterioso da esperança.

Essa formulação filosófica pode nos ajudar a entender um pensamento sobre a história complexo e ambíguo como aquele que encontramos nos textos de Cândido Mendes de Almeida.

Enquanto brasileiro oitocentista, nascido em 1818 e falecido em 1881, jurista e político ativo cuja maturidade se situa na metade do século, momento decisivo para o Brasil e para o mundo (basta lembrar da Primavera dos Povos, em 1848, e da atividade legislativa brasileira em 1850, ano em que são promulgados o Código Comercial, a Lei de Terras e a Lei Eusébio de Queirós – regulamentando, portanto, temas fundamentais como o comércio, a propriedade de terras e o tráfico de escravos), Cândido Mendes não poderia isolar-se completamente das ideias e dos conceitos do seu tempo. Daí ser profusa em seus textos a ocorrência de termos como progresso e civilização, à moda da semântica daquele tempo, na esteira das filosofias políticas iniciadas nos séculos anteriores.

Por outro lado, enquanto católico adepto da mais rigorosa ortodoxia e submissão às decisões e concepções da Igreja sediada em Roma, não menos constante é a presença de ideias típicas das filosofias da história cristãs, com remissões à providência e ao mistério, assentadas na esperança.

Por fim, inspirando-nos em Ricoeur, podemos vislumbrar um terceiro nível na concepção de história de Cândido Mendes de Almeida, um nível existencial de ambiguidade, em que as ações e decisões concretas são confrontadas com o sentido geral atribuído à história. Esse nível tem um papel decisivo em nossa análise, pois é nele que se situa a elaboração das histórias do direito. É nelas que o humano, o existencial, concreto e ambíguo se manifesta. Mas as histórias do direito não têm uma finalidade em si mesmas. Ao recomporem a dimensão concreta da história e do direito pela atualização do passado, que significa uma potencialização da experiência, elas têm como finalidade última fazer justiça, por meio do restabelecimento das conexões necessárias entre o desenvolvimento material do progresso e a expectativa moralizadora da esperança cristã.

Os tópicos deste item, portanto, seguem a divisão apontada, mas em ordem distinta da que se encontra no artigo de Ricoeur. Primeiro, abordaremos como a noção cristã de esperança aparece nos textos de Cândido Mendes; em seguida, como contraponto, analisaremos a presença nesses textos da ideia de progresso, própria das filosofias da história modernas e que no decorrer do século XIX seria açambarcada pelo positivismo cientificista; por fim, trataremos do nível existencial sob o prisma da política e do direito, aspectos da realidade social privilegiados pelo próprio autor para tentar resolver a tensão dos primeiros níveis e situar a sua concepção de história, que dá sentido não só às narrativas, mas à sua própria existência.

A alteração da ordem justifica-se porque não pretendemos chegar à história cristã, centrada na salvação, objetivo que Ricoeur cumpre em seu estudo. Nossa ideia é, ao contrário, desde logo compreender o significado dessa história e suas implicações no pensamento de Cândido Mendes, para depois, já conhecendo o sentido cristão empregado, entender as referências que ele faz ao progresso e, por fim, analisar como a sua história do direito se configura essencialmente como uma história humana concreta de nível existencial.

3.1.1 História sagrada: o nível misterioso da esperança

> Como christão conhecia a origem divina da verdade, que a impede de ser impaciente e deshumana; aguardando com certeza a victoria das ideas fecundas e duradouras no dia e hora marcados pela Providencia, sem ser preciso, que, para fazer-se o bem, se alastre a terra de ruinas.
>
> CÂNDIDO MENDES DE ALMEIDA
> *Ao leitor, In*: José da Silva Lisboa (Visconde de Cairu), *Princípios de direito mercantil e leis de marinha* (1874, p. IX)

Segundo Paul Ricoeur (1990, p. 76), característico do tempo cristão é que ele seria marcado por acontecimentos, crises e decisões, o que teria aberto os olhos do ser humano para a sua própria experiência, ao mostrar que seu tempo humano, bem como o de suas comunidades, seria feito de acontecimentos e decisões excepcionais. Essa seria a sua diferença específica com relação ao tempo abstrato e impessoal do progresso, a qual teria sido introduzida no mundo helênico pelo cristianismo. Os aspectos da decisão e da crise, com todas as ambiguidades e angústias que trazem consigo, concentram-se na dimensão existencial do ser humano. Por ora, a nossa atenção volta-se a outro aspecto do tempo cristão, a esperança – afinal, como diz Ricoeur (1990, p. 84), não é o pecado que ocupa o centro desse credo, mas sim a salvação, que remete a outro plano.

A esperança na salvação sustenta-se em uma linguagem dialética entre sentido e mistério: crê-se em uma unidade de sentido na história, mas esse sentido está oculto, de sorte que ninguém pode dizê-lo. Esse "sentido misterioso" não se confunde com o sentido racional do nível do progresso, nem anula a ambiguidade do nível existencial.

O que permite ao cristão conceber um sentido total, mesmo que esse sentido seja oculto e que ele precise conviver com as ambiguidades concretas, é a fé de que Deus é o Senhor, não apenas de sua vida individual, mas também da história – "essa história incerta, grande e culpável" (Ricoeur, 1990, p. 84). É a crença em uma marcha da Revelação, cujos grandes acontecimentos não são pontos descontínuos, mas formam uma trama que revela um certo sentido pedagógico, acessível ao que São Paulo chama "a inteligência da fé". Em razão disso, o absurdo aparente da história vivida pode ser superado pelo cristão pelo acesso a essa outra história, que atravessa a primeira e que pode ser compreendida (Ricoeur, 1990, p. 84). "Deste modo", conclui Ricoeur, "o cristão é o homem que vive na ambiguidade da história profana, mas com o tesouro precioso de uma história sagrada cujo 'sentido' percebe, e também com as sugestões de uma história pessoal na qual divisa o vínculo da culpabilidade com a redenção" (Ricoeur, 1990, p. 84-85).

Eis, assim, o sentido cristão da história: é a esperança de que a história profana integre também a história sagrada, de modo que não haja senão uma única história – sendo toda história, portanto, sagrada (Ricoeur, 1990, p. 85).

Esse sentido da história é o objeto da fé cristã: enquanto o progresso está no plano racional e a ambiguidade no plano irracional, a esperança que caracteriza a história sagrada está no plano super ou suprarracional, que o cristão denomina escatológico, remetendo para o "último dia" a aparição da unidade de sentido, em que todos os acontecimentos, guerras e revoluções, inventos, obras e ideias sejam enfim "recapitulados em Cristo" (Ricoeur, 1990, p. 85).

Essa esperança, sob a forma da fé, a nosso ver, personifica-se na noção de providência inúmeras vezes invocada por Cândido Mendes, a qual significa, segundo o dicionário de Bluteau (1789, t. 2, p. 260), a "suprema sabedoria, com que Deus rege, e dirige tudo". É a essa sabedoria, que transcende a compreensão humana, que autores como Cândido Mendes remetem quando apontam para fatos relativamente aos quais consideram como principal explicação o desígnio divino, para os quais não encontram uma razão evidente ou cuja explicação está em um futuro certo, embora desconhecido pelo ser humano, a quem resta a esperança – como no caso da epígrafe deste item.

Outro exemplo de invocação da providência como fundamento explicativo de fatos históricos aparece na apreciação que Cândido Mendes faz do antecedente histórico do beneplácito. Nessa ocasião, o autor contesta longamente a história que envolve o primeiro documento em que aparece uma figura semelhante ao beneplácito, isto é, os artigos apresentados pelo Clero nas Cortes de Elvas em 1361[72]. A razão pela qual D. Pedro adotou semelhante medida, sem igual na história de Portugal e na pontifícia, segundo ele, foi a recusa do Papa Inocêncio VI em legitimar os filhos do monarca com Inês de Castro, o que teria levado o português a declará-la sua legítima esposa, apesar de já ser falecida, com apoio em uma suposta permissão ao casamento proibido, a qual teria sido dada pelo Papa João XXII, mediante uma "Bula impossível pelo teor". Nesse momento, Cândido Mendes invoca a vontade divina como determinante da história: "Tantos escândalos não foram perdoados pela Providência, que nunca consentiu que reinasse em Portugal a estirpe adúltera de Inês Pires ou de Castro" (Almeida, 1866, p. CCCLXLIX).

Esse desígnio geralmente não significa mera vontade, mas uma vontade que se realiza conforme um plano, o qual não é em sua totalidade compreensível ao ser humano, mas que, sendo o plano de Deus, fruto de sua sabedoria, é a fonte fundamental de esperança. Não é, portanto, o plano da razão, mas o plano super ou suprarracional da fé.

Pela leitura de Cândido Mendes, percebemos que o sentido do mundo dado pela providência permanece incompreensível em sua totalidade. Não obstante, o estudo da história da humanidade mostra que houve revelações e interferências divinas em momentos decisivos[73].

Por outro lado, para além do conhecimento das revelações pelo estudo da história concreta do ser humano, o sentido último das revelações não

[72] *Concordata feita com o Rei D. Pedro I, e os Prelados, na cidade de Elvas em 1360*, publicada por Cândido Mendes (Almeida, 1866, p. 101-115). Segundo ele, José Anastácio de Figueiredo tem razão, ao sustentar que o documento é datado de 23 de maio de 1361 (Almeida, 1866, p. CCCLXLVIII).

[73] Um exemplo basta para ver como a providência maneja a história: "Entretanto toda a glória desta grande cidade [Gênova] repousa sobre o nome de um de seus filhos, o homem predestinado que com sua inspiração, seus estudos, sua energia e pertinácia, descobriu o Novo Mundo, a nossa América, *Cristóvão Colombo*, desprezado e desconhecido em sua pátria. A Providência tinha permitido que era suficiente glória para Gênova o ter produzido *Colombo*, e como não lhe queria continuar o poder e a influência marítima, outro povo mais digno de altos destinos, que acabava de terminar uma luta tremenda e gloriosa de setecentos anos, empunhando com galhardia o estandarte do Cristianismo, devera ter esse galardão, e aproveitar os talentos e a inspiração do venturoso marinheiro Genovês" (Almeida, 1874, p. CV).

está disponível para disputa, uma vez que é consolidado por intermédio da doutrina da Igreja e, sobretudo, por meio da palavra do sumo pontífice. Isto é, a forma específica de entender o tempo cristão adotada por Cândido Mendes, a ultramontana, implica que o lado compreensível da providência, aquilo que já foi revelado, é conhecido e compreendido por meio da Igreja, tendo como contraponto o lado misterioso, que é incompreensível ou ainda incompreendido.

Desta maneira, o apelo à providência bifurca-se entre o divino e a Igreja, o espiritual e o eclesiástico, mas com a preponderância prática deste, uma vez que domina o sentido efetivamente conhecido. Ademais, sendo o mistério divino no máximo potencialmente conhecido, porque ainda não revelado, quando for objeto de revelação e passar à esfera do conhecimento, a sua compreensão se dará por intermédio da Igreja. Assim, em síntese, nesse tipo de pensamento, a fé personifica-se na providência e, na prática, está institucionalizada na Igreja Católica.

O apelo à providência, conotando a ideia de uma determinação divina dos acontecimentos conforme um plano que abrange a totalidade da história, entretanto, precisa ser matizado.

Em primeiro lugar, isso não faz de Cândido Mendes um providencialista propriamente dito – ao menos não puro, "miraculoso", como Pedro Lessa (1900, p. 74-75) denomina as teorias de Jouffroy, Boussuet e Flint –, uma vez que não tenta explicar todos os acontecimentos em função da intervenção divina, nem limita a exposição dos fatos históricos conforme os livros sagrados. Busca, ao contrário, dar explicações lógicas e em conformidade com a historiografia de seu tempo, por meio de demonstrações e crítica, reservando à providência referências pontuais – embora relevantes –, além de uma presença latente enquanto força determinante do sentido do mundo.

Em segundo lugar, Cândido Mendes está longe de ser o único autor que fazia referências à providência no século XIX. O nosso destaque a esse ponto se dá sobretudo porque, especificamente no seu pensamento, o elemento religioso ganha uma dimensão de destaque que parece não afetar da mesma maneira a maioria dos juristas do tempo, fazendo do ultramontanismo uma peça-chave para a compreensão de sua forma de pensar e agir. Seria um equívoco, no entanto, imaginar que somente em seus textos se encontram argumentos religiosos ou teológicos. Exemplificativamente, podemos citar a obra de um jurista de destaque do período, António Joaquim Ribas (1865, p. 10-13), que ao discutir a "noção filosófica" de direito levanta a questão sobre como se concilia o princípio de liberdade com o de ordem providencial[74].

A providência dialoga, ainda, com o caráter pedagógico da história, de que tratamos no capítulo anterior. Como vimos na ocasião, lê-se em Cândido Mendes que é natural e inevitável ao ser humano incorrer em erros, sendo a experiência adquirida pela observação científica e histórica o meio para corrigir-se e conduzir a pátria rumo a um destino glorioso. Quando, todavia, a correção não pode ser feita pelos próprios homens, tamanhos os seus equívocos, pode surgir um outro mal, para corrigi-los. Daí as críticas ponderadas que Cândido Mendes faz às revoluções ocorridas na França, as quais, apesar de indesejadas, teriam cumprido um efeito pedagógico ao destruir os erros dos adversários da Igreja naquele país.

Isso remete a mais uma característica ligada ao apelo à providência, a qual precisa ser ressaltada. Para além de pautar-se na ideia de uma vontade e um plano divinos e de supor um sentido total oculto na história, o recurso à providência serve para dotar a história de um fundamento moral. Contra a mera descrição de fatos isolados ou a imputação dos acontecimentos à sorte ou acaso, a história cristã, como vimos com Paul Ricoeur, enxerga um sentido na totalidade da história. Esse sentido não é neutro, mas integrado por toda a carga moral da visão religiosa da qual decorre.

O argumento acerca da linhagem de Inês de Castro evidencia este ponto. O fato de seus descendentes não terem se tornado monarcas em Portugal deve-se antes de tudo ao fato de que o seu casamento proibido era um escândalo, ou seja, era imoral. Enquanto tal, fruto do pecado, precisaria do perdão da providência para expurgar-se do mal que representava, o que não ocorreu: a providência foi implacável e condenou a linhagem.

[74] Diz: "A ordem providencial se realiza, no mundo moral, por intermédio da liberdade. O homem a conhece, e se lhe submete voluntariamente, cooperando assim conscienciosa e livremente para a realização do plano divino; esta é a sua glória e o seu título de superioridade em toda a criação. No mundo físico, pelo contrário, ela se realiza com o caráter de cega e irresistível fatalidade; o mérito e o demérito aí não são possíveis" (RIBAS, 1865, p. 13).

Outro exemplo que pode ser invocado, agora do texto introdutório aos *Princípios de Direito Mercantil*, é a ruína de Tiro, que também significou a condenação do escândalo:

> O excídio de Tiro, ordenado pela Providência, e revelado por mais de dois séculos antes por Ezequiel, teve por executores seus rivais, os Gregos, auxiliados por todos os Povos vizinhos, para quem a grandeza, e a opulência de Tiro e das cidades Fenícias era um vivo escândalo, pelos abusos e opressões sem nome que praticavam, apoiados nos recursos de toda sorte de que dispunham (Almeida, 1874, p. XXXXVIII).

E depois, corrigindo um autor que atribuía a queda de Tiro às "revoluções da sorte", Cândido Mendes esclarece que o castigo era previsto, pois de origem providencial:

> A deslumbrante prosperidade de Tiro, a soberba de seus opulentos negociantes, os vícios que lavravam numa população sujeita a um culto cruel e obsceno, sua política egoísta e doble, tudo concorreu para o desfecho da catástrofe tremenda de que foi vítima, e que Volney sem querer compreender a origem e o alcance, atribui às *revoluções da sorte*, quando foi um castigo providencial e previsto, como raras vezes dá o Mundo exemplo (Almeida, 1874, p. XXXIX).

Além de mostrar as implicações morais do recurso à providência, o trecho ainda tem a função de relativizar a impossibilidade de conhecer-se os desígnios da providência até o momento efetivo da revelação, uma vez que, ainda que não ocorra com qualquer um (é preciso ser profeta), nem a todo momento (foi um raro exemplo), reconhece-se a possibilidade de vaticínio.

Executando-se por meio da história, ao dotá-la de sentido, a providência manifesta-se de forma especial na geografia. O século XIX é o da formação, consolidação e organização nacional, em que as fronteiras internas e externas estão sendo negociadas e disputadas. Como justificar a vastidão e a riqueza de terras do Brasil? Foi desígnio da providência, a indicar um futuro de prosperidade e dever, pelo papel de destaque que o país assumia dessa forma entre as nações do mundo. Prova disso dá a história, com as constantes vitórias dos brasileiros dos tempos passados nas lutas travadas contra os indígenas e outros povos. É o que Cândido Mendes diz no *Atlas*:

> A aglomeração de territórios que hoje formam o Império do Brasil não foi o resultado do acaso. É um fato providencial. Temos por sem dúvida uma missão a desempenhar na terra. Se não fora providencial aquele fato, uma constante fortuna não teria acompanhado nossos maiores na luta com os indígenas, e com outros povos, que nos disputaram a posse, e o domínio dos terrenos que hoje ocupamos. Se temos essa missão convém que nos preparemos seriamente para o seu desencargo. Este preparo pressupõe o exame do nosso estado, quando estamos aguardando o cumprimento de um sério dever. Daí a necessidade de saber o que é, e o que vale o território pátrio. Dever imperioso que a geografia nos habilita a satisfazer (ALMEIDA, 1868, p. 7).

Aparecem aí conceitos antitéticos, com a contraposição entre nós e eles, com destaque para o fato de que, se os indígenas não são considerados "outros povos", também não compõem a nação brasileira senão de forma submissa e colateral, já que "nossos maiores" com eles lutaram para chegar ao atual estado de coisas. Além disso, é componente fundamental desse discurso a ideia de uma missão, um dever, conceitos que podem ser vistos como teológicos, ligados à doutrina católica, mas que nesse momento vinham ganhando força nos discursos das nações europeias, no âmbito de filosofias da história unilineares que fundamentavam discursos antropológicos legitimadores das práticas coloniais racistas (AGNOLIN, 2019, p. 15-17; VILLAS BÔAS FILHO, 2007).

Apresenta-se, assim, um discurso que teológica, histórica e antropologicamente traz elementos justificadores da dominação de povos "primitivos" ou "bárbaros", termos frequentemente utilizados por Cândido Mendes, embora com relação aos escravos africanos ou descendentes de africanos manifeste, nos debates de 1871, ter sido desde sempre favorável à emancipação (contanto que se respeitasse o direito de seus proprietários, indenizando-os) e com relação aos indígenas se valha da retórica tutelar comum à defesa da ação dos jesuítas, declarando seu amor a todas as raças:

> Pela minha parte, Sr. Presidente, amo e aprecio todas as raças que, residindo no país, hão concorrido para o seu engrandecimento e progresso, desejo que todas sejam em nosso solo felizes. O que não quero é o predomínio e pre-

domínio opressor de umas sobre outras, desejo que todas tenham perfeito direito às regalias que a Constituição dá e o país promete. Neste ponto de vista não sou inclinado a nenhuma, como todas nascem de um só tronco, em todas conto irmãos, e, para sermos inteiramente justos, não devemos querer o predomínio de umas sobre as outras (Almeida, 1982, p. 293).

De todo modo, aqui importa destacar os fundamentos do discurso, que ancora-se na esperança da história sagrada, mas assume argumentos compatíveis com as filosofias do progresso. Como temos acompanhado pelas ideias de Ricoeur, apesar de em seus fundamentos parecerem incompatíveis, na composição dos discursos esses dois fundamentos se combinam entre si e com um terceiro, no nível da existência. Acerca deste, da história irracional, falaremos adiante. Passemos antes à história racional do progresso.

3.1.2 História abstrata: o nível instrumental do progresso

> Não obstante os grandes recursos com que a Providencia acudia a Portugal, o progresso do Brazil não era co-relativo; já pelas medidas absurdas do governo, de inutil vexame, odiosas sempre, já pelas proprias condições do povo que dominava o nosso paiz, sem industria e sem genio commercial. Toda a riqueza que taes medidas permittião apurar aproveitava aos povos intelligentes e dados ao labor industrial.
>
> CÂNDIDO MENDES DE ALMEIDA
> *Introdução, In*: José da Silva Lisboa (Visconde de Cairu), *Princípios de direito mercantil e leis de marinha* (1874, p. CCCLXXV)

> Permitta a Providencia que o nosso Brazil acompanhe com mais actividade e autonomia esse grande impulso civilisador, de que he elle um dos mais bellos fructos. Sem esse esforço proprio e varonil nunca passaremos de um Estado incompleto, de um povo subordinado, sem missão na terra, arrastando uma existencia passiva e ingloria.
>
> CÂNDIDO MENDES DE ALMEIDA
> *Introdução, In*: José da Silva Lisboa (Visconde de Cairu), *Princípios de direito mercantil e leis de marinha* (1874, p. DCXLVIII)

A noção de progresso, com os significados que carrega, não é capaz de explicar de forma absoluta a vida humana, como se fosse uma categoria que transcendesse os tempos. Mas também não é uma ideia destituída de sentido. É um conceito como tantos outros, dotado de historicidade, com maior ou menor aderência em diferentes épocas e contextos e especial significado na constituição da modernidade.

Assim, apesar de um providencialismo que serve como guia de sua visão de mundo católica, percebemos que, escrevendo no terceiro quartel do século XIX, a visão de Cândido Mendes de Almeida acerca da história dificilmente não estaria inserida no âmbito da concepção normativa da modernidade, isto é, dos "grandes-relatos de uma modernização progressiva em curso linear na história do Ocidente", marca das filosofias da história que dominam desde a segunda metade do século XVIII até o meio do século XX, "não sem profundos questionamentos", como ressalta Valdei Lopes de Araujo (2020, p. 33).

Essa concepção normativa, em forma de grandes relatos, que viria a ser profundamente questionada a partir da segunda metade do século passado[75], é normalmente associada às filosofias do progresso que se estabeleceram sobretudo a partir do século XVIII. No entanto, sendo uma concepção dominante, cujos conceitos são socialmente lançados e disputados, não faz sentido limitar a análise das concepções de história do século XIX simplesmente à chave associativa que liga filosofias do progresso e os conceitos normativos de história.

Isso fica evidente quando um pensador como Cândido Mendes de Almeida é lembrado, com sua visão de mundo ultramontana (e, portanto, antiliberal). A influência do pensamento cristão, tal como defendido pela ortodoxia doutrinária da Igreja Católica oitocentista, pervade as suas concepções de história e de história do direito. Mas isso não significa a construção de um pensamento alheio à normatividade dos conceitos do tempo e das grandes narrativas das filosofias da história. Pelo contrário, o

[75] Dentre outras correntes de pensamento, pela história dos conceitos, que enfoca os próprios conceitos dessa semântica (civilização, democracia, revolução, progresso, história, modernidade) como objeto de investigação, como Araújo (2020) mostra. Sobre a história da história dos conceitos, ver, dentre outros, Jasmin e Feres Júnior (2006), Gumbrecht (2012) e Assis e Mata (2013).

elemento cristão-católico do pensamento de Cândido Mendes complexifica-o, trazendo à tona a tensão que necessariamente decorre da rejeição da modernidade pelo *Syllabus Errorum* no interior dessa própria modernidade. Assim, se isso faz seu pensamento adquirir maior resistência a determinado cientificismo que passará a dominar, sobretudo a partir da década de 1870, o jurista-historiador conservador não deixa de elaborar noções, para ele aceitáveis, de civilização, progresso e modernidade, que aparecem precisamente como conceitos normativos no âmbito de uma concepção histórica linear, ainda que estejam submetidos a uma doutrina católica de fundo, que atribui a tais conceitos significados e funções específicas.

Cumpre verificar, por isso, como o autor desenvolve a sua visão de história do direito, no contexto em que a desenvolve, em sua complexidade. Procuramos evitar, desta maneira, a construção de um grande relato sobre os grandes relatos. Afinal, não há uma única fundamentação filosófica da história, e aqueles que rejeitam aderir à corrente liberal não são, por isso, absolutamente alheios à conceituação desta, mas articuladores de outros discursos, pautados em outras formas de pensar, no bojo de uma mesma quadra histórica.

Feitas essas considerações iniciais, voltemos às ideias do filósofo francês que temos acompanhado. Conforme Ricoeur (1990, p. 74-75), o conceito de progresso não é aplicável a todos os aspectos da vida humana. Enquanto noção que remete à possibilidade de acumulação e conservação, não serve à aventura humana no drama verdadeiro das vidas concretas, mas aplica-se bem à vida social em função do trabalho humano, por meio dos instrumentos desenvolvidos para tanto. Como diz, "enquanto o homem mesmo começa de novo, os instrumentos e as obras do homem continuam" (Ricoeur, 1990, p. 74). Ou seja, é uma noção que tem sentido quando referida ao tempo das obras do ser humano, tempo este que forma uma única história, uma história singular da qual participam todos os seres humanos, cujas vidas individuais são postas entre parênteses em função do curso anônimo do poder e do saber humanos.

Essas obras, em seu caráter instrumental, não são compostas apenas de materiais e tecnologias, mas de conhecimentos, de reflexões morais e de autoconhecimento – entendidos estes não como atos humanos concretos, realizados por meio de ações, decisões e acontecimentos, mas como tradição, um movimento de acumulação que não deixa de crescer, constituindo um repertório espiritual que, isolado sobre uma base material (livros, monumentos), prescinde dos acontecimentos concretos, ao desligar-se de seus autores. Por isso, Ricoeur (1990, p. 77) trata essa história anônima como uma "epopeia das obras do homem sem o homem".

A noção de progresso e o tipo de historicidade que traz consigo, assim, possui uma força imensa, por referir-se a instrumentos dessa magnitude e variedade, e não apenas a técnicas. Mas possui limites, uma vez que não alcança os fatos concretos e o drama da vida humana, de modo que a história permanece em um nível abstrato. Nas palavras de Paul Ricoeur (1990, p. 76), nesse conceito há

> força imensa, porque o mundo instrumental é muito mais vasto que o que chamamos ordinariamente de mundo técnico e abarca também nosso saber e nossas obras de cultura e de espiritualidade; limites, porque o progresso não concerne mais que a um espírito anônimo, abstraído da vida humana, ao dinamismo das obras do homem, distanciadas do drama concreto dos indivíduos que sofrem e lutam e das civilizações que crescem e se debilitam.

Não obstante, Ricoeur (1990, p. 77) mitiga essa separação entre duas histórias, uma pessoal e concreta, outra anônima e abstrata, ao constatar que esta recebe o nome de "progresso" (e não meramente mudança, evolução ou crescimento) porque traz consigo uma valoração: não significa apenas mais (obras, instrumentos, acumulação), mas também melhor. Isso revela que essa aventura técnica, intelectual, cultural, espiritual não é senão o meio pelo qual o ser humano cumpre o seu destino, ao romper com a mera repetição da natureza, inserindo-a em sua história e, portanto, humanizando-a. A separação entre as duas histórias, a abstrata do progresso e a concreta cristã, para Ricoeur, ocorre não porque elas deixam de se tocar, mas porque, para a segunda, o progresso não importa em si, senão apenas no uso que os seres humanos concretos fazem dele, tendo em vista a sua salvação ou perdição.

A noção de progresso, portanto, não significa apenas um aumento quantitativo, mas também uma melhora qualitativa, carregando em seu âmago uma carga axiológica. Os valores escolhidos para preencher essa noção de progresso variam conforme o estilo de pensamento que a mobiliza. No caso de Cândido Mendes, vemos um forte apelo à moral como componente indispensável para que os avanços materiais tenham o seu verdadeiro significado preenchido no curso da história.

Essa noção de progresso está presente ao longo de toda a introdução à história do comércio e do direito comercial, na qual as grandes sociedades, sempre depois de avançarem materialmente, estacam por falhas morais – isto é, por não seguirem uma moral condizente com aquela propagada pela Igreja Católica, o que pode explicar-se pelo desconhecimento das revelações que ainda viriam a ocorrer ou pelo desrespeito à doutrina cristã. O critério é sempre a adequação ou não das instituições e condutas daquelas sociedades à interpretação bíblica e histórica feita pela Igreja Católica tal como Cândido Mendes a conhece e segue, o que implica, para além da parcialidade da escolha do ponto de vista do julgamento histórico, um generalizado anacronismo na imputação de falhas morais às diversas sociedades.

Mais diretamente, procedendo a uma distinção conceitual mais do que a uma aplicação historiográfica, Cândido Mendes aborda o tema em um dos seus discursos no Senado. Na 35ª sessão, em 28 de junho de 1871, ao discutir um requerimento do Barão de São Lourenço, que pretendia que o Senado manifestasse "o sentimento de horror contra a marcha selvagem e sanguinária que acaba de destruir a mais bela parte da capital da França, congratulando-se pela causa da civilização e até dos princípios do cristianismo [...]" (apud Almeida, 1982, p. 73), isto é, contra a Comuna de Paris, Cândido Mendes tece uma série de considerações contrárias à moção. Não porque tivesse grande entusiasmo pelo que acontecera na França, mas por repudiar a expressão "e até dos princípios do cristianismo", que segundo ele colocaria o cristianismo em segundo plano, como elemento de secundária importância na causa da civilização. Eis como expressa seu ponto de vista:

> Por civilização, Sr. Presidente, entendo a plena cultura do homem, isto é, o seu aperfeiçoamento físico, intelectual e moral. A civilização oposta ao cristianismo exclui a última parte; e é essa cultura incompleta, isto é, a civilização física, a civilização intelectual, que dão em resultado o quadro que acabamos de ver em Paris. A única doutrina que nos pode dar a civilização moral, complementar das demais, é o cristianismo (Almeida, 1982, p. 74).

Ao afirmar que é "o cristianismo doutrina anterior à civilização moderna e seu princípio gerador" (Almeida, 1982, p. 74), Cândido Mendes faz convergirem a primazia histórica e a prioridade filosófica. Sem o elemento moral, o físico (material) e o intelectual não levam senão ao que considera a anarquia. Assim, o jurista-historiador não precisa, nem poderia rejeitar o progresso. O que lhe cabe fazer é submeter o progresso, os avanços da civilização, ao princípio moral que embasa toda a sua visão de mundo, argumentando que sem esse fundamento o progresso é pernicioso.

Com base nessas ideias, o senador poderá, em 1873, afirmar que a doutrina católica e o racionalismo compõem "duas civilizações opostas disputando o império do mundo" (Almeida, 1982, p. 379). São civilizações distintas e opostas porque divergem no principal, que é justamente aquela dimensão moral.

A doutrina católica representaria a verdade, ao partir da compreensão de que "o mal veio ao mundo por meio do pecado e que a natureza humana radicalmente se corrompeu na sua essência e nos elementos que a constituem". Nesse sentido, "o entendimento humano ficou enfraquecido a ponto de não ver a verdade se acaso ela não lhe for mostrada como foi pela revelação: a razão do homem por si só não a podia descobrir", de modo que é necessário que "a verdade lhe seja indicada por auxílio sobrenatural, o homem a reconhece quando a exibem e a recebe como se fora uma lembrança, de um passado, cuja memória se lhe aviva" (Almeida, 1982, p. 378-379).

Já a doutrina racionalista, ao pautar-se em outros princípios, representaria, "necessariamente, as maléficas doutrinas do erro". Eis como Cândido Mendes expõe essa doutrina:

> Ela declara que a natureza do homem é boa, sã e perfeita, nos mesmos termos em que o cristianismo contesta. Diz ainda que o entendimento, a razão do homem pode compreender facilmente a verdade, descobri-la e inventá-la [...] [de modo que] o foco do mal estará não na liberdade das paixões, mas na sua contração ou repressão (Almeida, 1982, p. 379).

Cândido Mendes mobiliza, dessa maneira, não uma narrativa histórica, mas os próprios fundamentos de sua concepção de história para articular o ataque político do alto da tribuna. Essa distinção entre duas civilizações incompatíveis, que tem em sua base a aceitação da ideia de progresso material e intelectual, contanto que sustentado por um substrato moral bem definido, é utilizada no âmbito da discussão sobre a política religiosa do Ministério, intimamente relacionada à questão religiosa. Naquele momento, o presidente do Conselho de Ministros, o também conservador Visconde do Rio Branco, era colocado na berlinda por ser o grão-mestre maçom, o que seria incompatível com a liderança do governo de um país constitucionalmente católico. Percebe-se que nem todo conservadorismo terá a mesma ideia sobre o significado do progresso e suas implicações políticas, mas seria equivocado considerar que o pensamento conservador fosse alheio a esse conceito.

Mannheim (1999, p. 53) argumenta que o elemento de progressão da história atingiu seu ápice no Iluminismo, sobretudo pela pena de Condorcet, elevando uma função parcial, pertinente à burguesia enquanto classe portadora do novo, à estrutura do mundo como um todo, orientada à ciência e à civilização – isto é, a esferas e noções que possuem o aspecto instrumental a que Ricoeur atrela a ideia de progresso, de modo a constituir uma história anônima.

Ideia semelhante encontra-se em Koselleck, que começa seu *Crítica e crise* com a afirmação de que, "de um ponto de vista histórico, a atual crise mundial resulta da história europeia", fruto da ascensão da burguesia, que faz emergirem como um fenômeno único a crise política e as respectivas filosofias da história, as quais erigem uma utopia que maquila aquela crise, ao mesmo tempo que o espírito burguês assume as funções de acusador, instância julgadora suprema e partido no processo movido pelo alto tribunal da razão (Koselleck, 1999, p. 9-14). A história moderna, nesse sentido, se caracteriza pela elevação da humanidade a sujeito universal.

Nessa linha de ideias, Mannheim (1999, p. 53) afirma que o pensar progressivo considera os elementos do passado que sobrevivem no presente como "remanescentes moribundos". E chama a atenção para o fato de que existe um pensamento conservador moderno, como contraponto, adaptado à nova situação. Segundo ele, a questão do conservadorismo se inicia justamente neste ponto:

> A diferença entre forças "conservadoras" e "progressistas" no presente consiste primariamente no fato de que, em um mundo progressista, o elemento

> conservador não é o portador de eventos, autenticamente criativo, mas sim "reativo" no sentido de que ele primeiro se torna consciente de si mesmo como antítese, como antitético ao novo, e de que ele pode tornar-se criativo apenas desta forma.

Cândido Mendes tinha certa consciência disso e enxergava uma diferença nesse sentido na composição e atuação partidária do Império. De acordo com ele,

> o partido conservador, que é o guarda da constituição ou que se acha estabelecido para mantê-la e sustentá-la, este é que, observando a marcha que vai tendo a opinião do país na apreciação de qualquer ideia ou medida a realizar, observa o tempo, assinala a ocasião oportuna em que no país se reconhece a necessidade de realização dessa medida, [...] a missão de um partido é diferente da missão do outro; um inicia a ideia, agita e promove a discussão das medidas o outro, cujo movimento é mais moderado, chega a um acordo, reconhece a oportunidade, quando já é tempo de se realizar a medida, sem o abalo das inovações, que todos, ou a máxima parte dos habitantes de um país estão compenetrados da sua utilidade, e então concordam ambos no mesmo empenho; portanto, Sr. Presidente, no meu modo de pensar, as grandes reformas não se pode levar a efeito senão com o concurso dos dois partidos (Almeida, 1982, p. 225).

Essa distinção entre forças liberais, burguesas ou progressistas, por um lado, e forças conservadoras, por outro, não pode ser assimilada de forma absoluta, como se os conservadores rejeitassem qualquer ideia derivada da noção de progresso. O que eles fazem é absorver e utilizar essa noção à sua maneira, para os seus fins, conforme a sua lógica de pensamento.

Assim, é certo que progresso é uma noção da sociedade burguesa, de visão liberal, progressista, revolucionária. Mas também é certo que essa noção impacta e é ressignificada pelas vertentes contrárias ao pensamento propriamente burguês, com destaque no Brasil imperial para o conservadorismo. De diferentes maneiras, com variados pesos e significados, as três concepções centrais do pensamento oitocentista (liberalismo, conservadorismo e socialismo), rivais, mas herdeiras da mesma nova tradição inaugurada pelo movimento revolucionário, são partidárias do progresso.

Por outro lado, a noção de progresso aparece, nos textos de Cândido Mendes, correlacionada com as ciências modernas. É o que lemos no *Atlas*, quando ele pergunta – "qual é o termômetro por onde com mais segurança se aquilata o progresso material, e ainda o moral de um povo?" –, ao que responde: "é por sem dúvida a *Estatística*, que perfurando todos os mais recônditos arcanos de uma nação, põe a descoberto os erros e as perfeições de seu governo"[76] (ALMEIDA, 1868, p. 7). Segue com o argumento de que a Geografia é indispensável à Estatística porque, sem ela, esta ciência ficaria sem base, tornando-se, senão inútil, ao menos incompleta. O mesmo vale para a história, que seria uma "outra Estatística sob diferente e mais amena fórmula, porque é a exposição dos resultados da marcha e vida de um povo na terra, e portanto de seus triunfos e seus desacertos".

Sobre essa relação entre progresso e ciência, não deixa de ser curioso que o nome da tipografia fundada por Cândido Mendes seja *Instituto Filomático*, isto é, o instituto amigo das ciências. Apesar da doutrina veiculada pelo *Syllabus* e da adesão fervorosa do autor às determinações da Igreja, ele é também um entusiasta dos desenvolvimentos científicos do século. Aprofunda-se no conhecimento e na prática da geografia, bem como da historiografia, nos moldes do tempo e em diálogo com seus contemporâneos.

O ultramontanismo não faz de Cândido Mendes, portanto, um tradicionalista adverso a descobertas científicas e desenvolvimentos do pro-

[76] Vale notar que, apesar de não ter se dedicado à estatística como dedicou-se à história e à geografia, esse reconhecimento de Cândido Mendes do valor daquele saber não é totalmente estranho a suas atividades. Afinal, enquanto deputado, foi membro da comissão de orçamento. Em 1850, por exemplo, foi eleito para a 3ª comissão de orçamento, ao lado de Antonio Nunes de Aguiar e José Antonio de Magalhães Castro (Anais da Câmara, 1850, p. 10). Apesar de a estatística (anteriormente denominada pelos ingleses de "aritmética política") e o orçamento provirem de lugares diferentes (aquela, da ação do Estado em busca de capilaridade social; este, do movimento de desvendamento dos mecanismos de poder que se desenrola na crise do Antigo Regime), trata-se de fenômenos conectados, cuja convergência "será um fenômeno típico dos Estados liberais, caracterizando o que Michael Mann denominou *poder infra estrutural do Estado moderno*, ou seja, a sua capacidade de penetrar a sociedade e transformar a vida social, em colaboração com os órgãos representativos" (COSTA, 2020, p. 131).

gresso. A sua forma de lidar com isso é outra, que não negar: ele versa a história, a geografia e o direito com os métodos e utilizando os conceitos do seu tempo, mas submete-os aos princípios morais da doutrina cristã, tal como estabelecida pela Igreja Católica.

A ideia de progresso em múltiplos níveis (material, intelectual, moral), em sua relação com a ciência e com os diferentes tipos de civilização, submetida a um pensamento católico cioso de sua ortodoxia, pode ser percebida na descrição que Cândido Mendes faz das sociedades antigas, que segue ainda a divisão das nações conforme a descendência dos filhos de Noé, de inspiração bíblica.

Ao falar da antiguidade, em sua história do comércio, Cândido Mendes revela uma valorização do saber prático, voltado para o desenvolvimento da civilização e da humanidade, além do saber especulativo, associando este à filosofia e aquele às ciências positivas – as quais não se limitam às modernas, mas referem-se aos conhecimentos e suas aplicações desde a antiguidade. A princípio, Cândido Mendes tece elogios aos atenienses:

> O gosto que tinham pelas letras e pelas artes estendia-se pelas Colônias [...]. Suas escolas não se limitavam ao ensino de disciplinas propriamente acadêmicas, como a Filosofia em seus diferentes ramos, a Retórica, etc., iam além, às ciências positivas e de aplicação como as Matemáticas, a Astronomia e a Geografia, mães da indústria. O primeiro grande engenheiro da antiguidade Arquimedes, nasceu em uma colônia Grega, Siracusa, empório do comércio helênico na Itália, fronteira a Cartago e a Alexandria (Almeida, 1874, p. LI).

No entanto, na sequência, pondera o elogio com a seguinte comparação: "Mas nas ciências de aplicação são por certo os Gregos inferiores aos povos Semitas e Camitas. Quanta ciência revelam os monumentos que deixaram as civilizações de que foram representantes aqueles povos! Ainda hoje quanto não dista a indústria Hindu, e Chim da Europeia!" (Almeida, 1874, p. LI).

Os hindus e chineses aparecem, assim, acima dos europeus em algo, e algo relevante: a ciência. Entretanto, logo Cândido Mendes pondera que a contribuição dos gregos para a civilização é maior do que a daqueles povos:

> A Grécia distinguiu-se mais por sua inimitável literatura. A arte de bem exibir o pensamento pela palavra e pela escrita, demonstra a história do Mundo, é a primeira de todas, e a que melhor promove a civilização; ainda que não possa subsistir entre povos bárbaros, mas dentro de uma atmosfera de bem-estar e de progresso. Mas a Grécia por preferi-la às ciências de aplicação, fez mais em prol da civilização, do que se houvesse somente cultivado as últimas (Almeida, 1874, p. LI).

A contribuição grega, e especificamente a ateniense, foi mais relevante do que a dos hindus e chineses, segundo Cândido Mendes, porque favoreceu o conhecimento da história, base indispensável ao avanço da civilização. Ainda seguindo suas palavras,

> sem a literatura Grega mui pouco saberíamos do que fizeram os antigos, e ficaríamos talvez no mesmo estado a seu respeito, como acerca das ruínas de Palenque, na América central, e outras de famosos monumentos de que não podemos alcançar a chave para interpretar suas inscrições, e conhecer-lhes o valor e o destino (Almeida, 1874, p. LII).

A literatura permite o registro da história, a qual, por sua vez, impede o olvido: "Pode-se dizer que a nação que não possui uma literatura está exposta a deixar no Mundo sua passagem esquecida". Donde conclui que a

> glória da Grécia foi de preparar por meio de sua grande colonização no Mediterrâneo o desenvolvimento e triunfo da raça Jafética, que tinha de substituir as precedentes, que ela combateu e destruiu desde a guerra famosa de Troia. A Grécia desempenhou o que era possível ao seu gênio, para dar lugar a outro ramo da mesma raça, os Romanos, a exibição do seu em tempo providencial (Almeida, 1874, p. LII).

Todos esses elogios, vale notar, vêm da mesma pena que caracterizara o espírito grego como mentiroso oito anos antes, na introdução ao *Direito Civil Eclesiástico Brasileiro*, quando falara da "hipocrisia, e esse espírito de mentira, e de servilismo ingênito na raça Helênica, *Grecus mendax*, já tão conhecido da antiguidade, e que tão importante papel fez na história e na política de então para cá" (Almeida, 1866, p. CCCLIX).

Desse conjunto de ideias, extraem-se alguns elementos que permitem analisar e compreender melhor a concepção de história de Cândido Mendes e a forma como os níveis da esperança e do progresso interagem. Como temos apontado, o progresso executa-se em diferentes níveis, os quais possuem uma hierarquia, com a predominância da dimensão moral sobre a material e a intelectual, malgrado estas sejam também relevantes e tenham a importante função de abarcar as sociedades não cristãs na história geral da humanidade. Esse enquadramento e aquela hierarquia conjugados fazem com que as variadas sociedades não estejam meramente justapostas, mas ordenadas em uma escala evolutiva, cujo progresso se desvela de maneira entrelaçada mas autônoma nas diferentes dimensões, e conforme um quadro axiológico de teor bíblico, que fundamenta uma concepção de cunho racial – e, por alçar os jafetitas ao primeiro patamar, de tendência racista.

Nessa leitura, a noção de progresso é aceita, mas tem limitações decorrentes de sua própria composição multifacetada, podendo avançar em determinados aspectos sem desenvolver outros. O núcleo do progresso é a dimensão moral, sem a qual as demais dimensões não levam a uma verdadeira melhora e sujeitam as sociedades que a elas se limitam ao ocaso. É dessa maneira que o progresso fica subordinado à esperança, a qual, para se realizar, não pode contar apenas com os avanços e acúmulos materiais, mas precisa incutir a moral, capaz de gerar a estabilidade da confiança e enfrentar o esquecimento. Assim, apesar de acontecer de se desenvolverem autonomamente, como entre hindus e chineses, os progressos materiais e intelectuais somente são dotados de fertilidade quando se entrelaçam com os morais e, contando com a ação da providência, aderem ao sentido por estes estabelecido. Dessa maneira, podem-se observar saltos civilizacionais rumo à realização da fé, apesar de retrocessos que deterioram a ordem moral cristã.

Diante de tudo isso, conclui-se que não é o progresso em si o inimigo das nações cristãs, mas sim os princípios que jazem frequentemente por trás desse conceito, contrários à tradição e à institucionalidade católicas. Nesse sentido, desde que observados os princípios cristãos, admite-se a abertura para o novo em política e vida social.

Ao discutir as possibilidades de formação política, Cândido Mendes diz que, apesar da opinião de católicos como o Bispo Ketteler de que o regime de estados é melhor do que o parlamentar, parece-lhe que "ainda é por meio do sistema Parlamentar que chegaremos a colocar a Sociedade Cristã em seus verdadeiros e sólidos alicerces: mas será um trabalho secular essa transformação. A nossa época é de verdadeira palingenesia[77] social" (Almeida, 1866, p. CCXI-CCXII). Não há, em nome de tradições já abandonadas, uma resistência à formação política moderna, a qual é atualmente por ele mesmo vivenciada. Embora aquelas tradições não sejam de pronto rejeitadas como antiquadas, mas levadas a sério, não é por elas que Cândido Mendes entende que se deve conduzir a sociedade e implementar os princípios da doutrina católica.

Em seguida, o jurista-historiador transcreve "um dos mais suculentos artigos", com reflexões "bem sensatas", publicado por Mr. Pradier no periódico *Monde*, em que se lê: "Não se fará triunfar os princípios senão oferecendo fazer, debaixo de uma forma larga, compreensiva e simpática, a aplicação às sociedades, inteiramente renovadas pela Revolução, e totalmente transformadas pelas descobertas e o regime econômico dos novos tempos" (apud Almeida, 1866, p. CCXI).

Aceitam-se, desta maneira, as formas sociais, políticas e econômicas modernas, ainda que se coloque como questão fundamental a necessidade de aplicação dos princípios católicos a elas. Nesse momento, o pensamento conservador atinge seu limite de abertura e precisa retornar, por meio do enaltecimento do passado como paradigma para o futuro. Segue Pradier: "Contudo não esqueçamos que o único meio de preparar o futuro, é voltar à tradição dos grandes séculos da Igreja, isto é, aos grandes princípios católicos da Idade Média, tão estranhamente desfigurados desde o século XVI" (apud Almeida, 1866, p. CCXI).

Elogio feito ao passado, crítica dirigida às transformações da modernidade, aponta-se o sentido atemporal das preocupações da Igreja, senhora dos tempos, responsável por fazer triunfar a constituição cristã sobre todas as constituições civis:

[77] A primeira entrada desse verbete no dicionário Houaiss aponta como significado: "retorno à vida; renascimento; regeneração" (Houaiss; Villar, 2007, p. 2111). Esse conjunto de noções ganhará destaque no próximo item, quando abordarmos o nível da história concreta.

> A gloriosa preocupação da Igreja, em todos os tempos, foi fazer triunfar no mundo a constituição política e social de Jesus Cristo. Ora o melhor meio de auxiliar a Igreja neste sublime esforço, não é certamente fazer reviver as formas usadas no antigo regime, mas enxertar o Evangelho nas formas políticas e sociais apropriadas às novas gerações. Em todas as épocas foi esse o proceder da Igreja. Nunca foi ela retrógrada nem revolucionária, e se alguns Católicos o têm sido, pior para eles, não compreenderam nem seu século, nem a Igreja (Pradier apud ALMEIDA, 1866, p. CCXI-CCXII).

Há nesse discurso uma noção de mudança dos tempos, através de transformações e aquisições, a qual se destaca especialmente quando fala do regime econômico dos tempos novos e em formas políticas e sociais apropriadas às novas gerações, que devem ser compatibilizadas com o tempo da esperança. A conjugação tensa entre o tempo salvífico da fé e o tempo abstrato do progresso estoura nos conflitos do tempo humano concreto. A luta de um católico como Cândido Mendes é pelo triunfo dos princípios da fé, visando a apropriação moral das conquistas do progresso, a fim de que a história humana se integre na história da salvação. Mas, se esse é o fim, concretamente o que existe é luta, conflito, o que faz desse tempo humano um tempo de ambiguidades. Eis como termina a longa citação de Pradier (apud ALMEIDA, 1866, p. CCXII), apontando para o nosso próximo item:

> Mas quando a Sociedade se tem transviado, a Igreja constantemente se coloca em oposição com o seu século. Procedamos do mesmo modo. Sejamos do nosso século e contra nosso século: com o nosso século em tudo o que ele tem de grande, de verdadeiro e de belo; contra o nosso século por tudo quanto ele tem de falso e de miserável. E sobretudo reajamos ousadamente em proveito da constituição de Jesus Cristo, contra os princípios perigosos da Constituições da Revolução. O verdadeiro homem de Estado não deve nem ceder, e nem resistir a todas as tendências do seu século. Deve ser e não ser do seu tempo, segundo as circunstâncias.

3.1.3 História concreta: o nível existencial da ambiguidade

> Sendo o homem um composto de espirito e materia, a sociedade organisada com taes elementos resente-se da mesma composi-

> ção. O ideal racionalista torna-se um impossivel, e reproduz no mundo os penosos trabalhos de Sysipho, pelos embaraços que oppõe ao estabelecimento da doutrina da Igreja, cujo fim he firmar na terra o reino de Deos, desde que a Sociedade Civil sem abandonar os principios deleterios do Racionalismo, aceita as maximas e os dictamens do Christianismo. Disemos Racionalismo, por que neste systema estão incluidos todos os erros, todas as heresias que tem ensanguentado o mundo, por que todos são desvarios da rasão humana.
>
> CÂNDIDO MENDES DE ALMEIDA
> *Direito Civil Eclesiástico Brasileiro* (1866, p. CCLXXXIX)

> Todavia se a sociedade brazileira marchar como ora vai, dominando nas classes directoras as doutrinas deletereas do mais deploravel radicalismo religioso e politico, o arrasamento do nosso estado social será a inevitavel consequencia, perdidas de todo as conquistas ate o presente ganhas na ordem material.
>
> CÂNDIDO MENDES DE ALMEIDA
> *Introdução, In*: José da Silva Lisboa (Visconde de Cairu), *Princípios de direito mercantil e leis de marinha* (1874, p. DCXLVI)

Antes de retomar com Ricoeur a distinção entre esperança, progresso e ambiguidade, com a análise do último termo – mas preparando-nos para isso –, vale a pena notar como essas noções estão ligadas a alguns modelos historiográficos.

Reinhart Koselleck, em um texto intitulado *Os tempos da historiografia*, aponta para o fato de que, na periodização dos tempos históricos, há uma antiga tradição de utilizar formas ternárias, mediante categorias universais, padrões temporais formais distanciados das histórias concretas. A forma mais conhecida é a tríade "Antiguidade" – "Idade Média" – "Modernidade"[78]. Mas há também a tríade "era de ouro" – "era de prata"

[78] Apesar do significado próprio da tríade Idade Antiga – Idade Média – Idade Moderna, deve-se ressaltar que, dentre os vários modos de periodização desenvolvidos ao longo da história, há um "vencedor: a divisão em *quatro*, que, em meio a alternativas e disputas,

– "era de ferro", presente em sociedades antigas, que representa a história humana como uma curva descendente, assim como há a tríade cristã "antes da lei" – "sob a lei" – "era da graça", em que a curva descendente é substituída por uma ascendência final, decorrente da vinda de Cristo, "pois o cristão podia viver na esperança de alcançar o paraíso após o fim do mundo". Aquela divisão trina entre as idades antiga, média e moderna, por sua vez, estabelece uma curva ascendente que não se confunde com o modelo cristão, partindo do "pressuposto de que a modernidade traria um novo tempo e nos levaria a um futuro cada vez melhor", o que se consolidava na interpretação do tempo do mundo como progressivo (Koselleck, 2014, p. 269-271).

Enquanto conservador ultramontano do século XIX, na obra de Cândido Mendes encontra-se tanto a periodização triádica entre as idades antiga, média e moderna, com um componente de progresso rumo à modernidade, quanto o esquema cristão, com a observação de que neste a ascensão e a perpetuidade da Igreja são acompanhadas das decadências morais de inúmeros povos. As duas formas se sobrepõem, se chocam e se combinam, de modo que a incompatibilidade das formas teóricas, ou dos substratos universais de seu pensamento, não aparecem como um problema para a sua narrativa historiográfica. A incompatibilidade conceitual se resolve em geral na submissão final à palavra infalível do papa e à interpretação cristã (católica) do mundo, ainda que, na prática, seja insuperável o fato de que essas ideias ganham tamanha força justamente por se manifestarem como reação a um mundo de tendência progressista, liberal, que se desencadeia no influxo das revoluções burguesas. Dessa correlação de forças decorre que, apesar de o nosso enfoque mirar especificamente o pensamento de Cândido Mendes, o simples fato de ele participar desse jogo, ainda que para criticá-lo, leva a que o maior peso seja o do tabuleiro, isto é, do campo das disputas semânticas, e não o das ideias de que o autor é partidário, manifestadas de forma tão combativa justamente por estar, em certo sentido, sempre perdendo o jogo.

também conseguiu chegar aos nossos dias" (Pimenta, 2021, p. 236). Assim, ressalta-se a formação de uma quarta idade, a Contemporânea.

De qualquer forma, as incompatibilidades teóricas que se podem apontar entre os modelos de temporalização adotados perdem a força diante da prática historiográfica, haja vista que, como diz Koselleck (2014, p. 271), para "as histórias concretas e os grandes contextos, essas determinações temporais mostram-se demasiadamente formais e desprovidas de conteúdo. Em outras palavras: as determinações temporais que destacam apenas três períodos são indefinidas demais para permitir uma divisão razoável da história real". Cândido Mendes é um desses pensadores mais preocupados com as histórias concretas e suas implicações práticas do que com construções teóricas e sistemáticas desprovidas de incoerências – o que, aliás, já vimos com Mannheim (1999) ser uma aspiração típica dos liberais com seus sistemas abstratos, não dos conservadores, vocacionados para a singularidade daquilo que é concreto.

Essa preocupação com histórias concretas, portanto, não significa apenas descuido ou despreparo teórico, mas a decorrência de um estilo de pensamento. É precisamente o seu conservadorismo, não referente ao partido político a que pertence ou a um vago saudosismo tradicionalista, mas enquanto estilo de pensamento, que aponta para concepções de história e de direito fundadas em suas manifestações concretas.

Daí que o outro nível de que Ricoeur fala, o existencial, tenha especial relevância no pensamento de um conservador como Cândido Mendes de Almeida, pois é nele que o real é apreendido e que os demais níveis se cumprem.

O que sabemos e podemos fazer, em cada época, constitui ao mesmo tempo oportunidades e perigos para o ser humano, tanto na sua dimensão social quanto na pessoal. É nessa passagem da história anônima do progresso para o nível da aventura histórica do homem concreto que Ricoeur (1990, p. 78) situa o que chama de nível existencial das ambiguidades. Nesse nível, as ações e reações dos seres humanos, em suas relações recíprocas, formam uma história concreta, de maneira que nele podemos apreender as verdadeiras categorias da história, como crise, ocaso, época e período.

Ainda seguindo os passos de Ricoeur, podemos confrontar a história do progresso e essa ambígua história humana pelo fato de que, enquanto para aquela há apenas uma humanidade, para a segunda há várias civilizações, várias humanidades, consideradas enquanto conjuntos histórico-

-geográficos[79]. Esses conjuntos formam-se em virtude das unidades de memória e de projeto que unem os seres humanos, possibilitando que pertençam a determinados espaços de civilização, distintos em seus estilos de vida e valores, os quais são efetivamente vividos[80].

Essas diferenças de civilizações e a sua irredutibilidade a noções abstratas pode ser percebida pela variada forma como cada uma delas lida com as técnicas, muitas rejeitando o que é aceito por outras. Por isso, uma história concreta não poderia ser meramente uma história das técnicas, dos meios, mas uma história de fins e de meios, que leve em conta as intenções dos seres humanos. Nesse sentido, Ricoeur (1990, p. 79) afirma que "uma civilização é uma maneira temporal de projetar um estilo concreto de existência, de querer do homem".

As civilizações assim concebidas, em sua concretude, opondo-se à noção abstrata de civilização que a noção de progresso traz consigo, nascem e morrem. Assim, a humanidade dura por meio das civilizações que passam, de modo que é possível conceber ciclicamente períodos que se sucedem, sem precisar abandonar a concepção linear do progresso, uma vez que o nível ético e o nível técnico não se confundem, nem se excluem. À acumulação e sedimentação do progresso, confrontam-se as crises das civilizações. Cada civilização se encontra em sucessivas situações, que configuram desafios, o que permite a Ricoeur (1990, p. 79) afirmar de forma contundente: "a civilização é o conjunto de respostas a estes desafios; enquanto haja núcleos criadores que 'respondam', a civilização viverá; quando repetir suas velhas respostas e não inventar soluções para os novos apuros, morrerá". A partir disso, surgem fenômenos históricos como o despertar, o renascimento, a restauração, a resistência, a sobrevivência, a invenção, o ocaso das civilizações. O filósofo francês destaca, então, que esses termos, amplamente utilizados pelos historiadores, não

[79] Em outro momento, Ricoeur utiliza o termo "estilos civilizadores", que tem o mérito de enfatizar as diferenças, ao mesmo tempo que afasta confusões entre a categoria histórica de abordagem e o próprio conceito histórico de "civilização". Não obstante, com esse termo, perde-se a referência direta a grupos sociais concretos.

[80] De acordo com Ricoeur (1990, p. 78-79), "[...] trata-se de valores vividos, atuados, que se deve viver nas tarefas concretas, na forma de viver, de trabalhar, de possuir, de distribuir os bens, de aborrecer-se e de divertir-se".

pertencem ao mesmo ciclo das noções de progresso, pois não estão no mesmo nível: aqui, não há o implícito valor da melhora, acima referido; não há segurança alguma e o pior pode sempre acontecer (Ricoeur, 1990, p. 80). Essa história, de nível existencial, ambígua, sem precisar abandonar a ideia de progresso, é próxima das preocupações éticas cristãs, com suas decisões e crises.

Ricoeur destaca ainda que há várias "linhas" ou "fibras" da história em uma mesma civilização (integração social, política, artes, equipamento industrial, matemática etc.), as quais não andam necessariamente juntas e passam, cada uma, por suas próprias crises, crescimentos, invenções. Assim, ao lado do progresso uno dos instrumentos, em um plano distinto, há múltiplas civilizações e períodos, às quais se somam outras tantas múltiplas linhas de problemas relativamente autônomas. "A consciência de época", diz Ricoeur (1990, p. 81), "é a síntese confusa e maciça desse conjunto entrelaçado".

A concretude da história nesse plano também é compreendida pela irredutibilidade dos acontecimentos e das personagens significativas a explicações causais e de ampla escala. As novas formas de fazer história do século XX, como a história material, sobretudo a de longa duração, em contraposição à velha história política das batalhas e dinastias, proporcionaram uma nova inteligibilidade. Todavia, fosse levada ao limite essa inteligibilidade, eliminando os agentes que fazem a história, a história deixaria de ser histórica, pois seria um contrassenso: uma história sem acontecimentos (Ricoeur, 1990, p. 81). Apesar dos abusos a que isso pode levar – e levou, por exemplo, com as narrativas do fascismo –, Ricoeur considera inafastáveis da história as ações singulares de seres humanos singulares, pois é isso que a faz histórica.

Esse aspecto liga a história, também de maneira fundamental, ao político, entendido como o conjunto de relações que se estabelecem entre os seres humanos em razão do poder, em cujas atividades se organiza a destinação de um povo. Nesse âmbito do político, de modo especial, as civilizações precisam lidar com os grandes desafios e as crises (Ricoeur, 1990, p. 82). Sem determinar o ritmo das demais múltiplas linhas da história, como a ciência e as artes, que dispõem de relativa autonomia, como dito acima, a história política tem uma posição especial, uma vez que as suas crises concernem ao destino físico das civilizações, tendo suas questões um caráter radical de vida ou morte, ao mesmo tempo que fazem surgir no coração da história o aspecto da culpabilidade[81]. Nesse ponto, na ambiguidade entre grandeza e culpabilidade, expressa-se em um segundo grau a ambiguidade da história (Ricoeur, 1990, p. 83).

Diante disso, temos como justificar com maior clareza por que invertemos a ordem de apresentação de Paul Ricoeur, transferindo para o primeiro tópico de análise o plano teológico. Isso não foi feito somente em razão do estatuto fundamental da teologia e da noção de providência na história do direito de Cândido Mendes de Almeida. Fizemos isso sobretudo porque este último plano da história concreta (tratado de forma intermediária por Ricoeur) é o plano mais complexo, que joga com as noções dos dois outros, e porque é nele que Cândido Mendes encontra sua forma de participar discursivamente da sociedade, com destaque para a sua produção jus-histórica.

O nível existencial das ambiguidades, expressas no drama da vida humana e, de forma especial, dos conflitos políticos, apresenta-se ao mesmo tempo como uma tentativa de síntese dos planos da esperança e do progresso, nem sempre bem-sucedida, e como um plano primordial, fonte dos conflitos, dilemas e angústias da história concreta, cujos acontecimentos e personagens são interpretados pelo historiógrafo com base naqueles dois planos anteriormente tratados.

Este plano ambíguo, concreto e dramático, portanto, não é o mero desdobramento das ideias a que o autor adere nos planos anteriores, haja vista que não se trata de uma mera dedução conceitual; pelo contrário, o

[81] É aqui, segundo Ricoeur (1990, p. 83), o ponto "onde esta análise da história como acontecimento, como decisão, como drama, em uma palavra como 'crise', desemboca em uma teologia da história", à qual incumbiria recorrer à crítica bíblica dos poderosos, trabalhando a ambiguidade entre grandeza e culpabilidade. Essa crítica não se dirigiria ao progresso, que enquanto plano relativo ao instrumental traz consigo um legítimo otimismo, mas justamente ao plano dramático dos acontecimentos históricos: "só uma história ambígua, uma história capaz sempre de perder-se ou de ganhar-se, uma história aberta, incerta, na qual se enlaçam as oportunidades e os perigos, pode ser culpável. Um ser natural não pode ser culpável; só pode fazer-se tal um ser histórico". Por isso essa teologia cristã tem muito mais afinidade com uma visão dramática da história do que com o racionalismo dos iluministas, uma vez que estes suprimem por completo o terreno da ambiguidade.

autor recorre àqueles planos para explicar este da ambiguidade humana. Por outro lado, o modo de olhar para o drama humano que se perfaz na história concreta e de interpretá-lo não é desligado de noções prévias, extraídas dos planos teológico e filosófico da esperança e do progresso. Temos, assim, a formação de um círculo hermenêutico.

Resta-nos avaliar, agora, como Cândido Mendes de Almeida concebeu a história concreta e todo o seu drama. Em nossa visão, uma chave principal para essa análise está na visão sobre as transformações do político e do jurídico ao longo da história, as quais foram capazes de suscitar no autor violentas emoções e viscerais inimigos – muitos deles há tempos desaparecidos deste mundo, como o arquirrival de tantas passagens, o Marquês de Pombal.

Nesse ponto, destaca-se que a história do drama humano, escrita por Cândido Mendes com base em fontes, é primordialmente uma história político-jurídica, centrada nas ações dos monarcas e de seus agentes de governo e, em especial, nos conjuntos normativos por eles produzidos, sempre levando em conta as ideias que estiveram por trás da atividade de criação do direito (o que geralmente é chamado pelo autor de "doutrina", no sentido amplo de um conjunto de ideias). Em razão disso, as fontes utilizadas por ele são especialmente os documentos que materializam as decisões das autoridades (alvarás, concordatas, ordenações, estilos, leis, bulas), além das obras de doutrina jurídica propriamente ditas. Isso significa que as fontes históricas são simultaneamente fontes jurídicas, o que aponta para o caráter indissociável dos componentes da história do direito de Cândido Mendes: o direito é essencialmente histórico e a história é essencialmente história do direito. Essa forma de perceber e lidar com a história encontra-se sobretudo nas introduções ao *Código Filipino* e ao *Direito Civil Eclesiástico Brasileiro*, ao passo que a introdução aos *Princípios de Direito Mercantil* promove uma história das civilizações centrada no comércio, que complementa aquelas ao fazer uma ampla abordagem do desenvolvimento da humanidade. Também nela, de qualquer maneira, o direito ganha destaque, pois a sua preocupação, mais do que o comércio, é a sua regulação jurídica. Essa história é praticamente inteira composta com base em bibliografia secundária, mas mesmo assim, quando se refere a fontes históricas (por intermédio de autores como Pardessus e Scherer), são simultaneamente fontes jurídicas.

Essa indissociabilidade entre o histórico e o jurídico será objeto de nossa atenção mais adiante. Por ora, compete-nos avaliar como essa história político-jurídica do drama humano é entendida e apresentada pelo autor.

As relações profundas entre direito e história podem ser observadas na história de Portugal que, na narrativa de Cândido Mendes, é marcada pelo fato de os monarcas terem procurado, desde o início, estabelecer o absolutismo, o que teria sido feito com auxílio dos juristas romanistas, de historiadores e de outros escritores que fizeram uso da história. Esse fio que conduz a história de Portugal é também o do Brasil, uma vez que há uma herança, uma continuidade. "Não há dúvida, dali recebemos unidade religiosa, assim como norma de governo, linguagem e costumes", diz Cândido Mendes em discurso na Câmara na sessão de 20 de julho de 1869 (Anais da Câmara, 1869, apêndice, p. 11).

Direito e a história confluem para auxiliar os reis de Portugal no seu intento, que é em última análise amplificar o seu poder civil, invadindo a esfera de poder da Igreja. Ambos teriam servido como auxiliares para uma remodelagem das fronteiras entre as jurisdições – e, com isso, para uma remodelagem da própria sociedade, que sofre os impactos dessa mudança na instrução pública, nas regras jurídicas, no comércio, nas liberdades e em outros campos.

Entre esse passado e o presente de abusos existe uma continuidade, marcada pela manutenção da política absolutista. Vale lembrar que, em sua concepção conservadora católica ultramontana, tanto o governo civil centralizador quanto os ideais liberais radicais são inimigos. A ambos, Cândido Mendes chama de "absolutismo", porque ofendem a liberdade da Igreja. Em certo ponto, diz:

> Os propagandistas destas doutrinas tanto têm clamado contra Roma de há tais séculos a esta parte, servindo-lhes maravilhosamente para isto a imprensa e os jornais, ora em favor da Realeza, ora da revolução, porque para todos os absolutismos é a Igreja o inimigo comum, que no Brasil talvez mais que em Portugal conseguiram entibiar toda a dedicação pela Santa Sé (Almeida, 1866, p. CCCLXXXII).

No presente, Cândido Mendes escreve a história do direito para tentar recolocar as coisas no seu devido lugar, ou seja, estabelecer a ordem justa das coisas no mundo. A situação atual, na qual o autor age, permanece temporalmente ambígua: ao mesmo tempo que se afirma a necessidade de restabelecer a situação da Igreja, que já foi por séculos afetada pelas invasões do poder secular, assume-se que a Igreja jamais foi abalada em suas fundações. Ora em nome do restabelecimento, ora da preservação dos alicerces da religião, Cândido Mendes seria mais um soldado a defendê-la dos ataques, após e entre tantos outros que conseguiram preservá-la intacta, apesar de tantas ameaças e investidas. Esse soldado ocupa-se de várias frentes: a história, o direito, a geografia, a política, o jornalismo – mas não, ou pouco, de outras, como a literatura[82] ou o sacerdócio. Todas essas atividades, no entanto, parecem confluir para uma visão de mundo que se concebe como coesa, íntegra e integrada a uma instituição maior, que congrega a estrutura e a finalidade em torno da qual os membros agem.

Para compreender melhor essa visão de mundo e as ideias que giram em torno da figura temporal do restabelecimento, é importante conhecer alguns argumentos históricos do autor. Nota-se nas suas obras que as transformações históricas, que estão implicadas na ambiguidade da história humana concreta, têm alguns pontos chave, como o Renascimento, mas não no sentido comum de enaltecimento da Antiguidade e de seu resgate no início da era moderna, em contraposição ao período de trevas que a Idade Média teria constituído. Com efeito, o renascimento e o iluminismo buscaram nas culturas greco-romanas um fundamento e uma genealogia nobre para contrapor-se à cultura cristã medieval, hegemônica nos séculos anteriores (Borralho, 2009, p. 12). Diante disso, apesar da elevação do cristianismo a religião oficial durante o Império em Roma e da importância do direito romano na constituição dos estudos jurídicos medievais em geral, e do canônico em particular, as referências à Grécia e à Roma Antigas e às suas culturas não eram bem-vistas pelo ultramontano, que as associava à falta de liberdade e aos abusos de César, com a invasão da esfera da Igreja.

A retomada e a revalorização dessas ideias e culturas, sobretudo a partir do século XV, portanto, não seriam avaliadas positivamente por

[82] Nos periódicos encontra-se algo, como uma pequena reflexão sobre a obra de Camões.

Cândido Mendes, razão pela qual reconhece esse período como relevante na história, mas em um sentido negativo: "Nessa época criou-se a chamada era do *Renascimento* das letras e das artes, ou antes da paganização das ciências, das letras, e das artes. A Realeza e os homens de letras, máxime os cultores do Direito Romano, e da literatura clássica Latina e Grega, tomaram partido pela causa vencida". Assim, coligaram-se as forças contra o papa e a Igreja de Cristo, formando um "poderoso partido" (Almeida, 1866, p. CCCLIX).

Contra essas forças, os papas, de 1415 a 1516, reorganizaram e pacificaram o Estado da Igreja, promovendo uma longa paz e reconquistando o seu prestígio entre os povos da Cristandade, até que se deparou "sem medo o embate da nova borrasca que se armava no norte da Europa" (Almeida, 1866, p. CCCLIX). A Realeza e seus legistas e letrados passaram, então, a atacar os papas com "a nuvem negra e caliginosa de calúnias e torpezas de toda a sorte que mancham a história, e que serviu de pretexto para o rompimento do heresiarca teutônico, o frade Agostiniano Martinho Lutero" (Almeida, 1866, p. CCCLIX).

Nesse âmbito de discussões, Cândido Mendes tenta mostrar-se imparcial, ao reconhecer que suas críticas aos adversários da Igreja não significam que esta não precisasse de reformas, as quais eram de fato necessárias. Mas, sempre tomando partido da Igreja, acrescenta que as reformas vinham sendo feitas, de que o Concílio de Latrão era um importante exemplo:

> Com o que acabamos de dizer não pretendemos escurecer a necessidade de reformas na Igreja, e tanto havia que os Papas as provocaram, reunindo o décimo sétimo Concílio ecumênico de Latrão. Era essa reforma indispensável, pois a Igreja ainda se não havia de todo levantado do grande abalo do Cisma do Ocidente, alimentado pela Realeza ambiciosa e seus Seides e panegiristas (Almeida, 1866, p. CCCLIX).

Cândido Mendes sugere, assim, que o próprio Cisma não teria sido culpa dos agentes internos da Igreja, os quais eram adeptos de suas verdadeiras doutrinas, mas de seus detratores: "Mas os que haviam provocado esse Cisma não estavam satisfeitos. À grande obra de reorganização e pacificação dos Papas, eles, como sempre, antepunham seus interesses, suas paixões, e sua insaciável ambição". Diante das ameaças, inclusive, a reforma teria se tornado ainda mais indispensável, o que levou o Papa Paulo III a convocar o Concílio de Trento, em 1545 (ALMEIDA, 1866, p. CCCLIX CCCLIX-CCCLX).

A partir daí, tendo em vista as batalhas cada vez mais pesadas e dolorosas que a Igreja Católica precisaria enfrentar, a marcha da história passa a ser vista como retomada, resgate, renovação daquela instituição universal, único e verdadeiro arauto do cristianismo. Expressões temporais como essas recheiam uma longa transcrição de uma obra do historiador da Igreja Johann Alzog: "*reparar* os golpes de que fora vítima", "*restabelecer* em sua verdadeira luz os dogmas desfigurados, alterados, e corrompidos", "destruir abusos manifestos, *restabelecer* a ordem sobre *bases novas*"[83] – ao que se soma o reconhecimento da importância da reforma, da necessidade de mudanças e de progressos para a Igreja: "Quão sério zelo por uma *verdadeira reforma* nos decretos da *Reforma*! Que *felizes mudanças*, que *progressos na Igreja*, se todos os decretos fossem fielmente observados, como o desejavam esses virtuosos representantes da Catolicidade!" (apud ALMEIDA, 1866, p. CCCLXI-CCCLXII – destaques nossos).

Algumas páginas à frente, é a vez de Cândido Mendes escrever um discurso centrado nessa forma de temporalização:

> Em verdade a situação do Catolicismo entre nós não é boa, por vezes o temos dito nesta obra. A *renovação* dos Concílios Provinciais e dos Sínodos Diocesanos concorrendo para o *restabelecimento* da Disciplina da Igreja no Brasil, contribuiria para o *remoçamento* da Fé nas massas populares, que descansam mais no conhecimento de certas práticas externas. O Clero *regenerado* seria um grande impulso à *reedificação* da nossa Jerusalém (ALMEIDA, 1866, p. CCCLXLI – destaques nossos).

Essa linguagem, contudo, não é exclusiva dos historiógrafos do século XIX: é uma reprodução do discurso do século XVI, que o atualiza para

[83] Além de "reparar" e "restabelecer", com o mesmo sentido consta o termo "restaurar" em uma citação de Georges Philipps, em nota de rodapé, em que este diz que o "fim que se tinha proposto esta santa Assembleia era *restaurar*, tanto quanto fosse possível, a disciplina a mais rígida dos primeiros séculos" (apud ALMEIDA, 1866, p. CCCLXII – destaque nosso).

o século presente. Vemos o uso do mesmo termo por D. Sebastião em carta ao papa, logo após a aprovação do Concílio de Trento: "[...] que nada desejamos tanto como *restabelecer* a Igreja no seu primitivo esplendor" (apud ALMEIDA, 1866, p. CCCLXVIII – destaque nosso). Mas é preciso atentar para o seguinte: essa carta não foi consultada diretamente pelo autor, que se fia na cópia que dela faz Pietro Sforza Pallavicini em sua obra *Istoria del Concilio di Trento*, publicada originalmente em 1656-1657, a qual embasa bastante a narrativa de Cândido Mendes e na qual o cardeal assegura "existir o original nos arquivos do Vaticano" (ALMEIDA, 1866, p. CCCLXVIII). Nessa carta, traduzida para o francês (sendo a própria edição usada por Cândido Mendes a de tradução francesa), lê-se o termo "*rétablir*" (PALLAVICINI, 1845, p. 679).

De toda forma, o jesuíta romano citado viveu no século XVII, de maneira que mesmo que não exista verdadeiramente a carta, não deixa de haver uma reprodução, ao longo dos séculos, da narrativa do restabelecimento da Igreja. Na verdade, podemos remeter o discurso da restauração para mais longe, com a pretensão restabelecimento da disciplina por Gregório VII.

Por outro lado, apesar de toda essa retórica de restauração, é preciso sublinhar que não é toda mudança que é rejeitada pelo conservador. Por esse estilo de pensamento, enreda-se uma história que possui uma base a ser enaltecida, geralmente encravada na tradição, mas maculada por decisões e acontecimentos deploráveis. No caso de um ultramontano como Cândido Mendes, já havia séculos que tristes acontecimentos vinham atrapalhando a correta marcha da história, uma vez que o cristianismo, que continuava tendo respaldo no povo[84], era ofendido pelos avanços do

[84] A importância do povo, enquanto depositário do cristianismo, apesar da ingenuidade e das fraquezas que lhe são por vezes atribuídas, pode ser explicada por ser, ao lado da parcela boa do clero, o único elemento que, em um país como o Brasil, permite conceber a continuidade histórica, quando se acusam – como Cândido Mendes constantemente faz – os abusos do governo e do mau clero. Percebe-se isso quando Cândido Mendes atribui aos três elementos sociais a responsabilidade por realizar a reforma católica e silencia quanto às culpas do povo, enquanto ataca os outros dois elementos: "Não bastava que a Reforma Católica se decretasse no Concílio Tridentino, era indispensável realizá-la, levá-la a efeito em toda a Cristandade, auxiliando para esse fim tanto o Clero, como o Governo e os Fiéis. Infelizmente as doutrinas e práticas Cesarianas dos Governos, a que

poder temporal sobre os domínios da Igreja, razão pela qual aquele era tratado como "poder invasor".

Diante desse quadro histórico, apesar do valor da continuidade e da tradição contra as mudanças indesejadas, há já constituídas situações consideradas abomináveis, que precisam ser confrontadas em nome da renovação do poder da Igreja. Assim como o recurso ao passado não é exclusivo dos conservadores, também não é todo passado que a eles interessa, de modo que certos usos da história são rejeitados, sendo incorreto supor que qualquer coisa do passado seja boa e tudo do presente seja ruim.

Enquanto protestantes e jansenistas recorrem ao passado para enaltecer os princípios do cristianismo, em um mito de origem que serve para contestar os caminhos da Igreja Católica nos séculos seguintes, recheados de abusos e perdições, os ultramontanos recusam a ideia de um início melhor do que o que se lhe seguiu, ou seja, recusam a ideia de decadência da Igreja Católica. Deste modo, há a continuidade da essência da Igreja, que sustenta a marcha da história, contra as pretensões (e sucessos pontuais) de rupturas impingidas por seus detratores.

Para eliminar esses retrocessos, realizados pelas mãos dos não católicos com ajuda do poder civil, não bastaria sonhar com um mundo anterior de equilíbrio de poderes (isto é, com mais poderes para a Igreja). A referência a esse mundo, por meio da historiografia conservadora, é fundamental para o projeto de resgate do poder que os conservadores

se associou o mau Clero, puseram a esse *desideratum* todos os tropeços que sua hostilidade imaginava" (ALMEIDA, 1866, p. CCCLXXII). Em nome do cristianismo, o povo – ou os Povos, considerando a universalidade da *respublica christiana* –, luta contra os maus elementos do governo e do clero, postando-se do lado da justiça: "Essa detestável planta alargou desmesuradamente o seu horizonte depois do horrível reinado de Pombal, e as vociferações iscarióticas da turba servil protegeram os Governos contra a justa cólera dos Povos" (ALMEIDA, 1866, p. CCCLXXXIII). Em outro ponto, Cândido Mendes associa o povo ao catolicismo ortodoxo: "As massas populares têm resistido a todo o vendaval da heterodoxia, representada pelas classes dominantes; cuja educação, como se não ignora, é toda preparada para extirpar, e não cimentar o catolicismo. [...] Temos, portanto, um povo Católico, e Governo ora indiferente, ora cismático, e ora inteiramente heterodoxo, pois nas classes ilustradas de onde saem os Governos, estes matizes são representados" (ALMEIDA, 1866, p. CCCLXLII).

concebem, mas ela somente existe em função da atuação no mundo presente. Reconhecidas as derrotas pontuais e estabelecido, por intermédio da narrativa histórica, o que está de acordo com a verdade histórica e o que não está, a atuação conservadora pretende mudanças, ainda que muitas venham camufladas de "resgate" ou de "restauração"[85].

Nessa linha de ideias, para além da lembrança concreta da Revolução Francesa e de seus impactos, Cândido Mendes geralmente não admitia a referência à de ideia revolução de forma positiva, mas apenas à de reforma. A reforma mantém a estrutura, enquanto a revolução subverte a ordem e a substitui pela anarquia. É nesse sentido que podemos ler sem estranhamento a reclamação de Cândido Mendes quanto à condição das igrejas e dioceses no Brasil, as quais mantêm a "arquitetura atrasada dos deploráveis tempos Coloniais", deploráveis não porque o Brasil ainda estivesse sob o jugo de uma metrópole no tempo em que os prédios foram edificados, mas porque foi nesses tempos que se promoveram os ataques à Igreja que ele longamente apresenta e comenta em sua introdução ao *Direito Civil Eclesiástico Brasileiro*. Dessas constatações, decorre a sua reivindicação para que se faça uma "verdadeira transformação" nesse âmbito[86] (1866, p. CCCLV). Um pouco adiante, ao refletir sobre o sistema que considera o empregado eclesiástico um

[85] Essa semântica, certamente, não é exclusiva ao jurista ora estudado, sendo ele apenas um representante de um grupo social que se vale dessa retórica – a qual, por outro lado, também não é exclusiva desse grupo. Nesse sentido, lemos em outros lugares esse tipo de ideia, como no seguinte exemplo: "Nas *Memórias*", diz Santirocchi (2015, p. 413), acerca de um documento redigido em comum acordo entre os bispos do Pará e do Rio Grande do Sul na residência do Internúncio daquele tempo, Mons. Sanguini, em reação à intervenção do governo nos seminários, "os bispos defendiam que era impossível a existência de moral e religião onde não existisse um clero moralizado e instruído, e que para se ter um bom clero eram necessários bons seminários, fundamentais para a 'regeneração' da Igreja brasileira".

[86] Em suas palavras: "[...] para que tivéssemos Igrejas mais decentes, edificadas e ornadas com outro gosto, a fim de que ainda neste século não ficássemos, como continuamos a ficar, num atraso que envergonha. Não temos uma Igreja em parte alguma do Brasil que mereça a atenção do estrangeiro; em todas revela-se a arquitetura atrasada dos deploráveis tempos Coloniais. Reproduzimos tão somente nos poucos edifícios deste gênero, que nos restam, o estragado estilo daquelas eras, quando por toda a parte tem-se feito neste objeto uma verdadeira transformação" (Almeida, 1866, p. CCCV).

funcionário civil, Cândido Mendes mostra-se uma vez mais desejoso de mudanças: "Manter esse sistema seria continuar a presente situação, cujos inconvenientes e perigos cada dia se agravam" (ALMEIDA, 1866, p. CCCLVI).

Por outro lado, o autor fala em "restabelecer" o império da "vera doutrina da Igreja" entre os católicos brasileiros (ALMEIDA, 1866, p. CCCCXIII), indicando um resgate, uma volta ao período de ouro. Entretanto, toda a sua historiografia aponta para uma prevalência política do poder temporal sobre o espiritual no Brasil – seja desde a emancipação política de 1822, seja considerando-se um passado brasileiro no período colonial. Nesse contexto, o "restabelecer" aponta mais propriamente para um criar, instituir, que assume a forma de resgate porque fundamenta-se em uma verdade que se considera subjacente, eterna e teologicamente predominante, em uma atitude quase platônica de recordação. Isto é, "restabelecer" é aqui uma figura retórica que parece remeter a uma transformação histórica (voltar ao que era), mas que se sustenta, na verdade, em uma transposição de esferas, com a prevalência da superior sobre a inferior (da teológica sobre a mundana, da espiritual sobre a política, da eclesiástica sobre a civil).

A grande história para Cândido Mendes, a história de fundo, é a do reino de Deus sobre a terra e se confunde, na prática, com a história da Igreja – apesar da relevância teológica do período anterior ao cristianismo e da revelação, que poderíamos considerar o preâmbulo do "livro" da história. A conhecida metáfora do livro é expressamente usada por Cândido Mendes, para indicar o ponto de virada da história, em que as coisas começam a não caminhar bem, instaurando-se a dramática luta que a Igreja deve enfrentar sobretudo a partir do século XVI, mas que já se prepara no anterior. A respeito disso, Cândido Mendes diz que

> para o Católico que tem folheado o livro monumental da maior, e mais gloriosa história do mundo, a história do reino de Deus sobre a terra, não deverá passar desapercebida a iminente e hercúlea luta que se preparava contra a Igreja depois de terminado em 1414 o grande cisma do Ocidente. Entre aquela época e a de 1516 em que surgiu do poço do abismo a formidável heresia do Monge de Wittemberg mediou um século de verdadeira fermentação palingenésica, em que os elementos os mais disparates e mais perigosos

postos em ebulição se fundiram, produzindo o monstro que tentou em seu titânico assalto devorar a Igreja (Almeida, 1866, p. CCCLVII-CCCLVIII).

A partir de então, essa história grandiosa adquire a feição de uma luta indigesta, pois a Igreja, cuja vida "é a luta no mundo com o espírito do mal", passa a sofrer os golpes do adversário. Note-se: não é uma decadência como aquela narrada pelos protestantes e jansenistas, que concebem uma origem boa do cristianismo, degenerada pela Igreja, mas a transformação de uma história relativamente harmônica (em que a luta era dominada pela Igreja) em uma história conflituosa (em que a Igreja passa a sofrer importantes derrotas e mais a reagir do que a dominar), não em razão da atuação da Igreja, sempre impassível na defesa da doutrina cristã, mas de seus inimigos, que passam a ganhar força e que de coadjuvantes tornam-se o polo oposto de uma história transformada em arena.

No fundo, as duas narrativas são parecidas, apesar de opostas, formando algo de especular: pode-se falar em ambos os casos em decadência e necessidade de restauração, mas enquanto para os ultramontanos o que sustenta a história, sofre abalos e deve ser restaurado é o domínio da Igreja, para seus adversários esta é a causa da queda, tendo a história como arrimo o cristianismo puro, que deve ser restaurado contra a má influência da Igreja. Narrativas similares, que se distanciam radicalmente pela atribuição oposta acerca de qual é o pilar da história e qual é a ameaça do mal.

Como consequência, as concepções protestante e jansenista veem os acontecimentos do século XV em diante como a restauração, decorrente de uma luta que se está vencendo, enquanto a ultramontana enxerga aí a instauração de uma luta contra as ameaças, até então derrotadas[87],

[87] Assim Cândido Mendes sintetiza algumas dessas batalhas: "A Igreja venceu na luta contra a horrível seita maniqueana dos Albigenses no princípio do século XIII, graças à força divina de seus dogmas, à energia e gênio do Papa Inocêncio III. Venceu ainda no meado desse século na luta colossal contra o maior potentado do universo cristão o Imperador do Ocidente Frederico de Suábia ou Hohenstaufen, e foi seu intérprete outro Papa no nome de Inocêncio, no famoso Concílio de ecumênico de Lião, o mais numeroso que teve a Cristandade. Sua terceira vitória firmou-se no Concílio de Constança, quando pela resignação dos Papas Gregório XII e João XXIII, e condenação do Antipapa Pedro

mas que se tornam mais reais e perigosas a cada dia, sobretudo a partir da influência dos literatos gregos e dos legistas bizantinos, dotados de um "espírito de mentira, e de servilismo ingênito na raça Helênica", que haviam "concorrido para o enfraquecimento da Igreja no Oriente" (Almeida, 1866, p. CCCLVIII-CCCLIX).

Diante disso, já no século XIX, com a perda cada vez maior de poder pela Igreja Católica, os ultramontanos veem-se ainda enfrentando a mesma luta dos últimos séculos, enquanto o individualismo liberal e a centralização estatal do poder, que foram unidos nos séculos anteriores às concepções religiosas contrárias à Igreja Católica e à centralização pontifícia, prosperam e desgarram-se do fundamento religioso do poder e da necessidade de prestar contas à Igreja, muitos dos Estados modernos já contando há algum tempo com Igrejas nacionais submetidas ao governo.

A luta ultramontana ainda possui bases, mas as batalhas que trava são crescentemente desiguais. Um país como o Brasil, que ainda define constitucionalmente a religião católica apostólica romana como religião de estado, aparece então como um dos últimos baluartes das lutas e esperanças ultramontanas, podendo ser visto por seus campeões como um dos países mais propícios a restaurar o papel da Igreja, que sofre derrotas na Europa, especialmente com a unificação italiana e o aprisionamento do Papa Pio IX no Vaticano, que estão no centro da questão romana.

Diante disso, sob as novas bases sociopolíticas brasileiras, entre herança e ruptura, entre mundo pré e pós-codificação, os ultramontanos buscam fundamentar a legitimidade de sua visão de mundo e encontrar os meios de implementá-la. Por isso, é preciso entender melhor as transformações que se processaram entre o passado colonial e o presente imperial.

Caracterizando a sociedade pré-moderna, por contraposição à moderna, António Manuel Hespanha (2018, p. 98) chama a atenção, entre outras coisas, para o fato de que, até ao século XVIII, o pensamento europeu foi dominado pela ideia de que há uma ordem universal, que envolve todas as coisas e todos os homens, a qual orientaria todas as criaturas para um fim último, identificado com o Criador – sendo este,

de Luna, fez-se a eleição de Martinho V, extinguindo-se o cisma que cruelmente lacerava as entranhas da Igreja" (Almeida, 1866, p. CCCLVIII).

portanto, a referência fundamental para explicar tanto o mundo físico quanto o mundo humano.

O tempo de Pombal e Mello Freire, ou seja, o final do século XVIII, é aquele em que essa visão de mundo é sacudida, com a progressiva adesão à visão moderna, racionalista, que impõe a ordem por meio da ciência e da administração, em vez de esperar a ordenação espontânea e natural das próprias coisas. Tratando-se de uma visão nova, em uma sociedade profundamente cristã, a própria concepção apresentada pelo reformador e pelo iluminismo portugueses não supera inteiramente a necessidade de apoiar a fundamentação do mundo e do direito no Criador.

Já Cândido Mendes vive o oposto: em torno da segunda metade do século seguinte, está em um mundo que já passou pela Revolução e suas consequências, inclusive as reações a ela. E, apesar de viver um mundo transformado por aquela, está muito mais inclinado a estas. Assim sendo, vê no passado, nas sociedades pré-modernas, um tempo de maior correção e glória, porque a visão de mundo preponderante era a que deixava o Criador como fim último e princípio de todas as coisas. O passado, genericamente, era um tempo em que o direito e a organização da sociedade "tinham como fundamento a ordem divina da Criação, a que equivalia esta ordem inscrita na natureza. Por isso, os juristas identificavam a justiça com a natureza e esta com Deus" (Hespanha, 2018, p. 100).

Foi essa concepção que se suprimiu com as reformas e revoluções do fim do século XVIII, e era a ela, de certo modo, que Cândido Mendes queria fazer justiça. Mas o seu tempo não era o pré-moderno – e ele sabia disso. Daí a sua atuação, intelectual e política, ser no sentido de apontar os problemas e as injustiças da modernidade, do racionalismo revolucionário, por meio da apresentação e elogio, ao menos relativo, do período anterior às revoluções e à consequente impugnação da legitimidade destas.

Vivendo um tempo em que as estruturas já não são as pré-modernas, Cândido Mendes vale-se da história para restabelecer um laço com o passado, recompondo uma continuidade intelectual e moral, com a esperança de contribuir para a restauração moral, intelectual, política, jurídica e religiosa da sociedade como um todo, isto é, para a restauração da ordem natural das coisas, que é a ordem de Deus, tendo a Igreja Romana como guardiã da verdade e pilar de toda a civilização – com toda as ambiguidades que esse pensamento acarreta.

Por outro lado, é preciso contextualizar melhor em termos globais o período de Pombal, a quem tanto Cândido Mendes ataca, mas que certamente não constitui uma voz solo ou um gênio maligno que engana os demais e atrai os de mesma índole, como geralmente o jurista-historiador maranhense faz parecer. Como o próprio Cândido Mendes ressalta inúmeras vezes, para proceder a comparações e acusações de um grande movimento orquestrado contra a Igreja Romana, D. José I, Pombal e os seus não estão isolados no mundo, realizando em Portugal façanhas inimagináveis alhures. Muito pelo contrário, em praticamente todos os países europeus se faz um movimento semelhante, sob o influxo do fortalecimento das monarquias, com a fixação cada vez mais rígida do caráter territorial das jurisdições estatais. Conforme o Antigo Regime avança, fortalece-se o poder real, com a submissão das igrejas pátrias e a ascensão de classes econômicas que em algumas décadas estarão no centro dos movimentos de derrubada daquele mesmo regime.

Linguisticamente, afirma-se crescentemente uma correspondente forma de conceber o poder. As teorias que o justificam já não remetem tão claramente a uma inspiração divina, havendo mesmo aqueles que aderem à noção de que o poder decorre do povo. As teorias jusnaturalistas são, cada vez mais, jusracionalistas – isto é, têm seu centro de gravidade mais nítida e abertamente concentrado nas abstrações da razão, em vez das remissões à divindade, à tradição ou a uma organização natural.

Portugal tem seu próprio iluminismo – um iluminismo que, por suas condições históricas próprias, parece afastar-se com menos radicalidade da fundamentação divina do poder e das relações com a Igreja Católica Romana. Seja isso explicado por serem os portugueses um povo profundamente cristão, seja por ter Portugal uma história de relações com a Igreja mais próximas e com menos atritos do que outras nações, o fato é que isto é notado por Cândido Mendes, que denuncia o caráter mais ardiloso do governo português, sempre traçando estratagemas e armadilhas para estabelecer a separação entre a nação e a Igreja Católica de Roma, mas sem deixar essa intenção à vista do povo.

Das transformações que se percebe no iluminismo português tardio, Hespanha (2010, p. 37) aponta algumas que já guardam relação com temas centrais do constitucionalismo que se instaurará ao longo dos Oitocentos. Em primeiro lugar, há o "caráter artificial ou voluntário da ordem política: o direito e a constituição teriam sido instituídos pelo legislador, ao ser formada a sociedade política [...]. E não, como pretendera o naturalismo do direito comum clássico, colhidos (pelos juristas) da natureza e da tradição". Em segundo lugar, já surge a ideia de que "a constituição devia ser escrita e solenemente codificada, sob a forma de um texto, a fim de garantir a mesma certeza e garantia quanto aos conteúdos que são proporcionados pelos contratos privados".

Como se observa nos Estatutos da Reforma da Universidade de Coimbra, que são longamente comentados e criticados por Cândido Mendes de Almeida, essa mudança não é tão drástica a princípio. Percebe-se, sim, um papel acentuado dado à "razão natural", mas na matéria de Direito Canônico não se deixa de acentuar a importância da tradição, da fé e das regras estabelecidas pela Igreja Romana – ainda que não como Cândido Mendes gostaria, haja vista que considera desfigurada a ideia de tradição e aponta noções problemáticas como a de uma Igreja original, a exigência de aceitação pelo povo das regras vindas da Cúria Romana e a concepção mal intencionada de que a razão natural seria o critério de validade e legitimidade das normas. Segundo seus argumentos, a aceitação pelo povo não poderia ser aferida, ficando a cargo do poder temporal, ao passo que a razão individual não seria senão um subterfúgio para deslegitimar os preceitos da Igreja e concentrar as decisões nas mãos do poder real.

A interpretação de Cândido Mendes está longe de carecer de sentido, ainda que coloquemos entre parênteses a sua tomada de posição na peleja político-jurídico-religiosa. Ele aponta, justamente, para a transição da valoração da tradição e da divindade para uma valoração mais acentuada da razão, o que significa um afastamento entre o Estado e a Igreja Romana, com a maior de concentração de poder nas mãos do governo temporal, a valorização da fonte legislada, fruto da vontade (racional), e a constituição de um racionalismo individualista, que mitiga a importância dos corpos sociais intermediários entre o Estado e o indivíduo e, ao remeter a legitimidade política à figura atomizada dos indivíduos, estabelece as bases para um absolutismo estatal – que passará, no século XIX, de um absolutismo político (real) para um absolutismo jurídico (Grossi, 2005), pautado em uma visão monólatra de direito, poder e sociedade (Villas Bôas Filho, 2014).

Por outro lado, como o mesmo Hespanha (2010, p. 37-38) constata, ao lado dos novos elementos iluministas e constitucionalistas, que haverão de se expandir e consolidar no século seguinte, sobrevivem outros tantos tradicionais, próprios das formações sociais até então mais consolidadas, como a ideia de uma sociedade corporativa, com a sobrevivência de sujeitos coletivos ao lado dos indivíduos – apesar da progressiva apropriação, por parte do poder estatal, do papel constituinte (reformador) dos direitos e jurisdições particulares. Há, neste momento, uma ambiguidade na função racionalizadora do Estado, entre a restituição de sentido à ordem das coisas (natural) e a instituição do sentido da ordem (artificial). Mas, ao apresentar-se como aquele que corrige as disfunções criadas pelas velhas instituições e privilégios e, ao mesmo tempo, mantém as boas práticas da tradição nacional, o Estado forja para si a imagem da razão, recuperando a fonte de legitimidade tradicional do poder.

Não obstante, cumpre observar que a crítica que Cândido Mendes faz ao Estado moderno e sua racionalização, especialmente com relação ao caso português, é apenas parcial. De fato, há um deslocamento da autoridade da Igreja Romana pela reforma legislativa e institucional realizada no país, mas isso é apenas parte de um movimento mais amplo de reestruturação das fontes, em que não apenas o direito canônico cede passo, mas também os costumes e o direito romano, com destaque para a romanística medieval (nomeadamente, as interpretações de Acúrsio e Bártolo), bem como todo o sistema de fontes das *Ordenações* portuguesas. A reforma, de fato, afasta o poder da Igreja em Portugal, mas como parte de um projeto que tem em seu cerne a centralização do poder nas mãos do monarca, cuja vontade se legitima em nome da razão – da mesma maneira como vinha acontecendo em toda a Europa. A lei alcunhada "da boa razão" é, neste ponto, o grande marco e veículo para a efetivação da reforma das fontes nos domínios de Portugal.

Todo esse quadro faz a história narrada por Cândido Mendes desenvolver-se entre esperança e progresso, transcendência e imanência, fé e luta. Essas tensões, que se desenvolvem ao longo dos tempos, estão também na base da situação atual, marcada em sua concretude pelas ambiguidades geradas entre a confiança no restabelecimento da verdade em um futuro próximo e a lamentação das derrotas constantemente sofridas, o que empurra Cândido Mendes, para além da fé e da lamúria, para a luta. A sua narrativa histórica, assim, confronta constantemente a situação presente, colocando todos esses elementos em diálogo.

Nesse sentido, em certo ponto, Cândido Mendes levanta uma situação hipotética, que permitiria executar um projeto de construção da ordem desejada, "nas indestrutíveis bases da razão e da justiça", que é em verdade uma revitalização do espírito incorruptível, o que, todavia, é logo rejeitado pelo próprio autor, que se queixa da impossibilidade atual decorrente das derrotas sofridas:

> Se acaso a Igreja entre nós gozasse das simpatias do Poder Temporal, o primeiro e o mais acertado passo a dar para esse remoçamento, seria uma *Concordata* lealmente celebrada, e lealmente executada. Um projeto destes criando a ordem nas indestrutíveis bases da razão e da justiça, seria presentemente um estrondoso absurdo. Sem Governo e população militante verdadeira e profundamente Católicos, como executar *Concordatas* leal e sinceramente? (Almeida, 1866, p. CCCLXLI).

Vê-se assim que, ao confluírem no presente, a abertura para a esperança e para o progresso cedem espaço para uma visão mais realista, realçada pelo tipo de inserção social de Cândido Mendes, politicamente ativa, que o leva a posições não apenas realistas, como pragmáticas. Nesse sentido, apesar da esperança, a situação em que vive não admite a pura ilusão de que o Império do Brasil simplesmente voltasse a curvar-se perante a Santa Sé em matéria religiosa – e nas consequências civis disso.

A defesa da ortodoxia doutrinal convivia com a defesa político-pragmática nas situações concretas – o que, dialeticamente, reformulava as bases daquela doutrina. Se a liberdade ativa da Igreja não era respeitada, fazendo do Estado um braço da Igreja no campo religioso, que o fosse ao menos uma liberdade negativa, no sentido de o Estado não interferir em seu funcionamento. Se o Estado não protegia a Igreja, que fosse indiferente com relação a ela. Nesse sentido, em termos de atuação política, parece que Cândido Mendes estava bastante propenso a agir em conformidade com uma ideia expressa por Vélez Sarsfield[88], por ele mesmo citada na introdução ao *Direito Civil Eclesiástico Brasileiro*:

> Em tais circunstâncias é preferível um Governo indiferente e sem participação alguma nas Igrejas da Nação, do que os que exercitam uma *mentida* proteção, para dar às instituições da Igreja outros fins e outra direção com o que não é possível acomodá-las (apud ALMEIDA, 1866, p. CCLXXXIII-CCLXXXIV).

Assim, de certa forma, o ultramontanismo, que em sua base defendia um Estado vinculado e submisso à Igreja, uma vez não atendido pelo Estado brasileiro, parecia mais propenso à liberdade religiosa do que o regalismo que o confrontava, uma vez que este, crescentemente vitorioso, conforme o processo de secularização do Estado moderno[89], levava a um controle da Igreja nacional, suas dioceses e benefícios, pelo poder temporal. Diante disso, as relações entre Igreja e Estado esgarçaram-se a tal ponto que, ao final do Império, a própria Igreja passaria a ficar indife-

[88] A figura de Dalmacio Vélez Sarsfield é de grande relevância na América Latina e possui interessantes paralelos com Cândido Mendes, o que ajuda a compreender o contexto e os debates do século XIX, além de deixar claro que, apesar das peculiaridades de cada caso, as transformações sociais não se davam de maneira isolada e absolutamente singular, mas possuíam similaridades e contatos com o que ocorria em outras partes. O jurista nascido em Amboy, no Vice-Reino do Rio da Prata, foi um político proeminente, tendo desde cedo exercido o cargo de deputado, além de professor de economia política. Dentre os textos que publicou, há os códigos comercial e civil, um texto em que discute os títulos do governo do Chile às terras do Estreito de Magalhães (a qual consta no catálogo virtual da Biblioteca Nacional Mariano Moreno, da Argentina, mas à qual não tivemos acesso) e uma obra chamada *Derecho Público Eclesiástico: relaciones del Estado com la Iglesia em la antigua América Española* (VÉLEZ SARSFIELD, 1854). Dos cargos e textos mencionados, vê-se logo que as questões centrais que movem Cândido Mendes também são centrais em sua atuação: o papel da economia na sociedade moderna, as relações entre Estado e Igreja, a positivação do direito moderno, a definição geográfica das nações formadas naquele século. Infelizmente, não foi possível aprofundar neste trabalho as vertentes regionais, transatlânticas e globais da historiografia, que ressaltam as interações e articulações históricas para além das fronteiras territoriais e conceituais que definem o "nacional" e têm oferecido enormes contribuições para temas clássicos, de que são exemplos os trabalhos de Berbel, Marquese e Parron (2010), Duve (2018, 2021) e Pimenta (2006, 2015).

[89] O próprio Cândido Mendes fala em "secularização do Estado moderno" (ALMEIDA, 1866, p. CCLXXX).

rente ao futuro político do país, mesmo quando as decisões do governo tocavam os assuntos religiosos (SANTIROCCHI, 2015, p. 479).

Tradicionalmente, inúmeras funções civis eram executadas pelos órgãos da Igreja, de que são importantes exemplos a realização do registro civil, a celebração dos casamentos e a participação na organização das eleições (OBEID, 2013, p. 83). Ao longo do século, o Estado progressivamente se seculariza, mas o poder temporal não se apodera simplesmente das funções, e sim dos próprios órgãos que as exerciam, isto é, dos órgãos da Igreja, seja pela adesão de parte do clero ao projeto estatal, seja pela subordinação geral à autoridade civil. Nesse processo, os adeptos de uma Igreja mais forte parecem inclinados, ainda que a contragosto, a uma maior separação entre Estado e Igreja, como forma de diminuir os danos, enquanto os mais heterodoxos, de forma ainda mais pragmática, não veem problema em não separar completamente as duas instituições de imediato, uma vez que têm emplacado o domínio do primeiro sobre a segunda.

É nesse âmbito e por essas razões que Cândido Mendes de Almeida (1866, p. CCLXXX-CCLXXXI) insiste veementemente que não existe padroado no Brasil, afirmando que

> é nossa opinião que conforme o Direito Canônico não tem o Governo do Brasil sobre as Igrejas e os Benefícios do Império o direito do Padroado, e se nelas apresenta é por mero favor e tolerância Pontifícias, favor ou tolerância que lhe pode ser recusada pelo Papa quanto às Dioceses, e pelos Bispos quanto aos Benefícios, logo que manifestem sua vontade, pois do seu lado sobra o direito, e razões já enunciadas.

Assim, ao rejeitar a existência de um direito de padroado que submete a Igreja ao Estado – um padroado "à força", como Cândido Mendes diz –, o autor não faz apenas reflexões teóricas, mas fornece razões histórico-jurídicas de efeitos práticos, com o objetivo de eliminar esse poderoso instrumento que estava nas mãos do poder considerado invasor.

Pragmatismo à parte, cumpre fazer indagações no sentido oposto, isto é, em busca do significado profundo, que amarra as ideias e dá alguma unidade ao pensamento de Cândido Mendes. Sem tentar achar uma explicação que vise imputar uma total coerência ao pensamento do autor, este trabalho busca analisar conjuntamente as três histórias do direito, para entender seus usos e concepções. Há, deste modo, uma suposição subjacente de que existe algo que dá unidade, ainda que não uniformidade, a essas histórias.

Essa unidade de sentido pode ser encontrada no entroncamento das histórias, de que são exemplos os pontos de contato entre a história do direito eclesiástico e a do direito comercial.

Ao atacar o jansenismo que se consolida no governo de D. João V, Cândido Mendes diz no *Direito Civil Eclesiástico Brasileiro*:

> Nesse longo reinado lentamente organizou-se o partido que nutria aspirações mais revolucionárias, não se contentando somente com o desconceito da Tiara em benefício do Poder Temporal, visava mais longe. Esse partido que encontrava na situação moral da classe dominante uma base tão sólida para firmar-se, velava suas aspirações na novidade das suas ideias. Apregoava melhoramentos no ensino público, e reformas administrativas e econômicas, atraindo assim em seu favor as classes dedicadas ao comércio e à indústria, preponderantes no elemento laical; e para quem as questões de princípios, que tanto interessam à estabilidade social, preocupam menos que as práticas, máxime quando a solução se afigura momentosa (Almeida, 1866, p. LIX-LX).

O que se vê nesse trecho é uma oposição entre as ações baseadas em princípios, que levam à estabilidade social, e as ações pautadas mais diretamente na prática, que por oposição parecem apenas fornecer satisfações momentâneas, com a clara superioridade das primeiras sobre as segundas. As "classes dedicadas ao comércio e à indústria", segundo ele, são cooptadas e convencidas pelos agitadores, "os revolucionários de todos os tempos", que se aproveitam da (fraca) "situação moral da classe dominante" para incutir a "novidade das suas ideias".

É contra os "revolucionários", a "novidade das ideias", que afeta a "antiga veneração" que os povos nutriam "para com o Sucessor de S. Pedro, desmoralizando-o perante o Mundo civilizado", que Cândido Mendes escreve. O seu partido, portanto, é o dos princípios, da Igreja, da civilização e da tradição, contra a novidade e o elemento revolucionário, que desestabiliza a sociedade, levando à anarquia.

Diante disso, podemos encarar a sua decisão de reeditar e comentar os *Princípios de Direito Mercantil*, do Visconde de Cairu, bem como de escrever uma introdução sobre a história do comércio e de sua regulação jurídica, como uma forma de resgatar a tradição e os princípios contra a visão mais pragmática que os comerciantes vinham adotando, não por má índole – afinal, o comércio é um dos baluartes da civilização –, mas porque, historicamente, aos poucos, ao longo dos últimos séculos, visões deturpadas e revolucionárias vinham contribuindo para a instabilidade social.

Com base nisso, entendemos por que a escolha Cairu. Apesar da "postura antijesuítica jamais superada" (Camilo Junior, 2017, p. 112) desse autor, é justamente ele que fornece uma doutrina, que aborda a economia por um viés moral. É a defesa da moral (cristã, na sua base) contra o instrumentalismo ateu, panteísta ou indiferentista do progresso, da tradição contra a revolução, da estabilidade contra a agitação.

Com efeito, na obra de Lisboa, o direito não é visto como um campo autônomo, mas parte integrante da filosofia moral, juntamente com a economia. A lei moral, segundo ele, governa a vida econômica e o comércio (Camilo Junior, 2017, p. 123). Somente em Cairu encontrava Cândido Mendes um bastião histórico, nacional e doutrinário para combater as ideias vigentes, ou ainda, a falta de doutrina que percebia na prática comercial. Era preciso promover a educação moral de comerciantes e juristas. O meio encontrado foi resgatar a figura patriótica do "verdadeiro patriarca da nossa Independência" e da "Jurisprudência Comercial" (Almeida, 1874, p. VIII), e sobretudo suas ideias.

A partir desse fundamento moral que dá sustentação à história e liga a narrativa historiográfica, fica evidente que a história concreta, o nível das ambiguidades, não possui sentido vista isoladamente, mas apenas sob o influxo do plano de esperança, que permite ao cristão apreender a totalidade da história (ainda que não compreendê-la totalmente). A história sagrada ressignifica a história concreta, que sem aquela não possui sentido.

Deste modo, diante dessa sua visão acerca da história concreta, recheada de ambiguidades e erros, mas acompanhada de um crescente progresso material da civilização e marcada pela presença latente da fé na salvação que emana da história sagrada, transbordam também esperanças relativamente à história concreta, uma vez que, à luz daquela, toda história torna-se sagrada, com a consecução do plano divino.

Assim, para além da esperança teológica, religiosa, transcendental, há uma esperança concreta, política, imanente, relativa aos embates atuais. Isso se evidencia quando Cândido Mendes diz:

> Nós esperamos do nosso Episcopado uma viril iniciativa, pois já bem longe vai a época em que o feroz Ministro de D. José I ousava impor por simples Decreto, além de outros ônus tão repreensíveis como humilhantes, a um Pastor de almas, a reforma dos Estatutos de suas Dioceses a pretexto de maquinações Jesuíticas (Almeida, 1866, p. CCCLXXXVIII).

Essa esperança vem acompanhada de uma distensão temporal que marca uma distância, um afastamento, mesmo uma ruptura com o período anterior, caracterizado pela presença do poderoso inimigo. O mal continua presente, mas o autor vê condições para investidas episcopais contra o poder temporal. Essa esperança, enquanto instigação para a ação política, é ao mesmo tempo uma espera, um colocar-se como espectador da luta, mas que toma partido e demanda a atuação do lado pelo qual torce e milita. Por isso, complementa dizendo:

> Aguardamos essa iniciativa, sem temor de perseguição alguma, e quando voltassem esses horrorosos tempos, ganharíamos mais resistindo, do que sujeitando-nos, pois o fogo da perseguição e as lágrimas de dor retemperam as almas, e as regeneram (Almeida, 1866, p. CCCLXXXIX).

Fundamenta a sua posição fazendo uma contraposição entre o que é duradouro e o que se esfacela em face às intempéries, invocando Deus e a solidez dos princípios dele decorrentes como a base para sustentar a espera, projetar o futuro e renovar a esperança:

> O sopro das tempestades, como diz um célebre Prelado, não arrebata senão o que é morredouro nas instituições do passado; o princípio divino subsiste: sobre esta base sólida, Deus edifica um novo futuro; e onde o homem se perturba, o cristão, e com mais forte razão o Pontífice espera sempre (Almeida, 1866, p. CCCLXXXIX).

Arremata com a fé, manifestando confiança de que a nova composição episcopal levará adiante essa batalha e vencerá: "Confiamos no esforço tão eficaz como meritório do novo Episcopado Brasileiro, para o restabelecimento dos Concílios Provinciais, e dos Sínodos Diocesanos, congregados sem os tropeços do Galicanismo suspeitoso" – e isso porque o episcopado está "renovado", "com sacerdotes que foram beber em Roma as sãs doutrinas do Catolicismo sem mescla, escoimado do antigo servilismo Galicano" (Almeida, 1866, p. CCCLXXXIX-CCCLXL).

Por outro lado, se são renovadas as esperanças com a situação atual dos bispos, perdem-se as relativas à desejada celebração de uma concordata com a Santa Sé: "Não devemos, portanto, nutrir esperanças de que se celebre uma Concordata com a Santa Sé, ao menos nesta época, e enquanto predominar o Galicanismo emperrado na nossa administração" (Almeida, 1866, p. CCCLXLIV-CCCLXLV). De toda forma, essa falta de esperança, enquanto confiança no futuro próximo, torna-se logo a seguir uma outra esperança, que não perde de todo a significação da confiança, mas que se perfaz por meio da espera no sentido de aguardar: "Esperemos do tempo, que tudo gasta, este importante complemento da organização do nosso País, que teria feito a glória do primeiro reinado, e faria do segundo, se tais prejuízos não os impedissem" (Almeida, 1866, p. CCCLXLV). Para o autor, de alguma forma, essa espera vinha se mostrando mais confiável e menos infinita, com o passar as épocas, tendo em vista que

> hoje uma *Concordata* com a Santa Sé oferece mais facilidades em sua realização do que na época do primeiro reinado, em que o tipo Pombal atordoava a mente dos nossos políticos: todos queriam jogar uma lançada contra Roma. Hoje o ídolo já perdeu a mor parte da auréola de que os fanáticos o cercavam, e sua hediondez está mais a descoberto: pode-se discuti-lo sem perigo (Almeida, 1866, p. CCCLXLV).

Vimos, até aqui, os três planos: a esperança, o progresso e o drama humano. Não possuem todos, porém, o mesmo significado e força, seja no pensamento de Cândido Mendes, seja no de seus adversários.

Isso pode ser ilustrado por meio de uma comparação. Cândido Mendes, ao apresentar as ideias veiculadas nos Estatutos reformados da

Universidade de Coimbra de 1772, transcreve-os e comenta-os. Nesses Estatutos – julgados por Cândido Mendes heterodoxos, hereges, revolucionários –, lê-se a referência expressa à ideia de providência, tão cara ao nosso autor. Não é, porém, a ideia de que ele partilha. Eis como aparece nos estatutos:

> Fará da mesma sorte ver, que, sem embargo da *admirável Providência, com que Deus separou os sobreditos dois Poderes, não querendo depositá-los jamais em uma só mão*: contudo começou a Igreja a exercitar depois, e *exercita ainda hoje* muitos direitos temporais (apud ALMEIDA, 1866, p, CIX-CX).

Cândido Mendes não admite a imputação feita à providência nesse trecho. Em nota, exalta-se, com toques de ironia:

> Portanto, segundo estes bons Jansenistas, era a Igreja a causa, a origem de todos os males, não se tendo reduzido ao *puramente espiritual*, contradizendo a *admirável providência* com que Deus separou os sobreditos dois Poderes! A esposa imaculada de Cristo, a quem ele prometeu assistir até a consumação dos séculos, constituiu-se ré de tão graves crimes. Oh! Jansenismo! (ALMEIDA, 1866, p. CX).

Percebe-se dessa contraposição que, apesar da divergência nas articulações de ideias, nas imputações de sentido e nas concepções de mundo, existe um mesmo conjunto referencial e, para o pensamento cristão, a tríade esperança-progresso-ambiguidade aparece sempre, ainda que de formas distintas e com pesos diferentes. Nota-se, com isso, que não se trata de campos intelectuais e sociais que rivalizam de maneira tão radical que sequer se entendem. Pelo contrário: todos os envolvidos no embate de ideias participam dos mesmos contextos linguísticos (POCOCK, 2013), ainda que esses contextos sejam variados, mutáveis e compostos por diferentes estratos temporais (KOSELLECK, 2014).

A visão de história de Cândido Mendes de Almeida funda-se tanto na noção de providência quanto na de progresso, e o mesmo ocorre com a visão expressa nos Estatutos. A diferença está no significado e no peso atribuídos a esses conceitos. Por um lado, o diálogo e a disputa se estabelecem no âmbito de um mesmo campo semântico. Nesse âmbito, a contenda se dá entre variadas noções desenvolvidas em torno de cada conceito, de qual seria seu significado verdadeiro ou correto, bem como acerca da forma como os diversos conceitos se entrelaçam, em suas relações de hierarquia e precedência. Por outro lado, o confronto tem lugar de maneira externa ao campo (ainda que por meio dele), uma vez que não são apenas significados e relações conceituais que estão em jogo, mas as próprias premissas e formas de raciocínio, que representam diferentes estilos de pensamento (Mannheim, 1999).

Essas diferenças expressam-se nas atitudes que cada estilo de pensamento engendra. Tendo em vista o grande peso da visão cristã no pensamento de Cândido Mendes de Almeida, as reflexões de Paul Ricoeur voltam a nos auxiliar, pois o filósofo apresenta as atitudes que esse tipo de fé promove. Para o cristão, os acontecimentos históricos, toda a ambiguidade e os perigos da história, não são fontes de temor e de desconfiança. É a desconfiança, e não o progresso, o contrário da esperança, aquilo que o cristão exorciza, de modo que todo catastrofismo, assim como todo falso profetismo, é rejeitado (Ricoeur, 1990, p. 85).

Como a totalidade da história é inalcançável aos olhos do ser humano, que está imerso nela, o balanço precisa ser prévio. Por isso, diz Ricoeur (1990, p. 86),

> o sentido que pode ter a história em seu conjunto é objeto de fé; não é objeto de razão, como o progresso instrumental, já que é o sentido global que pode tomar esta figura que vai sendo desenhada pelos atos dos homens; esse sentido não pode estar concluído nem pode ser constatado; só é possível esperá-lo de uma graça poderosa, capaz de fazer que o terrível e o vão cedam passo à glória de Deus.

Essa concepção levaria à atitude de ir ao encontro da vida, pois há sempre tarefas para serem cumpridas e oportunidades a serem aproveitadas.

Certamente, o conteúdo dessa fé em Cândido Mendes de Almeida e o apresentado por Paul Ricoeur são diferentes. Seja porque o filósofo francês teve uma ligação com o protestantismo e o jurista brasileiro era um católico intransigente em defesa da ortodoxia da doutrina da Igreja sediada em Roma, seja porque Paul Ricoeur faz questão de diferenciar o domínio religioso e o filosófico (DOSSE, 2017a, p. 507 et seq.), o que na concepção ultramontana oitocentista de Cândido Mendes não faria sentido.

De qualquer maneira, em conformidade com a sua concepção, que é a da Igreja Católica, Cândido Mendes de Almeida demonstra essa atitude: esperança diante da história e entrega à vida, no dia a dia, para cumprir as suas tarefas, dentro das oportunidades que a vida lhe ofereceu, jamais cedendo espaço à desconfiança (no sentido de uma morte da esperança).

Além da atitude prática, Paul Ricoeur ressalta as consequências teóricas desse tipo de concepção. Ao dirigir-se ao encontro das ambiguidades e das incertezas da história, a esperança incentiva a pessoa a buscar um sentido e tentar compreender – e é aqui, segundo o filósofo, que o cristianismo se separa do existencialismo, pois para este a ambiguidade é a última palavra, enquanto para aquele é apenas a penúltima. Por isso, nas palavras de Ricoeur (1990, p. 86), "o cristão se sente estimulado por sua fé, em nome dessa confiança em um sentido oculto, para *ensaiar* esquemas compreensivos, para adotar – ao menos como hipótese – uma visão filosófica da história"[90].

Esses esquemas, que enfrentam o absurdo, no entanto, não podem cair no polo oposto: o sistema. É necessário escolher entre sistema e mistério da história – e o cristianismo escolhe o último, contra os fanatismos teóricos e práticos. Abstendo-se de dar a última palavra, o pensamento cristão manteria sempre a preocupação, de natureza metodológica, de multiplicar as perspectivas sobre a história[91]. E, ao lado da multiplicação das explicações, mantêm-se dois sentimentos centrais: o de descontinuidade dos problemas, evitando-se a ideia de que os variados desafios do mundo moderno formem um sistema; e o da pluralidade das vocações históricas, tanto de civilizações quanto de pessoas. Essa postura, acompanhada desses sentimentos, configuraria em última análise uma coragem de crer em um sentido mais profundo da história que, ao rechaçar o sis-

[90] Por esse aspecto, o cristianismo estaria mais próximo do marxismo (não dogmático) do que do existencialismo (Ricoeur, 1990, p. 86).

[91] Sob esse aspecto, o cristianismo se afastaria do marxismo mais dogmático, pela recusa a explicar toda a história exclusivamente pela chave da dialética do capital e pela experiência histórica do proletariado (Ricoeur, 1990, p. 86).

tema e o fanatismo, significaria um sentido de abertura (Ricoeur, 1990, p. 86-87).

Apesar das ambiguidades e "revoluções" que mexem com Cândido Mendes e movem sua escrita, permanece uma atitude de perpétua esperança na vitória da cristandade, sob a única forma que considera verdadeira, isto é, a católica, conforme a doutrina da Igreja sediada em Roma. Podemos até conjecturar que suas atitudes mais cotidianas tenham sido movidas com base nesse fundamento, como o pertinaz e rigoroso estudo que fez durante toda a vida para levar a cabo a obstinada defesa de sua visão de mundo – isto é, da doutrina da Igreja Católica Apostólica Romana.

Quanto à sua concepção teórica, com a rejeição de formas de pensar céticas e a elaboração de esboços interpretativos no âmbito mais geral de uma história dotada de sentido, Cândido Mendes mostra-se bastante determinado, baseando as suas explicações históricas em uma filosofia da história de cariz cristão.

Sem avaliar filosoficamente a correção de cada uma das ideias de Paul Ricoeur – que não são o objeto deste trabalho, mas apenas um dos suportes teóricos adotados para a reflexão –, parece-nos que é necessário, no mínimo, matizar a ideia de que Cândido Mendes esposava uma visão cristã aberta à multiplicidade das explicações, assistemática e aberta à pluralidade das vocações históricas.

Ainda que a palavra final não venha diretamente da sua boca, do que se esquiva por meio de recursos de linguagem como a remissão ao conceito de providência, que mantém o mistério em um plano suprarracional, todas as explicações de Cândido Mendes de Almeida levam, em última instância, a um só ponto, em que os desafios são sistematicamente enfrentados, ao menos potencialmente, com base na única fonte legítima de compreensão da verdade histórica: a doutrina ortodoxa da Igreja romana.

Podemos dizer, assim, que o mistério e a esperança do cristianismo são mantidos sempre, ainda que de forma latente, tornando o sentido da história ao mesmo tempo oculto e certo. Mas o caminho para a compreensão do sentido da história não partilha do mistério da totalidade histórica, pois é concreto, visível e pertence a este mundo: é a palavra da Igreja Católica, em especial pela boca do soberano pontífice. Em outras palavras, a confiança cristã no sentido da história se confunde com a confiança da ortodoxia católica na infalibilidade da Igreja e do papa.

Não obstante esse depósito integral de confiança do sentido da história na palavra da Igreja Católica, a realização de seu próprio caminho de vida, por meio da atuação política e da escrita da história, do direito e da geografia, mantém Cândido Mendes vinculado ao plano concreto das ambiguidades. Nisso, realiza a empreitada que Paul Ricoeur (1990, p. 87) liga à congregação dos três planos da história:

> é essencial que a esperança siga enfrentando-se sempre com o aspecto dramático, inquietante, da história. Quando a esperança deixa de ser o sentido oculto de um sem sentido aparente, é precisamente quando se desprende de toda ambiguidade, quando cai de novo no progresso racional e tranquilizante, quando aponta a uma abstração morta; por isso é preciso estar atento a esse plano existencial da ambiguidade histórica, entre o plano racional do progresso e o plano suprarracional da esperança.

À sua maneira – que é uma maneira pessoal, devota da maneira institucional da Igreja Católica, exercida em um dado contexto –, Cândido Mendes organizou os três planos: esperança, progresso e ambiguidade. Aceitou ideias e ideais de progresso, mas rejeitou dar peso demais a esse plano e a suas abstrações e promessas, tão abstratamente racionais quanto vazias. Não via sentido nessa racionalidade sem um plano supra-humano de esperança e mistério, responsável por ordenar tudo o mais. Na tensão entre esses dois planos, dedicou a vida às lutas políticas do presente e à escrita das lutas do passado, sem distinguir rigorosamente esses dois planos temporais de conflito. Política e história, presente e passado, tudo confluía em seus discursos escritos e orais a um mesmo ponto, para o qual se dirigia com confiança: devolver justiça ao mundo.

Mas em que consistia essa justiça, a seus olhos? E qual seria o papel da história do direito na realização dessa tarefa? A análise dos conceitos por ele empregados, no próximo item, tem por objetivo elucidar estas questões: quais as concepções de Cândido Mendes de Almeida acerca da história, do direito e da justiça? E em que sentido a história do direito foi um meio para a realização dessa ideia de justiça?

3.2 Os conceitos da história escrita

Seria um equívoco simplesmente chamar o que fazemos nesta parte de história dos conceitos. Afinal, somente são estudados os conceitos como aparecem na obra de um autor, sem dar prioridade à diacronia e enfocando conceitos cuja centralidade pode ser contestada. Ainda assim, a história dos conceitos é uma inspiração metodológica para as análises a seguir.

Apesar de existirem relevantes estudos em história da cultura jurídica[92], em história da historiografia[93] e em história dos conceitos jurídicos[94], não há uma história da historiografia jurídica brasileira ou uma história dos conceitos jurídicos avançada e consolidada, à qual este estudo pudesse se integrar como uma peça a mais de um mosaico. Em vez de empreender essa história por meio uma abordagem ampla, a nossa opção foi compreender a fundo as noções centrais da história do direito em um só autor, a fim de oferecer subsídios para que uma história desse tipo seja feita. Deste modo, se este trabalho em si não compõe uma história dos conceitos, uma das intenções que o movem é a escrita de uma história desse gênero.

Quanto à ausência de destaque para a diacronia, as próprias fontes o impõem, tendo em vista que as obras centrais escolhidas ocupam um arco temporal relativamente curto, de oito anos, entre 1866 e 1874, parecendo-nos que as grandes diferenças entre as três histórias do direito escritas por Cândido Mendes dizem mais respeito ao objeto de cada uma do que a mudanças temporais. De toda forma, a limitação do estudo em termos de diacronia permite uma mesma resposta que a limitação autoral: este trabalho fornece elementos para uma história dos conceitos,

[92] São exemplos de estudos nesse âmbito os de Barbosa (2009), Fonseca (2006) e Lopes (2003, 2004, 2010a, 2010b, 2014, 2017a, 2017b, 2018).

[93] Para uma análise dos contornos teóricos da história da historiografia, cf. Araujo (2013). Para estudos nessa área, envolvendo uma multiplicidade de autores e temas, cf. as publicações da *Revista História da Historiografia*.

[94] Podemos citar como exemplos os textos de Paixão e Carvalho (2018) e de Villas Bôas Filho (2010). Vale destacar, ainda, o *Dicionário histórico de conceitos jurídico-econômicos (Brasil, séculos XVIII-XIX)*, organizado por Aidar, Lopes e Slemian (2020). Ainda, em diálogo com esse âmbito de estudos, pode-se destacar a história das imagens da normatividade jurídica (Da Maia, 2009, 2013, 2016).

bem como para uma história da historiografia jurídica brasileira, a qual, uma vez desenvolvida, permitirá o retorno a este estudo para confirmações e reparos.

O último ponto levantado, a centralidade ou não dos conceitos escolhidos, talvez seja mais delicada[95]. Na seleção de conceitos mais utilizados por Cândido Mendes, pela leitura de seus textos, talvez a escolha mais evidente para a análise de seu pensamento dirigisse a atenção para alguns termos como "regalismo", "cristão/cristianismo" ou mesmo "civilização". Não obstante, escolhemos "história", "direito" e "justiça", termos que, apesar de aparecerem com frequência em seus textos, possivelmente não figurariam no pódio dos mais recorrentes, a depender dos objetivos do pesquisador. Por isso, é necessário justificar a escolha.

A opção por esses conceitos tem relação direta com o tema desta pesquisa, isto é, a história do direito escrita pelo autor. Fosse este trabalho voltado especificamente para a sua defesa da Igreja, ou para a sua compreensão sobre a separação de poderes no âmbito da reforma do Judiciário, talvez os conceitos fossem outros. Porém, mais do que isso, como argumentamos, a história do direito não é apenas um tema entre outros para Cândido Mendes, mas a forma discursiva privilegiada que ele escolheu para agir no mundo. Ela perpassa os demais temas, pois está no cerne de sua forma de pensar e participar das questões com que se depara em sociedade. Assim, parece-nos que os conceitos que giram em torno da história do direito são, efetivamente, centrais em seu pensamento – e, correlatamente, são relevantes para mapear o mundo social e discursivo de que participa, seja no que tem de típico, seja no que tem de peculiar.

De outra parte, ainda é possível que se aponte a escolha como arbitrária, e até anacrônica, pois pode parecer decorrente mais do conceito de "história do direito" que imputamos a seus discursos do que dos conceitos utilizados pelo autor de forma concreta e recorrente. Não que ele não os utilize, mas esses conceitos concorrem com outros e seria necessário justificar por que estes três – história, direito, justiça.

Com esse questionamento, temos que concordar, ao menos parcialmente. Há algo de arbitrário na escolha e, em certo sentido, os conceitos

[95] Não entraremos no debate sobre a própria pertinência da distinção entre palavras e conceitos. Sobre isso, cf. Stolleis (2020, p. 38-44).

talvez estejam mais próximos do historiador do que da realidade histórica estudada. Acerca disso, convém recuperar uma distinção epistemológica a que Reinhart Koselleck (2006, p. 305-309) chama a atenção, relativa a dois tipos de elementos linguísticos fundamentais com que a ciência histórica lida. Trata-se da distinção entre categoria e conceito. Os conceitos, concretamente apreendidos, são os fenômenos que aparecem nos discursos dos agentes históricos do período estudado. São termos históricos plurívocos, concretos, que variam de sociedade para sociedade e transformam-se com o correr do tempo. Formam campos de disputa político-social e são, por isso, objetos privilegiados para os estudos históricos. Já a categoria é o instrumento heurístico utilizado pelo historiador para apreender a realidade histórica estudada. É uma noção abstrata, forjada pelo próprio historiador para apreender e dotar de sentidos específicos o seu objeto de estudo, a fim de esclarecê-los, permitir comparações e potencializar a sua interpretação. História, direito e justiça são, a um só tempo, conceitos e categorias, isto é, encontram-se tanto nos discursos concretos de Cândido Mendes quanto na noção mais abstrata de "história do direito", por meio da qual abarcamos o conjunto de textos e argumentos em que se apresentam determinadas características.

Como a nossa proposta interpretativa acerca do pensamento de Cândido Mendes de Almeida é que a história do direito constitui uma forma privilegiada por meio da qual ele apreende, interpreta e age no mundo social e político em que está inserido, entendemos que os conceitos de história e de direito precisam figurar no cerne de nossa análise. Esses conceitos estão presentes nos seus textos. No entanto, tendo em vista que a elaboração de histórias do direito constitui uma prática fundamental em sua forma de agir no mundo, não nos limitaremos a abordar esses conceitos no momento em que os respectivos termos "história" e "direito" são enunciados, fazendo alguma espécie de mapeamento ou buscando transformações na relação termo-significado.

História e direito não são abordados aqui apenas no sentido estrito de conceitos históricos. Sem perder essa dimensão, que existe e é considerada, ambos são utilizados primordialmente como categorias, ferramentas de apreensão da realidade histórica estudada, com a finalidade de expressar com cada uma delas um conjunto de significados que vai além dos respectivos termos, envolvendo outros (como tempo e restauração, por um lado, e código e constituição, por outro), e que em conjunto formam o que poderíamos chamar de uma consciência histórica e uma consciência jurídica. Ao considerar esses outros termos, igualmente presentes nos textos de Cândido Mendes, pretendemos também compensar um eventual distanciamento dos conceitos históricos em favor das categorias de análise.

Assim, a escolha por essas categorias-conceitos em vez de outras guarda relação com a nossa própria linguagem e com a pretensão de encontrar conceitos que permitam uma avaliação que extrapole esse autor específico, abrindo perspectivas para a comparação, análise e interpretação conjunta com textos de outros autores do contexto linguístico estudado.

Ainda resta explicar o porquê do terceiro conceito, o de justiça, que não se lê no termo composto "história do direito". A atenção dada a esse conceito-chave decorre de uma concepção filosófica. Assim como consideramos que todo direito é essencialmente histórico (Lopes, 2020), entendemos que o sentido intrínseco dessa prática social é a justiça (Lopes, 2004, 2021). Por isso, esse elemento é tão importante que figura no cerne de nossa tese. A partir dele, argumentaremos que a história do direito foi o meio que Cândido Mendes encontrou para fazer justiça. O significado dessa formulação poderá ser melhor compreendido abaixo, após estudarmos os conceitos de história e de direito.

Uma abordagem desse tipo pode sempre ser contestada por conter certo grau de anacronismo, uma vez que se sustenta em categorias que abrangem realidades e conjuntos de significados variados, que extrapolam as manifestações empíricas singulares. Esse tipo de contestação, entretanto, levada ao extremo, tende a admitir apenas abordagens radicalmente empiristas, impedindo qualquer tipo de comparação ou generalização, o que limitaria o conhecimento histórico a uma espécie de descrição anódina de casualidades, voltando à crença em fatos históricos brutos "tal como ocorreram" ou reduzindo o trabalho do historiador ao de um antiquário[96].

[96] Donald Kelley (2009, p. X) aborda questão semelhante, ao defender sua opção teórica pela generalização. Ele justifica a abordagem conceitual, dizendo que, apesar de os conceitos (como "ciência" ou "propriedade") terem mudado muito ao longo dos séculos, sendo

Por último, algumas considerações sobre as relações entre direito e história irão auxiliar esta empreitada. Donald Kelley (1984, p. 6-9) argumenta que o amplo uso de documentos para fundamentar a história institucional, que consideramos para caracterizar a história científica, tem raízes mais antigas do que se costuma pensar: não é devido ao realismo, mas ao romantismo. Segundo ele, a convergência entre história e direito processa-se historicamente até o ponto em que, no século XIX, é levada ao máximo, com a realização da esperança de Montesquieu de que "a história deveria iluminar as leis, e as leis, a história". No período romântico, então, "após o que alguns consideraram como uma geração de ajuridicidade (*lawlessness*), a musa da história juntou forças com Themis, deusa do direito humano".

A relação com o direito era frutífera para a história por uma série de fatores. Primeiro, o direito requeria e inspirava respeito pela evidência documental, bem como pela utilização de fontes arquivísticas. Segundo, o direito estava ligado às questões públicas mais relevantes da época, desde a propriedade privada até a questão social. Terceiro, o direito lidava com aquilo que a "nova história" do início do século XIX entendia ser a substância da história: as instituições sociais, bem como as estruturas e processos do setor privado (a "sociedade civil"). Por fim, as questões centrais da jurisprudência pós-napoleônica eram centrais também para a nova historiografia, sobretudo o tema da codificação, fenômeno que se confrontava com a ideia de que o direito seria expressão da cultura popular (o que Kelley aponta ser uma distinção análoga àquela entre história política e história social).

Temos situado Cândido Mendes precisamente como representante da forma de pensamento conservadora que se desenvolve no século XIX em algumas direções. No seu caso, trata-se um conservadorismo católico ultramontano no contexto brasileiro. As características já ressaltadas do conservadorismo em geral, como a atenção do concreto e o correlato afastamento do pensamento abstrato, aparecem em seus discursos, e uma das

nominalmente anacrônicos, eles têm o condão de dar coerência conceitual ao processo histórico. Para defender a sua posição, utiliza a noção de "universais concretos" (*concrete universals*), discutida por Paul Ricoeur em *O simbolismo do Mal* e por Peter Munz em *The Shapes of Time*, e que nos leva até Hegel. Some-se a isso a noção histórica do conceito de história, de Koselleck (2013), como um singular coletivo.

implicações dessa forma de pensar situa-se precisamente naquilo que Kelley associa ao romantismo: uma maior aproximação entre direito e história. É precisamente nessa linha que a história do direito virá a constituir para Cândido Mendes não só uma diretriz temática para a sua historiografia, nem somente uma maneira de interpretar e argumentar juridicamente, mas a forma privilegiada de pensar a vida social e dela participar.

Com base nisso, podemos nos apoiar nos fatores elencados por Kelley como guias para apreender como história e direito se aproximam e como a história do direito atua no pensamento de Cândido Mendes. No próximo item, em que abordaremos o conceito de história, o terceiro fator tenderá a ser ressaltado, uma vez que, como temos argumentado e já adiantamos anteriormente, ao tratarmos da história do drama humano, a historiografia de Cândido Mendes assume como preocupação central as transformações políticas e jurídicas. No curso da argumentação, o primeiro fator, aquele que diz respeito à evidência documental, conectará os tópicos sobre história e direito, precisamente porque é nesse ponto que os dois conceitos se amalgamam, com a publicação de compilações das fontes histórico-jurídicas. Já no item sobre o conceito de direito, o quarto fator receberá especial atenção, pela maneira como Cândido Mendes encara temas jurídicos centrais do século XIX, como o da codificação. Por fim, no item sobre o conceito de justiça, o segundo fator assumirá o centro do palco, pois é nele que examinaremos como a história do direito é mobilizada pelo autor para fazer justiça, ao participar de algumas das questões mais candentes sua época.

3.2.1 História: verdade, crítica, método e fontes

> Limitando o nosso esforço a huma parte da historia nacional, a empresa sob todos os aspectos se tornaria facil; e assim se iria preparando gradualmente as bases da grande historia nacional, monumento destinado á penna mais habilitada que de entre nós surgisse, e que aos enlevos de hum estylo harmonico e correcto, reunisse outras condições que constituem o historiador o fanal dos povos no futuro, e seu juiz no passado.
>
> CÂNDIDO MENDES DE ALMEIDA
>
> *Memórias para a história do extinto Estado do Maranhão* (1860, p. II)

João Paulo Garrido Pimenta e Valdei Lopes de Araujo (2014), ao abordarem as transformações do conceito de história no Brasil, apresentam uma contraposição nas narrativas do início do século XIX: de um lado, havia a concepção providencialista de história; de outro, a análise racional das leis históricas, que estava em ascensão, em detrimento da primeira. Dizem os autores:

> Tal o caso do *Correio Braziliense*, cujo editor, Hipólito da Costa, recorreu a narrativas ilustradas para defender um tipo de emancipação da América – isto é, amadurecimento natural em relação à Europa, sem rupturas. No *Correio*, a versão providencialista da história está ausente, substituída pela possibilidade de obter orientação através da análise racional de leis históricas (Pimenta; Araujo, 2014, p. 110).

Essa contraposição tem o mérito de apontar para as tendências de pensamento, o que permite ir além da análise restrita às singularidades dos autores e textos e apreender as ideias em termos de correntes ou de estilos de pensamento. Com exceção de casos-limite, todavia, não nos parece possível encará-la como uma contraposição absoluta, uma vez que capta apenas tendências à preponderância de uma ou outra concepção, que se entrecruzam e sobrepõem nos discursos concretos.

No caso de Cândido Mendes, a análise racional, que aponta para uma forma de pensamento que privilegia o abstrato, não está ausente, tendo em vista as reflexões em torno de conceitos como progresso e civilização. A concepção providencialista, por outro lado, é inerente à história sagrada que embasa o pensamento cristão do autor. Sempre presente, o plano misterioso da esperança, próprio à história sagrada, fixa os limites e o significado do progresso possível e dá sentido a um terceiro nível, que possui preponderância na prática historiográfica de Cândido Mendes: o das ambiguidades, em que se desenrola o drama da história humana.

Ao dedicar sua atenção a essa história concreta, conquanto mobilizando noções da história abstrata e submetendo-a aos preceitos da história sagrada, Cândido Mendes faz da historiografia o seu meio de atuação no mundo, o que constitui uma resistência contra a análise racional, antiprovidencialista, que Pimenta e Araujo identificam no periódico de Hipólito da Costa e que vinha se fortalecendo com o correr do século.

Cândido Mendes apresenta uma definição do saber histórico na introdução de seu *Atlas do Império do Brasil*. Diz, primeiramente, que a Geografia é necessária à Estatística, que é a ciência por meio da qual se põem a descoberto os erros e as perfeições do governo da nação. A História, por outro lado, é "outra Estatística sob diferente e mais amena fórmula, porque é a exposição dos resultados da marcha e vida de um povo na terra, e, portanto, de seus triunfos e seus desacertos". E ainda: "É ela a lição da experiência para guiar no presente, e resguardar no futuro". Indispensável para quem tem a incumbência de dirigir os homens, o autor completa (Almeida, 1868, p. 7). Prossegue dizendo que os dois luminares da ciência da História são a Geografia e a Cronologia, sendo o primeiro o mais importante, por ser o que permite a "viva fotografia dos fatos" e sua gravação "na memória do adolescente, que deve de sua moralidade extrair o conveniente proveito". Após isso, faz algumas distinções dos tipos de história e contrapõe o esquecimento a que leva a voragem dos acontecimentos quotidianos (negativo) à memória, ao louvor e à imitação dos grandes do passado (positivo):

> A História santa, e a profana não passariam de meros passatempos, fáceis de olvidar na voragem dos quotidianos acontecimentos. A da Pátria, dos feitos heroicos e memoráveis de nossos beneméritos patrícios, vivificados pelo conhecimento das localidades, perderiam em grande parte o seu fulgor, desprendido mais um incentivo para os fazer avultar e Engrandecer na memória dos que quisessem apreciá-los, louvá-los e imitá-los (Almeida, 1868, p. 7).

Depois, também no *Atlas*, Cândido Mendes traz a ideia de que a experiência é a ciência ou a história dos próprios erros: "O errar é moléstia da humanidade", afirma, "e a ela não poderíamos escapar. O que chamamos experiência não é mais do que a ciência ou a história dos próprios erros, porquanto só depois de conhecê-los é que conseguimos acertar. São sem dúvida intuitivas verdades as que enunciamos, mas que repetidas nunca prejudicam" (Almeida, 1868, p. 8). Na sequência, vem uma ideia de crítica: "apontar esses erros e emendá-los é obrigação dos críticos, a cuja perspicácia sujeitamos esta deficiente produção" (Almeida, 1868, p. 8).

Cândido Mendes fala também em ciência histórica no *Direito Civil Eclesiástico Brasileiro*. Primeiramente, seguindo um *topos* bastante comum, o da história como um livro a ser consultado, no qual se encontram as verdades do mundo. A ausência da consulta ou o mau uso dos conhecimentos que ela oferece leva a ilusões: "Basta consultar-se a história com alguma boa-fé para reconhecer-se, que toda a poeira levantada pelos inimigos declarados ou encobertos do Catolicismo, contra o Papado, tem por fim só iludir os incautos" (Almeida, 1866, p. CCCLXXXIX). Na mesma nota, o livro da história transmuta-se sob a forma científica, o que indica o rigor do conhecimento que atualmente se descobre: "Essa gritaria tão estúpida, e ao mesmo tempo tão nociva à marcha da Igreja, a ciência histórica moderna fará desaparecer, e bem triste papel representarão na posteridade os defensores de semelhantes teses" (Almeida, 1866, p. CCCLXL). Mas note-se: a ciência histórica moderna fará desaparecer a vociferação vazia dos inimigos, no futuro, pois ainda está sendo construída e, ao deixar subentender que a sua narração histórica oferece conhecimentos verdadeiros e rigorosos, Cândido Mendes coloca-se do lado dos construtores dessa ciência histórica moderna, posta-se ele mesmo como um historiador moderno, que usa os métodos corretos, faz as críticas fundamentadas e apresenta os conhecimentos verdadeiros.

Essas ideias, somadas ao que já foi visto até o momento, fornecem a base para refletir acerca do que Cândido Mendes entende por história e, especificamente, por saber histórico.

Apesar de vincular a história ao saber científico, ao aproximá-la da estatística e tratá-la como um campo de estudos racional, que demanda rigor, em determinado momento da introdução aos *Princípios de Direito Mercantil*, Cândido Mendes faz uma distinção entre história e ciência: "Toda essa Legislação [veneziana], para o assunto mais importante, Pardessus colige em sua obra com os Estatutos de Curzola de 1214, e de Cátaro do século décimo quarto; onde os leitores estudiosos podem com fruto consultar por interesse histórico e mesmo da ciência" (Almeida, 1874, p. CXXI). Ao tratar ciência e história como campos diferentes do conhecimento humano, Cândido Mendes aparentemente adere a uma posição que geraria muita discussão desde aquele século até os dias de hoje, a do estatuto metodológico da "ciência" histórica – isto é, se seria uma ciência como as ciências naturais ou duras, submetida aos métodos universais já aplicados de maneira bem sucedida a estas; se seria uma ciência de outro tipo, com métodos diferentes; ou se não seria ciência, mas outro tipo de conhecimento (para alguns, menos rigoroso e, por isso, dotado de menor credibilidade). Também aqui aparece a contraposição com relação aos racionalistas. Autores ligados a uma linha filosófica, conhecidos como *ideólogues*, por exemplo, baseavam suas considerações em postulados empírico-positivos em matéria social e adotavam a posição de que as ciências naturais forneceriam os métodos universalmente válidos, tanto para o regime do mundo físico quanto para o regime do mundo moral, como destacava Romagnosi, jurista italiano herdeiro desse pensamento já no princípio do século XIX (FERRANTE, 2009).

A breve consideração de Cândido Mendes acima citada não comporta conclusões peremptórias a respeito, mas parece apontar para um caminho diverso. Apesar de tratar os estudos históricos com rigor, não há qualquer indicação nos textos de Cândido Mendes no sentido de que eles se submeteriam aos métodos das ciências naturais, de modo que essa distinção entre interesse histórico e interesse científico indica uma tendência a considerar os dois tipos de conhecimento, embora igualmente científicos e rigorosos, como de natureza diversa.

É importante notar que Cândido Mendes vive o processo de constituição da história como disciplina, próprio do século XIX, em que o historiador deixa a condição de *hommes des letres* para assumir a de pesquisador (GUIMARÃES, 1988, p. 5). Essa transição é bem exemplificada pelo caso de Francisco Adolfo de Varnhagen. Ao apontar para o surgimento, em sua obra, ao lado do historiador-poeta, da figura do historiador-cientista, "que privilegia a crítica erudita dos documentos e o compromisso com a verdade dos fatos narrados", Rodrigo Turin (2009, p. 17-18) afirma que o

> método histórico é o corte que garante a suspensão do sujeito (o esquecimento de si) e a *neutralidade* do enunciado, traços essenciais de uma história que se denominava científica. O pacto implícito de sinceridade afetiva que acompanha a obra não compromete, pelo menos *a priori*, a legitimidade do enunciado histórico como *verdade*.

Vemos, assim, que por meio do método histórico-científico o historiador esquece de si, para coincidir com a nação, o que é a prova da afetividade, do caráter heroico, do cumprimento do dever ético de patriotismo. A sinceridade que deriva desse procedimento é a garante da veracidade da narrativa. A entrega ética (cumprimento do dever por iniciativa pessoal), aliada à supressão da individualidade, que se confunde com a comunidade maior (nação, civilização), é a fórmula que sustenta a verdade da história escrita. Isso ajuda a explicar por que a defesa de causas também por Cândido Mendes (no seu caso, do Maranhão, do Brasil, da Igreja) não aparece como contraposta à ideia de imparcialidade da narrativa, de busca da verdade. A imparcialidade está no nível do historiador, mas este está inserido na comunidade da qual narra a história e a qual possui elementos morais.

O exame imparcial de Cândido Mendes leva à verdade, nomeadamente à verdade de que a liberdade da Igreja não é respeitada no Brasil – o que, acrescentemos, configura uma injustiça, ideia derivada de uma operação que liga os conceitos de história e de direito. Com essa base, o autor pode perguntar-se, com indignação, como de um exame imparcial poderia chegar-se a uma conclusão diferente, que não o reconhecimento da situação de opressão contra a Igreja:

> Com o *Placet* e com o *Recurso à Coroa* a Igreja está presa a duas pesadas correntes. Acrescente-se o Padroado imposto à força, o miserável estipêndio dos empregados da Igreja, a limitação da vida Religiosa; e à luz de um exame imparcial pode-se dizer livre uma Igreja em tais condições? (Almeida, 1866, p. CCCCXV).

A noção de verdade de Cândido Mendes é, em sua base, uma noção católica e, por isso, tem a divindade em sua origem e a Igreja como sua guardiã e guia. A verdade conhecida pelo cristão, diz Cândido Mendes, tem origem divina, o que "a impede de ser impaciente e desumana; aguardando com certeza a vitória das ideias fecundas e duradouras no dia e hora marcados pela Providência, sem ser preciso, que, para fazer-se o bem, se alastre a terra em ruínas" (Almeida, 1874, p. IX). A realização da verdade ocorreria, então, mediante uma "revolução pacífica", que se desenvolveria aos poucos e a partir do plano das ideias.

Todo esse conjunto de intenções e fundamentos, vistos separadamente nos capítulos anteriores, conflui na noção de verdade. Diz Cândido Mendes:

> Mas tal é a força da verdade e da lógica nos acontecimentos humanos, que à sua vista todos os obstáculos se esfacelam, e os adversários, ainda que a contragosto, a ela se curvam. E pois estabelecidas as premissas de qualquer medida, as consequências não se fazem esperar, como que dirigidas pela fatalidade (Almeida, 1874, p. VIII).

Daí a importância de dizer a verdade – e, no âmbito do direito, de contar a sua história, explicá-la e mostrá-la para os concidadãos. Fazendo isso, a verdade por si só impera, impõe-se e leva às suas consequências.

Não obstante, é importante notar que a ideia de verdade, enquanto correspondente à doutrina católica, não é tão coesa e unívoca quanto seus defensores fazem parecer. Apesar da existência de dogmas fundamentais, como o de que é impossível a salvação fora da Igreja, no âmbito interno à própria instituição as discussões a respeito de seu significado eram inúmeras. Stuart Schwartz conta que as dúvidas de interpretação sobre os caminhos para a salvação não se restringiam aos laicos, mas chegavam aos próprios eclesiásticos. Segundo ele,

> o problema da salvação certamente era essencial, mas teologicamente complicado, e os padres com responsabilidades religiosas temiam que a questão gerasse confusão entre fiéis. Em 1689 alguns teólogos da igreja jesuíta de são Roque, em Lisboa, foram consultados sobre a possibilidade de salvação para um luterano ou calvinista batizado em sua fé. A resposta foi afirmativa, desde que a pessoa ignorasse a verdade e não tivesse cometido nenhum pecado mortal, ou tivesse pecado e depois feito um ato de contrição ou declarado amor a Deus. Mas, além da questão em si, o que preocupava os teólogos em quase igual medida era a situação delicada de respondê-la diante de pessoas simples e incultas. Como diziam: "nem a resposta se diga diante de pessoas menos prudentes que possam ter ocasião de algum escândalo ou ruína espiritual" com a questão. A despeito de tais reticências e cuidados, o tema da salvação continuou a ser assunto de interesses e debate entre o povo (Schwartz, 2009, p. 162-163).

Percebe-se nesse trecho a ideia de uma só verdade, a qual seria interpretada e declarada pela Igreja e por seus membros, tendo como destinatário o povo. Para este, a verdade deveria aparecer de forma unívoca e coerente, sem abertura para dúvidas que pudessem gerar escândalos. Mas, internamente, a Igreja enfrenta a incontornável necessidade de interpretar e decidir os casos, para dizer como os dogmas se efetuam na realidade temporal.

Movido por sua adesão irrestrita ao catolicismo, acirrada pelo contexto brasileiro de luta entre regalistas e ultramontanos em um país ainda católico, essa ideia de verdade aparece como a baliza fundamental do pensamento de Cândido Mendes. Para além da verdade tal como apresentada pela Igreja Católica, especialmente da Santa Sé, o maranhense não vai. É um laico, que apenas defende, sem contestar, os dogmas e as interpretações teológicas vindas de Roma – a ponto de, por vezes, confrontar membros do clero brasileiro por divergirem de seus preceitos. Dentro desses limites, contudo, e especialmente no âmbito do que é temporal, Cândido Mendes sente-se à vontade para pensar livremente, tendo como missão reafirmar e comprovar as verdades promanadas da Igreja com fatos concretos. Diante disso, os assuntos históricos tornam-se o ambiente mais propício para Cândido Mendes desenvolver a sua atividade intelectual, conquanto sempre ligada à atividade prática do jurista e do político.

Assim, a verdade histórica aparece, no pensamento de Cândido Mendes, com os pressupostos, limites e móbeis da doutrina católica. Isso não impede que ele utilize os métodos da historiografia oitocentista, nem seu caráter crítico. Pelo contrário. Mas, em vez de estar a serviço do Estado-nação, como tantos outros, a nação que historia e na qual atua é uma católica, vinculada portanto à Igreja. Com base nisso, o autor lê as fontes históricas e jurídicas, publica-as, interpreta-as, tenta comprovar e demonstrar relações de causalidade, motivos e estruturas que subjazem aos acontecimentos políticos, busca a verdade e defende a versão que considera correta e justa.

Se a narrativa apresentada por Cândido Mendes, estreitamente alinhada com a versão da Igreja Católica, não pode ser considerada uma representação correta e definitiva da verdade histórica – para além do problema epistemológico, pelas críticas feitas por seus adversários, que não admitem a vertente ortodoxa da doutrina católica –, também seria um erro apontá-la como desconexa da realidade, fruto de um pensamento fanático. Inúmeras considerações e críticas feitas por ele encontram respaldo nos estudos históricos, inclusive recentes. O historiador

Stuart Schwartz (2009, p. 195), por exemplo, aponta para o fato de que os tribunais da inquisição do México e de Lima foram fruto das decisões políticas de Filipe II, com a intenção de fortalecer o poder monárquico nas Índias, valendo-se para isso da Inquisição como instrumento de controle ideológico. Também Paolo Prodi (2005, p. 326) chama a atenção para os vínculos que se estabeleceram entre o Tribunal do Santo Ofício e a justiça dos soberanos, e não apenas no caso da Espanha, onde a Inquisição assumiu características estatais. Especificamente sobre Portugal, Francisco Falcon (2017) comenta que a monarquia não poderia se dar ao luxo de simplesmente extinguir a Inquisição, de modo que publicou em 1774 o "Regimento do Santo Ofício da Inquisição dos Reinos de Portugal, ordenado com o real beneplácito e o régio auxílio", em cuja introdução é apresentado um histórico da instituição, atribuindo-se todos os erros e defeitos aos jesuítas. Deste modo, como avalia Falcon (2017, p. 51),

> exorcizam-se, de uma só vez, os velhos e os novos demônios [...]. Tratava-se de fazer do temido tribunal um instrumento secular, estatal, de defesa da ordem e da ideologia dominante contra os desafios e os perigos das novas ideias, heresias de um novo tipo, suscetíveis também de pôr em perigo o trono lusitano.

Ora, essas constatações se coadunam com as críticas que Cândido Mendes faz à utilização do Tribunal da Inquisição como aparelho de Estado por Pombal. As atribuições de responsabilidade, os períodos, os significados podem mudar nos diferentes relatos históricos, assim como se pode questionar o fato de que a Inquisição somente é frontalmente atacada por Cândido Mendes quando se insere nesse contexto de responsabilização do poder civil. Mas a abordagem do maranhense não é desprovida de nexo e fundamentação histórica. Trata-se de uma seleção específica de fatos, interpretada de uma determinada maneira, a fim de enfatizar determinados aspectos da realidade histórica que, em conjunto, compõem melhor uma narrativa que corresponde à sua visão de mundo. Isso não quer dizer que qualquer seleção, aliada a qualquer interpretação, forme uma narrativa aceitável. Entretanto, em meio à pluralidade de grupos sociais, culturas, interesses econômicos, posicionamentos políticos e ordens normativas, as instituições e os institutos sociais são semanticamente disputados. Na gama de significados que cada conceito permite, na sua relação com os demais, na interação com a realidade não conceitual e em meio às transformações temporais, escolhas são não apenas possíveis como necessárias para a elaboração dos discursos. Os discursos, por suas afinidades e diferenças, formam conjuntos mais ou menos coesos, que tendem a participar de determinada visão de mundo (e de economia, religião, direito, política), em detrimento de outras, por repúdio ou indiferença. As ideias de Cândido Mendes encontram amparo na realidade histórica, pois sustentam-se em fontes, fatos e interpretações que dão sentido para a apreensão do mundo. E não são apenas suas essas ideias, mas fazem parte de um contexto linguístico do qual ele as apreende, utiliza e transforma. Tratá-las como absurdas ou fanáticas seria aderir cegamente aos discursos rivais, em vez de compreender a disputa semântico-conceitual que subjaz às contendas sociais nos diversos campos (jurídico, econômico, político, religioso, dentre outros). É necessário, pois, situar melhor o autor no seu tempo.

Pimenta e Araujo (2014), no já referido verbete sobre o conceito de história no Brasil da passagem do século XVIII para o XIX, utilizam categorias específicas para separar os períodos em que se manifestam diferentes visões sobre a história: o período que vai de 1750 a 1807 corresponde à "laicização das narrativas"; entre 1808 e 1831, há a "formação das macronarrativas ilustradas"; e, de 1831 a c. 1850, "a nação como metanarrativa historiográfica".

Como situar o jurista-historiador maranhense frente a essas categorias? Sem a pretensão de ontologizar esses períodos, mas valendo-nos deles como referências para situar Cândido Mendes de maneira aproximativa, depreendemos que a sua formação primária e o começo de seus estudos na faculdade de direito enquadram-se no momento em que as macronarrativas ilustradas estão em seu maior desenvolvimento, transitando para o período seguinte. Este, em que prepondera a nação como metanarrativa historiográfica, abarca os vinte anos que figuram entre seus estudos jurídicos e o início de sua produção bibliográfica madura.

Podemos ver em sua obra uma adesão à produção de uma metanarrativa historiográfica centrada na nação, mas atribuindo a esse conceito um sentido peculiar, uma vez que centrado não tanto no Estado(-nação) quanto nas relações entre este e a Igreja. Se essa concepção pode ser vista como contrária à que eleva a nação soberana, sem concorrência de poderes externos, a metanarrativa, ela também pode ser encarada como uma variação do projeto de produção de identidade nacional. Os seus adversários criticavam essa visão como submissa a uma potência estrangeira e, portanto, contrária aos interesses da nação, mas para Cândido Mendes era a correta concepção da nação brasileira, que devia estar imbricada com a universalidade da Igreja Católica.

Nesse âmbito de produção de metanarrativas historiográficas centradas na nação, que desaguariam na quadra seguinte em estudos mais específicos e passariam a absorver influxos do positivismo, não estranha que o mesmo autor que escreve uma história do direito civil eclesiástico brasileiro com tons de manifesto em defesa da Igreja e de homenagem ao pontífice também produza estudos histórico-jurídicos para a definição das fronteiras internas do Brasil e interpretações acerca de temas microscópicos da história do Brasil no âmbito do IHGB.

Diante disso, podemos perguntar: há algum rescaldo de laicização na obra de Cândido Mendes, ou ele ainda está preso a uma versão primordialmente providencial da história? Veja-se que Cairu, admirado e reeditado por Cândido Mendes, publica *Memórias* em 1818, em que "as teorias dos estágios civilizatórios são empregadas para defender um otimismo reformista de longo prazo que procurava colocar as bandeiras revolucionárias em uma perspectiva histórica secular". Desta maneira, "escreveu uma história da América portuguesa nos quadros do providencialismo lusitano, sem, no entanto, comprometer suas tentativas de compreensão racional e processual da história" (Pimenta; Araujo, 2014, p. 113).

Não nos parece que Cândido Mendes, por mais ultramontano que fosse, estivesse imune aos influxos da secularização. Verificamos isso tanto pela necessidade prática de debater temas cotidianos quanto pela assunção impercebida de formas seculares de conceber o mundo, como a própria inserção em uma prática historiográfica que demanda a crítica a partir das fontes, sobretudo oficiais, em debate com seus contemporâneos, o que implica a ideia de que a verdade tem que ser racional (ainda que esse racional implique mais uma noção de razão que esclarece a realidade do que uma que a cria) e empiricamente demonstrada, bem como a aceitação dos argumentos liberais dos adversários, mesmo que para refutá-los.

O tema da história da literatura, aparentemente alheio a Cândido Mendes, pode ilustrar o apelo à história e o modo pelo qual é tratado no período entre 1831 e 1850.

Em torno de 1830, quando se começa a propugnar com mais força uma história do Brasil, uma história nacional propriamente brasileira, é a história da literatura que desponta na vanguarda. Como dizem Pimenta e Araujo (2014, p. 115-116),

> transformada em processo, a literatura assumia o papel de totalidade, como dimensão capaz de produzir e preservar a identidade de uma comunidade, por meio da qual a história deixava de ser apenas a sucessão de acontecimentos isolados, tornando-se fator de desenvolvimento dessa identidade.

Nessa relação, história e literatura se aproximam e entrelaçam: "Na revista *Nitheroy*, pela primeira vez reflexões históricas e estéticas unificam-se em torno dessa nova tarefa. A escrita da história deveria apresentar qualidades dramáticas e poetológicas sem abdicar de seu compromisso com a verdade factual" (Pimenta; Araujo, 2014, p. 116). Há, portanto, um período em que não se vê qualquer incompatibilidade entre história e literatura: pelo contrário, compartilhando características comuns – embora em parte paradoxais – ambas se alimentam e impulsionam reciprocamente.

Isso pode servir para analisar outra relação: aquela entre a história e a religião, já não nesse período, mas algumas décadas depois, no tempo em que Cândido Mendes escreve as suas histórias e defende a sua religião. Afinal, como compreender, e não simplesmente refutar por incompatibilidade, a conciliação tentada por ele entre a verdade histórica, a defesa jurídica, o programa político e o motivo religioso? Como pode ele ter sido um historiador de seu tempo, preocupado com o rigor e a crítica, e ao mesmo tempo fazer uma história interessada pelo viés religioso e estreitamente ligada à atuação jurídica e política?

Uma forma de responder a essa questão é apontar para o fato de que a diferenciação social em esferas com lógicas próprias e autônomas não era uma realidade consumada, mas em construção no Oitocentos, devendo-se levar em consideração ainda as peculiaridades do Brasil nesse chamado processo de modernização. Se já há a pretensão de construir uma ciência imune a recursos metafísicos e à influência política, se já há a paulatina construção de um direito legicentrado, que estabelece e modifica a validade das normas sem interferência externa, se a religião já não é o centro de uma cosmovisão que abarca todas as demais, servindo-lhes de esteio e de suplemento, também não se pode falar em esferas sociais totalmente autônomas, autopoiese ou qualquer coisa do gênero. Indicador disso é o fato de que Cândido Mendes de Almeida era, como praticamente todos os outros agentes de elite do século XIX brasileiro, um polígrafo. Poderíamos arriscar: uma espécie de humanista em pleno Oitocentos, que busca interagir socialmente em diversas dessas esferas, as quais hoje intuitivamente diferenciamos e que naquele momento já eram percebidas como distintas, mas cujas fronteiras e cujo pudor pela interferência de uma na outra não estavam rigorosamente definidos.

A inexistência de uma percepção de incompatibilidade ou interferência entre as áreas da vida social, somada à crença de Cândido Mendes na verdade da doutrina católica, não levaram o autor a tentar limpar as suas descrições ou narrações históricas dos traços dessa doutrina, em busca de uma verdade neutra, puramente científica. Pelo contrário, como a sua escrita da história do direito busca mostrar a verdade, valendo-se, é certo, de métodos e preocupações científicas do seu tempo como instrumentos, essa verdade não poderia ser outra senão a daquela doutrina religiosa. Nesse sentido, não haveria que se contestar a imparcialidade de sua historiografia, pois, de seu próprio ponto de vista, ela mostra e demonstra a verdade, em toda a sua objetividade. A contestação da imparcialidade em suas narrativas, intuitiva a uma pessoa formada nos séculos XX ou XXI, tem como parâmetro um ideal de neutralidade científica que não era o de Cândido Mendes e, mais, que sequer havia sido consolidado em seu tempo, ao menos não no grau que atingiria no século posterior. Não há a figura de um observador externo que avalie e julgue se as várias historiografias mantêm-se dentro de limites comuns, sem extravasar para ideologias específicas, pressupostos metafísicos ou visões parciais mundo – o que marcará em grande medida a historiografia da passagem do Oitocentos para o Novecentos e ainda hoje permeia um ideário comum sobre o papel da ciência histórica, em contraposição com o outro extremo, que aponta para o total relativismo, em que qualquer narrativa seria válida. Vista em si mesma e no seu tempo, sem a intervenção de ideários cujas diferenças se acirrariam somente no século XX, é preciso entender que a visão de Cândido Mendes acerca da verdade histórica não se compreende como uma concepção entre outras, mas como a única correta. Logo, a crítica de imparcialidade não teria lugar, uma vez que ele escreve suas histórias do direito a partir da verdade e para mostrar a verdade, em toda a sua profundidade e em todos os seus detalhes. Diante disso, a obra de Cândido Mendes pode ser criticada, mas não se pode imputar-lhe a falha por descumprir uma exigência que nem para ele, nem para seus contemporâneos, estava posta.

De qualquer forma, a partir da segunda metade daquele século, com o segundo reinado havia dez anos no poder e se consolidando, as necessidades mudaram. Até então, "a nova ordem, inaugurada com a abdicação de D. Pedro I em 1831, trazia a necessidade de construção de uma história nacional" (Pimenta; Araujo, 2014, p. 115). Agora, tratava-se de disputar o sentido da identidade desse Estado, dessa nação e dessa história que já tinham a sua existência formada.

Cândido Mendes de Almeida possui uma linha historiográfica que sabe não ser a prevalente, fato que ele atribui especialmente às reformas pombalinas, como o ápice de um longo processo de ataques à Igreja. Fatores como a falta de faculdades de teologia e a educação coimbrã dos formadores da nação estão na base de uma historiografia predominante, que deve ser combatida, no processo de afirmação da historiografia que entende mais adequada, a qual, por meio da crítica histórica, corrige os excessos do poder secular e os equívocos veiculados pela historiografia vinculada a esse mesmo poder.

Esse ponto pode ser ilustrado e melhor compreendido a partir de uma obra como as *Memórias para a história do extinto Estado do Maranhão*, que podem ser vistas, sob determinado aspecto, como um ato político de contraposição à atuação do IHGB.

Dois fatos fornecem pistas para enquadrar a escrita desse livro por Cândido Mendes. Por um lado, houve a missão de Gonçalves Dias, que em 1853 "regressou ao Maranhão com a missão oficial de 'coligir todos os documentos concernentes à história do país, que porventura existissem nas bibliotecas e arquivos dos mosteiros e repartições públicas'"[97] (Mendes; Galves, 2014, p. 43). Por outro, ainda segundo Mendes e Galves, "parte dessa documentação foi utilizada por Luís Antônio Vieira da Silva (1862), que publicou 15 documentos apensos à obra, em sua grande maioria, papéis pertencentes ao Arquivo Nacional e a Biblioteca Nacional. A segunda edição do livro de Vieira da Silva, publicada em 1872, traz 99 documentos".

Veja-se que o tempo dessas publicações (Gonçalves Dias, 1853; Vieira da Silva, 1862 e 1872) é o mesmo das *Memórias* de Cândido Mendes (em 1860, o primeiro tomo, e em 1874, o segundo), de modo que a sua atuação é paralela à desses autores mais diretamente ligados ao IHGB, inserindo-se na luta pela construção de uma história relativamente independente à dessa "elite político-letrada que teve importante atuação intelectual durante do Segundo Reinado" e que, provida de um "caráter moderado", fundara o IHGB em 1838 "com o objetivo de forjar identitariamente o país em meio às agitações sociais do período da Regência" (Mendes; Galves, 2014, p. 42).

Esse relativo afastamento da historiografia oficial aproxima Cândido Mendes de Francisco Adolfo de Varnhagen, que é justamente quem o indica a sócio do instituto para D. Pedro II, em 1853, sem sucesso. Apesar de críticas pontuais[98], os dois possuíam uma proximidade intelectual

[97] As aspas internas indicam a transcrição do texto do próprio Gonçalves Dias, publicado na *Revista do IHGB*, n. 16 (Dias, 1853, p. 370).

[98] Algumas das críticas encontram-se, por exemplo, nas *Notas para a história pátria*. Pouco tempo antes da leitura e publicação dessas notas no IHGB, Cândido Mendes já dissera, ao comentar a *História das lutas com os holandeses no Brasil desde 1624 a 1654*, no segundo tomo de suas *Memórias para a história do extinto Estado do Maranhão*, após alguns elogios ao então Barão de Porto Seguro: "Mas a verdade tem direitos de elevada importância, que não podem ser ofendidos e nem preteridos, máxime tratando-se da história pátria. Na obra a que já nos referimos, o ilustre titular não poucas vezes, posto que involuntariamente, se afasta da justiça, e também da equidade com o nosso historiador, e nem sempre com proveito da exatidão histórica" (1874c, p. XIII-XIV). O "nosso historiador" a quem Cândido Mendes se refere e defende é o padre José de Moraes, cujo texto fora publicado no primeiro volume das *Memórias* (1860). Pouco antes de criticar a crítica de Varnhagen, Cândido Mendes aponta de onde vinha a suspeita gerada sobre o relato de Moraes: ele "pertencia à companhia de Jesus, daí a sua suspeição. Os fatos que narra, ainda os melhor comprovados, perdem de merecimento sendo exibidos por um sacerdote de semelhante corporação. Os menos averiguados enunciados por outra pena, ainda não passando pelo

e política, por partilharem uma maneira de fazer historiografia (ambos nutridos pelas noções de historiografia da época, voltados para a análise de documentos, sobretudo oficiais, e para a explicação dos detalhes, concomitante à tentativa de oferecer uma interpretação geral), por terem uma mesma noção de continuidade histórica (ambos viam na herança portuguesa uma fonte de explicação da realidade nacional, mais do que em uma ruptura completa e uma brasilidade inata, que diferenciasse radicalmente brasileiros e portugueses, ainda de certo modo ligados à visão saquarema da história da independência) e por terem rivais em comum (lembremos que, apesar de o IHGB ser o centro da historiografia oficial e de Varnhagen ser o grande historiador oitocentista do Brasil, ele não tinha boas relações com o grupo dominante[99]).

As contribuições à historiografia brasileira paralelas ao IHGB, no entanto, não chegam a constituir uma versão inteiramente diferente ou alternativa da história, mas sim, mais propriamente, uma variação. Apesar das diferenças, seria difícil afirmar que a obra de Cândido Mendes deixava de ver o povo como "oscilante entre a ingenuidade e a 'anarquia', sendo preciso conduzi-lo a rédeas curtas", ou que seu discurso não tinha a pretensão de servir de base "para os homens públicos pensarem a nação dentro de perspectivas comprometidas com as classes políticas e economicamente dominantes", características do discurso do IHGB (Mendes; Galves, 2014, p. 42). Afinal, se, por um lado, a característica positiva do povo para Cândido Mendes é o seu catolicismo inerente, e, por outro, a sua pretensão é direcionar a ação das elites para uma política mais afinada com a Igreja, aquele povo não deixa de aparecer como facilmente manipulável e, fora a questão religiosa, não há qualquer comprometimento contrário às classes políticas e econômicas dominantes – exemplo disso é que, ao mesmo tempo que afirma em discurso de 1871 que desde os bancos da faculdade de direito já se pronunciara pela emancipação dos

fogo vivo da discussão, talvez fossem bem aceitos sem a preventiva mácula, que de antemão os desaira e mareia" (Almeida, 1874c, p. II).

[99] Segundo Temístocles Cezar (2018, p. 72), "desde seu ingresso no IHGB, seus colegas, sempre que podiam, não perdiam a chance de apontar seus equívocos".

escravos[100], defende nessa fala a proteção da propriedade dos senhores de escravos (ALMEIDA, 1982, p. 274 et seq.).

É por isso que, ainda que tardiamente, ele pôde ser aceito no IHGB, assim como pôde ser eleito e nomeado senador. Não se deve, portanto, exagerar os contrastes entre as versões da história: se entre si apresentam divergências acentuadas, no contexto geral da sociedade brasileira compõem um mesmo jogo, com as mesmas peças, em um mesmo tabuleiro que ainda não havia sido seriamente abalado.

Cumpre perguntar, então: até que ponto podemos incluir a historiografia de Cândido Mendes de Almeida na historiografia nacional, ou mesmo nacionalista, do século XIX? Encontram-se em seus textos elementos da historiografia centrada na nação, como uma compartimentalização dos fenômenos históricos de acordo com as fronteiras territoriais dos diversos Estados-nação, acompanhada do objetivo de explicar o Brasil, os fatos relativos à realidade brasileira e suas origens.

Contudo, não se pode desprezar a sua ênfase na coexistência de diferentes direitos em uma mesma sociedade (com destaque para a separação e necessária convivência das jurisdições temporal e espiritual), aspecto que o afasta de uma história nacionalista em sentido mais estrito, gerando textos e ideias de maior complexidade, que entrelaçam duas perspectivas, isto é, o pluralismo de uma historiografia geral do ocidente e o monismo de uma historiografia nacional.

Levando em conta essa diferença de abordagens, lê-se em Harold Berman (1983, p. 17):

[100] Apesar dessa afirmação, que compõe uma espécie de "egomito das origens", repetido por seus biógrafos, lê-se no *Jornal Maranhense*, de 1841 (ou seja, dois anos depois de ter-se bacharelado): "– No dia 23 de Julho desapareceu da casa do abaixo assinado um mulatinho de 13 ou 14 anos de idade, cabelo corredio, magro, levava calça de estopa, e camisa de riscado azul; quem o apreender, e entregar ao abaixo assinado será bem recompensado. *Cândido Mendes de Almeida*" (Jornal Maranhense, terça-feira, 27 de julho de 1841, n. 6, p. 3). Essa nota não basta para apontar inconsistência ou hipocrisia nas manifestações do agente histórico aqui estudado, mas reforça a necessidade de estudá-lo em seu tempo e em sua complexidade, não bastando para tanto reproduzir, sem mais, afirmações suas ou daqueles que se lhe seguiram.

> O historicismo cego é frustrado também pela pluralidade de histórias sobrepostas que constitui a civilização ocidental. Não é "o passado" em nenhum senso monolítico que constitui a dimensão histórica do direito, mas os tempos passados de várias comunidades em que cada pessoa vive e dos vários sistemas jurídicos que essas comunidades produziram. É apenas quando os diferentes regimes jurídicos de todas essas comunidades – local, regional, nacional, ética, profissional, política, intelectual, espiritual e outras – são engolidas pelo direito no Estado-nação que a "história" se torna tirânica. Esse é, de fato, o maior perigo inerente no nacionalismo contemporâneo. As nações da Europa, que se originaram em suas interações uma com a outra no contexto da cristandade ocidental, tornaram-se mais e mais destacadas uma da outra no século XIX. Com a Primeira Guerra Mundial, elas se separaram violentamente e destruíram os laços comuns que previamente as mantinham unidas, ainda que frouxamente. E no século XX tardio nós ainda sofremos da historiografia nacionalista que se originou no século XIX e que suportou a desintegração de uma herança jurídica ocidental comum.

Lembra o historiador estadunidense, em seguida, que o século XIX é aquele em que nasce a história científica, a qual, na linha de Ranke, pretende descrever os fatos tais como aconteceram. Coincidindo no tempo com o surgimento do mais alto nacionalismo que a Europa já havia conhecido até então, essa história científica foi concebida como a história da nação – o que só viria a mudar, pelas mãos da história social e da história econômica, no século seguinte.

Com isso, não queremos dizer que Cândido Mendes estivesse um passo à frente de seu tempo, sendo um precursor da nova história do século XX, com métodos e teorias que superam a história política nacional do século XIX. Mais propriamente, em virtude de sua visão de mundo (com concepções que se podem chamar genericamente de filosóficas, teológicas, históricas, ligadas ao que temos caracterizado primariamente como seu conservadorismo), ele mantém certa resistência frente às inovações e às pressões do nacionalismo e do tipo correlato de história que se faz no seu tempo. Nesse aspecto, ele está mais ligado ao seu passado, munido de uma ideia de mundo tradicional que ainda não aceita a superação da separação entre as jurisdições temporal e espiritual e a total centralização do poder jurídico no Estado, do que postulando uma postura vanguardista que supere a visão nacionalista de história e de direito, que está se desenvolvendo no seu tempo.

Ao realizar essa relativa resistência, todavia, podemos perceber nas ideias de Cândido Mendes uma visão crítica contemporânea ao direito moderno do Estado liberal e à história nacional, o que nos convida a suspeitar de uma visão panorâmica da história da historiografia que vislumbrasse uma mera sucessão de paradigmas vencedores entre os séculos XVIII e XX (da concepção tradicional à liberal-nacional e desta à nova história). Parece-nos que essa história é mais bem contada pela sobreposição de estratos temporais, em que determinadas ideias são mais ou menos germinadas em um período, mais ou menos emplacadas socialmente em outros, mas com a capacidade de manter-se latentes e criar resistências nos momentos em que ideias rivais prevalecem, seja pela absorção e ressignificação destas, seja pela atualização de elementos consciente ou inconscientemente esquecidos pelo ideário dominante, o que revela seu potencial crítico no tempo em que se faz o embate de ideias, ainda que esse potencial seja esquecido pelas gerações seguintes.

De toda forma, apesar da inserção de Cândido Mendes nos padrões do *ethos* do historiador oitocentista, há traços de um ensaísmo que foge ao rigor dos parâmetros científicos que se firmariam ao longo do século, o que certamente não é exclusividade sua. Isso ocorre, a título de exemplo, quando faz uma transcrição de quatro parágrafos de "um notável escritor", sem dizer a quem se refere e de que obra retirou a citação (Almeida, 1874, p. CLVI-CLVII).

Esse aspecto é especialmente evidente na introdução aos *Princípios de Direito Mercantil*. Praticamente sem notas de rodapé, em enorme contraste com a introdução ao *Direito Civil Eclesiástico Brasileiro*, onde há um sem-número de notas, algumas das quais ocupam páginas inteiras, no texto de 1874 alguns autores são referidos em determinados momentos no próprio texto, sem precisar a obra, nem a edição, nem, por vezes, os próprios nomes, com o uso de termos como os "Historiadores" (Almeida, 1874, p. XIX) ou "alguns autores" (Almeida, 1874, p. XXXIII). Esta última prática aparece também na introdução ao *Código Filipino*, onde Cândido Mendes transcreve quase uma página inteira do texto de um autor, mas não diz quem é, limitando-se a dizer: "como bem faz compreender um escritor, que pela sua linguagem é insuspeito ao Poder Civil" (Almeida,

1870, p. XV). Ou, ainda, em outro momento, em meio a mais uma transcrição que ocupa quase uma página inteira, quando limita-se a se referir ao autor da seguinte maneira, sem nomeá-lo: "'porém, assevera um escritor, [...]'" e "'o que não sucederia, prenota ainda o mesmo escritor [...]'" (Almeida, 1870, p. XVIII).

Como se nota, a noção de historiografia adotada por Cândido Mendes (como por seus contemporâneos) ainda não tem como preceito de prova e honestidade intelectual a referência precisa das obras utilizadas em cada citação. Não obstante, ele sempre elenca a lista de referências bibliográficas. No *Direito Civil Eclesiástico Brasileiro*, por exemplo, indica "o respectivo catálogo, indicando as edições que podemos obter" (Almeida, 1866, p. VII).

As referências nominais, por outro lado, aparecem muitas vezes como um confronto de argumentos em torno de autoridades no assunto – sendo que os textos sagrados jogam um papel importante na balança:

> Pensamos como os primeiros [autores, que duvidam ter sido concluída uma circum-navegação na África em 617 pelos egípcios], pois parece-nos mui procedentes as razões de Malte-Brun, que não foram depois abaladas pelos argumentos de Miot, aliás bem enfraquecidos em presença das declarações dos livros santos (Almeida, 1874, p. XXXIII).

Quanto às diretrizes da prática historiográfica de Cândido Mendes, apesar de não existir – nem ser a pretensão do autor – uma teoria coesa e explícita da história, vemos pontos mais ou menos interligados que formam uma concepção de história. Dentre esses pontos, podemos destacar certa predominância das ideias (geralmente sob o nome de "doutrina") sobre a realidade social (política, jurídica, econômica), que muitas vezes parece apenas reflexo ou a concretização daquelas. Percebe-se isso quando Cândido Mendes diz, acerca da "doutrina do Clérigo Feijó", a qual ganhava terreno na década de 1830, que a "revolução das ideias natural e logicamente se realizava nos fatos" (Almeida, 1866, p. CCCXLI). Uma revolução negativa, como quase sempre o termo aparece em seus escritos, pois se a doutrina católica é a correta e a base da história, qualquer revolução é uma subversão da ordem e qualquer outra doutrina leva para esse caminho de caos e perdição. E, se as "ideias", que "natural e logicamente" se realizam nos fatos, são a doutrina, tais fatos não consistem necessariamente em uma mudança de conduta social, mas na aprovação de uma norma, como é o caso do Ato Adicional a que ele se refere logo em seguida. Deste modo, percebemos que uma "ideia" mudar um "fato" significa adotar-se na legislação determinada concepção diversa da que ele considera justa e correta. O que não fica claro, no entanto, é por que a realização das ideias nos fatos é natural e lógica. Podemos supor que essa afirmação se explica justamente pelo que acabamos de dizer: se o fato é um ato de legislação (e não necessariamente a eficácia dessa legislação, como outras visões acerca do direito poderiam pensar, com essa terminologia), a transposição das ideias para os fatos é lógica e natural porque o legislador é a autoridade que faz as normas e, se ele tem determinada ideia, é conforme essa ideia que ele exercerá a sua função. É natural, pois é intrínseco a sua função criar normas, com base em uma ou outra ideia; é lógica, se o legislador não agir em desconformidade com a natureza de sua função ou com as ideias a que verdadeiramente adere.

Em termos metodológicos, nós temos um autor afinado com o seu tempo, produzindo historiografia com base em fontes (sobretudo oficiais, mas não somente, haja vista seu recurso a memórias e cartas) e por meio da crítica, inclusive aos pequenos detalhes sociais e linguísticos.

Dentre os métodos para fazer a crítica historiográfica podemos contar o mais basilar, a contraposição de datas, para apontar equívocos dos adversários, como vemos em uma contestação a Pombal: "[...] Para se mostrar a falsidade da conjectura de Pombal, basta considerar a data da revogação da Lei de D. Pedro (1486 ou 1487), e a época da morte do herdeiro legítimo (1491) D. Afonso, que foi quando D. João II empenhou-se pela legitimação de D. Jorge para ocupar o lugar do primeiro" (ALMEIDA, 1866, p. CCCCII).

Por outro lado, na introdução ao *Direito Civil Eclesiástico Brasileiro*, encontra-se uma premissa teórico-metodológica relevante, em vista da centralidade do catolicismo no pensamento de Cândido Mendes: "A pedra do toque por onde podemos com segurança certificar-nos da pureza da doutrina de qualquer Seita, que se desvia da Igreja, é geralmente a definição que cada uma dá da mesma Igreja" (ALMEIDA, 1866, p. CVI).

Encontra-se nesse trecho uma premissa teórica: apesar das diferenças entre as doutrinas heterodoxas e dos vários elementos que cada uma comporta, pode-se falar em uma "pureza" de cada uma, ideia que remete à sua essência. Por "pureza", entende-se essa essência anticatólica, por contraposição a aparências que não denotam claramente a heresia (ou seja, o termo tem uma conotação de desmascaramento das heresias inconfessadas, as quais ardilosamente assumem formas que as impedem de ser repelidas do grêmio da Igreja).

Há também, conjuntamente, uma proposição metodológica: essa ideia pura que caracteriza cada doutrina desviante pode, geralmente, ser encontrada em um elemento específico, de caráter semântico-conceitual: a definição que cada doutrina dá da própria Igreja. Em primeiro lugar, nenhuma aceita a definição católica; em segundo, se a admitem, "é com tais resguardos que desfiguram inteiramente o definido" (Almeida, 1866, p. CVI).

O jansenismo não é a única dessas doutrinas heréticas, mas a que mais se distinguiu, sendo por isso "a rainha das Heresias" (Almeida, 1866, p. CVII). Enquanto a ortodoxia católica define a Igreja como "a sociedade dos Fiéis reunida debaixo de um só chefe, que é Jesus Cristo, pela comunhão de crenças e participação aos Sacramentos, sob a direção de seus legítimos Pastores, principalmente o Pontífice Romano", os Estatutos da Reforma de Coimbra ensinam, segundo Cândido Mendes, uma doutrina muito diferente, constando no Livro II, título IV, capítulo 4, n. 6:

> Ensinará que a Igreja é: – uma Congregação de homens unidos em Cristo pelo batismo, para que vivendo todos conforme a norma estabelecida no Evangelho e promulgada pelos Apóstolos por todo Mundo, e debaixo da direção e governo de uma cabeça visível, e dos outros Pastores legítimos; possam honrar o bom e verdadeiro Deus; e por meio deste culto conseguir a bem-aventurança eterna (apud Almeida, 1866, p. CVII).

Segue-se uma comparação entre as duas definições, para mostrar a superioridade e verdade da primeira, em detrimento da segunda: só a primeira, diz Cândido Mendes, não deixa "nenhuma dúvida ao espírito quanto à sua perfeita ortodoxia", ao passo que a segunda admite todos os batizados, de qualquer seita (Almeida, 1866, p. CVII).

A utilização dos documentos, por outro lado, é bastante ampla pelo autor, inclusive daqueles de que contesta a autenticidade ou a doutrina veiculada, como os próprios Estatutos. Quando o documento histórico-jurídico é contrário à sua narrativa, Cândido Mendes gasta rios de tinta para provar o seu ponto, algo constante no texto de história do direito civil eclesiástico.

Já, quando o conteúdo do documento é favorável, não lhe parece necessária uma crítica mais contundente e detalhada: é o que vemos com relação à carta do monarca português D. Sebastião ao papa, logo após o Concílio de Trento, à qual não tem acesso direto, senão por uma cópia que Pallavicini faz na sua *História do Concílio de Trento* (publicada em italiano, mas a qual Cândido Mendes acessa na tradução francesa), a respeito da qual o maranhense afasta antecipadamente a necessidade de crítica, pois o escritor jesuíta apresenta "a cópia por extenso, assegurando existir o original nos arquivos do Vaticano" (Almeida, 1866, p. CCCLXVIII), afirmação que de fato consta em uma nota de rodapé do livro citado – e só (Pallavicini, 1845, p. 678).

Outro momento em que a crítica perde força é, no âmbito da discussão sobre a liberdade da Igreja, a avaliação que Cândido Mendes faz de um fato que Rohrbacher registrou em sua História da Igreja. Trata-se de uma narrativa acerca do depoimento do Príncipe Herdenberg, da Prússia, a respeito da concordata que teria negociado com a Santa Sé e que teria sido concluída em apenas quatro dias. Nessa narrativa, apresenta-se uma fala do referido Príncipe de três parágrafos, transcritos por Cândido Mendes, em que o governante constata que é fácil tratar com Roma quando se a procura com lealdade (Almeida, 1866, p. CCCCXV). A ideia, claramente, é favorável aos argumentos de Cândido Mendes, pois consiste no elogio de um príncipe protestante à Santa Sé. Em nenhum momento, contudo, o autor cogita levantar dúvidas sobre a fidelidade do registro desse discurso ou ressalvar que o recurso a uma fonte indireta, dessa maneira, requer maior cautela.

Enquanto historiógrafo de seu tempo, Cândido Mendes vê na crítica o procedimento fundamental para a escrita da história. Não obstante, por mais importante que seja, não basta a crítica: é necessário construir. O passado é importante, mas não em si mesmo, de modo que a pretensão do historiador não é alcançar um resgate do passado tal e qual, por seu valor próprio, mas resgatar o conhecimento sobre ele, porque a tradição é fundamental para a construção do futuro. É o que se extrai do já citado artigo de Mr. Pradier transcrito por Cândido Mendes, em que se lê:

> Crer que se fará triunfar os princípios limitando-se à crítica, é um erro. Crer que se fará triunfar os princípios não oferecendo aos homens novos outra perspectiva senão o passado, é fazer a parte triste aos seus adversários tornando-se a si mesmo impossível. Mas propor-lhes fazer uma sociedade infinitamente mais bela que todas as sociedades presentes e passadas porque será infinitamente mais Cristã, é tomar uma posição infinitamente superior à do inimigo, e é coisa fácil, a menos de pretender que o ideal divino, o Ideal do mundo de Jesus Cristo não poderia igualar, e com manifesta razão, exceder o Ideal de nossos adversários! Contudo não esqueçamos que o único meio de preparar o futuro, é voltar à tradição dos grandes séculos da Igreja, isto é, aos grandes princípios católicos da Idade Média, tão estranhamente desfigurados desde o século XVI (Almeida, 1866, p. CCXI).

O tratamento das fontes históricas por Cândido Mendes é variado e desigual. Como temos visto, ele foi um coletor e publicador de fontes históricas, algumas de natureza jurídica, outras não, tarefa que está na base de praticamente todas as suas obras (*Turiaçu*, *A Carolina*, *Direito Civil Eclesiástico Brasileiro*, *Atlas do Império*, *Código Filipino*, *Auxiliar Jurídico*, *Princípios de Direito Mercantil*, *Memórias para a história do extinto Estado do Maranhão*, *Pinsônia*, *Arestos do Supremo Tribunal de Justiça*, além dos artigos lidos no IHGB, aos quais acrescenta trechos extensos de fontes). Em algumas dessas obras, especialmente na introdução ao *Direito Civil Eclesiástico Brasileiro* e nos textos do IHGB, o historiador maranhense narra e interpreta os fatos do passado a partir das fontes que compila e às quais remete. Em outras, pauta-se sobretudo, senão exclusivamente, em bibliografia secundária, como as introduções ao *Código Filipino* e aos *Princípios de Direito Mercantil*. Em outras, ainda, apenas compila as fontes e publica-as, sem introduções e interpretações de sua lavra, caso dos *Arestos do Supremo Tribunal de Justiça*.

Cândido Mendes não faz apontamentos gerais sobre quais tipos de fonte considera aceitáveis ou preponderantes para a realização de estudos históricos. Em algumas partes de seu trabalho, contudo, colhemos trechos em que manifesta preferências.

Em primeiro lugar, cumpre notar que as três histórias do direito que temos examinado diferem não apenas no objeto, mas também no método e nas fontes. Enquanto na história do direito civil eclesiástico brasileiro, que serve de introdução à compilação das normas desse campo, Cândido Mendes utiliza amplamente como fontes históricas essas mesmas normas, além de outros documentos, na história do comércio e de sua regulação jurídica é praticamente inexistente a referência a fontes diretas consultadas pelo próprio autor, de modo que a construção da narrativa procede da leitura e reelaboração escrita de bibliografia secundária, sobretudo de historiografias recentes. A introdução às *Ordenações*, por outro lado, consistente em uma história da legislação de Portugal e Brasil, parece situar-se no meio do caminho: vale-se de fontes históricas, e não apenas de bibliografia secundária. Mas, em vez de uma análise profunda e detalhada das fontes legislativas, que são o objeto da história, Cândido Mendes faz uma interessante opção por discutir textos de juristas contemporâneos às normas históricas. Com isso, a sua história da legislação não assume o caráter de uma mera evolução cronológica, ao mesmo tempo que apresenta um tom de debate histórico, com a peculiaridade de ser um debate entre um brasileiro do século XIX e escritores dos séculos anteriores.

Por outro lado, nas suas *Notas para a história pátria*, lidas nas sessões do IHGB, manifesta-se a preferência do autor pelas fontes mais próximas dos fatos, o que sugere que o testemunho ocular aumenta a verossimilhança dos relatos. Quanto maior a presença e menor o distanciamento, mais dignas de crédito seriam as fontes – o que não as exime, de todo modo, da crítica. Essa noção é forte naquele tempo, em que se valoriza sobremaneira a visão.

Também na história do comércio encontra-se essa valorização da visão e, consequentemente, das fontes mais próximas cronologicamente dos fatos. Diz ele:

> A cena tristíssima dessa repartição [das famílias escravizadas na costa africana pelo portugueses no século XV] pinta-a Azurara no cap. 25 da sua *Crônica*. É pungente o modo bárbaro por que a fizeram, separando as famílias sem misericórdia, como se fossem irracionais. De um lado a alegria, o furor da cobiça, do outro a profunda tristeza, as lamentações das vítimas. Essa lúgubre cena, descrita por Azurara com singeleza e cor local, foi o prelúdio

> de tantas outras, em que o sangue e as lágrimas foram derramadas a jorros por mais de três séculos no litoral Africano, nas águas do Atlântico, e no território da nossa América (Almeida, 1874, p. CCXXXI).

Outra indicação da forma como Cândido Mendes avalia os diferentes tipos de fontes encontra-se na introdução aos *Princípios de Direito Mercantil*, onde ele aponta que, relativamente aos povos da antiguidade, são poucas as que merecem crédito e nos aproximam de algum conhecimento certo: "[...] Partindo desta base faremos em breve resumo o histórico do que foi o Comércio nos Países de que existem alguns dados, a que se possa dar crédito, ou ajuizar com alguma aproximação de certeza" (Almeida, 1874, p. XXX). O autor não explica exatamente que espécie de dados mereceria crédito e permitiria ao historiador aproximar-se da certeza em seu relato. Diz, todavia, por que a maioria dos dados referentes à antiguidade deve receber descrédito: é porque configuram uma mitologia – logo, subentende-se, não uma história. Como diz Cândido Mendes, "não é conhecida a antiga ou primitiva história da Índia, e a que existe não passa de uma obscura mitologia, onde os fatos positivos ainda não puderam ser bem discriminados pela erudição moderna". Para além da discussão a respeito da distinção mito-primitivo/história-moderna, a obscuridade a que Cândido Mendes se refere sustenta-se em parte neste caso, pois decorre do fato de os escritos antigos encontrados ainda não terem sido desvendados por uma tradução: "A chave dos hieroglíficos desse celebrado País não foi encontrada como a dos Egípcios, e por essa causa torna-se impossível recorrer às suas fontes, hoje descobertas" (Almeida, 1874, p. XXX).

Por outro lado, a conotação atribuída por Cândido Mendes ao termo "mito" não é meramente negativa, como o oposto do conhecimento científico. Na verdade, o mito aparece menos como falsidade ou ilusão do que como algo de que não se tem conhecimento direto, como se percebe no momento em que Cândido Mendes diz que, "se os Romanos tivessem vencido os Partas naturalmente abririam comunicações com a China, e desde então o comércio deste País na antiguidade não teria sido um mito para os Povos que habitavam o Ocidente, e a Europa" (Almeida, 1874, p. XXXI).

Como temos afirmado, a historiografia de Cândido Mendes tem como fundamento inexcedível a doutrina católica, mas realiza-se mediante métodos e críticas historiográficos compatíveis com o seu tempo, utilizados por historiadores de outras vertentes político-ideológicas. Em um texto como a história que introduz o *Direito Civil Eclesiástico Brasileiro*, as fontes são primordialmente os documentos produzidos pela Igreja, pelo Estado português ou brasileiro ou em conjunto. Apesar do tema religioso, a questão gira em torno das relações entre os poderes civil e eclesiástico, de maneira que Cândido Mendes não abre espaço para o uso da Bíblia, texto sagrado dos cristãos, como fonte histórica. O mesmo ocorre com a introdução ao *Código Filipino*, que aborda a legislação portuguesa e brasileira.

Já na história do comércio e de sua regulação jurídica, que poderia ser apontado como o tema mais distante do elemento religioso, é recheada de referências à narrativa bíblica. Isso se explica pelo fato de que, enquanto as duas outras histórias dizem respeito ao direito humano, positivo, referente à organização estatal (ainda que em parte produzido pela Igreja), a que introduz os *Princípios de Direito Mercantil*, apesar de tratar também da regulação positiva adotada por cada organização política, tem como tema central um fenômeno que atravessa os diferentes povos e serve de fio condutor para a história da humanidade, o comércio. Assim, a base dessa história implica a exposição da concepção de mundo de maneira mais global, com assunções filosóficas ou teológicas mais explícitas, de que as outras histórias prescindem. Fundamentalmente, Cândido Mendes apresenta a história geral da humanidade. E uma história desse tipo, para um pensador católico de sua estirpe, não poderia dispensar do relato as intervenções da providência, bem como a avaliação dos erros e acertos dos homens e dos povos conforme os parâmetros morais da doutrina que professa[101].

Nesse sentido, a Bíblia aparece como uma fonte histórica de extrema relevância e o seu uso é ostensivo, sobretudo para expor fatos relativos à antiguidade. Aqui, já não aparece o problema do mito – pelo contrário, é

[101] A questão da intervenção da providência no drama da história concreta é apontada por José Honório Rodrigues (1969, p. 185) como a característica fundamental da história da igreja, que a diferencia de outras vertentes historiográficas: "a diferença fundamental desta história com as histórias leigas reside especialmente na não-exclusão de fatores sobrenaturais, com a intervenção de Deus no curso dos sucessos e a existência de milagres".

graças ao texto sagrado que se pode obter algum conhecimento, em lugar das fontes consideradas mitológicas.

A título de exemplo, Cândido Mendes fala do "porto de Babilônia, a grande cidade dos Mercadores como lhe chamava um dos Profetas de Israel". Diz ainda que "o Indostão já era famoso na época de Salomão sob o nome genérico de Ophir ou *País do Sul*" e também que "além de pedras preciosas e pérolas a Índia exportava por terra ou por mar, especiarias, matérias de tinturaria, tecidos de algodão já mui celebrados no livro de Jó, aço, marfim, madeiras finas, etc." (Almeida, 1874, p. XXX). Tudo isso só no espaço de uma página, o que se repete por outras tantas.

Portanto, diante da ausência de conhecimento histórico científico, contando apenas com mitos, os textos sagrados, ao lado dos clássicos, aparecem como as únicas fontes dignas de credibilidade para o historiador conhecer as sociedades antigas. Diz Cândido Mendes:

> Sem a Bíblia, Homero, e outros livros Hebreus e Gregos pouco saberíamos desse interessante país [a Fenícia], que brilha na antiguidade, como o mais notável representante da indústria do Comércio. Os escritos de Dius e de Menandro de Éfeso, autor de uma história de Tiro, perderam-se, apenas colhemos alguma coisa dos fragmentos que existem em Josefo, historiador Israelita; além de outros que Filo de Biblos extraiu da obra de Sanconíaton, Fenício, que se referem à Cosmogonia e Teogonia dessa nação (Almeida, 1874, p. XXXV).

Como se vê, não é só a Bíblia que é usada dessa maneira, como fonte histórica, mas também outros textos, como a *Odisseia*, de Homero. Assim, apesar de o amplo conhecimento dos textos sagrados apontar para uma historiografia em grande parte filha da história da salvação católica, com uma relativa indiferenciação entre religião e ciência, deixando todos os relatos em um mesmo plano, o uso ostensivo da Bíblia para tratar dos povos da antiguidade tem um pretexto justificado, a ausência de fontes, e uma base religiosa matizada, pois ao lado das fontes sagradas aparecem também as profanas.

Por outro lado, é interessante voltar ao ponto de como a diferença entre história (científica) e mito (religioso) não se faz presente – ou, no máximo, é pouco marcada. Aos olhos de um historiador da passagem do século XIX para o século XX, e mesmo de certo senso comum ainda presente do que seria uma historiografia séria e científica, essa confusão entre história e mito seguramente pareceria falta de rigor e uma noção impura de verdade histórica. No entanto, diante de contestações atuais acerca da própria diferença entre mito e história, é interessante notar como esse historiador do século XIX, cujo pensamento aponta para certo intolerantismo, lidou com a diferença nesse ponto, ignorando-a em grande medida, o que pode fornecer alguns subsídios de história da historiografia para aprofundar a questão.

A história aparece ainda, nos textos de Cândido Mendes, muitas vezes ontologizada, e até mesmo personificada, como um ser que perpassa os tempos, sempre presente e ciente de todas as coisas, que pode revelar a verdade desde que corretamente indagada e, com isso, permite julgamentos sobre o que é verdadeiro, o que é admissível, o que é justo (e, por contraponto, o que é injusto, inadmissível, falso ou fictício) – permissão esta que, ao apresentar os critérios, já implica em si o julgamento. Essa concepção de história, em certos aspectos, aparece à imagem e semelhança de Deus.

Nesse sentido, Cândido Mendes afirma que a "coarctada de Pombal e dos seus Jansenistas quanto à intervenção dos Jesuítas no recebimento e execução do Concílio [de Trento] é inadmissível em presença da história" (Almeida, 1866, p. CCCLXXI). E, logo em seguida, ao indagar como uma corporação tão jovem poderia ter influído tanto em Portugal, ainda mais que os religiosos que acompanharam o Concílio eram de corporações êmulas à Companhia de Jesus, acrescenta: "A história é muda a este respeito" (Almeida, 1866, p. CCCLXXI), fórmula que personifica a história e significa que a verdade que ela revela é oposta àquela imputação.

De maneira contraposta, em outro momento em que aparece essa personificação, a história "designa": "Dois homens eminentes o auxiliam [D. Pedro I] eficazmente. No campo da batalha, Nuno Álvares Pereira, e nas Cortes, e entre o povo *João das Regras*, como a História o designa, Mestre João *ex Regulis*, com o seu saber, e com sua poderosa eloquência" (Almeida, 1870, p. XIX). Do modo semelhante, a história "menciona" alguns concílios provinciais que se deram depois do ecumênico de Trento (Almeida, 1866, p. CCCLXXII).

Na mesma argumentação contra Pombal, diz que o Ministro de D. José I, em sua *Dedução Cronológica*, "não consegue descobrir um autor coevo e autorizado para apoiá-lo nessa ficção que impôs à história Portuguesa" (Almeida, 1866, p. CCCLXXI), indicando que os historiadores sérios, aqueles que perscrutam a história buscando a verdade conforme a razão, apontam todos em sentido contrário ao que consta dos escritos do marquês, de modo que a narrativa dele perde suporte de veracidade e transmuta-se em pura ficção, mas uma ficção que foi imposta e por isso repercutiu em Portugal. Ficção aparece aí como uma representação errônea da história, ou seja, como má historiografia ou ainda outro gênero, a literatura, em oposição à história feita em conformidade com os preceitos da ciência.

De certa forma, história e historiografia se confundem, pois esta somente pode ser assim chamada se representa adequadamente aquela, sendo a ficção uma não-historiografia justamente por contar uma não-história. Uma vez que tenha gerado repercussão e aderência, contudo, a ficção influenciou a história, embora não em seu cerne, e sim em uma camada não essencial, sendo a tarefa do historiador recompor a história por meio de sua historiografia. Vemos, assim, um papel do historiador semelhante ao do sacerdote, que busca transmitir a verdade divina contra as tentações mundanas, e ao do jurisconsulto, que busca reconhecer o verdadeiro direito, apontando para as falácias e falsidades das normas contrárias ao direito justo, o qual tem fundamentação na história e ordenação divina, por intermédio da Igreja.

A história aparece, de alguma forma, indecisa entre acontecimento e narrativa, uma vez que a narrativa é concebida como representação adequada dos fatos e os acontecimentos como passíveis de conhecimento e representação. Essa história, ao ter como vocação e função mostrar-nos a verdade, aparenta também uma espécie de confusão entre ciência metódica e elemento judiciário, pois são suas tarefas demonstrar, testemunhar, depor, provar, julgar. Nesse sentido, lê-se: "A história desses Tratados o está demonstrando. As Concordatas são quase burlas desde que os dois Poderes não professam sinceramente crenças religiosas similares" (Almeida, 1866, p. CCCLXLI). E, logo em seguida: "O Brasil é Católico e fidelíssimo, nós o cremos piamente, e quando duvidássemos, a história dos últimos cem anos no-lo provaria com caracteres de sangue e de fogo" (ALMEIDA, 1866, p. CCCLXLI).

Ainda sob uma forma personificada, a história aparece como senhora da verdade, para testemunhar a favor do argumento que Cândido Mendes apresenta, prestando seu depoimento quando é para isso convocada:

> O *Placet* e o *Recurso à Coroa* não foram criados senão para esta classe [do mau clero, que existe em decorrência da fraca natureza humana e aumenta pelo apoio que encontra no poder temporal], e para auxiliar os planos anticristãos de Governos pouco adictos à doutrina do Evangelho. Toda a história depõe em favor desta proposição, seja qual for o País, onde se queira apreciá-la à luz da verdade e da boa-fé (ALMEIDA, 1866, p. CCCLXXXIII).

Como se nota dos trechos acima, inúmeros termos históricos são simultaneamente termos jurídicos, de modo a estabelecer-se uma sobreposição, uma coincidência ou uma confusão entre as duas esferas semântico-conceituais. Podem ser elencados sob essa condição termos como documento, prova, testemunho, juízo, confissão, dentre outros.

Para uma concepção de direito centrada na historicidade, concomitante a uma concepção de história com forte teor normativo e cujo objeto privilegiado é o direito, como a de Cândido Mendes, as implicações da terminologia comum a ambos os campos são enormes, tendo em vista a densidade semântica dos conceitos de história e de direito em torno dos quais aqueles termos giram.

Comecemos com um exemplo: "Da Provisão de 19 de Março de 1569, que dá como concluído o Concílio sob a presidência de D. Fr. Jorge Themudo, temos ainda uma irrefragável prova do espontâneo recebimento do Concílio de Trento em Portugal e suas Colônias pelos favores que se dispensam ao Arcebispo" (ALMEIDA, 1866, p. CCCLXXVII). Nesse trecho, percebe-se que uma provisão, isto é, um documento jurídico, é vista como prova histórica do recebimento espontâneo das normas tridentinas. A provisão, documento jurídico, é o documento histórico que prova historicamente a verdade e juridicamente a legitimidade da adesão às regras aprovadas no Concílio de Trento. Além disso, o recebimento assim provado é espontâneo, de modo que o direito legítimo se forma como uma tradição, um costume, ou seja, historicamente, sendo o documento formal uma prova não enquanto uma manifestação de vontade da autoridade, mas enquanto expressão da espontaneidade social.

Os referidos termos aparecem em vastidão na obra de Cândido Mendes, como também na de outros historiadores e juristas. Em determinado momento, o jurista-historiador maranhense "confessa": "Entretanto cumpre confessar que o rigor desse *Placet* estendia-se tão somente às letras Apostólicas, em matéria de graça e justiça, tornando-se então essa prática senão justificada e permitida, explicada pela concessão feita pelo Papa Urbano VI aos Bispos da sua comunhão" (ALMEIDA, 1866, p. CCCC).

Em outra ocasião, fala do "testemunho" de um personagem histórico: "Pombal vai ainda mais longe contra o testemunho de Garcia Resende, secretário de D. João II, e escritor da sua *Chronica*, onde assegura que de 1487 em diante, nunca as Bulas do Papa dependeram de *cartas de publicação*. E note-se que Garcia ainda era vivo quando publicou em 1554 a segunda edição daquela obra". Palavra contra palavra, Pombal contra Garcia Resende. Mas este é contemporâneo dos fatos, de sorte que seu testemunho é qualificado: estava presente e fazia parte do governo de D. João II. Foi, portanto, uma testemunha ocular e, mais do que isso, oficial. Escreveu a crônica do rei em questão, sendo um estudioso e intérprete do momento[102], confluindo em si história e memória. E viveu ainda por mais de meio século, tendo acompanhado os desdobramentos políticos, de maneira que poderia revisar a narrativa na segunda edição de sua obra e não o fez.

Mais um exemplo: contra afirmações contidas na *Dedução Cronológica*, Cândido Mendes aponta um decreto de D. Afonso VI como prova da inexistência de determinado costume no tempo de D. João IV. Diz:

> Se em Portugal houvesse o costume que inculca Pombal na *Dedução Chronologica*, o Rei D. João IV não responderia ao Estado Eclesiástico da mesma forma por que o fez. Mas a melhor e mais valente prova que temos da inexistência de semelhantes costumes é o Decreto de 16 de Agosto de 1663, promulgado durante o reinado de D. Afonso VI (ALMEIDA, 1866, p. CCCCVI).

[102] Elaborador de uma historiografia primitiva, para falar com Hegel (2013, p. 12-16).

Conforme esse argumento, o referido decreto, que é um documento jurídico histórico, prova historicamente que não houve o suposto costume, ou seja, prova juridicamente a inexistência de uma norma não escrita. Logo em seguida, o autor emenda: "Portanto não há um documento de valor que apoie a afirmativa de Pombal, isto é, que a prática do *Placet* foi constante em Portugal desde D. Pedro I" (Almeida, 1866, p. CCCCVI).

Por tudo o que temos visto, história e direito convergem em uma historiografia jurídica como a de Cândido Mendes, e não apenas como uma determinada forma de saber sobre um tipo específico de objeto, mas sob a forma de uma narrativa que se desencadeia por meio de decisões e ideias político-jurídicas, a qual é utilizada para reivindicar uma concepção de qual é o direito válido, legítimo e justo. Diante disso, essa história do direito não possui apenas uma função de fornecer conhecimento histórico ou argumentos jurídicos, mas de pautar uma forma de agir no mundo que se canaliza sob diversas formas, inclusive a atuação política.

Nesse ponto, vale destacar o discurso proferido em 20 de julho de 1869, em que Cândido Mendes rebatia uma proposta de tributação dos bens das corporações religiosas. Nele, termos como monumento, documento e história são mobilizados para se contrapor a uma política da ingratidão que o então deputado vislumbrava naquele momento, apontando para um futuro sombrio, em decorrência de um esquecimento imoral. Nesse sentido, lê-se no discurso:

> As ordens religiosas, Sr. presidente, que entre nós hoje são tão detestadas, e contra as quais porfiam essas medidas odiosas e truculentas, deviam merecer do nosso governo alguma, toda a consideração, pelos serviços eminentes que, desde a época da descoberta, prestaram, e porque são elas pelos seus feitos monumentos históricos da nossa nacionalidade. Se destruirmos esses monumentos com estranha ingratidão, daremos ao mundo um documento do pouco que valem a nossos olhos os acontecimentos memoráveis dos nossos anais. Amanhã não saberemos, obscurecida a história, onde foi o teatro de tais acontecimentos, e a quem pagar a dívida de honra e de gratidão pelos resultados que colhemos e colherão os vindouros. (*Apoiados.*) (Anais da Câmara, sessão de 20 de julho de 1869, apêndice, p. 20).

Fazer história do direito não consiste, portanto, em compor uma mera coleção de informações mortas, sem relevância prática, nem em refugiar-se em um passado imóvel que protegeria do presente em ebulição. Nesse aspecto, as ideias de Cândido Mendes estão na linha de um autor como Maistre, base de uma tradição francesa de pensamento histórico que influencia correntes tradicionalistas, socialistas e positivistas, que "historicizou a filosofia social e política iluminista, transportando argumentos antigos a contextos modernos", como mostra Armenteros (2011). A história do direito de Cândido Mendes pretende-se viva, fundamento do tempo presente.

Apesar de ter em Cândido Mendes um destaque peculiar, por sua extensa produção em história do direito, em viés ultramontano, essa linha de pensamento não é exclusiva dele, de sua visão de mundo ou da sociedade em que vivia. De acordo com Donald Kelley (1984, p. 13-14), iluministas, ideólogos e positivistas, todos atribuíam um papel para a história e falavam mesmo em uma "nova história". Havia os que propugnavam o ensino dos costumes e da linguagem, bem como da economia política. Mas, apesar dessa esperança pedagógica depositada na história, suspeitavam de sua substância. Ou, como Condorcet, pensavam na história do progresso do espírito humano, da antiguidade ao século XVIII, propugnando a destruição dos restos de arquivo do Antigo Regime (Kelley, 1984, p. 15).

A consciência histórica, contudo, não poderia florescer à luz da razão, inspirar-se nas ciências naturais ou sustentar-se no direito natural, sobretudo a partir da eclosão da Revolução Francesa, que abalou os pressupostos iluministas e desafiou o pensamento histórico. Em vez da razão, é a ideia de "nação" que passa a ditar os estudos, que se voltam para compreender os costumes e os comportamentos humanos, relegados a um plano inferior pelo racionalismo iluminista. Isso leva Kelley (1984, p. 14-15) a afirmar que, em sua própria natureza, os estudos históricos eram contrarrevolucionários – uma interpretação compatível com aquela, de outra natureza, levada a cabo por Karl Mannheim (1999), que associa os estudos históricos ao pensamento conservador. A ideologia revolucionária, prossegue Kelley (1984, p. 15), demandava que a história fosse pilhada ou apagada, juntamente com a monarquia, seu direito e suas instituições. Após a Revolução, contudo, essas ideias foram efêmeras, sendo logo preservados, classificados e publicados os registros, enquanto canais para o conhecimento da mentalidade pré-revolucionária, especialmente sobre a prática jurisprudencial. E assim, com a derrocada do feudalismo e uma suposta modernização da Igreja, somadas à convicção da unidade nacional, a história dos tempos passados, em especial da Idade Média, pôde ser vista de uma forma mais leve e menos temerosa.

A historiografia, bem como o direito pós-revolucionário (ou da restauração) na França, era contrarrevolucionária e antibonapartista, sendo ambos conceitualmente ligados a pensamentos que, como o de Bonald e Burke, elevavam a sabedoria e as forças sociais acima do racionalismo político e jurídico. Na França, alguns dos grandes representantes desse tipo de pensamento foram Joseph de Maistre e François-René de Chateaubriand, que colocavam o divino e o nacional acima do racionalismo da ideologia revolucionária. Enquanto isso, o jurista Camus teve autorizada por Napoleão a publicação de um manual para a prática jurídica recheado de regras e instituições feudais e eclesiásticas, com uma única inclusão aberta à modernidade: uma seção sobre economia (Kelley, 1984, p. 16-17).

Longe de a valorização da história, considerada como elemento decisivo da definição do direito, ser uma excentricidade ou manter-se nos limites do pensamento conservador, diversos espectros da cultura jurídica e do pensamento político adotaram algumas posições nesse sentido, embora divergentes entre si, fosse pela desconfiança da razão revolucionária, fosse pela prática jurídica, que esteve longe de se limitar a uma mera aplicação dos códigos, como se costuma pensar a partir de uma certa noção de "escola da exegese" (Ferrante, 2009).

A produção histórico-jurídica de Cândido Mendes de Almeida foi no sentido de conferir ao saber histórico um papel de auxiliar fundamental para a compreensão e aplicação do direito, haja vista o caráter histórico deste, que sofre transformações, mas também mantém suas continuidades essenciais, no curso do drama humano. Para levar adiante essa concepção, Cândido Mendes fez compilações de documentos histórico-jurídicos, tornando-os novamente presentes pelo mero fato da publicação. Mas, mais do que isso, fez anotações, comentários e extensas narrações interpretativas, compondo uma obra jurídica de embasamento histórico em plena era da codificação.

3.2.2 Direito: fontes, codificação e jurisdição

> Por outro lado sendo esse Codigo um grande monumento de nossa Legislação merecia ser bem estudado pelos que se dedicão ao cultivo da Jurisprudencia, e dezejão conhecer as fontes do Direito Patrio, e a sua historia, ainda naquellas disposições condemnadas ao olvido pelo Legislador moderno.
>
> CÂNDIDO MENDES DE ALMEIDA
> *Auxiliar Jurídico* (1869, p. V)

> Já se vê que só uma sciencia de Mephistopheles podia ensaiar semelhante Legislação n'um Paiz profundamente Catholico.
>
> CÂNDIDO MENDES DE ALMEIDA
> *Direito Civil Eclesiástico Brasileiro* (1866, p. CCCXXXVII)

Sem um conceito de direito, por mais impreciso, contraditório, confuso ou inconsciente que seja, não é possível proferir discursos e agir no âmbito dessa prática social específica. Logo, também não seria possível fazer história do direito sem dispor de alguma concepção a respeito.

Diante disso, se a interpretação sobre a obra de Cândido Mendes, e especialmente sobre os três textos centrais nesta pesquisa, pressupõe que ele fazia história do direito[103], é necessário entender não apenas o que ele compreendia por história, mas também por direito, que além de objeto dessa história era uma prática na qual ele estava envolvido.

Para além de eventuais formulações teóricas que possam ser encontradas em seus trabalhos, ou de utilizações mais ou menos rigorosas conceitualmente do próprio termo "direito", a compreensão do direito enquanto um campo ou prática social demanda que se levem em considerações outros conceitos, como os de código e constituição, e debates sobre temas centrais, como as questões da soberania e da disputa de jurisdições. Somente com todos esses elementos é possível aproximar-se de sua compreensão sobre o conceito central de direito, alcançando as espe-

[103] Interpretação partilhada por autores como Almeida (1943) e Godoy (2021).

cificações que o autor lhe dá no âmbito de sua polissemia fundamental. É esse o conceito que está na base de sua atividade e que, portanto, pode nos levar a uma compreensão mais profunda de suas concepções acerca da história do direito.

Inicialmente, é importante ter em mente que, para além dos usos e concepções pessoais de Cândido Mendes e daqueles compartilhados no seu tempo e espaço social, o conceito-base de direito sofreu transformações ao longo dos séculos, sobretudo a partir dos centros culturais europeus, que viriam a irradiar e impactar a forma de fazer e pensar o direito também no Brasil.

Em *As palavras e a lei*, José Reinaldo de Lima Lopes faz a análise dessas transformações semânticas do direito em torno de duas palavras, *ius* e *lex*. Lopes (2004, p. 67-68) sustenta que a discussão sobre o sentido dessas palavras desenvolveu-se sempre como princípio ou ponto de partida do raciocínio jurídico e, com o advento do jusnaturalismo moderno, ganhou um aspecto especial, com a prevalência da ideia subjetiva de comando no lugar da tradicional ideia objetiva de regra (enquanto medida). Com isso, o uso do termo *ius* para designar uma faculdade passou a figurar em primeiro lugar nas exposições do conceito de direito, ao passo que *lex* foi progressivamente adquirindo um significado quase exclusivo de comando, o que levou à formação de um novo campo simbólico. E mais: além dessas mudanças conceituais, houve simultaneamente a passagem do latim para as línguas vernaculares. Assim, até chegar-se ao conceito de "direito" em português no Brasil do século XIX, foram necessárias traduções em múltiplos níveis, envolvendo tanto a transposição entre as línguas naturais quanto as transformações das linguagens filosófico-políticas.

Desde antes da recuperação dos textos de Justiniano, a palavra *directum* ou *derectum* – de que se deriva para o português o termo "direito", da mesma forma que seus correspondentes espanhol ("*derecho*"), italiano ("*diritto*") e francês ("*droit*") – já fazia parte do uso popular e aparecia na literatura. Uma explicação para a popularização do termo é a força que a cristianização adquire no ocidente, levando à incorporação de uma conotação moral do direito, mediante a utilização do termo para referir-se a "direção" e "direção reta", que aponta para a ideia de um "direito justo". Assim, durante a Alta Idade Média, perde-se o contato direto com a noção romana de *ius* em favor da direção moral da ação (o reto, enquanto forma de vida), que indicava algo comum ou universal, a ser completado pelos costumes (*consuetudines*) (LOPES, 2004, p. 76-78).

No âmbito dos estudos sistemáticos de direito canônico ou de direito civil (isto é, romano), o vocabulário erudito é resgatado, por meio do uso do termo *ius*. Segundo Lopes (2004, p. 78),

> a determinação do conceito de direito tornou-se importante do ponto de vista prático, na medida em que dois fenômenos se desenvolviam na cristandade latina. Em primeiro lugar, a disciplina das relações entre poder civil e poder eclesiástico: foi cada vez mais necessário determinar as respectivas fontes de legitimidade e de autoridade. Em segundo lugar, tratava-se de colocar ordem na crescente produção normativa das cortes e tribunais reais ou eclesiásticos e definir suas respectivas relações com o mundo das tradições locais.

Assim, passa-se a refletir sobre os conceitos que orbitam o de *ius* (*lex, mos, consuetudo, iustitia*), para estabelecer as relações e limites entre poder civil e eclesiástico e para ordenar a produção normativa nesses dois âmbitos com relação ao direito tradicional. Dessas questões, surgem outras, como a distinção entre fé e revelação, por um lado, e direito e administração da vida temporal da Igreja, por outro (LOPES, 2004, p. 78), que viriam a se desenvolver entre conflitos e armistícios ao longo dos séculos.

Nesse contexto de reflexões, um jurista como Bártolo (1313-1357) filia-se à ideia de que as leis precisam referir-se ao bem comum, não podendo resultar unicamente da vontade arbitrária de um só, o que configura a tirania. Não obstante, para ele, que vive em um mundo composto por muitas jurisdições, distintos costumes locais e pluralidade de fontes jurídicas, derivadas de um poder político fragmentado, deve-se reconhecer um lugar à vontade do príncipe, imperador ou papa, dentro das limitações que decorrem da superioridade do direito natural e da objetividade do bem comum (LOPES, 2004, p. 92-93).

Apesar de Bártolo não fazer uma distinção de hierarquia ou vigor, mas de origem, entre costume e lei, Cândido Mendes não será o seu mais ardoroso defensor, mesmo quando faz ponderações à crítica dos cujacianos. Afinal, associa o jurista medieval ao estudo de um direito romano muito favorável ao governo civil.

O humanismo jurídico, chamado por vezes de "Escola Cujaciana", se desenvolve sobretudo a partir do século XVI, e tem como alguns de seus principais expoentes Hugue Doneau (Donellus), François Hotman e o próprio Jacques Cujas (Cujácio). Sua posição no debate jurídico é precisamente a de confrontar a tradição de estudos herdada dos medievais, apelidada de "Escola Bartolista". Para um autor como Cujácio, o *ius* é o bom definido pela lei, enquanto esta é o *ius* definido pela vontade ou pela necessidade. Na dificuldade de expressar-se a vontade popular, seja por falta de consenso, seja por dificuldade de reunir todos, a definição da lei e do que é o justo caberia à autoridade (Lopes, 2004, p. 99). Vê-se, assim, as portas do direito abertas para uma subjetivação, o que em termos de poder significa a abertura para certo voluntarismo.

No mesmo século, desenvolveu-se a segunda escolástica, que foi, nos dizeres de Lopes (2004, p. 100), "como o elo entre a doutrina medieval e a moderna". Longe de configurar-se mera repetição da doutrina tomista acerca do direito e da justiça, essa corrente elaborou uma "resposta ao desafio reformador, fixando o princípio de que o poder do soberano – legislador – vem de uma necessidade natural da comunidade política (a comunidade perfeita, isto é, completa) e por isso independe de qualquer graça especial que o príncipe receba de Deus" (Lopes, 2004, p. 100). Apesar de Francisco de Vitória, Luís de Molina e mesmo Francisco Suárez não serem autores primários de referência para Cândido Mendes, até mesmo por não ser ele propriamente um filósofo ou teólogo – embora compile cartas de Suárez em seu *Direito Civil Eclesiástico Brasileiro*, no âmbito de uma discussão com Gabriel Pereira de Castro –, fica evidente a sua proximidade intelectual e ideológica com esses autores, em sua maioria jesuítas.

É importante ressaltar, no entanto, que com Francisco Suárez o caráter subjetivo é realçado, em especial com a figura do Deus legislador, que comanda e ensina, tanto pela razão quanto pela revelação. Aqueles dois termos, *ius* e *lex*, identificam-se, tornando-se intercambiáveis. Então, "é possível assumir, segundo Suárez, que o justo se dá por causa de um comando, divino ou humano" (Lopes, 2004, p. 106), algo que está mais em consonância com a concepção moderna de direito do que com a medieval, em especial a tomista.

Autores como Hugo Grócio, Thomas Hobbes, Samuel Pufendorf, Jean Domat e John Locke, no século XVII, dariam contornos decisivos para a concepção moderna de direito. Para todos eles, o ponto de partida era a natureza humana, embora para cada um isso significasse algo distinto. Para Domat, próximo dos círculos jansenistas de Port Royal e amigo de Pascal, significava a busca por atingir a beatitude, o que remetia o princípio do raciocínio para a salvação. A fim de atingi-la, os seres humanos deveriam estabelecer relações especiais, pautadas no amor – fosse sob a forma familiar, fosse sob a forma contratual. A própria justiça aparecia, para Domat, como uma forma de amor, o que abria a possibilidade de que duas virtudes distintas fossem identificadas, a justiça e a caridade, identificação recusada pelos antigos (Lopes, 2004, p. 121).

Especialmente a partir do século XVIII, mas seguindo os passos de Leibniz, alguns pensadores como Chirstian Wolff e Immanuel Kant deixam o jusnaturalismo antropológico dos autores acima referidos de lado, para centrar suas ideias na universalidade da faculdade de raciocinar, o que lhes vale o rótulo de jusracionalistas. Existia a preocupação, por esses autores, com o perigo de recair-se em um voluntarismo excessivo, de modo que a teoria elaborada trazia a exigência de raciocínios coerentes, para evitar o despotismo. De toda forma, como afirma Lopes (2004, p. 124), "o modelo jusnaturalista dá forma a um modo de pensar das elites, tanto das que vão apoiar as reformas absolutistas quanto, mais tarde, das revolucionárias. O modelo, contudo, não se transforma imediatamente em instituições, muito menos em instituições liberais".

Eis que chega o século XIX, o tempo de Cândido Mendes de Almeida. Com o estabelecimento de fato das soberanias dos Estados, a simples prescrição viria a ocupar o lugar central do direito. Os monarcas se esforçariam para impor o direito nacional, a partir do *ius patrium*, em detrimento do *ius commune* até então dominante. Mas este era dotado de uma longa história, formando um sistema com pretensão de universalidade e fundamentos claros e precisos, embora composto por elementos de naturezas diversas (Cabral, 2019, p. 9), de modo que também o *ius patrium*, para ser bem sucedido, precisaria oferecer "alguma racionalidade e algum sistema, ou seja, um conjunto de princípios a partir dos quais tivesse sentido o direito positivo criado em cada unidade política nacional (reino)" (Lopes, 2004, p. 124). Esse percurso, que ganha um fôlego sem precedentes no século XVIII, alcançaria novos contornos no século XIX, com os efeitos da Revolução Francesa e da ascensão da burguesia ao poder, com reações à direita e à esquerda e a intensificação do poder político institucionalizado, sob a forma do Estado-nacional.

Afetados todos os países por esses eventos, em cada parte os desdobramentos seriam diferentes. Na França, as leis passaram a ser vistas como ordens incontrastáveis do soberano que, enquanto legislador, representado pela Assembleia, encarnava a soberania popular. Na Alemanha, por outro lado, a reação foi diversa. Apesar do entusiasmo de alguns com os acontecimentos na França – alguns a desejar códigos, outros a admirar a figura de Napoleão –, o conservadorismo de diversos matizes preponderou e, na senda aberta por Savigny, as fontes tradicionais foram objeto de sistematização e conceituação. Isso não significaria, entretanto, a derrota do voluntarismo em solo alemão. Lembre-se da figura de Windscheid, jurista mais exemplar da corrente que viria a ser chamada de pandectística, para quem "lei é determinação do Estado de que algo deva ser direito". Como explica José Reinaldo de Lima Lopes (2014, p. 127), segundo essas ideias, "a capacidade de fazer leis é um atributo próprio do Estado, que pode em alguns casos permitir que outra vontade, que não a sua dê fundamento a normas jurídicas".

O voluntarismo no direito estava instalado e não poderia mais ser negado, mas no máximo sofrer reações. Dentre as diversas correntes desenvolvidas em torno da conceituação do direito,

> os autores brasileiros do século XIX voltam-se então para o ecletismo: uma mistura de liberalismo fundado em algumas premissas jusnaturalistas – com a da igualdade de todos os homens – combinada com elementos organicistas, capazes de submeter a desordem dos interesses individuais a uma ordem "providencial" e "racional" (Lopes, 2004, p. 126).

Um jurista como Antonio Joaquim Ribas (1819-1890) faz invocações à ordem providencial para justificar o direito, ao passo que apresenta este como um elo, por meio da lei, entre um princípio de liberdade na vida moral e um princípio de ordem – tensão esta, entre ordem/autoridade e liberdade, que também aparecerá nos argumentos de Cândido Mendes. O maranhense, todavia, resolve a tensão não por referência à lei, mas à liberdade da Igreja, que seria o único fator capaz de limitar o excesso de autoridade estatal e assegurar a liberdade das pessoas. Vale-se de uma citação para apresentar essa ideia: "Com razão", diz Donoso Cortés,

> por toda a parte onde se enfraquece o poder da Igreja vê-se aumentar a preponderância do Poder temporal, de tal sorte que nada há de mais certo do que o seguinte fato. O despotismo civil prevalece sobretudo nos Países em que o poder da Igreja é oprimido, e a mais segura garantia da liberdade das raças humanas é a independência da Igreja, e a sua livre ação sobre os governos civis (apud ALMEIDA, 1866, p. XLVI).

Apesar de procurar fugir do voluntarismo, Ribas encontra enorme dificuldade para fazê-lo e, ainda assim, não remete à antiga noção de medida ou regra, mas para a noção moderna de princípio ou comando racional. Ele "não consegue escapar da noção de comando, não consegue falar de regra sem se referir ao campo semântico da ordem dada por alguém" (Lopes, 2004, p. 131).

Os argumentos de Cândido Mendes também levarão a um determinado voluntarismo. Esse ponto pode ser abordado a partir de um trecho em que critica D. Manoel do Monte Rodrigues de Araújo, Bispo do Rio de Janeiro, por admitir a existência de um beneplácito, ainda que apenas sob a forma limitada, contra a expressa determinação da Santa Sé. Ao questionar os argumentos do bispo, Cândido Mendes diz:

> Quando da tese passa à hipótese, quando trata do Beneplácito no Brasil, que denomina *Régio*, limita-se Monte a apontar no § 135 *usque* 138 a legislação vigente, sem adicionar o menor protesto e reflexão. Recorre ao silêncio, silêncio reprovador sem dúvida, que nem ao Bispo, nem ao Escritor cabia, visto que mesmo pela legislação civil as análises razoáveis da Constituição e das Leis são permitidas (Almeida, 1866, p. CCCCXII).

Nesses termos, o autor questiona o apego cego à letra da lei, o que, é claro, se pode atribuir ao católico que desconfia do governo civil, mas que conforma uma compreensão de direito, de acordo com a qual a lei e o legislador não são vistos como instâncias intocáveis. Afastam-se assim, de pronto, o imperativismo e o voluntarismo que serão associados ao positivismo jurídico, mas já são decorrência, por um lado, do individualismo jusnaturalista, com a fixação dos preceitos jurídicos em códigos a partir de uma ordem de exposição que parte do sujeito humano individual (LOPES, 2004, p. 144), e, por outro, de desdobramentos da escola histórica do direito, que está na base de uma visão conceitualista, em razão de seu apego à sistematização conceitual dos institutos e das relações jurídicas.

Diante disso, manifesta-se uma afinidade com a escola histórica em seu aspecto mais histórico e menos conceitual, sem que deixe de haver elementos jusnaturalistas clássicos, com a pressuposição de critérios de racionalidade superiores ao direito positivo, ainda que não consistam na razão individual e natural moderna, mas em uma razão de origem divina, que se manifesta sobretudo por intermédio das decisões pontifícias. Neste ponto, no entanto, Cândido Mendes recai em uma espécie de voluntarismo, já não do Estado, mas da Igreja, uma vez que a vontade do papa, sendo a expressão humana máxima da razão jurídica, com esta confunde-se, tornando na prática as normas eclesiásticas fontes inquestionáveis de direito, de verdade e de justiça.

Assim, Candido Mendes enquadra-se nesse contexto, com as especificidades que decorrem de sua forma de pensar, a qual tem sido caracterizada pelo conservadorismo ultramontano. Não há textos teóricos de Cândido Mendes, com manifestas e detidas adesões seja a alguma das posições jusnaturalistas, seja à escola histórica que vinha se firmando na Europa, sobretudo por obra de Savigny, e que teria tanta repercussão no Brasil, por meio de autores como Teixeira de Freitas. De certa forma, isso é decorrência da sua adesão irrestrita à doutrina da Igreja, que parece impedi-lo de filiar-se a outras correntes de pensamento. Referências ao direito natural e a princípios de justiça aparecerão em seus discursos, bem como é fundamental em sua obra a preocupação com a organização do material jurídico histórico. Mas tudo isso gira em torno das bases católicas de seu pensamento, que faz se destacarem as referências e longas citações de autores como Joseph de Maistre, Luigi Taparelli D'Azeglio e Juan Donoso Cortés.

Na disputa entre a Escola Bartolista e a Escola Cujaciana, a respeito da forma de conceber e lidar com o direito romano, Cândido Mendes demonstra interesse, mas não escolhe decisivamente nenhum dos lados.

E é justamente pelo elemento histórico que podemos entender melhor seu posicionamento.

Em grande medida, a crítica do *mos gallicus* aos bartolistas diz respeito à consideração ou não da historicidade: para os humanistas do século XVI, os juristas medievais são insensíveis à evolução histórica (Halpérin, 2012, p. 867). Ademais, estes são atacados pela ausência de crítica na leitura dos textos de direito romano tal como foram veiculados, uma vez que teriam sido deturpados com a intervenção de Triboniano no âmbito da elaboração do *Corpus Juris Civilis*. Como decorrência disso, diz Halpérin (2012, p. 867),

> a denúncia das manipulações operadas sobre os textos romanos nas compilações de Justiniano – o Antitribonianismo, cavalo de batalha de Baudouin, depois de Hotman (1567) – conduz progressivamente esses juristas eruditos, muito envolvidos nas lutas religiosas de seu tempo, a repudiar tudo ou parte da herança do direito romano.

Em primeiro lugar, deve-se ressaltar a existência de uma afinidade entre a crítica dos adeptos das religiões reformadas à instituição e à doutrina católicas de seu tempo e a crítica dos cujacianos aos bartolistas. Ambas desenvolvem-se no bojo do humanismo, tendo a filologia como instrumento privilegiado de estudos e o elemento histórico como objeto central de preocupações.

No âmbito religioso, critica-se a Igreja e a tradição por ela construída, eivada de corrupção e abusos. Contra ela, propugna-se a volta ao cristianismo das origens, por meio da leitura do Evangelho sem intermediação. O texto sagrado, assim, precisava ser depurado dos significados e usos que lhe foram dados pela instituição religiosa dominante, com pretensões de universalidade, nos últimos séculos. A leitura crítica era o caminho para a restauração da vida religiosa em sua originalidade, limpando-se os detritos que ao longo dos tempos foram se acumulando pela intervenção da Igreja de Roma.

No âmbito jurídico, critica-se a apropriação do direito romano pelos juristas dos séculos XI a XIV, nomeadamente Bártolo. Juntamente com Irnério, Acúrsio e outros, ele teria feito leituras e usos indevidos do direito romano, cuja autenticidade se teria perdido tanto em função de adaptações ao novo contexto quanto pela ausência de crítica à intermediação de Triboniano, principal responsável pela elaboração do *Corpus Juris Civilis*. O direito romano originário deveria ser resgatado, por meio de uma leitura atenta e crítica das fontes, depurando-as das intermediações tardo-antigas e medievais. Também aqui, a crítica filológica aparece como o meio para afastar os elementos históricos que foram se acumulando indevidamente, a fim de resgatar o sentido original dos textos.

Contrário à concepção das religiões reformadas, Cândido Mendes também não seria um entusiasta do humanismo jurídico. A história que se desenvolve desde o fim do Império Romano não é vista por ele negativamente, como um acúmulo de confusões e abusos, mas positivamente, como uma contínua afirmação da Igreja Católica. Assim, a sua visão é incompatível com o apelo ao resgate do estágio inicial – seja da religião, seja do direito.

Isso faria dele um bartolista? Certamente não. Afinal, o direito romano estudado pelos medievais é o derivado do *Corpus Juris* e esse é um direito que submete a Igreja ao império do governo civil. Deste modo, Cândido Mendes faz ponderações sobre as duas escolas. A de Cujácio faz bem ao exercer a crítica e valorizar o estudo histórico do direito romano, mas a de Bártolo estaria mais próxima do verdadeiro cristianismo – não por estar mais próxima das origens de uma religião institucionalmente degradada, mas por não fazer parte de um movimento ligado à Reforma Protestante, atuando em um contexto no qual a Igreja Católica realizava a sua institucionalização e levava a cabo as suas pretensões de universalidade.

Deste modo, sem concordar com nenhuma das escolas, Cândido Mendes elogia o que considera apropriado de cada uma: da Cujaciana, a visão histórica; da Bartolista, a maior proximidade com a doutrina da Igreja Católica. É com esse método e distanciamento, inclusive, que o próprio direito romano derivado do *Corpus Juris*, enquanto tal, precisaria ser visto, dada a sua natureza eminentemente secular e a sua origem por ordem de um imperador cristão. Isso não impediria o uso tradicional desse direito, mas deveria bloquear entusiasmos e gerar uma situação de permanente alerta contra a sua potencial instrumentalização em detrimento da jurisdição eclesiástica.

De outra parte, agora tendo em vista o contexto específico do Oitocentos, seria fácil simplesmente associar o pensamento jurídico de Cândido Mendes com o de Savigny, mais destacado jurista conservador do século, que estava à frente justamente da chamada Escola Histórica. Mas a associação não procede, ao menos não inteiramente.

Em primeiro lugar, vale notar que Cândido Mendes cita Savigny, mas não com tamanha frequência. Esse fator, por si só, não é suficiente para medir o grau de leitura e adesão às ideias de outro autor, mas é um indicativo de que não há um predomínio das ideias de Savigny nos textos de Cândido Mendes, o que fica reforçado pela constatação da presença das ideias de autores ligados a outras correntes de pensamento.

Por outro lado, o Savigny de *Da vocação de nosso tempo para a legislação e a jurisprudência*, texto publicado pela primeira vez em 1814, atribuía um peso essencial ao povo enquanto elemento orgânico determinante do direito, como forma de opor-se ao pensamento abstrato daqueles que defendiam a elaboração de um código para organizar o direito nacional, o que era visto por ele como fruto da decisão arbitrária de um legislador. Em Cândido Mendes, o povo é certamente relevante, sobretudo na referência ao brasileiro como profundamente católico. Todavia, o povo não aparece em seus escritos como a fonte de onde emanam as normas jurídicas e a ordenação social, mas muito mais como destinatário: para um povo católico, um direito adequado às regras da Igreja. Quem estabelece as normas jurídicas é a Igreja, ao lado do autoridade civil, como se nota do próprio conteúdo das histórias do direito narradas por Cândido Mendes, sempre atribuindo aos papas e monarcas a tomada de decisões. Mas, é claro, a autoridade civil é uma fonte reconhecida por ele desde que esteja conforme à ordenação geral dos poderes fixada pela doutrina da Igreja Católica.

Apesar dessa distinção quanto à fonte primordial do direito, há uma semelhança de fundo entre os dois juristas, pois para ambos a função do pensamento é elucidar a realidade, não constituí-la. Isso se evidencia, em Savigny, pelo único tipo de atividade legislativa que considera admissível, isto é, a de auxiliar o costume quando surgem dúvidas em proposições jurídicas particulares. Não se trata de uma atividade criativa do legislador sobre o costume, mas, pelo contrário, da preservação deste enquanto direito real, vontade contemporânea do povo, a fim de esclarecer o seu sentido (SAVIGNY, 2013, p. 220-226; MANNHEIM, 1999, p. 157-158). Cândido Mendes, por sua vez, como já vimos anteriormente, não rejeita a elaboração de um código, nem o considera inútil. Mais do que isso, cobra a satisfação da promessa constitucional. No entanto, a sua produção intelectual vai quase toda no sentido de organizar o direito passado, não de criar direito novo. Ele busca contribuir para a fixação jurídica das fronteiras do Maranhão mostrando a história de sua formação demográfica; busca restituir os direitos da Igreja publicando uma coleção dos documentos jurídicos que estabeleceram suas relações com o Estado brasileiro, contando a história dessas relações; busca organizar, organizar e facilitar o acesso às *Ordenações Filipinas*, bem como resgatar o pensamento moral em matéria de direito comercial e marítimo, com a reedição da obra de Cairu. O caráter parasitário dessa produção, sempre apoiada na compilação, reedição e republicação de obras – mas também sempre organizando-as, interpretando-as e complementando-as com textos próprios – evidencia a maneira como Cândido Mendes encara a função do pensamento: como em Savigny, não é a de criar, mas a de elucidar, esclarecer, mantendo vivo o direito tradicional. Nesse sentido, o jurista-historiador brasileiro está mais próximo de Savigny do que do pensamento liberal, que concebe o pensamento sob a forma de um cálculo racional abstrato, e do que de Hegel, para quem o pensamento implica a reconstrução do plano do mundo, uma vez concebido enquanto racionalização dinâmica (Mannheim, 1999, p. 154-155).

Vale aqui uma breve comparação com outro leitor, mas não adepto completo, das ideias de Savigny. Teixeira de Freitas é um jurista muito mais próximo do conceitualismo que vinha se afirmando no século XIX como desdobramento de algumas das ideias de Savigny, por exemplo com o primeiro Jhering, e que levava a uma diminuição do papel da história no método jurídico, em contraposição à centralização dada à sistematização conceitual. Isso fica evidente pela própria elaboração da *Consolidação das Leis Civis*, primeiramente publicada em 1857. Cândido Mendes, por seu turno, não praticava esse esforço de conceitualização. Apesar de apresentar eventualmente algumas definições em seus escritos, ele procurava enredar a história e, a partir da narrativa e avaliação de diversos fatos históricos, elaborar a noção que lhe interessava (liberdade, jurisdição, poder, dentre outras), o que o aproxima mais da Escola Histórica de Savigny do que da Pandectística, embora pouco se refira ao jurista prussiano, sobretudo quando comparamos com as filiações mais abertamente assumidas, ligadas, por exemplo, a autores que usavam a história politicamente para defender suas causas contra o racionalismo revolucionário (De Maistre) ou que propugnavam pela utilização do método escolástico (Taparelli D'Azeglio).

Até por isso, entender um pouco mais a fundo as implicações da leitura desse filósofo jesuíta no pensamento de Cândido Mendes nos ajudará a revelar mais alguns aspectos de sua concepção de direito. Para isso, vamos partir de uma significativa distinção que o jurista brasileiro apresenta entre direito e fato.

Ao constatar que, sob a legislação após a independência, os empregados eclesiásticos no Brasil foram considerados como funcionários de Estado, Cândido Mendes afirma:

> É este infelizmente o fato. O direito lhe é inteiramente oposto; pois não é o Poder Civil quem cria e institui ou demite o Sacerdote, Pároco ou Bispo de suas funções; e tampouco a missão destes é executar a legislação temporal. Outra e mui diferente é a sua responsabilidade (Almeida, 1866, p. CCCXLIII).

Vê-se, nesse trecho, uma contraposição entre fato e direito, mas não no sentido de fato social (eficácia) e norma (validade), com que os juristas tanto se acostumaram a lidar no século XX, e sim indicando como fato uma norma real, mas ilegítima, por contraposição ao direito, que é a norma legítima, ainda que não adotada ou aplicada. Concretamente, na sua argumentação, fato é a legislação brasileira que trata os empregados eclesiásticos como funcionários de Estado, o que está contra o direito, conforme o qual é o poder eclesiástico quem nomeia e destitui os sacerdotes, os quais não têm por função executar as leis do governo temporal.

Por essa concepção, haja vista que o direito legítimo é o correto independentemente e mesmo por contraposição à legislação adotada pelo país, ou seja, é um direito necessário, ele é expresso sob linguagem afirmativa da ordem do "ser", não do "dever ser": "não é Poder Civil quem cria...". Deste modo, tanto fato (lei) quanto direito (legítimo) aparecem antes por meio de constatações fáticas e de contraposições lógicas do que em termos de cumprimento ou não de uma norma idealmente expressa. O que se tem são dois âmbitos normativos: o conjunto de normas do direito nacional vigente e o conjunto de normas do direito verdadeiro (canônico, legislação antiga, legislação atual corretamente interpretada etc.), com a constatação de suas consequências sociais necessárias, de modo que a crítica ao direito adotado não é apenas uma crítica pontual a uma ideia presente na legislação, mas a toda uma concepção social, da mesma forma que a defesa de um direito como legítimo é a defesa de um tipo de sociedade.

Assim sendo, mostrar a história do direito, mesmo quando concentrada nas normas (uma história da legislação), mas sobretudo quando leva em consideração as ideias ("doutrinas", para falar com Cândido Mendes), é tocar a um só tempo a questão da verdade histórica e a da legitimidade jurídica – e, por que não dizer, diante dessa fusão entre os campos, também a questão da legitimidade histórica (quanto à correção das ações tomadas e das situações engendradas e vividas pelos agentes históricos) e a da verdade jurídica (quanto à adequação das normas e decisões à doutrina católica).

Nesse sentido, mostrar o que aconteceu, inclusive com seus significados ocultos (verdade histórica), expondo a maneira como os agentes históricos participaram dos fatos e julgando se estavam do lado certo ou não (legitimidade histórica), é a base para discriminar, no passado e no presente, as normas corretas das incorretas (legitimidade jurídica), que não são meramente opções boas ou ruins, mais ou menos adequadas socialmente, passíveis de discussão, mas reflexo, fruto e condição da vida social harmônica, que tem por parâmetro o direito verdadeiro, isto é, as normas estabelecidas por Deus e compreendidas por intermédio da santa Igreja (verdade jurídica).

Verdade e legitimidade, ciência e vida social, história e direito entrelaçam-se, em uma concepção que, se não chega a configurar uma grande filosofia sistemática e coerente, busca abarcar todas as coisas a partir da totalidade de uma visão de mundo. Ademais, no interior dessa concepção, mas sempre em confronto com as demais, instaura-se uma correlata noção de justiça, que pode ser vista como um amálgama de tudo isso, acrescido de uma disposição para agir e lutar em nome desse direito e dessa verdade.

Essa ideia é percebida, por exemplo, na apreciação que Cândido Mendes faz de um debate entre o Marquês de Santa Cruz, Arcebispo da

Bahia, do lado da Igreja Romana, e o Dr. Jeronimo Villela de Castro Tavares, professor de Direito Eclesiástico no Recife (que inclusive publicara um *Compêndio de Direito Público Eclesiástico*, em 1862), acerca da questão acima referida, a de serem ou não os párocos empregados civis. Segundo Cândido Mendes, o "Metropolitano Brasileiro sustentava a negativa, em presença do Direito Canônico, da antiga Legislação, e do característico da Profissão", ao passo que o "distinto Professor apoiava a afirmativa na legislação vigente, e antiga, e máxime na apresentação do Padroeiro, nos vencimentos pecuniários dos Párocos pagos pelo Estado, e na inspeção a que estão sujeitos pela autoridade Civil". Reconhecendo o mérito de ambos os "paladinos" no debate, Cândido Mendes afirma que "o Professor teria mantido o seu asserto se se limitasse a comprová-lo com a nossa legislação moderna, embora oriunda e baseada na injustiça e na ilegitimidade. A legislação antiga não aproveitava a sua tese" (Almeida, 1866, p. CCCXLIII).

Vemos aí o confronto entre dois lados, o certo e o errado, um apoiado no conjunto do direito verdadeiro e justo, que engloba o direito canônico, a antiga legislação e a natureza das coisas, e o outro sustentado no conjunto do direito vigente, na legislação antiga e na situação atual. Cândido Mendes corrige a doutrina errada, dizendo que a legislação antiga não dá suporte à tese do professor, o que indica que essa legislação, o direito na história, corretamente observado e interpretado, está do lado correto, bom, justo. O que sobrava ao professor, e lhe dava alguma razão em seus argumentos – mas apenas relativamente à leitura dos fatos, isto é, das coisas e normas como são no presente –, eram a legislação moderna e a situação atual da relação entre os bispos e o Estado, as quais, todavia, seriam maculadas pela injustiça e pela ilegitimidade que as contaminam em suas fundações.

Importante perceber ainda que, apesar da legislação antiga corretamente interpretada corresponder ao direito justo, essa cisão entre os dois âmbitos normativos (lei e direito) é historicamente fundada: foram os sucessivos acontecimentos que afastaram a lei positiva estatal do direito, enquanto um conjunto normativo moralmente justificado, uma vez que sustentado na harmonia dos poderes sociais e na doutrina cristã. Essa concepção de direito e de história não é exclusiva de Cândido Mendes, que se inspira nas ideias de seu tempo.

Neste ponto, aparece a figura de Luigi Taparelli D'Azeglio, cujos textos são referidos e transcritos por Cândido Mendes em momentos decisivos de argumentação. O filósofo jesuíta procura, em sua obra, reestruturar a ciência do direito natural, para afastar os preceitos de autores como Locke, Burlamarqui e Pufendorf,

> em razão do desenvolvimento histórico que dividiu o aspecto ético ou moral do direito de seu aspecto estritamente positivo. O problema surgiu do que ele [Taparelli D'Azeglio] chama o "espírito heterodoxo" que, ao atribuir completa liberdade para a consciência individual, minou a unidade do direito em sociedade (BEHR, 2003, p. 102).

Thomas Behr (2003, p. 102-104) sintetiza o método de Taparelli D'Azeglio (muito mais vocacionado à elaboração de uma filosofia do que Cândido Mendes, que é mais um leitor interessado do que um espírito filosófico criativo) da seguinte maneira: "Sua intenção completamente tomista era fundir uma abordagem dedutiva, teorética, com uma abordagem indutiva histórico-sociológica em um método dialético que formaria as bases de uma ciência da sociedade e da política moderna". Uma ciência que, é bom ressaltar, se rejeita o abstracionismo jusracionalista, também não aceita o afastamento da metafísica pelas tendências positivistas puramente empíricas da abordagem sociológica.

Cândido Mendes, nas pegadas de Taparelli D'Azeglio, também não é um mero colecionador de experiências singulares, mas por meio destas busca construir uma concepção total de mundo, entrelaçando princípios e deduções a induções e situações concretas, mas de maneira a não permitir nunca que aqueles prevaleçam sobre estas.

Vale lembrar que, apesar de o apego ao concreto ser uma característica distintiva do pensamento conservador, seria equivocado limitar-se a defini-lo como a observação da experiência em detrimento de qualquer tipo de generalização. Como o próprio Karl Mannheim (1999) chama a atenção, a observação do concreto, por meio do estilo conservador de pensamento, leva também a totalizações, distinguindo-se dos liberais não por haver ou não a busca pelo todo, mas pela composição deste, que não é abstrato e *a priori*, mas fruto das observações concretas. Ademais, esse estilo de pensamento encontra variações: de um Savigny, por exemplo, que sob o conceito vago de "espírito do povo" abarca as tradições concretas, a um Hegel, que chega ao conceito de "Espírito" enquanto uma totalidade racional concreta.

Assim vistas as coisas, Cândido Mendes pode admitir uma ideia de direito natural, a qual se choca com a ideia iluminista e jusnaturalista – tanto em suas diversas versões efetivas (de pensadores como Grócio, Pufendorf, Domat, Locke, Kant) quanto naquela versão mais superficial difundida entre nós hoje de um direito eterno, universal e imutável. Um direito natural que se sustenta nos fatos, à maneira historicista, e que se confunde com o conjunto de ordens jurídicas, amarradas pelos princípios morais da sociedade cristã. Esse direito natural, historicamente fundado, será o (muitas vezes silencioso) fio condutor para as análises (histórico-) críticas do direito atual pelo jurista.

Há uma espécie de teleologia implícita nessa leitura histórica, com a postulação de um passado de ouro, em que havia harmonia social e política e o direito positivo era revestido de fundamento moral, ou seja, em que lei e direito coincidiam de fato, e a crescente substituição por uma nova ordem social, pautada no individualismo, que corroeu a moralidade da lei positiva, afastando-a do direito, isto é, de sua legitimidade e justiça.

Diante desse conjunto de ideias, o resultado do pensamento católico não é, como poderia parecer, a defesa do direito natural (justo, legítimo) contra o direito positivo, mas sim a defesa do respeito a este direito, desde que compreendido em conformidade com os preceitos divinos e eclesiásticos. A deferência à legislação civil, ainda que condicional, no entanto, não se deve unicamente ao amor à ordem e à autoridade contra a anarquia, mas especialmente à necessidade que esse pensamento tem de afastar a concepção jusnaturalista moderna, de caráter individualista, que se sustentava na razão, mas cujos efeitos eram vistos como um reforço do poder civil contra o eclesiástico. Nesse sentido, Cândido Mendes critica a doutrina presente nos Estatutos de Coimbra, conforme a reforma de 1772, segundo a qual o direito natural, junto à razão natural, teria antecedência a todo direito positivo, inclusive o divino. Ao manifestar a sua desaprovação, Cândido Mendes relaciona tais ideias às teses de Grócio, Pufendorf e Burlamarqui (os mesmos alvos de Taparelli), as quais teriam, segundo ele, o poder de abalar qualquer direito divino (Almeida, 1866, p. CXXXII-CXXXIII).

Ainda que Cândido Mendes não escreva monografias jusfilosóficas, diante das ideias que expressa e sendo um leitor de Taparelli, percebe-se a influência da noção de direito natural defendida pelo jesuíta italiano, como alternativa à iluminista, seja esta considerada em sua versão absolutista, seja na versão liberal. Como explica Thomas Behr,

> como consequência dessa separação entre ética e direito, Taparelli argumenta, os governantes temporais [*temporal rulers*] não mais se preocupavam com questões de filosofia moral nem com questões de virtude pública ou moral. As próprias pessoas reagiram de maneira semelhante, elevando interesses privados sobre a moralidade pública (BEHR 2003, p. 102).[104]

A um só tempo, essa ideia ataca o absolutismo e o individualismo liberal, levando a uma defesa da limitação do poder dos governantes e da educação moral da sociedade, o que em Cândido Mendes se traduz nos embates em defesa da liberdade da Igreja no Brasil, com a exigência de respeito à sua jurisdição por parte do poder civil e com a propositura de uma reestruturação do ensino público, inclusive com a instituição de Faculdades de Teologia.

Assim, ainda que Cândido Mendes não desenvolva a fundo a concepção filosófica que esposa – até mesmo porque não é seu objeto principal de análise, mas um pano de fundo para a sua história do direito –, nota-se uma proximidade muito grande com a filosofia tal como concebida por Taparelli, com suas noções de "direito hipotático" e "justiça social".

Por "direito hipotático", Taparelli entende o complexo das leis resultantes das relações entre os diversos corpos sociais, concebidos como seres inteligentes com finalidades próprias, existentes em múltiplos níveis, os quais em conjunto têm por fim a vida em sociedade, em uma clara oposição à noção monolítica de Estado, como uma reunião de indivíduos isolados (BEHR, 2003, p. 105-106).

Diante disso, na visão de Taparelli,

[104] Note-se que, no inglês, o termo que traduzimos geralmente por "governante" tem sua raiz em "*rule*", regra. A ideia fica mais clara nessa língua, uma vez que o argumento é que não apenas os atos de governo, mas o próprio estabelecimento das regras de direito positivo afasta-se da moral cristã.

> "*dritto ipotattico*" é o corpo de princípios para avaliar, em circunstâncias concretas, a relação própria entre autoridade e liberdade, ordem e liberdade, no nível social, e sustenta sua definição de justiça social no arranjo e perfeição da sociedade civil, sociedade política, e sociedade internacional (BEHR, 2003, p. 105).

Existe, portanto, conforme a concepção de Cândido Mendes, um direito verdadeiro, legítimo, justo, que precisa ser reconhecido e não criado arbitrariamente pelos governos. Nesse sentido, após rejeitar a concepção de Pombal, acompanhado de Mello Freire e Borges Carneiro, de que o recebimento do Concílio de Trento seria nulo por tratar-se de obra dos jesuítas, Cândido Mendes aponta Lobão como um jurisconsulto que, apesar de regalista como os outros, é íntegro, por buscar reconhecer o direito apenas com base na verdade e na razão: "Almeida e Sousa, tão Regalista como os precedentes, tem menos cegueira, reconhece o direito, e pronuncia-se em sentido oposto com a independência de um íntegro Jurisconsulto que somente se subordina à razão e à verdade" (Almeida, 1866, p. CCCLXX).

Da leitura desse trecho, percebe-se que não há uma rejeição à razão por parte do ultramontano, o que afasta a forma como, em geral, é esquematicamente é exposta a disputa entre ilustrados e conservadores (os ilustrados e os liberais estariam do lado da razão, enquanto os conservadores apelariam para a tradição e para o irracional) – o que possui certa função didática, mas com o efeito de perderem-se as organizações internas e as sutilezas de cada concepção. Na argumentação de Cândido Mendes, o que vemos é um constante apelo à verdade e à razão, como se nota no trecho acima – apesar de (e é isso o que justifica a esquematização) haver uma autoridade soberana na definição última da verdade e da razão, que é a Igreja. Isso automaticamente leva a enxergar o apelo à razão como uma simulação para defender a posição daquela instituição.

Mas é importante perceber que, ao defender essa razão e essa verdade, um autor como Cândido Mendes aponta o tempo todo para o fato de que a razão, sobretudo a individual, em nome da qual os opositores atacam a autoridade da Igreja, na realidade possui dono, o governo civil do Estado moderno secularizado. Se um leitor do século XXI não pode acreditar no discurso ultramontano do século XIX e deve desconfiar da procedência dessa razão de que Cândido Mendes fala, prestar atenção em seu discurso em parte vencido é importante para notar que há uma disputa política e ideológica em jogo e que a razão iluminista, liberal, "racionalista", do outro lado, já era desde o início apontada por seus inimigos como um artefato político unilateral, não sendo esta uma descoberta da historiografia do século passado ou deste.

Além disso, no trecho citado, percebe-se a ideia de que há um direito verdadeiro a ser reconhecido, isto é, um direito a cujo reconhecimento o pensamento voltado à verdade e à razão necessariamente leva, contra relativismos que podem ser originados do excessivo apego ao individual.

Ao comentar os Estatutos da Reforma da Universidade de Coimbra, de 1772, Cândido Mendes transcreve e parafraseia longos trechos, aos quais dirige a sua crítica. Sobre o ensino do Direito Canônico Público, diz:

> Declarando no § 5º que houve muita negligência, falta de ordem e método na compilação deste Direito, diz o Legislador no § 6º – "*que tem resultado a crassa ignorância dos sólidos e genuínos princípios do Direito Canônico Público,* com que os Canonistas tinham até então saído das Escolas de Cânones [...]" (Almeida, 1866, p. CXXVI).

Na sequência, o Reformador propõe as mudanças do ensino para corrigir essa negligência e falta de ordem e método.

O que se vê aí são diferentes concepções de direito confrontadas, mas não como ideias puramente jurídicas, e sim ligadas a disputas sociais, políticas, religiosas. A crítica do reformador, quanto à falta de método e de ordem, está adequada ao pensamento do período, na senda aberta por um pensador como Jean Domat, e com a proposta de reforma em que está inserido. A pretensão é realizar um direito mais sistemático, mais racional, na linha do movimento de codificação que ganha corpo no período, não somente no âmbito das reformas normativas e políticas, mas da própria cultura jurídica. A fundamentação do redator dos Estatutos para promover a reforma é moderna, atual, e Cândido Mendes, quase um século depois, não contestará a validade do argumento de que é preciso estabelecer ordem e método, mas sim a sua aplicação e os fins político-religiosos que estão escondidos por trás das linhas do reformador do ensino do final do século XVIII.

Com efeito, Cândido Mendes não rejeita a ordem e o método, exigências que ganham, no movimento racional de codificação, um destaque jamais conhecido até então. Ele não rejeita o código. Mas a ordenação e a codificação são por ele assimiladas sem a radicalização do movimento codificador, mitigadas pelo estudo da história e concretizadas sob uma forma que mais se assimila à ideia de compilação do que propriamente à do código moderno.

Vale notar, ainda, que o reformador indica que o ensino sistemático do Direito Canônico Público deveria partir dos primeiros princípios, os quais deveriam ser extraídos não das Falsas Decretais de Isidoro Mercador, nem das interpretações dos escolásticos, os quais sustentaram distinções arbitrárias "contra os *ditames da boa razão, e contra as verdades claras, e expressas* nos Livros Sagrados" (apud Almeida, 1866, p. CXXVII). O critério para identificar esses princípios e discernir quais artigos do Direito Canônico são legítimos e quais são espúrios deveria ser extraído, não dos textos da Igreja, nem das leis seculares – "*igualmente suspeitos* os testemunhos de ambos", por serem alguns dos artigos das *Decretais* "da causa própria dos Sumos Pontífices, e dos Soberanos", segundo consta dos Estatutos (apud Almeida, 1866, p. CXXIX) –, mas de uma "autoridade superior", um "Juízo Supremo". Segundo Cândido Mendes, para o legislador português, "dominado das doutrinas Jansênico-Galicanas",

> esse grande critério é a *Escritura Sagrada*, interpretada pela *Tradição*, e confrontada com o que dita a *Razão* deduzida da verdadeira natureza, e dos fins comuns das duas sociedades cristã e civil, bem como com os preceitos de Direito Público universal assim *Eclesiástico* como *Secular*, depois que houverem sido bem aferidos pela *Escritura* e *Tradição*, e de se terem reconhecido por verdadeiros ditames da *Razão Natural!* (Almeida, 1866, p. CXXVIII-CXXIX).

Vê-se aí uma conjunção de fontes do Direito Canônico: Escrituras, tradição e razão – sob a forma de razão natural e sob o mesmo conceito de boa razão que dá apelido à famosa lei de 18 de agosto de 1769.

Não são os pilares que são criticados por Cândido Mendes, mas o peso e o significado de cada um: as Escrituras são, de fato, fundamentais, e devem ser interpretadas pela tradição, mas a tradição da Igreja Católica, única detentora da verdadeira doutrina e, portanto, a única que tem do seu lado a razão. Cândido Mendes entende que a doutrina (jansênico-galicana) da reforma tem como finalidade destituir a Igreja Católica de seu posto, com uma separação entre Estado e Igreja e a submissão da segunda ao primeiro, à maneira dos Estados e doutrinas protestantes. Assim, a invocação das Escrituras, da tradição e da razão teria um objetivo bastante específico, a desvinculação entre a tradição e a interpretação da Escritura, de um lado, e a Igreja Católica, do outro, bem como a fixação da razão como critério de decisão sobre o que é correto e o que é incorreto, o que é legítimo e o que é ilegítimo – a pender, sempre, contra a Igreja de Roma. A própria visão de Cândido Mendes, contudo, tem a sua finalidade, que é a de (re)vincular a interpretação das Escrituras à tradição da Igreja Católica, ao deixá-la do lado da razão – o que acaba por submeter a razão à doutrina católica centrada em Roma. Assim, enquanto para o reformador o "Papa nestes casos nada pode decidir, seu testemunho é suspeito, e incompetente o seu juízo" (apud ALMEIDA, 1866, p. CXXIX), para Cândido Mendes o sumo pontífice é infalível e, portanto, aquela doutrina da reforma é herética.

Essa doutrina do "Legislador heterodoxo", segundo o raciocínio de Cândido Mendes, estabelecia como critério, afinal de contas, a razão individual. Mas a razão individual "era neste caso o Protestantismo, e a anarquia no ensino, mas anarquia que seria suplantada pela razão esmagadora do Poder Civil, que se tornava por fim o *verdadeiro critério*, por ser razão do mais forte, ao menos materialmente" (ALMEIDA, 1866, p. CXXIX). Assim, Cândido Mendes aponta o individualismo da ideia de razão veiculada nos Estatutos, contra aquela aceita por ele, a razão institucional da Igreja, centrada na infalibilidade do Papa. Mais do que isso, esse racionalismo individual, filho do protestantismo, não seria senão uma aparência, pois tirar a razão da Igreja Católica não faria com que a razão se estabelecesse na consciência de cada um, mas sim que fosse dominada pelo poder temporal do Estado, que poderia assim impor livremente a sua razão – uma razão que já não parece um critério iluminador, mas mera vontade, razão enquanto motivo, interesse, assegurado por meio da força material de que os Estados dispõem.

Diante disso, não poderia bastar a Cândido Mendes recorrer unicamente à história, haja vista as transformações promovidas nos séculos recentes pelo legislador português, pautado em um mecanismo como esse da remissão à razão individual, nem exclusivamente ao direito brasileiro vigente, tendo em vista que era o fruto dessa história. O caminho, para Cândido Mendes, precisava passar pela forma composta da história do direito, único meio de contar corretamente a história, para mostrar o direito verdadeiro, justo e legítimo.

Por isso, valer-se da história, especialmente do direito, para travar suas batalhas é algo que Cândido Mendes faz não só ativamente, para propor uma concepção jurídica historicamente fundada, mas reativamente, para combater as histórias e os conceitos usados por seus rivais. É assim, por exemplo, que critica o governo imperial, por ter recusado propostas da Santa Sé, no ano de 1858, após negociações pela celebração de uma concordata, "por causa do § 14 do art. 101[105] da Constituição, leis e práticas que o Galicanismo tem mantido, tais como o *Recurso à Coroa*, e outras do mesmo alcance, que se dizem *tradições herdadas de nossos maiores*" (Almeida, 1866, p. CCCLXLIV). Apesar de o adversário sustentar as suas ações em um dispositivo legal, mais do que isso, constitucional, com toda a modernidade jurídica que semelhante fundamentação carrega consigo, a legitimação por trás dos mecanismos invocados é uma herança de Portugal, uma tradição galicana, que estaria na base dos direitos majestáticos de que o governo se valia.

Diante desse quadro, é preciso olhar mais de perto como Cândido Mendes encarava o direito de seu tempo, em especial diante da progressiva instauração do código e da Constituição como mecanismos de sistematização racional e de concentração do poder de dizer o direito, sob a forma de comandos estatais.

Na sua edição do *Código Filipino*, ao apresentar a "Razão desta obra" (primeiro dos seis tópicos da introdução histórica *Ao Leitor*), Cândido Mendes insere-a claramente em seu tempo – isto é, num quadro histórico e jurídico tipicamente oitocentista. Isso se evidencia logo no primeiro parágrafo, com a lembrança de que o constituinte brasileiro fez, por meio do artigo 179, § 18, da Constituição, a solene promessa de dotar o país, quanto antes, de um código criminal e outro civil – promessa satisfeita apenas pela metade até então, diante da publicação do Código Criminal de 1830.

[105] Leia-se 102.

A crítica vem logo em seguida, não ainda para contestar a metade da promessa insatisfeita, mas a que se cumpriu: "Não obstante, [o Código Criminal] não deixa de ser deficientíssimo, e exibe em si a prova de que foi elaborado com pressa, e sem a madureza que tais cometimentos demandam; máxime depois dos abalos por que o País acabava de atravessar" (Almeida, 1870, p. V). Com essas palavras, vê-se que o jurista contemporâneo dos códigos não ousa negar-lhes a existência ou importância – com o que estaria negando o seu próprio tempo –, mas parece cerrar fileira com os moderados que preferem nenhum código a um código mal feito. Os abalos sociais, então, demandam um comedimento ainda maior nesse tipo de empreitada. Cândido Mendes, afinal, é essencialmente um conservador, contrário a rupturas bruscas, ainda mais se capazes de levar ao fortalecimento desproporcional do poder civil – não em primeiro lugar porque defenda as liberdades individuais contra o abuso da autoridade, mas porque preza pela correta distribuição do seu poder, na concorrência entre o governo civil e a Igreja Católica.

Apesar dessas considerações de princípio, Cândido Mendes mostra-se condescendente com o legislador, diante do quadro jurídico que se apresentava, em que as normas de direito penal material e processual, derivadas justamente das *Ordenações*, haviam se tornado incompatíveis com os princípios constitucionais vigentes desde 1824:

> Havia em verdade justificado motivo no açodamento do Legislador. Vigorava ainda o Código Penal do antigo regime, a Ord. do liv. 5º, cuja penalidade, sobremodo áspera e anacrônica, dava largas ensanchas ao arbítrio do Juiz; mas que ainda seria suportável, se não fosse acompanhada do respectivo processo, inquisitorial, vexatório, e avesso às doutrinas que a Constituição inaugurava (Almeida, 1870, p. V).

Após essas considerações sobre o código criminal, o jurista-historiador lembra que outro foi promulgado em 1850, o comercial. Aparece, então, o Cândido Mendes moderno, jurista que demanda o cumprimento da Constituição e a elaboração do Código Civil:

> Já era tempo para o estudo e organização do Código Civil, que o Legislador constituinte prometera organizar – *quanto antes*. A nova Sociedade educada

nas doutrinas da Constituição reclamava-o com ansiosa solicitude, a despeito das dificuldades a vencer em obra de tanto vulto (Almeida, 1870, p. V).

A moderação do conservador, que rejeita a pressa nas mudanças, vê-se confrontada pela passagem do tempo – afinal, já havia 46 anos que a promessa fora solenemente proclamada, estando D. Pedro II no trono havia quase 30. O tempo colocava em cheque a própria eficácia da norma constitucional e era preciso resguardar a ordem jurídica.

Para firmar sua posição, contra a pecha de retrógrado que acompanhava um conservador ultramontano como ele, acrescenta: "Não somos dos que acreditam que um Código signifique o efeito da decadência das luzes e da ciência do Direito, como já o disse alguém, a respeito dos de Roma" (Almeida, 1870, p. V). E prossegue:

> Pensamos com outros que a palavra *Código* implica uma ideia de adiantamento, de progresso dos Povos; acreditamos que é a ordem que sucede à confusão, a civilização à barbaria. Acreditamos também, que um Código, em qualquer ramo de Legislação, importa a fixação de uma época, em que se mostra a alteração que tem havido nas ideias, nos costumes e no modo de viver de qualquer Nação, de que a lei codificada é a melhor e a mais assinalada expressão (Almeida, 1870, p. V).

Cândido Mendes parece, assim, aderir à ideia de código moderno, assimilando a noção de uma evolução das nações, cujo progressos seriam fixados na lei codificada. Além disso, adere a um discurso herdado das filosofias da história de "progresso" dos povos, a partir de uma transformação unilinear rumo à melhora, que leva ao paulatino melhoramento da organização social, aproximando-se cada vez mais do ideal de civilização, tanto quanto se afasta do contra ideal de barbárie.

Entretanto, esse código que ele elogia e que representa o símbolo das conquistas da civilização não possui necessariamente a forma e o conteúdo que marcam era da codificação, isto é, o próprio século XIX em que o autor vive. Trata-se, é verdade, de uma sistematização, mas apenas no sentido de uma compilação das normas alcançadas por uma sociedade madura, e não da sistematização racional, dedutiva, com ideal de clareza e perfeição, centrada no indivíduo, que se concebeu no século

XVIII e proliferou pelos ordenamentos jurídicos mundo afora, sobretudo a partir do paradigmático *Code Napoleón*, de 1804. Esse "código" a que Cândido Mendes se refere é apenas uma denominação genérica para as grandes leis, ou leis importantes, das variadas sociedades, desde a mais remota antiguidade (como, ainda hoje, se designa o famoso "Código" de Hamurábi[106]).

Isso fica evidente pelos vários conjuntos normativos que Cândido Mendes chama de "códigos". Apenas a título de exemplo, usando essa terminologia, ele aponta normas antiquíssimas, inclusive a Lei da Doze Tábuas, como códigos. Antes mesmo do século XIII, a Noruega também possuíra códigos, segundo seu relato[107]. Os novos Estatutos da Universidade de Coimbra, de 1772, também recebem essa designação: "Os Estatutos da Reforma de Coimbra aconselham e impõem doutrina mui diferente: registremos aqui os preceitos desse código dirigindo-se aos Professores" (Almeida, 1866, p. CVII). Até mesmo os *Princípios de Direito Mercantil*, de Silva Lisboa, teriam exercido na visão de Cândido Mendes a função de código: "[...] Como obra única no gênero, em língua vernácula,

106 A respeito, vale lembrar o significativo título de um artigo já clássico de Luciano Oliveira, em que o autor apresenta alguns problemas metodológicos a serem evitados na elaboração de monografias jurídicas, dentre as quais o anacronismo: "Não fale do Código de Hamurábi!" (2004).

107 Segue a citação em nota de rodapé, em vista de seu caráter mais curioso do que decisivo para a argumentação aqui traçada: "A *Noruega* antes do domínio Hanseate, sem nos querermos remontar a outras épocas, era regida pelo Código chamado *Hidr-Skraa* ou *Jus aulicum*, que o Rei S. Olau mandou redigir, e a que Magnus, filho de Hacon, fazendo-lhe diferentes correções, regulando o estado político do Reino, sujeitou a nova promulgação no século 13. As leis civis anteriores, depois de revistas e corretas, foram submetidas à aprovação de uma Assembleia nacional na ilha de Guloy, que era ainda em 1274 o lugar em que se reunia a Assembleia, sob o nome de *Gulé*, depois transferida para Berghen. O Código que então publicou-se, como o de 940 da época de Hacon Adelstren, chamou-se *Gulaping*, e foi redigido para servir de lei comum a todo o Reino. [...] Felizmente no reinado de Christiano V promulgou-se em 1683 um Código geral, que a Noruega admitiu em 1687, e assim acabou a antiga Legislação, que se compreendia nos três antigos e célebres Códigos o *Gulaping* de 940, o *Biarkeyar-rett* ou *Direito municipal consuetudinário*, e o *Gulaping* de 1240, os únicos que interessavam ao Direito comercial e marítimo daquele País na meia idade, e eram redigidos em língua Escandinava" (Almeida, 1874, p. CLXXXV-CLXXXVI).

serviu na época de Código Comercial, de indisputável autoridade em todos os domínios da Monarquia Portuguesa" (Almeida, 1874, p. VII).

Por outro lado, há de se considerar não apenas o uso do termo código, mas também seus correlatos, sobretudo "codificação" e "codificar". Em determinado trecho, Cândido Mendes chama de codificação o ato de reunir normas já existentes em um só corpo normativo, no caso, um Regimento – ainda que não designe esse documento, explicitamente, de "código". Isso ocorre na ocasião em que o autor fala do Regimento da Mesa de Consciência, feito no reinado de Filipe III de Espanha, para regulamentar a nova organização das atribuições, uma vez criado o Conselho da Índia nas partes Ultramarinas (futuro Conselho Ultramarino). Esse Regimento, de 23 de agosto de 1608, seria, nas palavras do autor, "uma codificação dos atos régios anteriores, adicionada com alguns melhoramentos" (Almeida, 1866, p. CCCXI). Também concórdias ou concordatas são apreciadas nesses termos. Acerca de algumas que inclui em sua compilação, Cândido Mendes diz que "têm suas disposições codificadas e fundidas na Legislação Civil Eclesiástica comum às duas Igrejas, e portanto para ambas têm merecimento". Em seguida, diz ainda sobre elas: "Mas sua importância jurídica não pode ser disputada; o que ali se acha escrito codificou-se, e muitas de suas disposições ainda hoje nos regem" (Almeida, 1866, p. V).

Entretanto, esse uso extremamente amplo do termo "código", abrangendo fenômenos jurídicos distintos das leis gerais, sistemáticas e claras que se tornaram o paradigma jurídico do oitocentos, não começa com Cândido Mendes, nem se encerra com ele. Vicente José Ferreira Cardozo da Costa (1822, p. 148), em seu conhecido opúsculo *Que é o Código civil?*[108], falava do "Código do Sinai", assim como Guilherme Braga da Cruz (1955, p. 35), no século XX, chamará as *Ordenações Filipinas* por esse termo: "[...] Esse defeito, patente em todos os cinco livros do nosso *Código Fundamental*, é sobretudo notório no campo do direito privado", ao que acresce uma distinção entre legislação codificada e esparsa: "A legislação extravagante complementar das Ordenações, padecendo dos mesmos defeitos da legislação *codificada*, longe de remediar este mal, só contribuía

[108] Esse texto foi fruto de um concurso ocorrido em Portugal, por meio do qual foi proposto um prêmio para quem apresentasse o melhor projeto de código civil. Cf., a respeito, Formiga (2012). A partir de outra perspectiva, a questão também é tratada por Petit (2019).

para o agravar" (destacamos). Outros autores também utilizam o termo "Código Filipino", de que é exemplo um texto de João Pedro Ribeiro, publicado em 1805, cujo título já traz a expressão: *Índice Cronológico Remissivo da Legislação Portuguesa Posterior à Publicação do Código Filipino com um Apêndice.* O jurista brasileiro Orlando Gomes (2006, p. 4), por outro lado, utiliza o termo derivado "codificar" para referir-se à elaboração dessas ordenações: "As Ordenações Filipinas foram elaboradas em cumprimento ao Alvará de 5 de junho de 1595 pelo qual Filipe II de Espanha mandou rever, reformar e codificar toda a legislação portuguesa".

Mesmo Mello Freire, no *Código criminal intentado pela Rainha D. Maria I*, texto publicado em primeira edição em 1786 e vinculado a um projeto de codificação que já se inseria na perspectiva moderna, intercambia significados quando usa o termo "código". Ele fala da importância de um bom código criminal, dizendo mesmo que "nada interessa mais à humanidade" (Mello Freire, 1823, p. I). Depois, critica os defeitos da "atual Ordenação do livro quinto, em que se contém o nosso Código Criminal" (1823, p. II). Assim, quanto ao uso do termo "código", enquanto Cândido Mendes chama as *Ordenações* em seu conjunto de "Código" Filipino e cada dispositivo de "ordenação", Mello Freire não se furta de chamar um só dos livros da Ordenações Filipinas de "código". Apesar do uso diferente (em um caso, todo o conjunto das ordenações, em outro, um livro delas), o significado em ambos é o mesmo: a ideia de que o código seria a compilação de várias ordenações, no sentido de disposições, normas emanadas da autoridade civil. De outra parte, Mello Freire (1823, p. VII) também se refere às *Ordenações* inteiras como "código", falando dos "três diferentes Códigos", após referir-se a leis de D. Diniz e de D. Afonso V. E ainda fala que o texto que apresenta é um esboço para um bom código, apesar de ainda não ser (o que sugere que é possível alcançar-se) um código perfeito: "mas isto por ora é mais um ensaio ou bosquejo para um bom Código Criminal do que um Código perfeito nos números todos" (Mello Freire, 1823, p. XV).

Como se vê, a terminologia em torno do fenômeno da codificação ainda não estava consolidada, referindo-se a realidades díspares, de modo que inúmeros autores, dentre os quais Cândido Mendes, valem-se da palavra "código", ou de seus correlatos "codificar" e "codificação", para referir-se a realidades distintas daquela que se inaugurava na passagem do século XVIII ao XIX e que estava ligada à formação de uma nova cultura jurídica.

Cumpre perquirir, para além do uso das palavras, de que maneira a obra de Cândido Mendes se insere nesse contexto e de que maneira a composição de histórias do direito guarda relação com o direito codificado que se vinha construindo institucional e culturalmente no Oitocentos.

Paolo Grossi (2006, p. 84) aborda essa questão, ao falar de uma "noção genérica e meta-histórica de Código, incluindo toda atividade de fixação e sistematização de um ramo do direito por parte daquele investido do poder supremo", a qual permite colocar em uma mesma corrente contínua Hamurábi, Teodósio II, Justiniano, Gregório IX e Napoleão, todos responsáveis por promover reorganizações das fontes nos seus respectivos contextos históricos. Segundo ele, no entanto, essa visão ainda presente – esposada, exemplificativamente, por Jacques Vanderlinden (mais antropólogo que historiador) – estabelece um continuísmo histórico que faz perder toda a peculiaridade do fenômeno moderno do código. Essa noção genérica de "codificação" nada tem que ver, no entanto, com o novo modelo de fontes representado exemplarmente pela codificação napoleônica, razão pela qual Paolo Grossi (2006, p. 85) entende que não se deve continuar chamando a produção jurídica pré-napoleônica por esse nome, resguardado ao momento de ruptura com uma tradição secular que se arrastava até o final do século XVIII.

Como diz Tullio Ascarelli (2008, p. 105-107), os códigos do início do século XIX são feitos como uma forma de responder à exigência de certeza jurídica, simplicidade do sistema e "previsibilidade" das decisões judiciais. Além disso, forma-se uma tendência de identificar o direito com a lei, acompanhada da crença na possibilidade de se compor um repositório legislativo de soluções jurídicas, pura e simplesmente por meio de raciocínios formais *a priori*. "Esta orientação", acrescenta, "se prendeu à tendência em encarar a ordem jurídica como que fora da história, identificando a norma jurídica com a lei mecânica" (Ascarelli, 2008, p. 107).

Esse pensamento abstrato, previsível e *a priori*, almejado e em algum grau executado pelas codificações do século XIX, foi parcialmente adotado no Brasil, elaborando-se alguns códigos, embora o civil não tenha sido promulgado até século XX. Ainda são necessários, todavia, estudos mais detidos para entender não somente o código enquanto produto legislativo, mas a codificação e o aspecto de história social ligado aos códigos, com a sua recepção e uso pela sociedade brasileira, na linha do que propõe Pio Caroni (1998, 2012, 2013).

De qualquer forma, é importante constatar que também houve resistências a esse tipo de pensamento, ainda que tenham sido vistas geralmente a partir dos temas dos conflitos e não da forma de pensá-los. O ultramontanismo de Cândido Mendes pode ser encarado desta outra maneira, isto é, não apenas como uma visão religiosa com impactos sociais e políticos, em torno da relação entre Estado e Igreja, mas como uma forma de pensar a sociedade, a política e o direito, a qual privilegia a história, o dogma e a autoridade (sobretudo a da Igreja) contra noções puramente abstratas de lei, código e direito. Essa perspectiva volta-se, por isso, para a narração histórica e para a valorização da tradição, sem que isso se confunda com a concordância com todo e qualquer fato passado. Valoriza, também, a pluralidade de fontes e a complexidade dos fatos, em vez de formulações abstratas e universais. No campo dos direitos, torna os privilégios menos odiosos do que a retórica dos defensores da codificação, pois a desigualdade natural e real é tratada como prevalente sobre a igualdade jurídica formal. Somente com base nisso é possível defender os privilégios da Igreja e de seus membros.

De toda forma, mesclam-se as racionalidades jurídicas quando das discussões, de maneira que o direito de propriedade da Igreja sobre seus bens também é defendido pelo jurista-historiador com base na igualdade formal, tal como garantida pela Constituição, em seu artigo 179, § 13. "No aditivo que combato", reclamará Cândido Mendes em um de seus pronunciamentos parlamentares, "o tratamento de igualdade a que a Igreja tem jus, lhe é recusado. Ainda, Sr. Presidente, que as corporações regulares fossem as mais insignificantes em seus fins, deveriam ser respeitadas como qualquer indivíduo". Mas logo emenda a distinção: "e se é possível, ainda mais, desde que elas fazem parte da grande corporação da Igreja, cuja legitimidade a constituição reconheceu, visto no art. 5º haver declarado que admitia a religião católica apostólica romana como religião do Estado" (Anais da Câmara, sessão de 20 de julho de 1869, apêndice, p. 16).

Pio Caroni (1998, p. 1-13, 2013, p. 27-35) oferece uma noção de código moderno em torno de alguns elementos, que o diferenciam do que por vezes se chama de "código" com referência a fenômenos históricos pré-modernos. O primeiro elemento que ele destaca é a ideia de escrita (implícita etimologicamente no próprio termo *Codex*), o que faz do código uma coleção de regras escritas e compartilhadas pela comunidade que o adota. O que diferencia, nesse âmbito, o código moderno dos assim chamados "códigos" pré-modernos é que ele consiste em um livro que aspira à completude. Essa aspiração é reflexo do desejo do código de se impor, dominar todo o conjunto do ordenamento jurídico, colocando-se em seu epicentro, o que historicamente se verifica de duas formas: pela pretensão de ser materialmente completo, no sentido de possuir resposta prévia para todas as questões jurídicas que se apresentem, ou pela pretensão de ser a fonte jurídica dominante, que submete as demais à sua força e à sua lógica, no máximo tolerando-as como fontes subsidiárias. Isso aponta para o último elemento, que consiste na função unificadora que se pretende com o código. Para a perspectiva adotada por Caroni, que mira não apenas uma história dogmática, mas também uma história social do código e da codificação, é este o elemento constitutivo do código moderno. Segundo ele, esse aspecto

> permite apreender de modo quase profético o vínculo entre a codificação e o programa social, jurídico e econômico da burguesia continental. Programa que se nutria literalmente da ideia de unidade e que, nesse sentido específico, pode ser interpretado como uma superação sistemática da diversidade. Se não de todas, certamente de todas aquelas que, de um modo ou de outro, freavam ou obstaculizavam a plena realização dos ambiciosos planos burgueses (Caroni, 1998, p. 6).

Ao promover essa unificação, procurou-se dar ao direito uma ordem técnico-sistemática, com a superação da ordem plural e fracionada do direito anterior. É neste sentido e para esta finalidade que o código moderno busca ser completo, sistemático e unívoco, situando-se no centro do ordenamento jurídico, como uma fonte autorreferencial. Ao impor a sua lógica desta maneira, a afirmação do código não é meramente o fruto de uma eventual maturação doutrinária, mas a ocupação do epicentro de um novo sistema de fontes, cuja função era substituir o sistema anterior, isto é, o direito comum, já visto como inoportuno e obsoleto. Esse sistema desaparece, portanto, pela superação da ordem política e social que o sustentava, baseada na estrutura estamental do antigo regime (Caroni, 1998, p. 30-31).

Essa unificação política, territorial e social imposta pelo código moderno foi propícia para a supressão das diferenças em diversas esferas, ao mesmo tempo que facilitava o recrudescimento da desigualdade em outras, nomeadamente a econômica. O Estado-nação se consolidava como o centro da produção jurídica, em detrimento de outras esferas normativas e jurisdicionais, em âmbito interno (supressão, ou ao menos submissão, de costumes, normas locais, organizações corporativas) e externo (mais clara delimitação das soberanias estatais, contestação da esfera de poder da Igreja Católica).

Não é objetivo deste trabalho verificar os vínculos entre a forma moderna do código e os programas sociais, jurídicos e econômicos da classe responsável por sua promoção, isto é, a burguesia que, enquanto grupo social, saiu vitoriosa das revoluções liberais. Não obstante, a existência desses vínculos é aqui considerada como um ponto de partida para avaliar o pensamento de um agente histórico específico, qualificando o seu pensamento como conservador.

Nesse sentido, vemos que a adesão de Cândido Mendes ao ideal codificador não se restringe apenas pelas condições sociais ou pela dificuldade da tarefa, como ele argumenta em seu texto. Na verdade, o efeito de centralização da produção normativa no Estado, gerado pela codificação moderna, não poderia ser admitido por ele, diante de sua posição social e de sua visão acerca do direito, especialmente em torno da questão das jurisdições secular e eclesiástica.

Diante disso, aceitar e pleitear a elaboração de um código civil acaba servindo como uma inserção no debate do seu tempo. Dessa forma, por um lado, esse agente histórico estabelece o seu pertencimento ao debate atual, sem encastelar-se nos termos das discussões já superadas; por outro, ele cria condições reais de intervir no debate, mesmo que para produzir reações e impedimentos a realizações contrárias às doutrinas e interesses que julga corretos. Assim, ao mesmo tempo que o jurista-historiador postula a elaboração de um código civil, ele opõe-se ao casamento civil[109]. Da mesma maneira, defende a abolição da escravidão, mas

[109] No final da introdução ao *Direito Civil Eclesiástico Brasileiro*, Cândido Mendes diz em nota: "Quase ao terminar a impressão as últimas páginas desta *Introdução* fomos assaltados da notícia de que o governo do nosso País, queria renovar, em 1866, a proposta do

não a admite sem indenização aos proprietários[110]. Junto à adesão a ideias modernas e liberais, há sempre o conservador que cria condições e empe-

Casamento Civil de 1858. Essa notícia muito magoou-nos pelo futuro que se reserva ao nosso País, e pela ofensa que sofremos em nossa consciência de Católicos" (ALMEIDA, 1866, p. CCCCXXI).

[110] Na discussão de 1871, Cândido Mendes fez considerações acerca de uma ideia levantada por alguns colegas, quanto à propriedade de escravos. Disse o senador pelo Maranhão, naquela ocasião: "Alguns nobres senadores a sustentaram, sobretudo o Sr. Visconde de S. Vicente e o Sr. Conselheiro Souza Franco, declarando que essa propriedade era especial e de tal natureza que a podíamos suprimir sem o ônus da indenização. O honrado senador por S. Paulo, a que me referi, apoiando-se no Direito Natural, acrescentou que desde que essa propriedade *sui generis*, não era a ordinária e comum, preexistente à sociedade civil, mas uma criação da lei, os que a aceitaram, o fizeram a seus riscos e perigos, e portanto nenhum direito tinham à indenização, que só por mera e simples equidade podemos dar aos seus possuidores. Não obstante o respeito que consagro às opiniões do honrado senador por S. Paulo, eu me aparto inteiramente da doutrina professada por S. Ex.ª neste assunto. Tanto eu sou abolicionista e desejo ver quanto antes resolvida e votada esta proposta, quanto entendo que a nação deve-se portar neste negócio de uma maneira digna, briosa e justa; esta propriedade deve ser tão respeitada como é a das coisas e seres inanimados. A Constituição, no artigo 179, § 22, nenhuma distinção faz, e não podemos, por nosso arbítrio, estabelecê-la, com o proposto de negar um direito ali positivamente consagrado, o da indenização. Esta propriedade é tão respeitável como a das coisas, porque o escravo moderno, nos países cristãos, não têm (sic) o característico dos romanos; aqui só se vendem serviços, ali também se comprava o corpo, estava sujeito ao uso e ao abuso, o que faz uma grande diferença, pois propriamente não é o homem que se vende, mas as suas obras, o seu trabalho. A doutrina de que essa propriedade é puramente legal e não legítima, isto é, sem desacordo com as leis e preceitos cristãos, com os princípios da razão hoje apurados, é moderna, data de poucos anos, e, ainda, constitui doutrina controversa, disputada, bem que com ela esteja de acordo. Mas, Sr. Presidente, na época em que essa propriedade foi estabelecida entre nós o legislador estava convencido de sua legitimidade. Essa doutrina vogava sem oposição entre católicos e heterodoxos; a Filosofia, o Direito, a Teologia, e até autores protestantes, criadores do Direito Natural preexistente à sociedade civil, como Grécio (sic), Pulfendorf (sic), Wolff, Burlamaqui, Linguet, e outros até o fim do último século até Hugo, todos sustentaram a legitimidade desta propriedade. Os nossos juristas e teólogos com o antigo legislador eram nesta parte acordes. Na Lei ou Alvará de 1º de abril de 1680, roborado pelo de 6 de junho de 1755, esse princípio é claramente traçado, quando, referindo-se ao cativeiro dos índios, diz: '*que suposto sejam lícitos os cativeiros por justas razões de direito nos casos executados etc.*, contudo por outras razões e conveniências do país concordo em que os índios do Brasil não sejam mais escravizados'. Havia, portanto, outrora, no fundamento dessa propriedade, um princípio de legitimidade que justifica

cilhos – e o faz conscientemente, vendo as ideias conservadoras e liberais como contrapontos necessários para a tomada de decisões políticas, que dependem sempre dos dois partidos. "Um, por si só", diz Cândido Mendes, "não tem força, e suficiente prestígio para realizá-las com vantagem pública" (ALMEIDA, 1982, p. 225).

Não é estranho, portanto, que após cobrar o legislador pela demora na elaboração de um código civil o discurso moderado se sobreponha novamente às invocações do progresso e da civilização:

> Não desconhecemos as dificuldades de um Código Civil, especialmente na presente época; dificuldades que não reputamos insuperáveis. Mas também entendemos que a obra a merecer o cunho legal, deve revestir-se não só de sabedoria, mas de conveniência, oportunidade e madureza. E, para conseguirmos tal *desideratum*, é desculpável a demora que tiver por fundamento o esforço de acertar e de aperfeiçoar (ALMEIDA, 1870, p. V).

Ora, se o código é tão importante, mas não deve ser feito às pressas e de forma prematura, e se o código não é visto como uma produção racional *ab ovo*, como uma dedução clara, sistemática e precisa de princípios gerais, mas como a consolidação do estágio normativo alcançado por uma sociedade, justifica-se uma produção jurídica como a de Cândido Mendes: para além dos projetos de código civil, dos esforços intelectuais de seus contemporâneos, dentre os quais destaca-se Teixeira de Freitas, ele enxerga na recopilação dos textos da tradição jurídica, atualizada e interpretada – isto é, trazida para o presente sem ruptura, sem abalo, sem "revolução" – um substituto (quase) à altura de um novo código – que, insistamos, a seu ver também não significaria uma grande inovação, mas uma consolidação do que já foi feito, um espelho da maturi-

a manutenção. Ora, nestas condições, a propriedade em questão tinha o caráter de legítimo e os cidadãos que empregaram nela os seus capitais, acreditando no merecimento e aceitação da doutrina e promessas do legislador, têm perfeito direito à prévia e justa indenização, como os possuidores da outra propriedade, não como simples ou suprema equidade, mas em rigor de justiça, pouco importando para o caso que o legislador tenha depois mudado de opinião. O importante para a questão é o cumprimento da promessa, é a fé do governo do país" (ALMEIDA, 1982, p. 291-293).

dade jurídica da sociedade. Impossível não lembrar do Savigny de 1814, para quem, enquanto os povos jovens não teriam a linguagem e a arte da lógica desenvolvidas o suficiente para prover-se de um código perfeito e os povos em decadência careceriam do conhecimento tanto da matéria quanto da linguagem, os povos em uma época intermediária, madura, em seu ápice, não sentiriam a necessidade de uma obra dessa natureza. Uma sociedade nessas condições "poderia elaborá-lo apenas para uma época posterior, como uma provisão de reserva, por assim dizer. Mas raramente uma época assim está disposta a provisão semelhante para seus filhos e netos" (Savigny, 2013, p. 223).

Houvesse um código, portanto, deveria ser fruto de maturidade social. E isso dependia acima de tudo do fundamento moral que apenas a boa doutrina poderia oferecer. Com efeito, na introdução à sua edição das *Ordenações Filipinas*, Cândido Mendes afirma não ser contrário à elaboração de códigos, mas na introdução aos *Princípios de Direito Mercantil* o autor, além de reafirmar essa sua posição, aprofunda-a, revelando os contornos de seu pensamento. Ao comentar que Cairu houvera sido encarregado de organizar um Código de Comércio para os Estados da monarquia portuguesa, e justificado a não realização do empreendimento por lhe faltar tempo, superior capacidade, descanso, auxílio, prática de negócios e vigor de idade, Cândido Mendes diz: "Lastimamos um tal acontecimento. Com os dotes do autor, e na época em que a comissão lhe foi confiada, teria por certo vencido muitas das dificuldades que enumera, ligando destarte ao seu nome a criação de um imorredouro monumento" (Almeida, 1874, p. XI). Mais do que um apreço aos códigos como grandes monumentos centralizadores de todo um campo do direito, o que merece destaque nessa afirmação é que em uma era de codificações, como é o século XIX, um código baseado em boa doutrina teria sido, no olhar retrospectivo do jurista maranhense, uma importante realização.

Sem dedicar seus esforços a uma produção jurídica do gênero, a via escolhida por Cândido Mendes é a compilação, anotação e exegese das fontes tradicionais. A sua obra está, portanto, mais próxima da *Consolidação das Leis Civis* de Teixeira de Freitas do que do *Esboço de código civil* deste mesmo autor – e, tal como aquela, desempenhou um papel prático muito mais efetivo do que o *Esboço*, uma vez que organizava e facilitava o trabalho daqueles que viviam o direito no foro. Distinguiam-se, porém, os dois trabalhos: enquanto na *Consolidação* Teixeira de Freitas faz um trabalho típico da pandectística[111], de recuperação histórica e sistematização conceitual, traduzindo sinteticamente as regras coligidas, Cândido Mendes organiza uma compilação e transcrição das próprias regras, preservando a sua integridade histórica.

Era uma via capaz de produzir efeitos sociais mais imediatos, além de não flertar com os perigos das grandes mudanças, enquanto se aguardava sem pressa a elaboração do código:

> Já no sentido de dotar o País de um *Código Civil* assinalou-se um dos nossos mais distintos Mestres do nosso Direito[112], que ocupou a pasta da Justiça, provocando com o Dec. n. 2318 – de 22 de Dezembro de 1858 o estudo e organização de um tal trabalho, que soube confiar a uma das eminências da Jurisprudência Pátria[113]. O projeto, por ela elaborado, já foi sujeito ao exame de uma douta Comissão, cujos estudos foram interrompidos por causas que o público conhece. É de presumir que o Governo, tanto como a Nação, empenhado em levar ao fim tão elevado cometimento faça recomeçá-los[114] (Almeida, 1870, p. VI).

A espera pelo código foi longa, somente vindo à luz um quarto de século depois de proclamada a República. Diante disso, a fim de compreender melhor o quadro geral e as transformações da cultura jurídica, é importante saber como outros juristas do tempo encaravam as *Ordenações Filipinas*, que mereceram uma reedição por parte do jurista-historiador maranhense nesse ínterim.

Em seu *Curso de Direito Civil Brasileiro*[115], Antonio Joaquim Ribas escreve um capítulo a respeito das fontes essenciais do direito civil, entre

[111] Conforme diz Wieacker (2010, p. 492), "esta ciência jurídica estava baseada na perspectiva do direito do *positivismo científico*, o qual deduzia as normas jurídicas e a sua aplicação exclusivamente a partir do sistema, dos conceitos e dos princípios doutrinais da ciência jurídica, sem conceder a valores ou objetivos extrajurídicos (por exemplo, religiosos, sociais ou científicos) a possibilidade de confirmar ou informar as soluções jurídicas".

[112] José Tomás Nabuco de Araújo.

[113] Augusto Teixeira de Freitas.

[114] Sobre esse tema, cf. Formiga (2012, p. 64-65).

[115] Obra apontada por Cândido Mendes, na indicação de bibliografia sobre história do

as quais contam-se as ordenações, leis, decretos, alvarás, cartas régias, assentos, avisos, dentre outras. Apoiado em Savigny, Ribas (1865, p. 99) afirma que o direito "preexiste ao legislador na consciência nacional", de modo que ele não o cria, mas apenas o formula. Isso, no entanto, não tornaria o trabalho do legislador ocioso, pois,

> quando o direito começa a confundir-se na consciência popular, em consequência do desenvolvimento da vida social, e da especialização das profissões e das capacidades, ou quando ele começa a tornar-se incerto nas quadras de transição, por terem vindo novas fórmulas substituir as antigas, compete ao legislador restituir-lhe a sua clareza e certeza, fazer cessar o antagonismo dos princípios encarnados nas antigas e novas crenças, formulando o direito em teses precisas, e solenemente promulgando-as, a fim de que se tornem acessíveis a todos (RIBAS, 1865, p. 100).

É nessa noção geral a respeito das fontes e do papel do legislador que se insere a reflexão de Ribas acerca das *Ordenações Filipinas*, primeira fonte elencada, das quais traça um breve histórico. Explica que, por força da lei de 20 de outubro de 1823, as *Ordenações* foram mantidas em vigor, juntamente com as demais leis, regimentos, alvarás, decretos e resoluções promulgadas pelos reis de Portugal, pelas quais o Brasil se regia, até 25 de abril de 1821, "enquanto não se organizar um novo Código, ou não forem especialmente revogadas" (artigo 1º)[116]. E acresce uma breve consideração a respeito dessa fonte: "Dos cinco livros das Ordenações Filipinas quase que só o 4º é destinado à teoria do direito civil. Mas os seus preceitos, além de nimiamente deficientes, e formulados sem ordem, não estão ao par das necessidades da sociedade atual e dos progressos da ciência jurídica" (Ribas, 1865, p. 108), o que deixa patente, a um só tempo, a

direito romano, feudal e português que faz no início de sua edição do *Código Filipino*, como "um dos mais bem elaborados trabalhos que têm publicado Jurisconsultos Brasileiros" (Almeida, 1870, p. XLV).

116 Essa lei está transcrita na décima quarta edição das *Ordenações*, em um item criado por Cândido Mendes sob o título "Legislação brasileira e portuguesa ordenando a execução das Ordenações Filipinas" (Almeida, 1870, p. LXXV). A legislação portuguesa copiada, atendendo ao interesse da obra de Cândido Mendes, é a anterior à independência, aplicável no tempo em que foi elaborada a todo o Império português e, portanto, ao Brasil.

importância que essa fonte ainda possuía no ordenamento brasileiro e a sua obsolescência.

Essa visão é aderente à noção de direito moderno do Oitocentos, que instaura a primazia da lei sobre todas as fontes – embora com a ponderação histórica e jurídica de que no Brasil ainda vigem as *Ordenações*, que fogem à ideia moderna de lei. Segundo Ribas (1865, p. 105), "hoje o poder político acha-se dividido em quatro ramos distintos e independentes, dos quais só um tem a função legislativa. O princípio obrigatório entre nós somente emana da lei; portanto, só por esta podem ser definidos os direitos, e especialmente os civis".

Essa concepção legalista moderna se aprofunda para um jurista do século XX, que observa as *Ordenações* como fonte histórica e não jurídica. É o caso de Orlando Gomes, que consigna em seu texto sobre o que chama de "raízes históricas e sociológicas do código civil brasileiro" a posição de Cândido Mendes, de que essas ordenações teriam um caráter de reação regalista ao direito canônico, mas adota ele próprio uma visão diferente. Primeiramente, Orlando Gomes (2006, p. 4) registra que "o método e a sistematização das matérias é o das Ordenações Manuelinas. Representam, porém, uma reação contra o direito canônico, na opinião do mesmo Cândido Mendes, apoiada por Martins Junior". Não obstante, para ele, as *Ordenações Filipinas* significavam um retrocesso por motivos diferentes: enquanto Cândido Mendes ataca o regalismo, por seus avanços sobre a jurisdição da Igreja, Orlando Gomes critica as *Ordenações* por não terem sido uma compilação progressista, registrando a censura que Coelho da Rocha faz a elas por seu espírito retrógrado. Cita, ainda, Guilherme Braga da Cruz (1955, p. 35), para quem elas já nasceram envelhecidas, "constituindo, verdadeiramente, uma presença da Idade Média nos tempos modernos" (apud Gomes, 2006, p. 4).

A posição de Orlando Gomes era a de que as *Ordenações* representavam um atraso, pois eram símbolo da própria decadência de Portugal, o que somente começou a mudar com as reformas do reinado de D. José I, em especial com a Lei da Boa Razão, "verdadeiro 'marco miliário' na evolução do Direito Português e, portanto, do Direito brasileiro. Nenhuma reforma pombalina no campo da legislação teve alcance maior, por seu sentido autenticamente revolucionário" (Gomes, 2006, p. 5). Orlando

Gomes e Cândido Mendes concordam, pois, quanto ao sentido revolucionário das reformas de Pombal, mas, enquanto a revolução de Orlando Gomes rompe com um passado arcaico e abre as portas para medidas progressistas, a de Cândido Mendes de Almeida destrói a ordem em benefício dos interesses escusos da autoridade civil.

A análise de Orlando Gomes sobre as *Ordenações* tem um caráter meramente histórico, com algum interesse para entender o movimento legislativo dos últimos séculos, que permitiria uma melhor compreensão do código civil então vigente. Já não olha, todavia, para a legislação portuguesa como um texto normativo relevante em si para a prática, mas apenas na medida em que o seu conhecimento ilumina a legislação atual. Seu horizonte de preocupações, inclusive, envolve um olhar progressista e laicizante que jamais seria admitido por Cândido Mendes. Em dado momento, diz:

> Contudo, a fidelidade do Código [Civil de 1916] à tradição e ao estado social do país revela-se mais persistente no direito de família e no direito das sucessões, nos quais, como observa Castan, não dá mostras de um espírito tão radical como o de outras legislações americanas, pois conserva o princípio da indissolubilidade do matrimônio, o regime da comunhão universal de bens, o das legítimas e várias outras normas de certo sentido conservador[117] (Gomes, 2006, p. 13).

[117] Adiante, Orlando Gomes (2006, p. 45-46) firma a sua posição geral sobre o Código Civil, na linha de crítica do realismo jurídico das décadas anteriores e do pensamento social brasileiro, pautando-se explicitamente nas ideias de Oliveira Viana, Sérgio Buarque de Holanda e Nestor Duarte (Gomes, 2006, p. 17-19), mas com um viés mais progressista do que muitos deles: "Verifica-se, em suma, na evolução legislativa do Direito privado brasileiro, aquele descompasso entre o Direito escrito e a realidade social [...]. O Código Civil colocou-se, em conjunto, acima da realidade brasileira, incorporando ideias e aspirações da camada mais ilustrada da população. Distanciando-se dessa realidade, o seu papel seria, em pouco tempo, de grande significação na evolução cultural do país. [...] O Código Civil terá sido um passo avançado na evolução da sociedade brasileira, cujo desenvolvimento vertiginoso, depois da primeira guerra mundial, permitiu logo o alcançasse. [...] O pensamento que o inspirou condicionou-se necessariamente ao sistema social em cujas entranhas foi concebido, mas, por vezes, o superou, embora, de quando em quando, lhe oferecesse resistência sob o influxo moderador da tradição".

Por essa rápida comparação entre autores, Cândido Mendes, Ribas e Gomes, vê-se como diferentes concepções de direito, enredadas nas transformações históricas das fontes e da cultura jurídica, apontam para disputas e mudanças de significado das *Ordenações Filipinas*, reeditadas por Cândido Mendes. Seu trabalho de trazê-las para o presente sustenta-se em uma concepção jurídica em que essa legislação histórica ainda exercia um papel na interpretação e aplicação do direito. Esse papel é reconhecido, mas contestado por Ribas, já mais adepto da cultura jurídica moderna, legalista, que aos poucos, apesar das resistências discursivas e estruturais, ia se consolidando. Quando um autor como Orlando Gomes dá-se ao trabalho de falar das mesmas *Ordenações*, já não se trata mais de uma fonte jurídica histórica, mas de uma fonte puramente histórica, que só indiretamente ou de forma latente impacta a inteligência do direito objetivo válido no seu tempo.

Em sua síntese acerca das transformações jurídicas desde o período colonial, Ricardo Marcelo Fonseca faz ponderações à conhecida afirmação de Tullio Ascarelli de que o traço mais típico do direito privado brasileiro estaria na vigência, até a codificação de 1916, do direito comum, centrado nas *Ordenações Filipinas*. Uma ideia apresentada pelo autor, na esteira do que outrora já defendiam Guilherme Braga da Cruz (1955) e Orlando Gomes (2006), é a de que a flexibilização promovida pela Lei da Boa Razão, seguida de inúmeras regulamentações legislativas de campos específicos ao longo do século XIX, teria contribuído para o menor entusiasmo entre os juristas brasileiros com o movimento de codificação que animava inúmeros países da Europa continental e da América Latina de então. A esses fatores, soma-se a publicação da *Consolidação das Leis Civis* de Teixeira de Freitas que, ao estabelecer-se como trabalho preparatório para um código cujo projeto não foi levado ao fim, teria exercido uma função conservadora do direito anterior, pois organizava-o e lhe dava nova praticidade. Em suas palavras,

> este trabalho de Teixeira de Freitas – que foi meramente de sistematização de uma legislação já existente – acabou cumprindo a função de perpetuar a permanência de um direito antigo. Essa função "conservadora" – que, todavia, não deve levar a equívocos, na medida em que não significa a imobilidade da legislação e muito menos renitência *tout court* de uma legislação medieval

> [...] – constitui um dos traços da cultura jurídica brasileira ao longo do século XIX que [...] ajudou, com outros fatores, a afastar a tendência majoritária em todos os lugares no sentido de adotar-se a "forma código" na legislação civil brasileira (Fonseca, 2006, p. 69).

Nessa história das continuidades e rupturas da tradição jurídica anterior à independência, do significado e alcance da permanência das *Ordenações Filipinas* como cerne do direito privado brasileiro até o advento do Código Civil de 1916, parece-nos que a reedição das *Ordenações* por Cândido Mendes, sob o nome de *Código Filipino*, joga um papel tão importante quanto o da *Consolidação* de Teixeira de Freitas, sobretudo quando o que se pretende ressaltar é a função conservadora e pragmática dessas obras no processo de construção do direito brasileiro naquele século. Essa percepção, acompanhada de uma proposta teórica para a compreensão e comparação dessas obras, aparece em um texto publicado por Samuel Rodrigues Barbosa (2012). Nele, a partir do aparato conceitual da teoria dos sistemas sociais, o autor analisa as duas obras lado a lado, enquanto meios de difusão e seleção e, mais especificamente, enquanto "livros impressos que sistematizam (com maior ou menor sucesso) o direito legislado, que resumem as discussões doutrinárias, livros sobre livros que acabam substituindo esses" (Barbosa, 2012, p. 366). Por meio da leitura conjunta e em vista do contexto oitocentista, o autor argumenta que existe uma "familiaridade funcional desses media como resposta ao problema da complexidade do direito civil" (Barbosa, 2012, p. 372).

Diante disso, pode-se perguntar: se, em 1857, Teixeira de Freitas já publicara a sua *Consolidação das Leis Civis*, qual foi o interesse de Cândido Mendes em reeditar as *Ordenações Filipinas*, comentando-as e adicionando-lhes outras legislações, decisões e doutrinas? O tema deste trabalho e a caracterização de Cândido Mendes como portador de um estilo de pensamento conservador não nos parecem secundários para responder essa questão.

Tendo em vista que o prometido Código Civil nunca era concluído e que a *Consolidação* de Freitas tinha um caráter bastante prático, mas não substituía as *Ordenações* – pelo contrário, era uma sistematização das normas de direito civil, em que elas figuravam no centro –, Cândido Mendes, já dotado de um olhar muito mais vocacionado a organizar o passado do que a projetar o futuro, percebendo as necessidades do foro, compreendeu que uma nova edição das *Ordenações*, a primeira brasileira, supriria uma falha no acesso aos textos do direito brasileiro histórico e vigente de maneira muito mais efetiva do que a publicação de um projeto de código, que não se sabia quando ficaria pronto e para o que ele não aparentava ter inclinação.

Por outro lado, em seu texto introdutório ao *Código Filipino*, o próprio Cândido Mendes oferece indícios de uma distinção entre o texto das ordenações e um código propriamente dito, embora não dê maior desenvolvimento ao argumento. Ainda falando sobre o projeto de código civil, o autor afirma que

> o que nos legou o antigo regime com este nome não passa em geral das Ords. dos livs. 3º e 4º com o subsídio do Direito Romano, e as Leis e atos do Governo que se foram seguindo a reclamo das circunstâncias no espaço de 267 anos, através de revoluções políticas e sociais, que em tão largo prazo têm sucedido (Almeida, 1870, p. VI).

Assim, o "código" aparece para o autor como o conjunto das disposições em matéria de direito civil, que pode ser menos perfeito (conjunto das ordenações, acrescido do direito romano e das leis e atos governamentais que as sucederam) ou mais perfeito (o código que a nação precisa e que fora prometido pelo constituinte). Todos são, no entanto, chamados de "códigos", não indo a distinção além da ideia de que um código novo seria necessário, aparentemente por ser mais atual e concentrado e por cumprir a promessa constitucional. Apesar de não aprofundar a distinção, uma citação que faz de Savigny aponta para um significado mais específico. Diz o jurista germânico que

> as Pandectas, devia[m], como é natural e de razão, conter as bases do Direito. Desde as *Doze Tábuas* era esta a primeira obra que, só, independentemente de qualquer outra, podia servir de centro comum ao complexo da Legislação. Neste sentido, é permitido considerar, depois das *Doze Tábuas*, as *Pandectas* como o único Código verdadeiramente *completo*, ainda que a Legislação aí ocupe menos lugar que o dogma, e a decisão dos casos particulares (apud Almeida, 1870, p. XII).

Assim, ainda que sem maior desenvolvimento teórico, Cândido Mendes parece aderir a noções basilares da Escola Histórica, para a qual a sistematização conceitual a partir da história do direito está na base da ciência jurídica (Hespanha, 2018, p. 409-413; Lopes, 2013, p. 212; Savigny, 2004, p. 41-59; Wieacker, 2010, p. 475). Consequentemente, a legislação perde a inelutável centralidade que o pensamento liberal lhe atribuía, arrastando consigo o voluntarismo. O conceito de código pode então ser admitido sem maiores problemas, pois retém-se seu significado de sistematização e completude, mas são expurgadas a vontade e a razão liberal individualista em prol da formação histórica do direito. A tradição e o jurista erudito apresentam-se como os legítimos ocupantes da posição que o legislador reivindica.

Devido às diferenças históricas, institucionais e culturais, isso não levará Cândido Mendes a encabeçar a luta por uma *Professorenrecht*, uma ciência do direito erudita e acadêmica que se sobreponha à função do legislador, até mesmo porque o maranhense é um dos membros do parlamento, onde também enxerga um campo legítimo para travar as suas batalhas. Mas, paralelamente, busca organizar a história do direito em seu trabalho de jurista erudito – embora afastado da academia, cuja composição institucional no Brasil era tão diferente da alemã. Assim, os programas intelectuais dos dois juristas possuem convergências, sendo o conservadorismo de ambos um ponto de contato de relevo, decisivo na valoração da história do direito. Porém, as circunstâncias em que Cândido Mendes atua não são propícias para uma tentativa de reorganização institucional a partir dessas ideias, como ocorre com Savigny, limitando-se, no caso do brasileiro, ao campo ideológico, com a defesa de doutrinas que centralizam a história do direito, servindo à justificação de suas posições nos debates, inclusive e especialmente os político-legislativos.

A imperfeição decorrente do tempo passado e da multiplicidade de normas, sentiam os contemporâneos e fazia coro Cândido Mendes, precisaria ser superada, para facilitar o trabalho dos juristas. Afinal,

> compulsar uma tal Legislação, que deve ser por todos conhecida, é de colossal dificuldade ainda para os que se dedicam ao seu estudo. É indispensável muita tenacidade, e hercúleo alento para consegui-lo. Um Governo des-

velado e patriótico, à frente da Sociedade que dirige, deve esforçar-se por minorar, senão extinguir este mal (Almeida, 1870, p. VI).

Era preciso tornar mais clara a situação jurídica do país, pois "leis confusas e numerosas por colecionar, ou imprimir, e ainda em Coleções difíceis de possuir e de consultar, satisfazem com mais eficácia o ideal" de um monstro como Calígula, que mandava pendurar as tábuas das leis nos pontos mais altos, para que os cidadãos não as conhecessem (Almeida, 1870, p. VI).

Assim se insere a obra de Cândido Mendes no século da codificação, mediante compilações que reúnem documentos jurídicos antigos e atuais, vigentes e não vigentes, acrescidas de comentários e textos introdutórios que as organizam e interpretam, fortalecendo a aplicação do direito histórico no presente – apesar da declaração, em consonância com os juristas do tempo, de que já era tempo de um novo código.

Olhando mais a fundo a questão da cultura jurídica, para além da codificação em si mesma, Riccardo Ferrante (2009) ressalta que, apesar da tábula rasa com relação às fontes jurídicas precedentes, promovida pela lei que promulgou o *Code Civil* francês, de 1804, em conjunto com os novos planos de estudo das faculdades jurídicas, que apontavam para qual deveria ser a bagagem de conhecimentos do jurista civilista a partir daquele momento, isso não significou que fatores relevantes da cultura jurídica até então presentes tenham simplesmente desaparecido. Era o caso do direito romano, que esteve na formação e na atividade prática dos juristas que operavam o direito no tempo da codificação. Elementos como esse resistem, pois formam o caldo cultural dos juristas de então, por contraposição ao direito pátrio, cuja influência no ensino era escassa. Assim, apesar do tom antirromanista do período revolucionário na França, o recurso àquele direito, e mesmo a defesa da jurisprudência romana, se fizeram presentes. Segundo Ferrante, foi uma resistência inteiramente cultural, que não incidiu sobre o sistema de fontes.

Com a devida cautela, em virtude das diferenças sociais e históricas em suas várias dimensões, essa constatação não pode ser ignorada para o caso brasileiro, desde que se insira o país de algum modo, como parece inevitável, no movimento de codificação oitocentista. Também aqui, havia uma cultura jurídica operando, que se encontrava na prática jurídica, nas manifestações de juízes, advogados, rábulas, oficiais e agentes de Estado em geral, de todos, enfim, que viviam e praticavam o direito, para além das obras doutrinárias, as quais se aproximam mais do que se poderia chamar de uma "ciência jurídica"[118].

Diante disso, é importante considerar que havia no Brasil, desde a Constituição de 1824, a promessa de codificação civil e criminal. Esta é levada a efeito em menos de dez anos, com um código de direito material (1830) e outro de direito processual (1832). No âmbito do direito privado, em 1850 promulga-se o código comercial, mas o código civil propriamente não passa da elaboração de projetos, tornando-se realidade apenas na República, em 1916.

Cândido Mendes forma-se em uma das primeiras turmas da Faculdade de Direito de Olinda, onde estudou entre 1835 e 1839. Ou seja, em breve contextualização política e legislativa, o país era independente havia treze anos quando ele ingressou na universidade e, naquele momento, passava pelo período regencial, sob o domínio inédito dos liberais, com destaque para um padre, Diogo Antônio Feijó. A Constituição fora promulgada havia onze anos, os códigos criminal e de processo criminal, havia cinco e três, respectivamente, e o código comercial não existia. Seria equivocado sustentar, no entanto, que os cursos de direito ainda estavam se acostumando com a realidade jurídica que emergiu do movimento das codificações, haja vista que foram criados apenas em 1827, com o país já independente e dotado de sua carta fundamental e com lentes formados no espírito reformador de Coimbra (Lopes, 2012, p. 217).

De toda forma, o direito que se aplicava no Brasil era ainda, em grande medida, uma sedimentação da prática jurídica dos séculos anteriores, isto é, um direito legislado baseado em fontes estrangeiras e coloniais, combinado com normas e decisões locais, distintas de região para região, além de costumes ligados aos variados grupos étnicos.

[118] Sobre a questão conceitual que envolve a diferenciação entre "cultura jurídica" e "ciência jurídica", cf. o mesmo texto de Ferrante (2009), com várias referências importantes nas notas.

O próprio direito romano, a cuja resistência nos referimos acima no âmbito europeu, e especificamente francês, possuía relevância no país, assim como o canônico. Além disso, na prática, o direito civil era amplamente regulado com base no direito pátrio, sobretudo por meio das *Ordenações Filipinas*. Sem a promulgação do código civil, era impossível fazer tábula rasa das fontes jurídicas precedentes. No caso do Brasil, portanto, houve também uma resistência cultural, com o peso da forma de conceber e raciocinar o direito decorrente do amplo e longo uso dessas fontes tradicionais. Mas, mais do que uma resistência cultural, houve uma resistência, ou melhor, uma permanência das próprias fontes, pois, apesar da introdução da racionalidade codificadora, as fontes jurídicas tradicionais e sua racionalidade permaneceram vivas ao longo do século.

Diante disso, o pensamento conservador não precisou derivar de uma reação ao pensamento revolucionário, como uma luta pela volta da tradição que este procurava suplantar. Na verdade, o conservadorismo em âmbito jurídico no Brasil foi um fenômeno paralelo à sorte do direito tradicional: fruto da permanência, resistiu às mudanças ou, ao menos, procurou retardá-las ou mitigá-las. A obra de Cândido Mendes enquadra-se perfeitamente nesse contexto.

Mesmo tendo em vista especificamente a cultura jurídica, o recurso à história do direito como forma de abordagem e instrumento de combate na arena jurídica não é uma exclusividade de Cândido Mendes e seu conservadorismo. Essa abordagem e esse uso ainda são feitos em seu tempo, sem que tenha sido plenamente absorvida pela elite intelectual jurídica do Império a noção moderna de direito, que centra a produção jurídica na lei enquanto manifestação da vontade da autoridade política, sobretudo do legislador. Por mais que essa ideia, conformadora da cultura jurídica moderna, esteja presente e vá se consolidando a cada vez que a Constituição é invocada como uma fonte primordial do ordenamento jurídico, ou a cada vez que a codificação é tratada como o procedimento necessário à atualização e modernização do direito nacional, a referência ao passado como fonte de legitimidade do direito presente persiste – e, por isso, o discurso de Cândido Mendes não soa extemporâneo. O que o jurista-historiador maranhense faz é aprofundar esse aspecto, por concebê-lo e utilizá-lo como o elemento fundamental na constituição do direito.

Lê-se, por exemplo, em um parecer da Seção dos Negócios do Império do Conselho de Estado[119], a seguinte formulação:

> Que o Reverendo Prelado excedeu também os limites de sua autoridade, já reprovando com expressões menos convenientes a doutrina do beneplácito consagrada pela legislação anterior à Independência e depois confirmada pela Constituição do Império como atribuição de dois Poderes políticos, já atacando no final do seu ofício de 20 de fevereiro de 1873 a legitimidade do recurso à Coroa, quando este baseia-se em leis existentes desde remotos tempos da Monarquia Portuguesa, que foram sempre aplicadas no Brasil, além de formalmente reconhecido depois da Independência (RODRIGUES, 1978).

Ora, de que importa que a doutrina do beneplácito tenha sido "consagrada pela legislação anterior à Independência", se ela já consta da própria Constituição? E por que afirmar que o recurso à coroa "baseia-se em leis existentes desde remotos tempos da Monarquia Portuguesa, que sempre foram aplicadas no Brasil", se esse instituto jurídico foi formalmente reconhecido depois da independência por meio de lei?

Nota-se que há, ainda viva, uma prática de justificação do direito por meio do passado, da tradição, como se não bastasse à validade e aplicabilidade de uma norma o fato de ela ter sido posta em vigor pelo comando da autoridade estabelecida, como vinha se estabelecendo na cultura jurídica moderna. Isso porque, sendo uma questão de cultura jurídica, de fato não bastava. Esse ponto serve para reafirmar que o direito não é meramente um objeto inerte, não se compõe unicamente de um conjunto de fontes, mas requer, enquanto prática, a existência de conceitos, que permitam aos juristas e aos leigos, ainda que de forma distinta, apreendê-lo socialmente. Senão, o direito não faz sentido.

[119] O parecer, assinado pelo Visconde do Bom Retiro, pelo Marquês de Sapucaí e pelo Visconde de Souza Franco, foi emitido no âmbito da consulta feita em decorrência do recurso à coroa interposto pela Irmandade do Santíssimo Sacramento contra a sua interdição por D. Vital. O trecho está transcrito nas atas do Conselho Pleno, na sessão de 3 de junho de 1873.

A existência de um conjunto conceitual, que envolve desde noções genéricas até uma terminologia técnica, é o meio linguístico imprescindível para que a prática possa ser compreendida e vivenciada pelos indivíduos que agem socialmente. Enquanto uma prática social fundamental, os conceitos jurídicos adquirem uma densidade semântica própria e são disputados pelos diversos agentes sociais. É isso que compõe uma cultura jurídica.

Portanto, não bastaria a elaboração de uma constituição, leis e códigos, decretos e regulamentos à maneira europeia, nem mesmo a criação de tribunais mais condizentes com a forma atual, para que o direito brasileiro se tornasse moderno (isto é, para que seguisse o padrão sobretudo europeu, que se transformaria em global, com suas mudanças normativas, institucionais e culturais). Para além das normas e instituições, seria ainda preciso um longo tempo para a que a cultura se modificasse.

O que lemos acima, no trecho transcrito do parecer, demonstra que a ideia de que o direito é lei, comando que vale simplesmente pela autoridade da qual emana e que pode ser modificado a qualquer tempo (ou seja, a ideia de positivação, que está no centro das variadas formas de pensamento jurídico a que se chama de positivismo normativo), não determinava a visão jurídica do final do Império, ao menos não completamente. Com ela, convivia a necessidade de justificar historicamente as medidas, apontando-se para o passado como fonte legitimadora do direito.

Isso não quer dizer que os juristas prendiam-se ao direito tradicional, mas que sentiam a necessidade, ou ao menos percebiam a utilidade, de se valer do passado, de alguma ideia de tradição, para justificar as medidas e posições jurídicas que adotavam.

O conservadorismo de Cândido Mendes não atua, portanto, como um resgate do passado contra modernistas adversos ou indiferentes à tradição. Na verdade, já afeito à tradição e aos estudos históricos, ele participa desses debates jurídicos e políticos em que se recorre ao passado para legitimar as medidas presentes. Nesse contexto, percebendo nas justificativas pautadas na história do direito ausência de fundamentação ou apelo a argumentos falsos, Cândido Mendes recorre a essa forma de abordagem para deslegitimar as medidas que não se conformam com a sua visão de mundo. Deste modo, a história do direito se configura como o meio mais adequado para o jurista conservador ultramontano inserir-se nos debates e destacar-se, uma vez que os argumentos históricos são de fato aceitos, malgrado ninguém os leve tão a sério e a fundo quanto ele. O fato de que inúmeras fontes históricas ainda eram vigentes fortalecia essa postura.

Ainda que, naquele momento, em grande parte dos países europeus e em alguns outros lugares – especialmente nas ditas "nações mais iluminadas, que hoje se conhecem"[120] – o rumo da modernização do direito seja cada vez mais irreversível e produza mudanças decisivas, de que são exemplo os inúmeros códigos e constituições que se vão publicando, no Brasil soem persistir estruturas, inclusive normativas, que se combinam às inovações que a pouco e pouco se introduzem. Disso, as *Ordenações Filipinas* são talvez o maior exemplo.

Se Cândido Mendes não pode fugir à realidade das inovações que são introduzidas, ele também certamente não está absorvido pelo espírito de mudança. Todavia, convém notar que mesmo seus contemporâneos e contendores políticos que se entusiasmam pelo novo espírito do tempo não deixam de viver na sociedade em que tantas estruturas tradicionais permanecem vivas. Nessa situação, o maranhense aparece como uma força viva, um agente que busca reforçar a tendência da tradição mais do que a da inovação, enquanto os agentes liberais atuam na direção contrária. Convém notar, de toda forma, que mesmo isso é relativo, pois inúmeros autodeclarados liberais não contestam e mesmo defendem certas estruturas tradicionais, assim como Cândido Mendes faz defesas de pontos tipicamente modernos, como a estruturação de um Poder Judiciário efetivamente independente (Almeida, 1982, p. 100 et seq.).

Não é, entretanto, por temas específicos que atribuímos a Cândido Mendes um pensamento conservador. Não se trata apenas de enquadrar o ultramontanismo – e, com ele, seus adeptos – no balaio mais largo do conservadorismo, por oposição aos detratores da Igreja, que só por isso seriam liberais.

Cândido Mendes é um conservador porque o seu estilo de pensamento liga-se à tradição e à experiência concreta, em contraposição ao abstracionismo liberal. A reedição comentada das *Ordenações Filipinas* e a

[120] Expressão que se lê no prólogo da Lei de 18 de agosto de 1769, a chamada Lei da Boa Razão, transcrita por Cândido Mendes no *Auxiliar Jurídico* (Almeida, 1869, p. 445).

centralidade da história na apreensão dos fenômenos jurídicos apontam nesse sentido.

Pio Caroni distingue dois períodos na história do direito, o antigo e o moderno, tendo a codificação e seu produto, o código, como manifestações importantes da virada do primeiro momento para o segundo. Para ambos, diz, a história do direito possui um papel relevante (pode-se mesmo afirmar constitutivo), mas por motivos distintos (Caroni, 2006, p. 299).

A forma como Cândido Mendes apresenta e usa a história do direito liga-se sobremaneira à antiga, apesar de estar em um contexto em que já predomina o direito moderno – ao menos nos países centrais, mas com os demais sofrendo cada vez mais essa influência –, e justamente por estar nesse contexto.

Eis como Caroni (2006, p. 301) explica o primeiro período:

> No *sistema de fontes do direito comum* tudo parece óbvio e natural. A orientação histórica é determinante, é dizer, literalmente *constitutiva*. O sistema atribui à história, é dizer, a uma abordagem intencionalmente retrospectiva, a tarefa – preliminar, mas igualmente fundante – de estabelecer o que e qual parte do direito passado está vigente e vivo e por isso se aplica. É como dizer: só o exame histórico permite identificar e circunscrever o direito que hoje chamaríamos *positivo*. Esta máxima impregna o sistema, o caracteriza, porque se serve *vis-à-vis* de todas as fontes, é dizer, não só das romanas (que são tendencialmente sapienciais) mas também das outras, as máximas de origem consuetudinária.

Por contraposição,

> no atual *sistema de fontes do direito* tudo – inclusive o papel da história – é menos evidente e nítido. O direto positivo não se verifica por uma investigação histórica, e sim sanciona-se oficialmente pela autoridade política. Está dominado pela lei. Sustentada esta pela sanção política, enfrenta-se *de outra maneira* com a história. Se parece desautorizá-la, não o faz por uma decisão prévia, mas só como consequência de uma opção constitucional. Não é certo que corte inevitavelmente (*estruturalmente*) o elo que até agora a ligava com o passado. A seu modo (é dizer, menos visivelmente) o reclama, quiçá inclu-

> sive o revive. E abre, desta maneira, um nó de comunicação, no qual todos todavia estamos presos, todos buscamos todavia uma via de saída. Nasce precisamente assim – como nos habituamos a chamá-la – a *crise* da história do direito: deste comportamento da lei codificada com o passado, tanto o remoto como o próximo (Caroni, 2006, p. 301-302).

Cândido Mendes transita entre os dois modos de ser do direito e de encará-lo, o antigo e o moderno. Enquanto deputado e senador, participa do processo legislativo e defende pragmaticamente seus pontos de vista, ainda que isso signifique muitas vezes assumir uma posição minoritária ou mesmo recusar-se a participar de algum debate[121]. Mas, enquanto historiador do direito, apresenta os fundamentos do direito conforme uma lógica que já não é mais a prevalente no ideário dos juristas de alto escalão, influenciados por suas leituras europeias. Por mais que isso pareça antiquado, é importante lembrar que essa lógica prevalecia até algumas décadas atrás e, apesar de ser paulatinamente superada enquanto forma de pensar, o material em que se pautava ainda produzia efeitos, em especial no âmbito da prática jurídica, onde a lógica antiga ainda prevalecia.

A história do direito aparece, no discurso de Cândido Mendes, como constitutiva de uma lógica ou uma gramática, no cerne mesmo dos fenômenos jurídicos. Não da maneira como a história será constitutiva do direito moderno, com sua estrutura política nacional, mas conforme um olhar ainda herdeiro do antigo direito, vinculado ao direito comum e à ciência jurídica construída em torno dele, embora de forma renovada.

[121] Na sessão de 21 de julho de 1871, em que se discutiam as ajudas de custo aos bispos, o senador, empossado havia poucos meses, diz: "Sr. Presidente, eu deixei esgotar a discussão sobre este projeto, porque, por motivos que irei expondo, entendia não dever tomar parte nela; mas, como ontem fui convidado pelo nobre senador pela Bahia [Zacarias de Góis e Vasconcelos], eu não quis deixar de atender a S. Ex.ª, desistindo do propósito em que estava. Desde que este projeto se apresentou na Câmara dos Deputados, eu neguei-lhe meu voto simbolicamente; aqui já procedi do mesmo modo, e pretendo ainda votar contra ele; não, Sr. Presidente, porque eu ache o projeto de alguma sorte bom e aceitável, e, se eu pudesse dar-lhe meu voto, o faria de muito boa vontade; mas porque tenho para isto um grande embaraço: não reconheço no poder civil autoridade absoluta, exclusiva, para resolver questões desta ordem" (Almeida, 1982, p. 175-176).

Essa relação ambígua, complexa, entre a lógica antiga e a lógica moderna, o direito comum e o direito nacional, a cultura jurídica pré e pós-codificação, manifesta-se na argumentação de Cândido Mendes, com destaque para seu impacto em um tema central: a disputa de jurisdições entre o poder eclesiástico e o poder temporal. Os debates sobre o recurso à coroa e o beneplácito ilustram bem este ponto.

Sobre os impactos de institutos como o recurso à coroa na separação das jurisdições, tal como considera correta e justa, Cândido Mendes afirma: "O Recurso à Coroa, discriminadas como estão hoje as raias dos dois Poderes, é um absurdo; seria até uma iniquidade, se para levá-lo a efeito se empregassem as célebres *Temporalidades*. Logo que os dois poderes são ou se reputam independentes, como poderia um ser Juiz do outro?" (Almeida, 1866, p. CCCLXLV). Chama, então, o poder temporal de "juiz sem jurisdição":

> Se os Tribunais Eclesiásticos são injustos, não faltam instâncias em que tais erros se não possam reparar. O Juiz sem jurisdição, como é o Temporal, poderia por certo subtrair o criminoso à sua pena pelos meios materiais, nunca reformar o julgamento. Sua ação colheria dois péssimos resultados, anarquizar um foro, e animar a impunidade do mau Clero. E um Clero bem educado nunca lançaria mão de tão deplorável recurso, máxime hoje que a Entidade moral *Estado*, não é representada por um Ente físico que tem uma religião, uma consciência, e uma responsabilidade com o Criador, mas por outra Entidade moral chamada *Governo*, que se pode compor de indivíduos de todas as castas e seitas. Se o pessoal do Clero cometer delitos contra a ordem pública e o interesse social, a lei pode prevenir os casos, e fazer punir os culpados. O Recurso à Coroa sobre ser um anacronismo não tem na atualidade explicação, visto como qualquer sanção penal material, seria uma atroz perseguição, e amoral, seria sem valor, ineficaz, como sucede em França. O Recurso à Coroa era em verdade uma prática dos nossos maiores, mas que hoje nenhum valor tem para conservar-se, porque, como já dissemos, os prejuízos e razões em que se firmava tal prática, não podem ser mais invocados. O Estado moderno não conserva a organização do antigo (Almeida, 1866, p. CCCLXLV-CCCLXLVI).

Vale a pena destacar, no final do trecho, que Cândido Mendes usa noção de "Estado moderno", por contraposição à "organização do antigo", para fundamentar o ponto de vista, não para rejeitar o adversário. Em outras palavras, atribui aí um sentido positivo para a forma presente de organização política, por oposição a um passado negativo. Esse argumento aparece para sustentar a ideia de que o Brasil oitocentista não herdou poderes de que o Portugal seis e setecentista dispunha. Não há, portanto, para esse conservadorismo um esquema simples passado-bom/presente-mau. Longe de propor um mero resgate do passado contra o presente, afirma-se um mau passado que foi superado por algo bom do presente – apesar de tantos aspectos negativos que se configuram também no presente e de imagens positivas que o autor também formula acerca do passado.

Com relação ao *placet*, tão odioso aos olhos ultramontanos de Cândido Mendes quanto o recurso à coroa, o problema se agrava, devido à sua previsão constitucional. Mas o autor, em respeito à norma fundamental e ao seu papel no Estado moderno, apesar de fazer algumas críticas ao texto constitucional, não defende a sua simples inobservância, apontando, juridicamente, para outro caminho: dar-se ao texto uma correta interpretação, em harmonia com a tradição e com os demais dispositivos constitucionais, notadamente o artigo 5[122], que define o catolicismo como religião de Estado. Nesse sentido, diz:

> O *Beneplácito* também está nas mesmas condições do *Recurso à Coroa*, como prática dos nossos antepassados, não tão antiga como a segunda. A Constituição impô-la como um preceito, um preceito com caráter de constitucionalidade, porque é uma atribuição dos Poderes Políticos. Mas convenientemente interpretado de acordo com o art. 5 da Constituição, e com a antiga prática, em que parece firmar-se semelhante atribuição, esse § 14 do art. 101[123] não

[122] Dizia o artigo 5 da Constituição Política do Império do Brasil: "A Religião Católica Apostólica Romana continuará a ser a Religião do Império. Todas as outras Religiões serão permitidas com seu culto doméstico, ou particular em casas para isso destinadas, sem forma alguma exterior do Templo".

[123] Leia-se 102. Dispunha esse artigo: "O Imperador é o Chefe do Poder Executivo, e o exercita pelos seus Ministros de Estado. São suas principais atribuições: [...] XIV. Conceder, ou negar o Beneplácito aos Decretos dos Concílios, e Letras Apostólicas, e quaisquer outras Constituições Eclesiásticas que se não opuserem á Constituição; e precedendo aprovação da Assembleia, se contiverem disposição geral".

> faria os danos, que devemos prever, demorando-se um acordo tão benéfico para o Estado (Almeida, 1866, p. CCCLXLVI).

Logo a seguir, apontando como odiosa a pretensão de controle estatal da validade em território brasileiro das normas eclesiásticas, "compatível tão somente com o despotismo de outrora", Cândido Mendes acrescenta que a semelhante pretensão falta também eficácia, afinal "qual seria o Católico que se recusaria a obedecer por faltar o Beneplácito Imperial, máxime em matéria de dogma?" (Almeida, 1866, p. CCCLXLVI). Vemos aí que, alguns anos antes do clímax da questão religiosa, que ocorreria a partir das recusas dos bispos de Olinda e do Pará a descumprirem preceitos da Santa Sé, aos quais faltaria o beneplácito do governo brasileiro, o que daria ensejo à mobilização do recurso à coroa por parte dos atingidos, essas questões já eram tema de debates políticos e jurídicos. Nesse contexto, Cândido Mendes, representando e pregando as ideias ultramontanas, defendia em sua obra uma atuação do clero nos moldes de como viriam a agir aqueles dois bispos, por quem ele advogaria judicialmente poucos anos depois.

Eis que Cândido Mendes leva ao extremo seu ultramontanismo, expressando o ideal das relações entre o poder estatal e o poder eclesiástico:

> As leis civis devem ser pautadas pelas religiosas, e nunca estas por aquelas, constantemente variáveis. Imagine-se uma Assembleia negando o *Beneplácito* a uma decisão Conciliar em que o Dogma esteja envolvido, e obrigue-se o Católico a respeitar tal denegação! Seria o cúmulo do absurdo, da estupidez e da tirania (Almeida, 1866, p. CCCLXLVI).

Dessas ideias, pode-se extrair que, especialmente por possuir poder exclusivo sobre matérias dogmáticas, o direito eclesiástico seria superior ao direito estatal, o qual deveria submeter-se a seus preceitos. Defender algo diferente disso acerca da relação entre o direito da Igreja e o direito do Estado, obrigando-se o católico brasileiro a preterir o primeiro em benefício do segundo, seria levar ao ápice o absurdo (falta de lógica), a estupidez (falta de verdade) e a tirania (falta de legitimidade) – a conjunção de todos esses fatores apontando para a ausência de justiça. Logo depois, Cândido Mendes complementa esses argumentos de maneira assertiva e convocatória: "nenhum católico hesitaria em desprezar o preceito civil pelo religioso", dando razão a quem se revoltasse contra as pretensões combatidas (Almeida, 1866, p. CCCLXLVII).

Apesar de indicar que o artigo 102, § 14, da Constituição do Império, deveria ser adequadamente interpretado, deixando claro, pelo teor da obra, o sentido dessa interpretação (a independência e até mesmo a sobreposição do direito da Igreja com relação ao estatal), Cândido Mendes não chega a apontar exatamente como deve ser a correta interpretação do mencionado dispositivo, isto é, como se poderia extrair dele uma significação compatível com essa visão. Em vez disso, ele logo desqualifica o dispositivo, visto como perigoso, uma arma mortal em mãos erradas, constituindo uma fonte do mal, em detrimento do bem da nação. Então, de maneira contraditória, apesar de ter defendido que se fizesse do texto do artigo uma interpretação correta, afirma que de um dispositivo com esse teor não se podem extrair bons resultados: "Uma disposição como a do § 14 do art. 101[124], é um leito de Procusto para a Religião, e não pode dar senão agros frutos. Um mau Governo acastelando-se nele pode abrir uma era de maus dias para a nação. Ali existe uma fonte de males futuros" (Almeida, 1866, p. CCCLXLVII).

Após brevemente discutir o aspecto constitucional da questão, indicando reconhecer esse estatuto e saber sua importância, uma vez que o dispositivo trata de um dos cernes do constitucionalismo, isto é, a fixação das atribuições dos poderes, Cândido Mendes volta a usar a história do direito como fundamento da legitimidade. Primeiramente, apesar da recém-referida valorização do Estado moderno em detrimento da organização antiga, o autor torna a confrontar os dois termos temporais, o "moderno" e o "antigo", agora com a clara preponderância deste, em detrimento da novidade e da origem daninha daquele: "Ora o moderno *Placet*, criado somente para desonrar a Igreja, pondo-a em suspeição com os Fiéis, não tem em seu favor a venerável antiguidade. Ele data do regime absoluto, e foi um dos monumentos legados por Pombal" (Almeida, 1866, p. CCCLXLVII).

[124] Leia-se 102.

Preparado o terreno da disputa entre o moderno e o antigo, o costume entra em jogo. Não mediante um questionamento acerca de seu valor, pressuposto alto, mas da definição do que de fato é costume, ou seja, de qual é a verdadeira história que fundamenta e legitima o direito atual, por oposição às falsas imputações de criações modernas como sendo de origem consuetudinária:

> Não há dúvida que para criá-lo [o moderno *Placet*] foi mister que o ousado Ministro [Pombal] desse tratos à sua imaginação, de modo a fazer persuadir ao Rei D. José, que era *um costume do Reino, e costume antiquíssimo.* Essa tese foi defendida na *Dedução Cronológica*, com todo o cortejo de impudentes falsidades, adulterando-se completamente a verdade histórica (Almeida, 1866, p. CCCLXLVII).

Com isso, o binômio moderno/antigo[125], que já havia sido introduzido com a valorização do segundo termo, mediante o uso do adjetivo "venerável", recebe um reforço à sua assimetria mediante a inserção de um segundo binômio, "falsidades"/"verdade histórica", uma vez que o peso atribuído a esta instaura o elemento histórico como base de legitimação jurídica, de sorte que o "moderno" sem esse fundamento, ou com fundamento equivocado, é tratado como ilegítimo, ao passo que a fundamentação histórica do moderno – baseado, portanto, na venerabilidade do antigo – assegura a legitimidade do direito.

Não obstante, após retirar do *placet* moderno a venerabilidade do que é antigo, de recusar seu estatuto de costume – quanto menos costume antiquíssimo –, Cândido Mendes volta a sua investida contra o próprio *placet* antigo, que "não teve em Portugal melhor origem, e corre parelhas com o do renascimento" (Almeida, 1866, p. CCCLXLVII). E mais, afirma que tal beneplácito teve por autor "um Rei bárbaro e sem escrúpulos", que criou o instituto para vingar-se da Igreja de Roma (Almeida, 1866, p. CCCC), associando-o a Pombal: "Em fereza e lealdade o Minis-

[125] Note-se que, na citação anterior, que fala em "venerável antiguidade", este termo aparece como "qualidade ou característica do que é antigo" ou, com ainda mais força, "longa existência", e não como "tempos antigos, esp. os períodos da história mundial anteriores à Idade Média" (Houaiss; Villar, 2007, p 234).

tro de D. José nada ficava a dever ao amante de Inês de Castro, embora um do outro distasse quatro séculos. Um parecia a encarnação do outro" (Almeida, 1866, p. CCCLXLVII).

Desta maneira, se por um lado o *placet* moderno não é continuidade do antigo e, por isso, não configura costume, por outro há uma continuidade, herança ou ao menos repetição, que consiste na derivação da figura injusta do governante. Assim, o *placet* antigo e o moderno não são o mesmo, nem têm laços duradouros que constituam um costume, que dirá um costume venerável, mas ambos têm em comum uma origem espúria e violenta. Essa origem, a vontade cruel e injusta de um governante, faz até parecer que um é encarnação do outro, apesar dos quatro séculos de diferença entre D. Pedro I e Sebastião José de Carvalho e Melo. Com esse raciocínio, nega-se a existência de um costume (e, com isso, tudo o que essa prática duradoura poderia trazer de legítimo), mas aponta-se para uma renovação ao longo do tempo de práticas inadmissíveis. Como resultado, depreende-se uma valorização do costume como fonte do direito e a negativa desse estatuto para o que é considerado ilegítimo, negativa essa que é feita pela rejeição do caráter duradouro à prática e seu tratamento como repetição, renovação ou reencarnação, mas não continuidade.

Para esclarecer questões como essa é que Cândido Mendes escreve a história do beneplácito, privilegiando as diferenças históricas e de composição entre os regimes e apontando as novidades do moderno, apesar de ser ele também uma renovação da crueldade do regime anterior. A ruptura que impediu o costume antiquíssimo, segundo ele, deveu-se a que "depois de D. João II cessaram as *cartas de publicação* quase como beneplácito às Bulas e Breves pontifícios, até o reinado de D. José I, em que predominou o ultrarregalismo" (Almeida, 1866, p. 112), sendo que no reinado de D. Afonso VI, por meio do Decreto de 16 de agosto de 1663, mandou-se consultar o Desembargo do Paço sobre a necessidade de beneplácito para a execução "das graças da Sé Apostólica, o que deixou de levar-se a efeito, não obstante já serem de moda na Europa Católica as doutrinas galicanas, protegidas pela ascendências (sic) da Corte e ideias francesas" (Almeida, 1866, p. 113). Conclui, então:

> Ora, se em 1663 se consultava o Desembargo do Paço, ouvindo o Procurador da Coroa, se era justo empregar-se o beneplácito nas graças de Roma, que

> fundamento teria o Marquês de Pombal e todos os ultrarregalistas do século passado –, para assegurarem nas Leis de 6 de Maio de 1765, e de 28 de Agosto de 1767, § 14, que era do costume do Reino não se admitirem as Bulas, Breves e Rescritos de Roma, sem beneplácito? O fundamento do arbítrio e da força, com que sói sustentar suas invasões o poder temporal em todas as épocas (Almeida, 1866, p. 113).

A utilização da história do direito para atuar em defesa de seu ponto de vista, isto é, da legitimidade da jurisdição da Igreja sem dependência da estatal, todavia, não era inovação completa, nem de Cândido Mendes, nem dos conservadores. Se eles dão nova feição para a história do direito, sobretudo pelo fato de a constituírem como uma forma de contestação à cultura jurídica oficial, cada vez mais desprendida da história e mais centrada na prática da positivação, os antecedentes dessa própria cultura jurídica oficial, com a monarquia ilustrada lusitana, também se valeram, à sua maneira, da tradição como substrato da legitimidade do direito, como prova o próprio fato de que Pombal justificava as suas medidas com referência ao passado.

Como Santirocchi (2015, p. 58) diz, é "no passado, na tradição, que o pombalismo buscava construir o seu discurso regalista e legitimar a sua prática". Nesse caso, contudo, a história do direito levava à afirmação da superioridade da igreja primitiva sobre a atual e à submissão dos poderes eclesiásticos ao governo civil, narrativa histórica essa que será a grande arquirrival contra a qual Cândido Mendes arremete os seus ataques e a sua história do direito, portadora da verdade histórica contra as falsidades instaladas pelo regalismo galicano das reformas pombalinas no ensino e na prática do direito.

Além disso, essa discussão estava no centro da questão religiosa, tendo em vista os debates entre ultramontanos e regalistas acerca da vigência ou não de bulas pontifícias elaboradas no entretempo, as quais não tinham recebido o beneplácito régio. Para os regalistas, havendo continuidade entre o *placet* antigo e o moderno, todas as bulas deveriam recebê-lo expressamente. Para os ultramontanos, por outro lado, as bulas publicadas no hiato entre a revogação das cartas de publicação por D. João II e a instauração do *placet* moderno por D. José I eram vigentes, pois naquele período não havia exigência de aceitação real para que essas normas eclesiásticas fossem recebidas no país.

Isso é relevante, porque as atitudes que levaram D. Vital e D. Antônio de Macedo Costa, bispos de Olinda e do Pará, ao banco dos réus começaram pela repressão aos maçons de suas respectivas dioceses, precisamente com base em bulas que condenavam a maçonaria. Contra a alegação de que tais bulas não teriam recebido o beneplácito, os ultramontanos recorriam ao período em questão, com a alegação de que não existia exigência semelhante, de modo que as bulas eram válidas e aplicáveis ao Brasil.

Como Roque Spencer de Barros (1974, p. 344) sintetiza a questão:

> Os partidários de D. Vital argumentavam que, tendo sido o *placet* revogado por D. João II em 1487, só voltou a vigorar com Pombal, no reinado de D. José I, em 1765, tendo as Bulas *In Eminenti*, de 1738 e *Providas*, de 1751, sido expedidas, portanto, num momento em que não podiam ser atingidas pelo beneplácito inexistente. Contra-argumentavam os defensores das prerrogativas do Império, seja negando a suspensão do beneplácito régio no período em tela, seja insistindo em que o silêncio do poder civil acerca de bulas pontificiais não significava a sua aprovação: o que dá vigência às decisões pontifíciais, explicavam, não é a omissão do poder civil, mas apenas o seu referendo expresso.

Cândido Mendes firma as bases da argumentação ultramontana em seu texto de 1866, no qual remata as reflexões acima com uma síntese da diferença entre os beneplácitos:

> O *Placet* antigo nada tinha que ver com as matérias dogmáticas e disciplinares, mas e tão somente com as de graça e justiça, em que intervinham particulares. Pombal abrangeu tudo em 1765, por meio de duas escandalosas falsidades, o costume imemorial do Reino, e a latitude do exame em toda a sorte de Letras Apostólicas (Almeida, 1866, p. CCCCVII).

O que se vê, portanto, é um confronto de narrativas em torno do binômio continuidade/descontinuidade. Para Pombal e os regalistas brasileiros, haveria uma continuidade, um só *placet* desde D. Pedro I. Para Cândido Mendes e os ultramontanos, haveria uma descontinuidade, uma antiga instituição do *placet*, injusta, mas limitada e interrompida, e um *placet* novo, moderno, instituído por Pombal, com base justamente na falsa narrativa histórica da continuidade, que teria duas dimensões jurídicas, uma temporal (costume imemorial) e uma material (abrangência do que os reis poderiam examinar), ambas enganosas. Segundo Cândido Mendes, por um lado, não haveria um costume antigo, mas uma nova instituição, ainda que com um antecedente longínquo em que se inspirar, e, por outro lado, a instituição antiga não tivera a abrangência que Pombal lhe atribuiu para dela retirar a justificação de sua medida.

Assim como Cândido Mendes usa a história do direito para sustentar a sua posição, seu adversário também o fazia. E não apenas na doutrina, como também na legislação, que era sustentada em um costume (isto é, em um direito de caráter histórico). Na lei de 6 de maio de 1765, que Cândido Mendes cita em nota, consta que é "do costume do Reino não se admitirem Bulas, Breves, Rescritos de Roma, sem preceder Beneplácito Régio, ouvido o Procurador da Coroa", enquanto na de 5 de abril de 1768 afirma-se que "desde os princípios da Monarquia não permitiram, que se executassem as referidas Bulas, Breves, ou Rescritos da Cúria Romana, sem precederem as suas *Cartas de Publicação* ou *Régio Beneplácito*" (ALMEIDA, 1866, p. CCCCVII). É a própria lei, nesses casos, que estabelece uma continuidade em sua fundamentação: a mesma medida teria sido adotada "desde os princípios da Monarquia", ainda que fosse chamada outrora de "cartas de publicação" e, no tempo da lei pombalina, de "régio beneplácito". Se o nome muda, mas a medida é a mesma, há uma continuidade na substância (o instituto) que se sobrepõe à descontinuidade de forma (o termo pelo qual o instituto é designado).

Essa assimilação gera a revolta de Cândido Mendes, que afirma: "ousa-se dizer que o Poder Temporal desde a fundação da Igreja, teve sempre o direito de condenar as obras concernentes a Religião e a Disciplina!", ao que se segue a ironia na nota subsequente, a respeito de uma medida específica do governo português: "Era um *Placet* com efeito retroativo, novo *specimen* da mesma fábrica, e que poderia alcançar os Rescritos da época de S. Pedro para serem aprovados ou reprovados!" (ALMEIDA, 1866, p. CCCCVII).

A crítica ao uso da história por Pombal vem sob o argumento de que o antigo *placet* pouco lhe importava, o que sugere ao leitor que a remissão a ele apenas servia para justificar o novo beneplácito mediante uma continuidade histórica inventada:

> Mas Pombal, como sectário fanático, pouco lhe importava o antigo *Placet*, estando já em mãos do Poder Temporal quase todo o Padroado da Igreja Lusitana; o que ele visava como Jansenista e Galicano era um *Placet*, que impedisse a entrada de Bulas em matéria Dogmática e Disciplinar, nenhum valor dando ao que respeitava aos Rescritos sobre negócios particulares, máxime os da Penitenciaria (Almeida, 1866, p. CCCCVIII).

Contra a continuidade inventada por Pombal entre o *placet* antigo e o moderno, Cândido Mendes apresenta a ideia de ruptura. Mas isso não faz dele um historiador que baseia sua visão histórica em descontinuidades. Ele apenas mantém sempre a narrativa histórica nos trilhos da ortodoxia, o que faz da própria Igreja Católica, como esposa de Cristo, o elemento de continuidade, frente ao qual descontinuidades se operam. Pombal não foi o primeiro, nem o único, a tentar dominar a Igreja por meio de suas artimanhas simbólicas e de força, mas a narrativa de Cândido Mendes recusa a esses ataques o reconhecimento da continuidade, o que daria armas ao adversário, que poderia invocar antiquíssimos costumes em seu favor. Em vez disso, os múltiplos avanços contra a Igreja Católica são interpretados como estruturas de repetição – para emprestar, um pouco livremente, um conceito de Reinhart Koselleck (2013b). Isso porque essa "estólida pretensão do Poder Temporal em querer dominar o Espiritual conta antepassados de péssima reputação na História. São todos eles a encarnação a mais hedionda do regime absoluto" (Almeida, 1866, p. CCCCX). Para essa tática pombalina da reescrita da história, Cândido Mendes encontra um antepassado em

> Herodes o sanguinário, Chefe da Dinastia Idumea, que querendo apagar a nota de sua origem, para firmar a sua legitimidade entre os Judeus, reconstruíra o templo de Jerusalém com magnificência, mas não se esqueceu de mandar colocar na grande porta do templo uma águia de ouro, como símbolo da inspeção suprema do Estado sobre as coisas sagradas (ALMEIDA, 1866, p. CCCCX).

Contra esse ato, ofereceram resistência "dois corajosos defensores da Lei Judas Sarighei e Mathias Margalothi, considerados os seus maiores intérpretes, e primeiros doutores da mocidade", os quais "foram queimados por Herodes, seguindo-se-lhes uma carnificina de três mil Judeus" (Almeida, 1866, p. CCCCX). Esse desfecho aponta para a confirmação da continuidade da existência da Igreja, que não sucumbiu desde então, e serve como estímulo aos fiéis para terem coragem de, uma vez mais e sempre, defender a sua Igreja.

No tempo de Pombal, contudo, os escritores seriam todos filiados à "doutrina do seu chefe", o ministro, de modo que não fizeram a crítica necessária à medida questionada e à sua falsa justificação. Em vez disso, corroboraram-nas:

> Os Escritores da época de Pombal, partilhando as mesmas doutrinas do seu chefe, não deixaram de aplaudir a nova medida imposta com o rigor do seu despotismo, e justificada com meios tão deploráveis. Nenhum quis examiná-la com crítica. Mello Freire e Sampaio, Almeida e Sousa e Borges Carneiro causam tédio quando tratam de semelhante questão (Almeida, 1866, p. CCCCX).

Vale a pena retomar, agora mais de perto, a argumentação em torno do *placet*, que ajuda a perceber a importância do conhecimento jurídico para a escrita histórica, não apenas por fornecer os conceitos, mas também a linha de raciocínio e narrativa que Cândido Mendes adota.

Em certo momento, ao discutir a justificação do *placet* instituído no tempo de D. Pedro (1361), Cândido Mendes detém-se sobre as matérias que seriam abarcadas por determinada concessão papal e sobre o contexto de adoção do respectivo beneplácito, terminando por questionar que algo provisório pudesse adquirir a força de costume, como pretendiam os seculares:

> Entretanto cumpre confessar que o rigor desse *Placet* estendia-se tão somente às Letras Apostólicas, em matéria de graça e justiça, tornando-se então essa prática senão justificada e permitida, explicada pela concessão feita pelo Papa Urbano VI aos Bispos de sua comunhão, quando começou o grande Cisma do Ocidente em 1378, contra os *Antipapas* de Avinhão – Clemente VII e Benedito XIII; concessão que o Papa Martinho V pela Bula – *Quod antidota*

(1420) revogou em vista das pretensões que já manifestavam os Bispos, querendo dar a uma provisória concessão, a força de costume (Almeida, 1866, p. CCCC-CCCCI).

Cândido Mendes ressalta que a referida concessão fora feita a bispos, não a reis – com exceção do Duque de Saboia e dos reis espanhóis, estes em 1493, mas apenas por bulas de indulgências, das quais corriam muitas que eram falsas (ALMEIDA, 1866, p. CCCCI). Traça, então, a genealogia legislativa: parte da criação da lei, passa por sua manutenção (isto é, não revogação) nos governos seguintes e codificação (compilação), até, finalmente, chegar à revogação: "Mas a lei do Rei D. Pedro *Cru*, mantida por seus sucessores, e codificada na Ordenação Afonsina, foi revogada por D. João II em 1487, a instâncias dos Papas Xisto IV e Inocêncio VIII, o que consta da Bula – *Olim*, de 3 de Fevereiro de 1486, expedida pelo último" (Almeida, 1866, p. CCCCI).

É importante notar que essa história da legislação (e, correspondentemente, das revogações), em um texto como a introdução ao *Direito Civil Eclesiástico Brasileiro*, não aparece em ordem cronológica, mas temática, havendo inúmeras idas-e-vindas temporais. Ainda assim, essa história se enquadra perfeitamente no modelo oitocentista, por centrar-se no direito como normatividade (lei, costume) e sustentar a adoção das normas sobretudo nos motivos que ensejam as ações ou omissões dos grandes varões. Para uma abordagem desse tipo, a condição de jurista ajudava o historiador, ao fornecer-lhe a capacidade de entender os conceitos jurídicos e pensar as transformações em termos de uma história das fontes do direito.

Nesse mesmo tópico, após afirmar que a lei somente foi revogada por D. João II, como visto acima, Cândido Mendes acrescenta:

> Na época em que viveu não havia Jesuítas, e tratando-se de uma Lei que cinco de seus antecessores tinham mantido, era mister a existência de poderosas razões para que um Príncipe, em suas condições, pudesse resolver-se a revogá-la; tanto mais quanto em 1477, dez anos antes, governando ele o Reino como Regente, tinha-a sustentado nas Cortes de Montemor (Almeida, 1866, p. CCCCI).

As ditas "poderosas razões" vêm na nota de rodapé, onde o jurista registra a sua interpretação histórica dos fatos:

> A principal razão que moveu D. João II em 1486, era a grande influência que nessa época tinha a Santa Sé na Europa, depois de exterminado o grande Cisma do Ocidente; acrescendo que então muito precisava do Papa para contraminar os seus adversários em Roma, e para garantir-lhe, como garantiu, as descobertas dos Portugueses na África, que a esse tempo tinham ido até o Cabo de Boa Esperança; notando-se ser ele o único Monarca Católico que mantinha tão exorbitante privilégio. É de presumir que a contragosto abandonasse a pretensão, tendo em mira interesses mais valiosos (Almeida, 1866, p. CCCCI).

A partir desse momento, o historiador, que recebera contribuições do saber jurídico, retribui, oferecendo a crítica historiográfica e encarando os documentos não meramente como materializações de normas jurídicas, que podem ser válidas ou inválidas, justas ou injustas, mas agora também como materializações de fatos históricos, podendo ser verdadeiros ou falsos, autênticos ou apócrifos. Isso ocorre quando o autor faz uma crítica à visão de Pombal acerca de D. João II: "[...] e contudo Pombal ousa sustentar, citando uma Provisão de 1495 sobre o auxílio do braço secular ao Poder Eclesiástico, Provisão cuja autenticidade funda-se na sua palavra, que D. João II revogara a lei ou Alvará de 1487" (Almeida, 1866, p. CCCCII) – e a mera palavra de Pombal, já está bastante claro a esta altura, não é nada confiável para o autor. Lembre-se, por contraposição, que a mera palavra de Pallavicini fora suficiente, ao assegurar a existência de uma carta de D. Sebastião ao papa nos arquivos do Vaticano (Almeida, 1866, p. CCCLXVIII).

De qualquer modo, tendo em vista que o ministro português refere-se a uma provisão, após a contestação da autenticidade feita pelo historiador, o jurista retorna para somar a argumentação jurídica:

> Mas da letra e do espírito do mesmo Alvará de 1495 se vê que, se aquele Rei estava arrependido do que fez, pela recusa da Santa Sé à legitimação de D. Jorge em 1493 [era esse o argumento de Pombal], ou por qualquer outro motivo, não o declarou, pois a sua providência limitou-se a que não se desse a ajuda do braço Secular, senão pela casa da Suplicação. Daí ao *Placet* a distância é grande (Almeida, 1866, p. CCCCII).

Ou seja, ainda que o documento fosse autêntico, ele não restituía o *placet* antigo, fruto das cartas de publicação, mas apenas negava ajuda do braço secular à Santa Sé. São situações jurídicas diferentes e os efeitos da medida adotada para modificar uma não afetam a outra. A argumentação ganha novos contornos com a possibilidade levantada de que, ao menos em parte, o documento seja falso, o que se sustenta por meio da contraposição entre os autores que reconhecem a sua autenticidade. Nesse sentido, diz:

> Sobre a autenticidade do todo ou parte do Alvará ou Provisão nossas dúvidas avultam, quando examinando a *Synopsis Chronologica* de José Anastácio de Figueredo, observamos que o Alvará tem a data de 4 de fevereiro de 1490, e não de 1495, e não contém os queixumes que se intercalam no publicado por Pombal, de que nem uma palavra diz Pereira de Castro, que aliás esquadrinhou bem a matéria (Almeida, 1866, p. CCCCIII).

A isso, Cândido Mendes acrescenta em nota que um dos argumentos de Figueredo contra Garcia Resende era que a supressão das cartas de publicação fora adotada por apenas alguns anos. Diante disso, jurista-historiador contesta por que Pombal não se vale na sua tese de tão importante e notável circunstância.

Por outro lado, Cândido Mendes afirma que Figueredo somente conhecia a dita Provisão pela *Deducção Chronologica* de Pombal e que, estranhamente, nada semelhante se lê em Pereira de Castro. Usa, portanto, a narrativa oposta para enfraquecer e atacar os adversários – e, ao mesmo tempo, fortalecer seus próprios argumentos –, atribuindo a eles a falsidade e colocando-se do lado da verdade histórica: "Todas estas circunstâncias geram suspeitas de alguma devota fraude em benefício do novo regime, pelo desacordo em que estão com a história" (Almeida, 1866, p. CCCCIII).

Toda essa discussão histórico-jurídica, por fim, desagua no presente:

> Esta lei de D. João II foi depois a Ord. Manuelina do liv. 1 tít. 4 § 7, e é hoje a Filipina do liv. 2 tít. 8 §§ 1, 2, 3, e 4. E quando fosse esse um embaraço indireto à execução das letras Apostólicas em matéria de graça e justiça, não era uma proibição clara e genérica para todas as Bulas e Breves, recaindo

o exame somente naqueles Rescritos que necessitassem do braço secular (Almeida, 1866, p. CCCCIII).

Desta forma, toda essa história da legislação desemboca na discussão presente acerca do significado e do alcance – ou seja, da interpretação e da aplicação – de disposições das *Ordenações Filipinas*, compilação normativa fundamental, ainda vigente e aplicada no Brasil oitocentista. Toda essa história, inclusive, fundamenta o resgate de ordenações como as do Livro 2, que um autor como Luiz da Silva Alves Azambuja Suzano, no *Digesto Brasileiro*, simplesmente teria excluído – diferentemente do próprio Cândido Mendes, que as publicaria integralmente poucos anos depois do *Direito Civil Eclesiástico Brasileiro*, com a sua décima quarta edição do *Código Filipino*.

Diante dessa argumentação, Cândido Mendes conclui dizendo que não duvida que houvesse abusos, favoráveis ou contrários às graças concedidas pelo Pontífice, mas "o que podemos assegurar é que não havia lei consignando o ônus do *Placet*, nem costume até 1765, isto é, por espaço de quase três séculos" (Almeida. 1866, p. CCCCIII), o que aponta para a ilegitimidade das medidas de Pombal e sobretudo de suas justificativas, uma vez que nenhuma das duas fontes, fundamentais ao direito, sustentava suas pretensões – nem a lei, cuja importância cresce justamente no caminho para a modernidade e com a centralização estatal, empresa realizada em Portugal justamente no governo do Ministro, nem o costume, fonte até então primordial e à qual, apesar de perder espaço para a lei no século XIX, um autor como Cândido Mendes ainda empresta grande peso nas discussões que trava, amparado inclusive por uma prática jurídica em que o recurso a essa fonte jurídica ainda possui força.

Além das interpretações histórico-jurídicas, o lado compilador de Cândido Mendes também tem um espaço importante na sua forma de participar dos debates sociais. Esse lado manifesta um aspecto ainda mais prático, quando se pensa na coleção dos *Arestos do Supremo Tribunal de Justiça* (1885). Essa obra, ao reunir e fornecer acesso de uma só vez a um conjunto enorme de decisões daquele tribunal desde 1829 até 1883 (isto é, após a sua morte, tendo em vista que a obra foi completada por seu filho Fernando Mendes de Almeida e publicada postumamente), tinha um cunho pragmático evidente. A falta de uma introdução como as outras reforça esse aspecto, embora ele possa não tê-la escrito apenas porque faleceu antes de concluir a obra. No entanto, lida em conjunto com a manifestação de Cândido Mendes no Senado por ocasião da reforma judiciária de 1871, percebe-se uma conexão com o seu pensamento que vai além desse aspecto mais prático.

Contrário à concentração excessiva de poder em uma das esferas políticas, Cândido Mendes defendia a formação de um Poder Judiciário forte, capaz de garantir os direitos dos cidadãos. Apesar de apontar para a própria Constituição como entrave para isso, haja vista que seu texto deixava aquele poder em uma posição subalterna aos demais, subordinando os juízes ao Executivo e ao Moderador ao atribuir a estes dois poderes a tarefa de nomeá-los, removê-los e demiti-los, podemos ver essa obra de Cândido Mendes como uma tentativa de infundir na prática jurídica a leitura e reprodução das decisões emanadas do órgão máximo do Judiciário.

É uma perspectiva, sob determinados aspectos, mais moderna do que as de alguns colegas parlamentares, como Nabuco de Araújo, que propunha como solução para problemas do Judiciário o noviciado, combatido por Cândido Mendes, que o considerava medida insuficiente e propugnava o acesso aos cargos por concursos (Almeida, 1982, p. 105).

Não obstante, não se pode descurar o fato de que a defesa do Judiciário forte, conforme a narrativa adotada por Cândido Mendes, é também a defesa de uma classe aristocrática, como se nota no exemplo da Inglaterra, onde, ao lado do clero, seus membros teriam salvado o país dos abusos do poder real, obrigando o "monarca invasor a reduzir toda a legislação anterior, inclusive a de Eduardo, o confessor, que consagrava as liberdades do povo inglês a artigos redigidos com clareza, é isto o que se chama a Magna Carta" (Almeida, 1982, p. 246). O seu problema, portanto, é controlar o governo contra abusos e invasões a outros poderes – o que envolve no fundo, certamente, a constante desconfiança com relação ao poder real, que usurpava a esfera de poder da Igreja. Assim, fortalecer o Judiciário era também enfraquecer o Executivo e o Moderador, limitando por dentro a ação do governo civil. Além disso, a publicação das decisões do Supremo, para que fossem mais conhecidas e reproduzidas, não é tão inovadora, haja vista que o autor conhecia, por seus estudos em história do direito, tribunais cujas decisões tinham força vinculante, como a Casa da Suplicação, as quais já haviam sido objeto de compilação no *Auxiliar Jurídico*[126].

De toda forma, seja ou não inovador nas origens de suas ideias, o conservador ultramontano contribui com a prática, ao difundir as decisões do Supremo, em uma visão estruturalmente mais próxima da moderna do que a daqueles que não se empenhavam por tamanha autoridade e independência aos órgãos judiciários.

Ao lado das narrativas e do trabalho de compilador, destaca-se na produção de Cândido Mendes o conjunto de notas que insere nos textos recolhidos. A forma, frequência, localização e uso dos termos aponta para os interesses considerados centrais para Cândido Mendes. Apesar de preocupações prático-jurídicas, político-partidárias, político-nacionais e outras que se manifestam aqui e ali, a questão jurídico-religiosa sempre sói apresentar-se, mostrando-se perene, concomitante às demais.

Exemplificativamente, podemos observar o *Auxiliar Jurídico*, em que Cândido Mendes faz uma compilação de normas, decisões e doutrinas jurídicas, acrescentadas de notas em número bastante reduzido, se comparado com o que vemos no *Código Filipino*.

Algumas notas, que poderíamos chamar de puramente jurídicas, quase positivistas, justificam-se pelo seu propósito de apresentar as normas, históricas e vigentes, assentando o estado atual do direito brasileiro.

126 Cândido Mendes afirma, na introdução *Ao Leitor*: "Os *Assentos* da Casa da Suplicação, como os *Estilos*, tinham por fim fixar a verdadeira inteligência da Lei; e tomados na Mesa Grande daquela Casa ou Relação tinham, e ainda têm, força de Lei. Assim se acha consignado na Ord. do liv. 1 tít. 5 § 5, e na Lei de 18 de Agosto de 1769 § 4". Vale registrar que, alguns parágrafos antes, ele já escrevera que "o melhor intérprete das Leis é o uso de julgar; e por essa causa compilamos todos os *Estilos* das duas célebres Relações Lusitanas, denominadas – *Casa da Suplicação e Casa do Cível*, ou comumente do *Porto*, sendo, como eram, as mais autorizadas" (Almeida, 1869, p. VI). Por outro lado, esse paralelo entre a Casa da Suplicação e o Supremo Tribunal de Justiça não pode ser extrapolado, haja vista que das decisões daquela cabiam "'recursos especialíssimos' ao Desembargo do Paço e ao rei", enquanto o tribunal supremo do Império, criado em 1828, na esteira de seus similares da Europa Ocidental e dos Estados Unidos, não admitia autoridade recursal superior. Apesar da ampliação de atribuições, se comparado à Casa da Suplicação, juristas como Pimenta Bueno e Cândido Mendes consideravam que o Supremo estava aquém de suas potencialidades (Wehling, 2018, p. 252-253). Sobre o Supremo Tribunal de Justiça do Império, cf. Lopes (2010b).

É este o caso da primeira nota que aparece, feita ao Alvará de 10 de maio de 1808, que criava no Brasil uma Casa de Suplicação. Após constar no segundo item do Alvará que todos os agravos ordinários e apelações do Pará, Maranhão, Ilhas dos Açores e Madeira e da Relação da Bahia seriam interpostos para a nova Casa da Suplicação, e não mais para a de Lisboa, Cândido Mendes registra em nota que essa disposição foi revogada por alvará de 1809, que tornou a sujeitar ao tribunal de Lisboa os recursos advindos de Pará, Maranhão, Açores e Madeira (Almeida, 1869, p. 4). Outras notas são explicativas, como aquela feita a um trecho da Lei de 7 de março de 1609, que se refere às "três Capitanias do Sul", na qual o compilador indica serem tais capitanias as de São Vicente, do Rio de Janeiro e do Espírito Santo (Almeida, 1869, p. 6). Outras, ainda, servem para fazer referências cruzadas entre as normas jurídicas, como se vê em três notas seguidas ao Alvará de 13 de outubro de 1751: "vide D. de 29 de Janeiro de 1641"; "vide L. de 7 de Junho de 1605 § 12"; "vide Al. de 31 de Março de 1742 § 7" (Almeida, 1869, p. 20).

Há notas, porém, que não dizem respeito à vigência ou revogação de normas, não explicam conteúdos subjacentes aos textos compilados, nem servem para remeter a outras normas ou textos doutrinários, mas fazem observações sobre mudanças históricas de caráter político ou religioso, que levaram a transformações no direito. É o que se depreende da nota feita a um dispositivo da mesma Lei de 7 de março de 1609, em que consta que, no âmbito da Relação do Brasil, "antes de entrarem em despacho, se dirá todos os dias Missa, por um Capelão [...]". A isso, Cândido Mendes acresce o seguinte comentário: "O D. de 3 de Janeiro de 1833 não contemplou mais esta formalidade, que o Av. de 12 de Março de 1834 declarou desnecessária, vista a *secularização* do Estado moderno" (Almeida, 1869, p. 6).

Essa nota não é estritamente jurídica, não serve para compreender melhor a norma formalmente, não a relaciona com outras ou com a doutrina que a interpreta, nem explica o seu conteúdo, mas aponta para uma transformação do direito. Indica em que momento um dispositivo bastante específico, ligado ao culto católico, deixaria de ser reconhecido na legislação, valendo-se de conceitos precisos, nesse ponto não desenvolvidos, para apresentar o motivo da mudança: a "secularização" ocorrida no "Estado moderno". Para compreender melhor o significado desses termos e da nota, o leitor deveria se informar melhor – por meio, inclusive, da introdução ao *Direito Civil Eclesiástico Brasileiro*, publicada três anos antes.

Ao final de sua vida, outras correntes vinham despontando, com destaque para o naturalismo jurídico, com sua influência evolucionista e positivista. Nos textos centrais para este trabalho, que abrangem o arco temporal que vai de 1866 a 1874, não se vê um diálogo explícito com as novas ideias.

Não obstante, é interessante notar uma publicação do *Jornal do Comércio*, por ocasião do falecimento de Cândido Mendes, em que se dizia que o "partido católico, que ultimamente tem encontrado escolas livres e positivistas, que lhe fazem frente e procuram solapá-lo, perdeu em Cândido Mendes de Almeida um dos seus maiores esteios e um dos mais pertinazes e intrépidos propugnadores de suas doutrinas" (Jornal do Commercio, Rio de Janeiro, ano 60, n. 61, 2 de março de 1881, p. 1).

Lembram-se, por esse trecho, importantes rivais dos católicos, para além dos jansenistas (arquirrivais nos textos de Cândido Mendes sobre os séculos XVI a XVIII) e dos maçons (que estão no centro da querela religiosa). Trata-se das escolas livres e positivistas, que vinham crescentemente conquistando espaços e adeptos, penetrando e causando impactos na sociedade, inclusive na produção jurídica. Mas caberia a outros católicos ferrenhos, como o sobrinho de Cândido, João Mendes de Almeida Júnior, travar esses embates.

3.2.3 Justiça: as causas de Cândido Mendes

> Quando para manter o direito e a justiça o cidadão se dispõe a lutar até o sacrificio, a victoria não póde ser duvidosa.
>
> Deputado CÂNDIDO MENDES
> *Anais da Câmara dos Deputados*, sessão de 20 de julho de 1869

> Se, pondo os olhos em Deos e na lei, com pura consciencia, absolverdes o innocente arrastado a este Tribunal por uma perseguição iniqua, vossos nomes serão inscriptos nos dípticos da immortalidade; e vossa memória atravessará abençoada a

> nossa idade e os seculos futuros applaudida em vosso paiz pelos homens não só de nossas crenças, mas por todos que possuem um coração recto e leal.
> Se infelizmente seguirdes outro a caminho, conquistareis por certo os applausos momentaneos daquelles que anceiam pelo crucificamento deste martyr (*indicando o accusado*); mas neste mundo severa a historia vos exigirá estreitas contas; no outro..... é grande o poder da misericordia divina: escolhei. *(Muito bem! muito bem! Fóra, fóra!)*
>
> CÂNDIDO MENDES DE ALMEIDA
> *Discurso proferido no Supremo Tribunal de Justiça*, na sessão de 21 de fevereiro de 1874 (1874b, p. 56)

Falar de usos da história do direito por Cândido Mendes envolve, além das intenções e da forma, analisadas no segundo capítulo, também os contextos de enunciação, as arenas sociais de disputa, muitas das quais foram apresentadas ao longo deste trabalho. Os três textos introdutórios escolhidos como núcleos de enunciação, em virtude da maior densidade das ideias e da pretensão de coerência que decorrem do próprio meio escolhido – isto é, publicações de livros, o que envolve mais tempo e oportunidades para escolher as frases e aparar os argumentos –, não esgotam os usos da história do direito por Cândido Mendes. Longe disso. Mas permitem um maior aprofundamento dos fundamentos de sua história do direito e, com isso, tendo em mãos com maior densidade as noções e conceitos que embasam a sua visão de mundo e o seu estilo de pensamento, aumenta-se a capacidade de apreciar os usos que ele dá à história do direito em outros contextos e arenas.

No âmbito parlamentar, por exemplo, destaca-se na atuação de Cândido Mendes justamente a utilização do elemento histórico. Beatriz Westin de Cerqueira Leite, em um estudo geral sobre o Senado dos anos finais do Império, lembra precisamente o maranhense ao tratar desse aspecto dos discursos proferidos naquela casa:

> Na Ordem do Dia, havia discursos dos oradores inscritos, às vezes longos, sem interferências ou às vezes pontilhados de observações principalmente de adversários do orador. Senadores havia que falavam horas, fazendo gran-

des divagações, trazendo um histórico longínquo dos casos, como por exemplo Mendes de Almeida (Leite, 1978, p. 81).

Sem estudar as intenções e a forma da escrita da história do direito por Cândido Mendes e depois apreender os seus fundamentos, como temos feito, uma observação como essa nos deixaria na dúvida do porquê dessa peculiaridade. Seria um capricho? Seria uma decorrência de sua personalidade voltada para a erudição, característica que geralmente é destacada nos escritos de tom biográfico a seu respeito? Em geral, as hipóteses tendem a ressaltar a peculiaridade, o traço individual, apontando ao cabo para a subjetividade como explicação para uma determinada forma de agir e se expressar em sociedade.

A posição que adotamos neste ponto é a de que os usos da história do direito ancoram-se nos fundamentos dessa história e que o estilo de pensamento, socialmente constituído, orienta a lógica dos discursos. Nesse sentido, o conservadorismo de Cândido Mendes, pautado essencialmente por seu ultramontanismo de matiz brasileiro, torna a escolha pela história do direito nada casual ou subjetiva. Diante dos desdobramentos objetivos do direito na passagem do século XVIII para o XIX, das necessidades da prática jurídica e dos óbices à implementação do direito moderno à moda europeia[127], havia espaço para outros discursos e outras práticas. A visão de mundo adotada por Cândido Mendes propiciava oferecer, se não um modelo alternativo, ao menos mecanismos e elementos alternativos ao novo modelo predominante que a pouco e pouco se construía sob inspiração do estrangeiro. Ao atuar assim, Cândido Mendes não se contrapunha à realidade, mas escorava-se nela, nos elementos tradicionais que continuavam vivos. Assim, os seus argumentos jus-históricos e os meios escolhidos para veiculá-los tinham respaldo social e não eram

[127] Por óbices, não estamos nos referindo a fatores que barrariam o avanço do país e a entrada na modernidade. Referimo-nos à própria realidade brasileira que, com suas peculiaridades, não pode ser encarada meramente como um natural depositório de ideias estrangeiras cuja aplicação seria necessária sob pena de incorrer-se em atraso. Ou seja, não se trata de um suposto atraso na modernização, mas justamente de uma rejeição dessa ideia. Cumpre acrescentar que também esses óbices não devem ser explicados por argumentos subjetivistas.

anacrônicos. Pelo contrário, encontravam apelo na prática, uma vez que eram apegados mais à experiência ainda viva do que a expectativas não cumpridas ou mal implementadas, de modo que eram mais facilmente compreendidos e vistos como aplicáveis (pense-se, por exemplo, na oferta ao público de uma edição anotada as *Ordenações*, contra o que seria a apresentação de um projeto de código civil).

Deste modo, as escolhas de Cândido Mendes não são arbitrárias nem fortuitas. Têm sentido, no âmbito social em que aparecem. Somente compreendendo-se os fundamentos e os usos da história do direito, em conexão com sua visão de mundo e estilo de pensamento, o subjetivo, o arbitrário e o aleatório podem desaparecer da compreensão dessa personagem histórica em seu tempo.

Mas para que, afinal, Cândido Mendes mobilizava a história do direito? Como vimos, documentos, provas, condenações, julgamentos, tudo isso de que ele trata tem uma dupla implicação, isto é, ao mesmo tempo jurídica e histórica. Os documentos (jurídicos históricos) servem como prova (histórica e jurídica) para os julgamentos jurídicos históricos (do passado) e para os julgamentos emitidos pela história jurídica (agora, no presente historiográfico), fornecendo a justificação das ações (históricas, com conotação jurídica) e estabelecendo, assim, os fundamentos para a condenação ou absolvição (já consolidadas nos julgamentos históricos passados e do ponto de vista do presente, a fazer da historiografia um tribunal que reavalia aqueles julgamentos – o tribunal da história). Tudo isso leva a uma conjugação entre história e direito, por meio da historiografia jurídica, que amarra os dois termos de maneira impossível de desnodar e aponta para uma finalidade ínsita a essa forma de ver o mundo e agir em sociedade: fazer história do direito é um meio de se fazer justiça.

Na falta de um tratado da justiça da lavra de Cândido Mendes, que não se dedicou à produção de textos teóricos ou filosóficos, não procuraremos em seus escritos uma teoria da justiça inteira e coerente, seja própria, seja importada. O que buscamos é abordar temas que orbitam a noção de justiça e aos quais o autor se dedicou, a fim de compor um mosaico que, se não se fecha em uma teoria final, forma ao menos a imagem possível de uma concepção de justiça, por mais fragmentada que resulte.

Com base na leitura das fontes e nas análises precedentes, selecionamos dois tópicos que consideramos centrais para essa abordagem: (i) a disputa das jurisdições; e (ii) a questão da liberdade. Tendo em vista o papel do ultramontanismo no pensamento de Cândido Mendes, essas questões apresentam-se interligadas e traduzem-se na disputa de jurisdições entre os poderes temporal e eclesiástico e na luta pela liberdade da Igreja no Brasil.

Falar de justiça é falar de igualdade. A defesa da igualdade, com relação à Igreja, passa por dois momentos. Em primeiro lugar, defende-se a diferença da Igreja e de seus órgãos com relação aos demais, tanto por dignidade própria (argumento herdado dos privilégios do antigo regime) quanto por seu reconhecimento como religião oficial do Estado (argumento constitucional moderno). Em segundo lugar, tendo em vista o não reconhecimento de fato da dignidade especial da Igreja e dos privilégios que deveriam derivar dessa condição, propugna-se para que, ao menos, a Igreja e seus órgãos sejam tratados com igualdade com relação ao restante das organizações sociais e cidadãos. Assim, segundo a perspectiva de Cândido Mendes, na prática é reconhecida a diferença de dignidade da Igreja, mas para deixá-la em situação pior do que a dos demais. Fora assim com relação à tributação da propriedade das corporações religiosas e era assim também a respeito do tratamento dado aos funcionários eclesiásticos:

> Para tornar Civil o que é Eclesiástico todos os sofismas são postos em contribuição pelo Poder invasor, mas tal é o espírito de injustiça senão de hostilidade que o anima contra tudo o que de perto ou de longe se aproxima da Igreja, que nenhuma igualdade se dá entre uns e outros funcionários (Almeida, 1866, p. CCCL).

Os eclesiásticos sequer deveriam ser tratados como funcionários civis. Mas, já que o eram, deveriam ser tratados com igualdade com relação aos demais. Deste modo, a injustiça já não decorre da falta de reconhecimento do espaço e dos privilégios da Igreja. A hostilidade vai ainda mais longe, pois, uma vez igualados os civis e os eclesiásticos como funcionários do Estado, nem a igualdade é de fato garantida, uma vez que vários direitos e benefícios concedidos aos civis não são reconhecidos aos eclesiásticos.

Isso leva a outro conceito fundamental, o de liberdade, a "verdadeira liberdade" (Almeida, 1866, p. CCCCXX), "liberdade da Igreja", cujo restabelecimento teria como consequência eliminar a sua subjugação, devolver a sua jurisdição e permitir a livre realização de sua doutrina e missão.

A igualdade implicada no conceito de justiça, na obra de Cândido Mendes, é uma antítese da igualdade liberal-revolucionária, pois rejeita a equiparação formal de todos os cidadãos. À maneira conservadora, aponta para as diferenças de natureza intrínsecas às pessoas, antes de colocá-las frente a frente, negando que estejam todas abstratamente nas mesmas condições. Com base nisso, Cândido Mendes ataca a proposta de 1866 relativa ao casamento civil, da qual acabara de ter notícia enquanto terminava a impressão da introdução ao *Direito Civil Eclesiástico Brasileiro*. Expressa-se desta maneira:

> Toda a história da Igreja atesta os esforços dos Papas em manter a santidade do casamento, contra o empenho dos Governos em secularizá-lo. Já decretamos casamento civil para heterodoxos, agora propõe-se para os Católicos que quiserem apostasiar. Será o precursor de outro destinado à totalidade dos Cidadãos. Ganhará o País com a infração das Leis da Igreja, infração adrede provocada pelo Estado, que devera ser o seu primeiro defensor (Almeida, 1866, p. CCCCXXII).

Com base nessa visão, portanto, Cândido Mendes lutará seus combates e defenderá suas causas – as quais, no entanto, não eram exclusivamente suas. Apesar da "coragem de ser só", que significou um crescente isolamento político (Santirocchi, 2014, p. 79), e de o ultramontanismo não ser a expressão prevalente sequer do partido conservador, quanto menos do liberal, Cândido Mendes não estava sozinho na luta por suas causas. Com o seu conservadorismo ultramontano afrontou, é certo, o grande grupo de não-ultramontanos, regalistas, que compunha ambos os partidos e que em geral ocupou os principais cargos no governo. Pense-se por exemplo no Visconde do Rio Branco que, enquanto exercia a função de Grão-Mestre do Grande Oriente do Brasil, ocupou a presidência do conselho de ministros do Império.

Do seu lado, ainda que não em todas as questões – pelo contrário, com muitas divergências –, havia liberais como Zacarias de Góis e Vasconcelos, que fez o curso jurídico com Cândido Mendes e com quem este juntou-se para realizar a defesa de D. Vital perante o Supremo Tribunal de Justiça, e conservadores como o Visconde de Abaeté, que compunha o Pleno do Conselho de Estado quando a questão chegou nessa instituição, antes do processo judicial, e que como Cândido Mendes rejeitava a doutrina do beneplácito ilimitado, sobrepunha o artigo 5 ao 102, § 14, da Constituição, e considerava que as sociedades maçônicas faziam propaganda contra a Igreja Católica, de modo que "a Igreja é o Juiz competente nesta matéria, [razão pela qual] não posso deixar de admitir a autoridade das Bulas e decretos pontifícios que condenam tais sociedades" (Rodrigues, 1978).

Deste modo, longe da figura do ermitão que passa a vida solitário fazendo reflexões descoladas da realidade, Cândido Mendes encontra espaço por meio de suas histórias do direito para participar das polêmicas de seu tempo. Ou, talvez seria mais preciso dizer, ele usa a sua história do direito para criar de um espaço em que se sente confortável para debater e para estabelecer os fundamentos de seus argumentos.

É assim que Cândido Mendes apresenta a já referida discussão entre o Marquês de Santa Cruz, Arcebispo da Bahia, e Jeronimo Villela de Castro Tavares, professor da Faculdade de Direito do Recife, acerca de serem os empregados eclesiásticos funcionários civis ou não, ocorrida em diferentes jornais, cujos textos foram compilados em um opúsculo de 1852, a que se denominou *Questão Eclesiástica*. Inicialmente, faz uma ressalva: "Sem querermos renovar essa discussão em que os dois paladinos fizeram grande parada de talentos e de estudo [...]" (Almeida, 1866, p. CCCXLIII), mas logo começa a discorrer sobre a origem do pagamento de estipêndios aos bispos e párocos pelo Estado, argumentando não se tratar de uma doação ou cortesia por parte deste, mas de fruto dos dízimos originados de acordos entre Igreja e Estado, em que o poder civil recolhia o valor e se comprometia a manter os sacerdotes e as igrejas, ao que acrescenta a transcrição de "documentos [jurídicos históricos] para esclarecimento da questão" (Almeida, 1866, p. CCCXLVI et seq.).

O uso da história do direito para fins de esclarecer a verdade, produzir legitimidade e, com isso, fornecer uma concepção de justiça não é invenção de Cândido Mendes, nem pertinente apenas à visão de mundo a que adere. Os próprios Estatutos da Reforma de Coimbra, por ele transcritos e combatidos, indicam semelhante procedimento – ainda que com vistas a atribuir verdade, legitimidade e justiça a algo com que Cândido Mendes não concordava.

Nesse sentido, ao tratar das fontes do Direito Canônico, a serem apresentadas pelos professores no curso, os Estatutos diziam: "Sobre os *Decretos* dos Papas dará a conhecer a verdadeira força e autoridade deles, e para o fazer com acerto consultará a *História*; verá o teor das Bulas, e dos Rescritos; advertirá a ocasião, a matéria, o fim, a forma deles, e o *recebimento* que deles fez o Povo Fiel [...]" (ALMEIDA, 1866, p. CXXXIII). Em nota, Cândido Mendes ironiza a ideia de um Direito Canônico que dependa do assentimento popular, o que abriria as portas para que se argumentasse que alguma Bula não o recebeu e, portanto, não deveria ser executada, o que mostra que "era o maior sectário do absolutismo Real quem arriscava semelhante doutrina".

Assim, tratando-se de uma luta, com dois lados na peleja, Cândido Mendes busca escrever a história do direito da maneira correta não apenas para afirmar a concepção verdadeira, mas também para afrontar as narrativas equivocadas que maculam a Igreja Católica, fazendo-lhe justiça. Confronto dessa ordem aparece quando o adversário é Alexandre Herculano, autor da *História de Portugal*, historiador "tão adverso a Roma e à Igreja". Contra ele, Cândido Mendes diz: "A causa da civilização defendida pela Igreja, é desapiedadamente tratada nas verrinas que traça este historiador. Da parte da Santa Sé são todas as culpas" (ALMEIDA, 1866, p. CCLXII-CCXLIII).

Pode-se afirmar, portanto, que a grande causa de Cândido Mendes é a liberdade da Igreja, fórmula que não era nova, haja vista que já constituíra o principal "*slogan*" dos reformadores papais dos séculos XI-XIII (BERMAN, 1983, p. 87). Na prática, significava a supremacia da Igreja Católica sobre a vida espiritual da universalidade dos homens, mas com todo o aparato material e a respectiva jurisdição que para esse fim fossem necessários, sem intervenção nem concorrência dos poderes civis das várias nações, que deveriam cuidar apenas do espaço relativo ao puramente temporal, adequando-se às resoluções da esposa de Cristo.

Mas, conforme se extrai de seus argumentos, se essa liberdade positiva não era (re)implementada desde logo, tendo em vista as constantes ameaças e invasões do outro poder, Cândido Mendes ao menos via como imprescindível que se garantisse uma liberdade negativa[128], ou seja, a de atuar sem a intervenção e as sobreposições da jurisdição temporal.

É por isso que Cândido Mendes mostra-se um entusiasta da Igreja Católica nos Estados Unidos da América. Naquele país, conforme a apreciação do maranhense, o catolicismo não era adotado como religião oficial, mas pelo menos era deixado livre para florescer por sua conta, em seu espaço, sem intromissões indevidas. Lá não se criaram mecanismos para o poder civil dominar o eclesiástico, como no Brasil. É por isso que o autor fala da Igreja Católica estadunidense como uma "florente Cristandade", elogiando a quantidade de corporações, a fecundidade do ensino e a magnificência das catedrais de lá, "como não possuímos". Cândido Mendes exalta, então, essa liberdade da Igreja, confrontando-a com a situação brasileira:

> Eis os frutos do Catolicismo livre. Compare-se uma Igreja formada somente pelo elemento Católico, *sem Beneplácitos e sem Recursos à Coroa*, como a Brasileira bafejada há mais de um século pelo cisma e pela heterodoxia, e apreciem-se os resultados. A mancenilheira dos Padroados com os *amplíssimos* poderes não lhe amortecem o vigor (Almeida, 1866, p. CCCLXXXVI).

Sob esse aspecto, aparentemente, ainda que a contragosto, o ultramontanismo aproximava-se mais da laicidade estatal do que o catolicismo oficial, moderado ou regalista, como se apresentava no Brasil. Ao recusar a submissão do que pertence à Igreja ao poder civil, apesar do desejo último de supremacia daquela, os ultramontanos parecem preferir a desvinculação entre ambos, ao passo que o catolicismo de Estado beneficia-se da união entre poder político e religião, pois apodera-se do elemento espiritual e subordina-o às funções civis. O ultramontanismo clama pela liberdade da Igreja e, se não é capaz de alcançar o objetivo pleno de fazer o poder temporal aderir à doutrina e à jurisdição de Roma,

[128] Diante de tudo o que temos visto, percebe-se que a utilização da distinção entre liberdade negativa e liberdade positiva é uma apropriação bastante livre do conceito proposto por Isaiah Berlin, em que liberdade negativa aparece como rejeição à interferência estatal. Cf., a esse respeito, o estudo de Arno Wehling e Maria José Wehling (2018) sobre o período joanino.

atinge um objetivo mais modesto, que parcialmente contradiz o primeiro, mas é tomado como válido por contrapor-se ainda mais frontalmente ao poder civil: livrar a Igreja das amarras do Estado para florescer por conta própria, uma vez que não pode contar com o auxílio deste, que de aliado e suposto protetor tornou-se o seu carrasco. As consequências dessa visão seriam vistas alguns anos depois, nas vésperas da queda do Império, quando a Santa Sé e os membros da Igreja permaneceram indiferentes à sorte do governo (Santirocchi, 2015, p. 479).

Percebe-se, assim, a manifestação de certo pragmatismo, decorrente, dentre outras coisas, de seu conservadorismo, da sua atividade jurídica e de sua vida parlamentar, mas também da situação cada vez mais irreversível nas relações entre Igreja e Estado, o que faz o ultramontano renunciar em muitos momentos a uma defesa irrestrita da supremacia do poder eclesiástico para, apenas, livrá-lo das garras do poder civil. A causa da liberdade da Igreja, portanto, figura como um fundo invariável de defesa da Igreja que, conforme a conjuntura, pode apresentar variação quanto ao tipo de ação que é adotada e aos objetivos pelos quais se luta.

Se a liberdade positiva, superior, do poder eclesiástico é impossível – ao menos por ora, mas sem jamais renunciar por completo à esperança, para não recair em heterodoxia –, a causa fundamental da liberdade da Igreja assume outro conteúdo e, com isso, outra estratégia: converte-se na proteção da liberdade negativa, uma liberdade de não ser o poder eclesiástico dominado pelo poder temporal. Por isso, contra o que se poderia esperar da pena de um ultramontano, deparamo-nos com um argumento que joga com a separação entre os poderes da Igreja e do Estado, ainda que isso esteja longe de significar uma laicidade estatal:

> O que é pois conveniente e indispensável para todo católico é a *emancipação da Igreja no Brasil*, e para obter-se este *desideratum* devem Eclesiásticos e Seculares sob a direção do Episcopado, empregar todos os esforços legítimos, pois o interesse é comum. É mister preparar os espíritos por meio de uma discussão franca, leal e decidida na imprensa e na tribuna, para arrastar o Governo, pela voz da opinião pública, a entender-se sinceramente com a Santa Sé, de modo a poder-se organizar a Igreja do Brasil (Almeida, 1866, p. CCCCXV).

Para tanto, Cândido Mendes entende serem necessárias duas normas jurídicas, uma internacional e uma interna. A primeira é uma concordata. A segunda, uma reforma constitucional: "a reforma dos §§ 2 a 14 do art. 102 da Constituição, como nos parece evidente em vista do art. 178, porque trata-se de atribuições de um dos Poderes Políticos" (Almeida, 1866, p. CCCCXVI). Assim, ciente do regime constitucional do seu tempo, Cândido Mendes não apenas demonstra um desejo ou um programa político voltado ao aprimoramento das relações entre o país e a Santa Sé, mas ainda apresenta os meios jurídicos para fazê-lo.

Compreendendo que a Constituição do Império, em razão do art. 178, não permite mudanças simples com relação a seus aspectos substanciais – limites e atribuições dos poderes políticos e direitos políticos e individuais dos cidadãos –, sabe ser necessário proceder a uma reforma desse ponto da Constituição, seguindo o procedimento dos artigos 174 a 177. Essa reforma na principal norma jurídica do Estado brasileiro, no entanto, não seria uma inovação ou ruptura completa, mas a correção de uma incongruência, a fim de devolver ao artigo 5, que estabelecia a Religião Católica Apostólica Romana como religião do Império, a sua plenitude.

Aí vemos que, apesar da defesa da emancipação da Igreja no Brasil apontar levemente para o Estado laico, não é disso que se trata para Cândido Mendes, mas apenas da restauração do espaço de poder da Igreja, cujo vínculo com o Estado não poderia significar a sua subjugação pelo poder temporal brasileiro. Mas era isso que vinha acontecendo, com a instituição da confessionalidade do Estado brasileiro sob o modelo constitucional, em que o poder eclesiástico foi progressivamente perdendo espaço para o poder temporal "na remodelação das instituições, entre elas a jurisdição" (Obeid, 2018, p. 272).

Em defesa dessa causa justa, o jornalista, parlamentar e advogado Cândido Mendes convoca para a luta:

> Temos de lutar contra toda a imprensa adversa, com o Clero transviado, o melhor auxiliar do Regalismo; mas qual é a reforma que não encontra tropeços? E os esforços no interesse do restabelecimento da nossa Igreja em suas legítimas bases não podem deixar de produzir o melhor fruto. A própria tentativa, ainda suportando grandes embaraços, será benéfica, porque preparará

o campo para os que no futuro procurarem trilhar a mesma senda (Almeida, 1866, p. CCCCXVI).

É; em uma interessante síntese do que apresentamos até agora, uma luta pelo "restabelecimento" da Igreja em suas bases "legítimas", pautando-se no passado, mas preparando campo para melhores dias no futuro. Tudo isso para sedimentar o único caminho possível, o único caminho para a justiça, um caminho que aponta para o futuro, mas passa necessariamente pelo estabelecimento da verdade e dos parâmetros de moralidade por meio da história do direito: "O esmorecimento prévio é o nosso maior adversário, aumentando a audácia dos inimigos da Igreja demorar-se-á por mais tempo o triunfo a que ela tem jus. Não é possível haver paz e ordem senão no terreno da justiça e do direito". Afinal, "nunca uma falsa tranquilidade beneficiou senão o erro e a tirania" (Almeida, 1866, p. CCCCXVI).

A proclamada defesa da liberdade, entretanto, por certo não é causa apenas de ultramontanos. É causa, sobretudo, de liberais, que têm nesse conceito o cerne de sua visão de mundo, a qual diverge em muito da ultramontana. A clássica introdução de Rui Barbosa a *O papa e o concílio*, de Johann Joseph Ignaz von Döllinger, texto publicado originalmente em 1869, sob o pseudônimo de Janus, traduzido pelo jurista soteropolitano em 1877, é um importante exemplo. Lê-se no referido texto:

> Se o jesuitismo é uma conspiração permanente contra a paz fundada na liberdade e nas instituições parlamentares, não é senão porque a igreja do papa infalível odeia as constituições modernas, como incompatíveis com a dominação temporal do clero; não é senão porque a liberdade que ela quer é a liberdade absoluta dela só, eliminados à força os cultos dissidentes, e reduzido o poder secular a subalterno seu (Barbosa, 1977, p. 29).

A liberdade da Igreja, assim, é uma causa assumida por Cândido Mendes ao mesmo tempo que, especularmente, os liberais, adeptos da modernidade, do progresso e da superioridade do Estado sobre as igrejas em âmbito nacional, tinham como causa outras tantas liberdades: de consciência, de culto, de pensamento. Se o projeto dos católicos ultramontanos, daqui como de alhures, apesar das diferenças locais, está ligado ao restabelecimento de uma ordem de relações e jurisdições pautada na tradição, os liberais brasileiros fazem parte do que em diversas partes do globo, e especificamente na Europa, se constitui sob a forma da "laicidade como projeto" (Catroga, 2010, p. 317).

Essa contraposição se reflete no delineamento das relações entre o público e o privado, com "a cesura entre a esfera política e a religiosa, a pública e a privada; a privatização das crenças; a afirmação da autonomia do indivíduo perante a justificação transcendente da ética, do conhecimento e das expectativas humanas" (Catroga, 2010, p. 317). São efeitos da secularização, que inevitavelmente se sente por todas as partes: uma, a dos liberais, entusiasmada e promotora do aprofundamento dessas mudanças; outra, a dos católicos ultramontanos, resistentes, em busca do que é tratado como um restabelecimento da correta e justa ordem das coisas – embora seja impossível evitar de todo os efeitos da modernidade, que está na origem mesmo da atuação ultramontana sob a forma de uma reação e que nas negociações práticas obriga a fazer concessões.

Os ultramontanos aparecem, nesse âmbito, como a mais extremada ala do conservadorismo, pois sequer aceitam uma noção de soberania do Estado que o sobrepõe a uma entidade externa como a Igreja. Ao rejeitar, na prática, a absoluta independência estatal, a forma política mesma do capitalismo é, de alguma maneira, negada (o que não significa a rejeição global do sistema capitalista, no qual os agentes estão inseridos e que tem pressupostos compatíveis com a mentalidade conservadora, como a preservação da propriedade privada e a manutenção das desigualdades). Para além do âmbito estrutural, para além das instituições, a contestação se opera na esfera semântica, como o prova o *Syllabus Errorum*, de 1864, em que são apontados como erros os discursos em torno do progresso, do liberalismo e da civilização moderna[129].

[129] Ver especialmente o enunciado LXXX: "O Pontífice Romano pode e deve conciliar e transigir com o progresso, com o Liberalismo e com a civilização moderna" (Almeida, 1873, p. 897). Acerca dessa proposição condenada, cf. Le Goff (2013, p.243-245), que analisa o triunfo do progresso e a reação contra ele. Segundo o historiador, "as reações ao *Syllabus* foram diversas: encantou os reacionários e os progressistas anticatólicos e mergulhou os católicos 'progressistas' ou simplesmente liberais na confusão, mas muitos deles, a começar pelos membros da hierarquia, encontraram palavras e meios de torná-lo quase inofensivo ou de revertê-lo [...]. Contudo, se o *Syllabus* tranquilizou momentaneamente

Por isso, os ultramontanos são encarados como a antítese do projeto liberal de modernidade e, apesar de representarem uma força significativa durante o império, como mostra Ítalo Santirocchi (2015), caem em um relativo esquecimento e são vistos nos séculos seguintes como símbolo do que há de mais obsoleto. Como diz Catroga, "não se estranha que os seus prosélitos [do projeto da laicidade] tivessem como alvo polêmico aqueles que, a seus olhos, simbolizavam o obscurantismo e a intolerância e que, portanto, impediam o progresso e a emancipação" (Catroga, 2010, p. 317).

No Brasil, os ultramontanos são representantes por excelência dessa posição antimodernista, o que fica evidente ao lermos textos como o famoso discurso de Joaquim Nabuco no Grande Oriente Unido do Brasil[130] ou os discursos proferidos contra os bispos de Olinda e do Pará durante a questão religiosa. De todo modo, ambos os lados da contenda criada sobre o eixo da secularização precisam fazer uso da história. Neste trabalho, vemos o que Cândido Mendes, destacado representante ultramontano, pensava acerca da história (especificamente, do direito), como a concebia e a utilizava. Mas seus adversários também faziam seus usos da história (do direito). Uma ideia parcial a respeito do uso da história pelos defensores do projeto da laicidade em geral é dada por Catroga (2010, p. 317-318): "[...] E explica-se que as necessidades de legitimação histórica os levassem a destacar, como seus precursores, as ideias, os acontecimentos e as personagens que marcaram, muitas vezes de um modo trágico, os combates pela concretização do ideal de tolerância".

Esse ideal de tolerância terá um longo e tortuoso caminho no ocidente e não se apoiará somente na defesa das religiões das minorias contra a religião dominante, mas na ideia de indivíduo como ser racional e livre, a partir do qual são deduzidos os direitos e deveres sociais, a dar um novo significado para distinções como foro interno/foro externo, esfera

os meios mais reacionários, católicos ou não, fez de forma geral crescer o mal-estar no mundo católico perante o progresso".

130 Em dado momento, por exemplo, diz Nabuco (1873, p. 27): "Senhores, os jesuítas que fizeram o concílio de Trento fizeram também o do Vaticano, e foram eles que empenharam com a sociedade moderna uma luta terrível".

individual-privada/esfera social-pública. Stuart Schwartz (2009, p. 97) chama a atenção para o papel de Baruch Spinoza:

> Ao frisar a liberdade do pensamento individual e não o tolerantismo da expressão ou da fé religiosa com base em princípios religiosos, Spinoza deu um grande passo na história do tolerantismo. Sua preocupação não era a religião em si, mas sim a relação da liberdade de pensamento e expressão em sentido amplo com o indivíduo e a jurisdição estatal, e o necessário reconhecimento dessa liberdade por parte do Estado.

Cândido Mendes tinha a percepção da progressiva centralidade da razão individual, mas não a via como uma forma de limitar, e sim de recrudescer o poder estatal. Nesse sentido, ele promove um forte debate acerca do papel da razão humana na aplicação do direito. Por meio de uma abordagem histórica, o jurista-historiador maranhense aponta que no passado recente, no ápice do longo processo de secularização e enfrentamento do Estado contra a Igreja em Portugal, o Marquês de Pombal promoveu mudanças que seriam abomináveis, como a reforma dos estatutos da Universidade de Coimbra e a lei que ficou conhecida como da boa razão, remetendo a escolha e interpretação das normas na aplicação do direito para a razão como critério final.

Esse recurso à "razão", todavia, como já tivemos oportunidade de ver, é concebido por ele como um simulacro: em nome da razão, confere-se indevidamente mais poder ao monarca, consolidando seu projeto de centralização, típico do absolutismo (uma centralização odiosa, lembremos, não porque afronta os direitos individuais, mas porque usurpa os poderes da Igreja). Isso porque os indivíduos ficariam tão enfraquecidos, uma vez fragmentados em consciências individuais, que delegar a suas razões individuais a legitimidade final para tomar as decisões jurídicas significava, em termos concretos, uma arrogação de tais decisões pelo poder real e seus tribunais. Combatendo o ponto em que os estatutos reformados da Universidade de Coimbra estabelecem a necessidade de "*um critério seguro, e exato*; do qual [os ouvintes das aulas] se possam valer para conhecerem com toda a exatidão, e segurança a legitimidade, ou a espuriedade dos diferentes artigos do sobredito Direito [Canônico Público], que nele se acham dispersos e disseminados; e para entenderem bem as doutrinas que sobre eles lhes derem os Professores" (apud ALMEIDA, 1866, p. CCXXVIII), eis como o autor se manifesta:

> Segundo o mesmo Legislador esse *critério* se não poderia encontrar no *Decreto* de Graciano pela suspeição conhecida, nem nas *Decretais* [...]. É curiosa a resposta do Legislador Português dominado das doutrinas Jansênico-Galicanas. Esse grande critério é a *Escritura Sagrada*, interpretada pela *Tradição*, e confrontada com o que dita a *Razão* deduzida da verdadeira natureza, e dos fins comuns das duas sociedades cristã e civil, bem como os preceitos do Direito Público universal assim *Eclesiástico* como *Secular*, depois que houverem sido bem aferidos pela *Escritura* e *Tradição*, e de se terem reconhecido por verdadeiros ditames da *Razão Natural!* O Papa nestes casos nada pode decidir, seu testemunho é suspeito, e incompetente o seu juízo! O pleito deverá ser levado a uma autoridade superior, a um Juiz Supremo, que seja manifestamente imparcial, e insuspeito de tal sorte que faça aquiescer ambos os partidos às suas decisões! De modo que esse critério em vez de ser uma luz é um verdadeiro apagador, tal é a confusão de propósito feita pelo Legislador heterodoxo para ocultar o seu verdadeiro pensamento, que não lhe convinha deixar claro; pois que apurado o tal *critério*, era a razão individual do homem, em último resultado, envolvida em todos os rodeios. Mas a *razão individual* era neste caso o Protestantismo, e a anarquia no ensino, mas anarquia que seria suplantada pela razão esmagadora do Poder Civil, que se tornava por fim o *verdadeiro critério*, por ser razão do mais forte, ao menos materialmente (ALMEIDA, 1866, p. CXXVIII-CXXIX).

O que havíamos refletido acerca das fontes do direito, desta maneira, aparece sob o argumento completo, que aponta para a razão natural, individual, como subterfúgio para a usurpação de jurisdição e tolhimento da liberdade da Igreja. O critério seguro, exato, que se pretende acima dos partidos, fruto da crítica racional, revela-se como hipocrisia, que esconde a pretensão de soberania (KOSELLECK, 1999), com a peculiaridade de que, para Cândido Mendes, o beneficiário seria o próprio Estado absolutista, que concentraria em si não somente todas as responsabilidades políticas, mas também o poder de fazer o julgamento moral de todos.

É por isso que a razão em nome da qual Cândido Mendes e conservadores como ele pelejam não é uma razão em si mesma, abstrata, individual, mas a razão humana enquanto fruto da criação divina, que fornece ao ser humano a capacidade de entender as coisas do mundo, mas não de criá-las. Ou, dito de outra maneira, confrontam-se aqui duas noções de razão distintas: a razão e a vontade divinas acima da razão humana, vista como capacidade de entendimento, por um lado, contra a razão humana autônoma e criadora que, ao conjugar aquelas, passaria a superá-las e exercer o predomínio, especialmente com medidas como a lei de 18 de agosto de 1769 e a reforma dos estatutos universitários de 1772. O que Cândido Mendes e outros indignados com a nova ordem das coisas instaurada no século XVIII apontam é que do império da razão humana "resultou uma dose de voluntarismo na prática política" (Kirschner, 2009, p. 24).

O direito natural moderno, tal como concebido pelos jusnaturalistas, da mesma forma, não é aceito, especialmente em sua versão absolutista[131]. A razão jusnaturalista, afinal, é o sucedâneo dos fundamentos teístas no estado moderno, secularizado, e será disputada entre absolutistas e liberais, mas vista como odiosa por um conservador católico ultramontano como Cândido Mendes. Isso porque, como diz Mannheim (1999, p. 105), a respeito do pensamento estabelecido em torno do direito natural moderno, "nesse modo de pensar, agora privado de premissas teológicas e não mais capaz de invocar o critério eclesiástico-teológico como uma fonte de validação, o indivíduo isolado vem para a frente uma vez mais, como corte final de apelação e como fim em si mesmo".

A história do direito, ao apontar para as falácias, os abusos e as consequências subjacentes a medidas consideradas perniciosas, aparece então como uma poderosa arma conservadora contra a substituição da Igreja pelo indivíduo (e, consequentemente, pelo Estado, no argumento de Cândido Mendes) enquanto tribunal, assim como da doutrina católica pela razão individual secularizada enquanto fonte última de validação e legitimação do direito.

[131] Cf. Caroni (1998, 15-17, 2013, p. 38-39), para uma distinção entre duas correntes do jusnaturalismo, uma primeira contrária ao absolutismo político, que luta contra a pretensão voluntarista do príncipe em nome da autonomia privada, e uma segunda de viés racionalista, que já não questiona o absolutismo político e reconhece explicitamente o direito do soberano de legislar de modo exclusivo.

Por contraposição a essa visão, Cândido Mendes recorre a outros tribunais, que não o do Estado ou o da consciência individual, para colocar os magistrados do Supremo Tribunal de Justiça, que julgariam Dom Vital, no banco dos réus. Em sua defesa, o jurista-historiador maranhense dirige-se aos julgadores apelando para os valores da sociedade do tempo e para o futuro julgamento que eles próprios sofrerão, o qual ocorrerá no fim de suas vidas, ou seja, de suas próprias histórias, conforme a visão religiosa católica que compartilham – uma visão essencialmente historicizada, que se centra em uma injustiça histórica: o julgamento iníquo que os homens fizeram do filho de Deus. Diz Cândido Mendes:

> Senhores! vós sois homens, sois cidadãos amantes de vossa pátria, sois pais de família estremecidos por vossa prole, sois católicos, fiéis cumpridores dos ditames de nossa santa religião, sois, em suma, os magistrados mais elevados do país, que procurais sempre resolver e decidir as questões com a maior calma e sabedoria; além disto, todos vós estais, pela vossa idade, próximos a dar contas Àquele que foi julgado iniquamente pelos homens, e que há de julgar a vós e a todos os poderosos da terra, com maior severidade do que os outros mortais. Nestas circunstâncias, tendes dois caminhos a seguir (Almeida, 1874b, p. 55-56).

Nas mãos desses magistrados, conforme a argumentação de Cândido Mendes, estava o poder de decidir, que poderia levar a duas vias. Um dos caminhos é o de Deus e do direito legítimo, que convergem, e tem como resultado o maior prêmio: a inscrição nos dípticos da imortalidade. Deste modo, a absolvição terrena dos bispos significaria a condenação da turba numerosa de escribas e a não condenação espiritual dos magistrados. O outro caminho traria os "aplausos momentâneos daqueles que anseiam pelo crucificamento deste mártir" (é clara a analogia entre a situação do bispo e a de Jesus quando de sua crucificação), mas implicaria em dupla culpa e condenação dos magistrados: a temporal, pelo tribunal da história, pois "neste mundo severa a história vos exigiria estreitas contas", e a espiritual, pelo tribunal divino – "no outro..... é grande o poder da misericórdia divina: escolhei" (Almeida, 1874b, p. 56).

Não se pode olvidar que esse discurso é uma defesa judicial, cujo objetivo central é conseguir uma decisão favorável, convencer os julgadores a tomarem a decisão em um determinado sentido, e não demonstrar uma verdade ou converter a uma fé. Mas, lido em conjunto com os discursos parlamentares e os livros, percebe-se que as noções aí defendidas em nome da justiça são também aquelas que Cândido Mendes compreende como expressões da verdade. Daí, inclusive, a sua apresentação voluntária à defesa dos bispos não ser um simples acaso ou meramente uma busca por renome, embora constitua certamente um dos pontos altos de uma carreira dedicada em grande medida à causa da Igreja.

Vale notar, ainda, que ao longo dessa sua defesa judicial Cândido Mendes recorre algumas vezes à história. Logo após questionar a constitucionalidade de uma lei que aumentava as hipóteses de funcionários que deveriam ser julgados pelo Supremo Tribunal de Justiça, por tratar dos limites do poder político, Cândido Mendes evoca a legislação antiga para contrapô-la à atual, em prejuízo desta, no procedimento para discriminar o que é poder temporal e o que é espiritual. Diz:

> E de mais, Sr. Presidente, como é que uma lei feita dessa maneira pode autorizar um tribunal civil a discriminar o que é temporal do espiritual? Nossa legislação antiga está patente, era bem clara: o que era espiritual, e conexo, embora com aparência temporal, também pertencia à jurisdição do poder espiritual (Almeida, 1874b, p. 49).

Na sequência, Cândido Mendes evoca novamente a história para dizer "como os processos de recurso à Coroa se instauravam outrora", quando "os dois poderes reconheciam-se independentes" e "ainda a doutrina da onipotência do Estado não tinha sobrepujado" (Almeida, 1874b, p. 49-50).

Um pouco depois, o advogado torna a chamar a história em socorro, desta vez uma história mais recente, para mostrar não apenas a ilegitimidade e injustiça, mas a própria falta de validade dos instrumentos jurídicos utilizados pelo governo. Inicialmente, ele diz:

> Quando se reuniram as cortes portuguesas no ano de 1820, em que já despontava com força a doutrina da onipotência do Estado ou a renovação do Estado pagão de outrora, podendo tudo, fez-se a lei [...] de 21 de Maio de 1821 [...] [por meio da qual] o que havia de cartas rogatórias desapareceu,

porque o poder civil já queria ser superior ao eclesiástico (ALMEIDA, 1874b, p. 50-51).

E assim prossegue sua breve narrativa histórica, que o leva à sustentação de que o crime de desobediência, previsto no código criminal, era fruto "unicamente do arbítrio do poder executivo", que o criou mediante decreto de 1838, não tendo havido "antes da constituição, nem depois lei alguma que qualificasse *crime* a recusa dos Bispos" (ALMEIDA, 1874b, p. 52).

Como se nota, não somente o recurso a *topoi* como o tribunal da história e a misericórdia divina estabelecem um diálogo entre direito e história. Com toda a força, a história do direito extravasa as raias da fundamentação do direito e da busca por legitimação para adentrar o âmbito de sua validade. Argumentos históricos e argumentos jurídicos se reforçam com vistas à defesa da causa em pauta.

Para além do nível concreto das causas particulares, como a de Dom Vital, e de um nível intermediário, em que se enquadrariam os debates sobre as relações históricas da Igreja com o Império, há um nível mais geral para o qual todas as particularidades remetem, que perpassa a visão histórica de Cândido Mendes e seria o motor da história: trata-se da disputa geral entre o poder secular e o poder eclesiástico (isto é, a Igreja Católica Romana, situando-se as demais religiões do lado do poder secular, vistas como um braço seu). É o que se verifica, por exemplo, quando diz: "Bem que o Poder Civil nas lutas com a Igreja proceda em toda a parte da mesma forma, não deixa de ser curiosa a maneira por que procedeu Fernando de Aragão para alcançar o direito de apresentar Bispos na Espanha. [...]" (ALMEIDA, 1866, p. CCXLIV).

A questão jurídica a respeito da disputa de jurisdições, entre a eclesiástica e a secular, não é apenas jurídica, mas também religiosa, política, moral, econômica, relativa à ciência, à instrução pública, enfim, social de uma forma abrangente – e mesmo mais fundamental ainda do que isso: humana (pensando-se na natureza do ser humano e sua relação com a transcendência)[132]. Por isso, a disputa de jurisdições não é matéria ape-

[132] Lembremos que Cândido Mendes faz a afirmação antropológica de que "o homem é uma entidade essencialmente teológica" (ALMEIDA, 1866, p. IX).

nas da ciência do direito, mas também da história. E contar a história dessa disputa é mostrar o direito: por um lado, as regras efetivamente adotadas em diversas circunstâncias e seus impactos concretos no movimento geral da luta; por outro, o direito ideal, não aquele abstrato dos jusracionalistas, mas um direito ideal concreto, porque fruto de uma criação e de uma vontade bastante reais aos olhos daquele que a defende, isto é, um direito cujos fundamentos e contornos em geral são definidos pela providência. Assim, praticar o direito e escrever a história são duas faces de um mesmo posicionamento frente ao mundo: a defesa da verdade, da humanidade e da Igreja, sendo esta instituição a legítima guardiã da vontade de Deus. Em outras palavras, fazer história do direito é uma forma – e uma forma nada secundária – de fazer justiça.

A historiografia em geral aponta para a verdade. Aos olhos do historiador conservador, apontar os detalhes e revirá-los é mostrar a verdade dos fatos em sua realidade, ou seja, em sua concretude. Mas a história do direito possui um papel especial no seio da historiografia. Contar a história do direito, para esse jurista conservador, é mostrar de onde o direito vem, o que no direito vigente é legítimo e o que não é. Contar a história do direito é, para ele, mostrar, interpretar e julgar o direito passado e o direito vigente, que são um só em seu movimento histórico. É estabelecer – ou, seguindo sua retórica, restabelecer, renovar – as bases para a delimitação do direito, de maneira que ele corrija seus desvios e se reaproxime da linha da justiça. A história do direito é a história da justiça, que por sua vez é uma maneira de se fazer justiça. O direito, esfera social conhecida por fixar as bases para os julgamentos, é julgado pela história. A história do direito é, portanto, o julgamento do julgamento, é a reflexividade da justiça. Nada seria mais apropriado para o conservador que busca restaurar a ordem do mundo – uma ordem que reside em um ideal de sociedade que não consiste na invenção de um novo mundo, mas no resgate de um passado que caminhava rumo à verdade e ao bem e teve seu rumo provisoriamente interrompido.

Esse resgate e a retomada do caminho que ele permite são a expressão concreta da justiça. A história do direito é a retomada do caminho da verdade, do bem, de Deus – e essa retomada, com o julgamento dos maus e a exaltação dos bons, é afinal o conteúdo da justiça. Justiça, portanto, não como um valor abstrato, não como fim em si mesmo, mas como restauração e preservação do caminho para Deus no âmbito de uma nação católica.

3.3 O conservadorismo ultramontano da história do direito de Cândido Mendes de Almeida

No primeiro capítulo, ressaltamos que o estilo de pensamento de Cândido Mendes, para muito além do partido político a que pertencia, caracteriza-se pelo conservadorismo. Pautamo-nos, para tanto, no estudo de Karl Mannheim (1999) dedicado a esse tema e procuramos densificar o significado dessa atribuição ao longo de todo o texto.

Agora, atingido o final do terceiro capítulo, conhecendo múltiplos usos e as concepções de história do direito que permeiam a obra de Cândido Mendes de Almeida, um breve retorno à parte empírica da obra de Mannheim pode ser elucidativo. Na terceira parte de seu livro, após ter apresentado a questão do conservadorismo e analisado seu conceito e sua natureza, Mannheim faz um estudo específico do conservadorismo alemão do início do século XIX. Sem a pretensão de esgotar os assuntos e resgatar todas as suas análises, parece-nos que algumas caracterizações e contraposições que Mannheim faz relativamente a autores como Gustav Hugo, Adam Müller e Friedrich Carl von Savigny podem iluminar alguns aspectos do pensamento de Cândido Mendes, agora que já o conhecemos melhor.

Em um primeiro momento, podemos tratar Cândido Mendes como pertencente a um mesmo tipo de situação que Gustav Hugo, que vive entre dois mundos, o do antigo regime e o burguês, e que promove uma espécie de síntese, a partir de seu ponto de vista específico, entre as duas formas de pensar, de maneira a relativizar os conceitos de um âmbito frente aos do outro. Conceitos iluministas são por ele absorvidos, mas com alteração no papel que lhes é atribuído. Exemplo disso é o conceito de "uso" ou "costume", que é utilizado à maneira do pensamento iluminista, mas não com o sinal negativo por este atribuído, e sim positivo, por atribuir-lhe a função de justificar o que está estabelecido (Mannheim, 1999, p. 174-178). No caso de Cândido Mendes, não há uma Revolução Francesa como ponto de ruptura vivida na fase mais dinâmica de seu pensamento, como ocorre com Hugo, e sim os reflexos dessa revolução e da reação a ela, no contexto de um Estado brasileiro consolidado, mas que vê alguns de seus pilares serem crescentemente abalados, como o sistema escravista, a base católica e o sustentáculo militar. Juntamente a isso, o direito nacional passa a ocupar um papel cada vez mais preponderante, conforme se executa a atividade legislativa, mas sem abandonar as normas do tempo colonial, o direito romano e o canônico – isto é, conjuntos normativos antigos e estrangeiros – e sem conseguir uniformizar a prática jurídica, ainda bastante determinada pelas realidades locais, em grande medida nas mãos de juízes leigos. Nesse contexto, Cândido Mendes também vive entre dois mundos, entre duas formas de pensar, sobretudo no âmbito da cultura jurídica. Não existe a possibilidade de ignorar o pensamento jurídico liberal, seus conceitos e projetos, mas também não há sustentação social e institucional para que esse pensamento domine a cultura e a prática jurídicas. O direito antigo está vivo, enraizado na experiência. É a ele que Cândido Mendes se volta em seus estudos, mas não como um jurista antigo, e sim como um jurista(-historiador) do século XIX, que vê o pensamento liberal crescentemente preponderar. Como homem de seu tempo, Cândido Mendes não poderia contestar a existência do desejo disseminado por um código, nem a utilidade que poderia advir de sua elaboração. Não poderia descartar de forma peremptória a pretensão de racionalizar o direito. Mas, sempre que invoca o conceito de razão, não adota o tom utópico, totalizante e pautado em expectativas planificadoras do pensamento liberal. O conceito de razão que Cândido Mendes mobiliza possui o significado de esclarecimento ou de crítica, de capacidade humana de reflexão, a qual não estabelece todavia um plano ou projeto do mundo, mas auxilia na compreensão e avaliação dos fatos históricos concretos, cujo conhecimento é fundamental ao ser humano e à sociedade. Mesmo quando, em seus textos, a noção de razão flerta com um elemento planificador, não se trata de um plano seu ou dos homens em geral, mas sim do plano da providência, que remete a uma esperança que transcende a compreensão e o domínio humanos. O conceito de razão é desprovido de seu potencial emancipador e revolucionário, próprio do iluminismo, para assumir a função mais modesta de compreensão e crítica do existente. O real assume, deste modo, a preponderância, e a história apresenta-se como a via fundamental de acesso ao conhecimento das coisas humanas – e, especificamente, do direito. Isso não significa a supressão absoluta do pensamento liberal pelo conservador, mas uma síntese de argumentos e conceitos que, tendo como ponto de partida a segunda forma de pensar, relativiza o peso das ideias da primeira, de que é exemplo o conceito de razão. Mais do que uma relativização de mão dupla, como a de Hugo, para quem a norma relativiza o fato e o fato, a norma, em Cândido Mendes o pensamento conservador acaba tendo um impacto mais determinante, pois ele não recai na resignação desiludida de Hugo.

Por outro lado, tal como ocorre com Savigny, o elemento histórico que aparece no pensamento do jurista brasileiro vem sob a forma de forças que operam silenciosamente, de maneira mais afirmativa, dotada de experiências repletas de significado (Mannheim, 1999, p. 179). Entretanto, enquanto em Savigny essas forças encontram-se no povo, em Cândido Mendes é a verdadeira doutrina católica que move o mundo, enraizada no povo, mas conduzida pela Igreja Católica. Nesse ponto, Cândido Mendes aproxima-se novamente de Hugo e afasta-se um pouco de Savigny, pois ainda remete ao direito natural como critério de verdade, embora muito esporadicamente e de forma a conformar o conteúdo desse direito à doutrina católica. Mesmo assim, não chega à radicalização de Savigny, que elimina toda referência ao direito natural, ao atribuir às forças que operam silenciosamente na história a condição de critério de verdade (Mannheim, 1999, p. 180). Além disso, apesar do caráter fundamental da história e da atenção dada aos assentos e estilos dos tribunais (que não deixam de ser uma forma de costume), Cândido Mendes também está mais próximo de Hugo do que de Savigny ao colocar maior peso no direito positivo escrito do que no direito consuetudinário (Mannheim, 1999, p. 180-181). Isso é curioso, pois é a autoridade governamental quem ele mais receia, por seus abusos. Não obstante, brasileiro do século XIX, Cândido Mendes está em um contexto em que a consolidação do Estado nacional operou-se pela centralização do poder e pela defesa da unidade territorial – bandeiras importantes de seu partido. Não é o fim ou o afastamento da autoridade civil que ele deseja, mas a sua contenção, para que outro direito positivo, o direito canônico, seja reconhecido em toda a sua extensão, compondo uma justa organização do direito eclesiástico no Brasil. O povo, para Almeida, apesar de sua catolicidade, não é visto como um agente ou um conjunto de agentes capazes de organizar e determinar adequadamente a vida civil. É destinatário da organização feita pela autoridade. A questão, para Cândido Mendes, é estabelecer a extensão e os limites das diferentes autoridades que têm jurisdição sobre o povo, não retirar delas o poder para atribuí-lo a este. Isso não faria sentido, pois o povo não tem uma capacidade jurídica própria – basta lembrar que o povo comum era visto como dotado de certa fraqueza e alijado por Almeida do processo eleitoral. E não há no Brasil um grupo de letrados nas universidades dispondo-se a reconhecer e organizar o direito do povo, como na Alemanha. Não que não haja letrados no Brasil, mas o seu lugar é outro: a Câmara e o Senado, onde Cândido Mendes era um dos que exerciam esse papel, os ministérios, os cargos públicos, o Conselho de Estado (Lopes, 2010a). Em poucas palavras, os juristas letrados no Brasil oitocentista são a autoridade civil, o que explica por que Cândido Mendes aposta ainda no direito positivo e não em um direito popular como Savigny.

De outra parte, ao contrário de Hugo, Cândido Mendes não é decididamente submisso às autoridades governantes. Como vimos ao longo deste trabalho, ocorre exatamente o oposto. O seu pensamento é uma constante contestação às posições e decisões do governo, inclusive quando o seu partido está no poder. Não busca derrubar o governo, longe disso. Mas age para que o governo mude a sua postura e restabeleça as suas relações com a Igreja Católica da forma devida. Isso, todavia, aponta para um outro lado: se Cândido Mendes não é submisso às autoridades civis, essa submissão manifesta-se, senão com relação às autoridades eclesiásticas em geral – pois ele muitas vezes exerce papel de crítico da conduta dos prelados –, certamente com relação à autoridade central da Igreja Católica, personificada no papa. Pode-se argumentar que não se trata de uma submissão propriamente, mas sim de uma adesão consciente e livre, conquanto completa e irrestrita. De toda forma, na prática, o que se manifesta em seu pensamento é uma integral aderência às decisões da Igreja. Esse fato o afasta, consequentemente, de Savigny, que patrioticamente se rebela contra um direito estrangeiro imposto, representado no tempo pelo *Code Napoléon*. Sem deixar de exercer um patriotismo e de atuar em prol da nação, ainda que à sua maneira, a ultramontana, o resultado de suas ideias leva a uma sobreposição da Igreja ao Estado brasileiro em pontos nos quais os não-ultramontanos já não admitiriam interferências externas, sob pena de ferir-se a soberania nacional. Assim, muitas vezes será em nome da soberania que os rivais questionarão as ideias ultramontanas, apontando a Igreja Católica como uma potência estrangeira e atacando os jesuítas e demais ordens religiosas, também por sua origem estrangeira – ainda que, como mostra Santirocchi (2015, p. 204-214), a maioria dos membros fossem brasileiros e poucos tivessem formação no exterior.

Por fim, uma contraposição entre Adam Müller e Savigny pode auxiliar. O primeiro é representativo de uma ala do conservadorismo mais diretamente ligada aos estamentos e com maiores pretensões políticas, tematizando expressamente a valorização do passado e alcançando um viés autoritário, enquanto o segundo não tematiza o seu vínculo com as origens dos antigos estamentos e com a nobreza, mas expressa-o apenas nas formas estruturais de seu pensamento. Dessa contraposição, Mannheim conclui que Savigny não era um reacionário. Diz: "Enquanto Müller, mais ou menos abertamente, procura um retorno à ou uma extensão da Idade Média, nada poderia ser mais distante de Savigny do que retroceder a roda da história, apesar de sua preferência pelo tempo das origens" (MANNHEIM, 1999, p. 183). Por tudo o que temos visto acerca de Cândido Mendes, também não parece que ele possa ser classificado exatamente como um reacionário, ao menos no que diz respeito ao seu estilo de pensamento, aproximando-se nesse ponto mais de Savigny do que de Müller. Por um lado, o seu discurso não é autoritário: participa dos debates políticos de seu tempo da imprensa e da tribuna, sempre invocando as liberdades constitucionais e reivindicando um fortalecimento do Poder Judiciário para garantir essas liberdades e conter os abusos. Se defendia a indenização dos proprietários quando se chegasse à abolição, se tinha horror ao sufrágio universal, se o Judiciário que ele defendia seria um órgão de composição aristocrática, tudo isso conjugado pode render-lhe, como a tantos de seus contemporâneos, justas críticas, inclusive sob a pecha de conservador, mas não necessariamente de reacionário. Por outro lado, como vimos, a sua constante utilização da história do direito e, mais do que isso, a sua forma histórica de pensar o direito, não aparecem como uma busca pela derrocada das instituições e estruturas sociais modernas, mas como uma fundamentação concreta delas, com a finalidade de conformá-las a princípios morais que ele considera a base indispensável para a organização social e que, em sua visão, vinham se perdendo, sobretudo por influxo das abstrações racionalistas. Estas favoreciam, a seus olhos, abusos de poder que deveriam ser combatidos, por meio de uma correção na estrutura política e na educação da população. Argumenta com base na Constituição, defende e elogia a elaboração de códigos, considera o sistema parlamentar mais adequado na atualidade do que a organização em torno dos três estados. Não se parece com um reacionário. Mas, é claro, da Constituição não cansa de ressaltar a escolha do catolicismo como religião de Estado e luta para (r)estabelecer, sobre a base constitucional, um suposto equilíbrio perdido nas relações entre Igreja e Estado; entende que os códigos não devem ser feitos de forma apressada e, em vez de contribuir para a sua elaboração, publica compilações da legislação tradicional e fundamentações históricas para a sua compreensão; o sistema parlamentar que aceita não envolve o sufrágio universal e o fim da monarquia está fora de cogitação. É sem dúvida um conservador, de cujo discurso resultam proposições intolerantes, que não se coadunam com o que, no século XXI, se espera de uma sociedade democrática. Assim como Savigny, Cândido Mendes aceita a introdução histórica de novos elementos, mas eles devem conformar-se à verdade histórica. No conservadorismo evolucionista de Savigny, pela preservação da substância original (Mannheim, 1999, p. 183). No conservadorismo católico ultramontano de Cândido Mendes, pela submissão das novas estruturas políticas, econômicas, jurídicas e sociais em geral, bem como dos progressos materiais e intelectuais, aos preceitos da doutrina católica, que não são originários, mas trans-históricos, uma vez que seu sentido é a um só tempo afirmado nos variados presentes pela Igreja Católica e válido para todos os tempos. Diante disso, o reacionarismo que se pode vislumbrar nesse discurso estaria mais em seu conteúdo, cuja centralidade da moral católica implica intolerância com relação a outras crenças, do que com a forma de pensar, que se apresenta como uma reestruturação conservadora do mundo, a qual, pautada na concretude da experiência histórico-jurídica, não busca uma volta autoritária ao estado pré-constitucional, mas uma reorganização do Estado moderno a fim de reconhecer o espaço institucional da Igreja Católica.

CONCLUSÃO

É necessário que se sofra para obter a verdadeira felicidade, que é a glória de Deus. É necessário que se sustente a fé da sua Igreja. É necessário enfim que se faça a sua divina vontade, combatendo o demônio que quer acabar com a fé da Igreja. A religião santifica tudo e não destrói cousa alguma, exceto o pecado.

ANTÓNIO VICENTE MENDES MACIEL, o António Conselheiro
Prédicas [1897], apud Nogueira (1978, p. 177)

Se o pessoal da primeira Assembléa Legislativa que teve de executar a Constituição não fosse em maxima parte composto de Legistas e Clerigos pouco orthodoxos todos modelados nas reprovadas doutrinas de Coimbra; se se composessem as Camaras de agricultores e proprietarios, estamos convencidos de que outra seria a direcção dada à nossa politica, e à execução do Codigo offerecido pelo Fundador do Imperio, não obstante todos os defeitos que encerra, como toda a obra humana. A Sociedade Brasileira ter-se-ia organisado por outra forma, e differentes serião os nossos destinos. A base religiosa se houvera firmado, e o Paiz não se teria abalado com tantas revoluções, nem augmentado o funccionalismo, fortalecido a centralisação, e os desperdicios.

CÂNDIDO MENDES DE ALMEIDA
Direito Civil Eclesiástico Brasileiro (1866, p. CCCXLII-CCCXLIII)

A atividade intelectual e profissional de Cândido Mendes voltou-se para as três direções temporais básicas, dentro de sua concepção de mundo, por meio da busca historiográfica pela verdade histórica (passado), da coleção e organização do direito e da defesa jurídica (presente) e da participação na tomada de decisões políticas (futuro) – todas elas perpassadas pelo elemento atemporal, religioso (que remete ao eterno).

A elaboração de histórias do direito – além de seu uso nessas outras atividades, como nos debates parlamentares – merece, no entanto, um destaque, dada a sua proximidade mais imediata com o tema da justiça. Por meio de suas narrativas jus-históricas, Cândido Mendes pôde elaborar imagens do país e da sociedade, em suas relações internas e externas, construindo uma identidade condizente com a sua visão de mundo, a qual embasou as suas reivindicações sobre os limites e as atribuições dos diferentes poderes, bem como sobre as relações institucionais internas (separação de poderes e organização social) e externas (relações internacionais, especialmente entre Estado e Igreja, com o que julgava a correta fixação dos limites de ambos, em respeito às respectivas competências).

Assim elaborada a história do direito, composta por meio de textos relativamente autônomos e utilizada em outros espaços, Cândido Mendes pôde pleitear a legitimidade ou ilegitimidade das medidas jurídicas e políticas com que se defrontava, bem como a validade ou invalidade das normas. Escolheu a história do direito como fundamento basilar de seus argumentos, formando uma erudição e um manejo da lógica e das informações do seu discurso que gerou o respeito de seus contemporâneos, embora também certa repulsa pelo radicalismo que os liberais viam no pensamento ultramontano por ele esposado. Seus trabalhos de compilador e historiador do direito, além dos geográficos, foram importantes para que se destacasse socialmente, a ponto de chegar ao elevado cargo de senador. Não obstante, o século XIX – século da história – já não era mais o tempo da história do direito. Ao menos, não com os fundamentos e usos que Cândido Mendes lhe dava. Em breve, é verdade, seria institucionalizada como disciplina e seriam lançados compêndios da matéria, mas já com as vestes do cientificismo evolucionista da passagem para o século XX. A história constitutiva do direito, cujo saber impunha-se como um auxiliar indispensável para o jurista conhecer a sua prática, aquela história do direito inspirada na produção pré-revolucionária, mas com a feição contrarrevolucionária, conservadora, própria do século XIX, perde o apelo e o espaço institucional na Europa. No Brasil, a obra de Cândido Mendes talvez seja a mais representativa de uma tentativa profunda de elaboração jus-histórica nesses termos.

Mas o século XX se aproximava e outras ideias já iam penetrando a consciência jurídica brasileira, levando ao naturalismo jurídico de autores como Silvio Romero e Pedro Lessa – que já foram objeto de um estudo detido por José Reinaldo de Lima Lopes (2014). A história do direito de Cândido Mendes, por seus fundamentos, suas ideias, sua forma, seus usos, passou logo ao esquecimento, sendo consultada apenas por pessoas ligadas a grupos sociais específicos (estudiosos do direito eclesiástico brasileiro, historiadores do direito, civilistas mais eruditos, em cada vez menor número), sinal de que outras forças e ideias políticas estavam se instalando no país, para as quais a história do direito teria outro papel, já não mais imprescindível para o conhecimento e avaliação do direito, como aparece na obra Cândido Mendes.

Fica evidente, pela análise da obra de Cândido Mendes, a dupla dimensão da história do direito. Há um lado mais histórico, composto pela historiografia jurídica, a escrita da história do direito por meio de narrativas. E há um lado mais jurídico, consistente na reedição de textos jurídicos passados, organizando-os, anotando-os e interpretando-os. Talvez fosse possível realizar a atividade de historiar o direito somente, ou ao menos prevalentemente, sobre uma dessas dimensões. A análise da obra de Cândido Mendes é especialmente rica porque lança luz sobre o duplo aspecto, uma vez que o autor debruça-se sobre ambos a um só tempo, tendo na compilação de documentos, que são simultaneamente fontes históricas e jurídicas, um eixo que amalgama direito e história. O rótulo de jurista-historiador que lhe demos, portanto, vai além da mera justaposição de duas atividades distintas, que acidentalmente se encontram. Trata-se de ressaltar uma só atividade, a de praticar a história do direito, em suas diferentes dimensões, em decorrência do caráter histórico do direito e do fundamento moral da história, que é analisada com enfoque nas transformações do direito, com os desdobramentos que Cândido Mendes tira disso. Nesse sentido, o jurista-historiador exerce tanto a vertente historiográfica quanto a jurídica, mas subordina ambas a uma visão englobante da história do direito enquanto forma de ver, estar e agir na sociedade – e, especialmente, de fazer justiça.

A afirmação de que, na obra de Cândido Mendes, fazer história do direito é uma forma de fazer justiça não consiste, todavia, em um enaltecimento dessa atividade. Pelo contrário, consagra em uma fórmula a pretensão de desvelar significados subjacentes a essa prática a que o autor se dedicou, a fim de mostrar que a sua história do direito não é uma descrição ou narração inocente do direito no tempo. Guiam-na noções de igualdade e de liberdade, estrutura-a uma certa forma de conceber a organização e a legitimidade dos poderes disputados socialmente e, por meio dela, fixa-se um determinado sentido que fornece as bases para dizer o que o direito é e como deve funcionar na prática.

Na introdução, trouxemos um caso diferente, quase caricato, que serviu como ponto de partida, ao apontar a relevância das reflexões sobre o tema deste trabalho, para além da figura específica de Cândido Mendes de Almeida. Todavia, com a situação anedótica do diplomata belga, corremos o risco de deixar uma impressão, bastante equivocada, embora difundida, de que as questões relativas à história do direito interessam apenas em um âmbito de estudos teóricos, que seriam descolados da realidade – impressão que afeta todas as disciplinas que costumam ser chamadas de "propedêuticas" nas faculdades de direito brasileiras (filosofia do direito, sociologia do direito, antropologia jurídica, ciência política, dentre outras), as quais têm sido progressiva e agressivamente afastadas de suas matrizes curriculares, ora por meio de fusões sem fundamento acadêmico, ora relegadas ao ensino remoto (que na prática, apesar de retóricas e maquilagens, se converte muitas vezes na exigência de que os alunos leiam apostilas e dominem sozinhos um conjunto de informações que compõem o senso comum da matéria, em busca da aprovação na avaliação final do componente curricular).

Não é sobre o fundamento das disciplinas e as matrizes curriculares dos cursos jurídicos brasileiros que versa este trabalho, de modo que não é o lugar apropriado para aprofundar a discussão. Não obstante, para evitar aquela impressão de interesse "apenas teórico" da história do direito, alguns fatos recentes podem ilustrar o interesse prático que reflexões desta natureza possibilitam.

No dia 7 de abril de 2021, em meio à pandemia de Covid-19 que assola o mundo e em especial o Brasil, o Supremo Tribunal Federal iniciou o julgamento em plenário da arguição de descumprimento de preceito fundamental (ADPF) n. 811, acerca da constitucionalidade do fechamento total, pelas entidades federativas, de cultos e missas presenciais na excepcional situação sanitária vivida atualmente. Menos de uma semana antes, no dia 3 de abril, vérspera da Páscoa, no bojo da ADPF n. 701, o recém-empossado ministro Kássio Nunes Marques proferira uma decisão, em caráter liminar, permitindo as atividades religiosas presenciais, embora com restrições, sob o fundamento de que seria inconstitucional a proibição total dos cultos, por ferir o direito à liberdade religiosa constitucionalmente assegurado, tal como argumentava a Associação Nacional de Juristas Evangélicos (Anajure), autora da ação.

Dentre os argumentos utilizados por Nunes Marques, surge um uso da história do direito. Logo após mencionar uma decisão recente da Suprema Corte dos Estados Unidos da América, o ministro diz: "No Brasil, inegável que houve influência do constitucionalismo norte-americano em diversos momentos históricos. Sem dúvida, a Constituição de 1891, obra de Ruy Barbosa, foi fortemente influenciada pela Constituição norte-americana [...]". É um senso comum entre os juristas que houve influência da Constituição estadunidense na experiência constitucional brasileira, assim como é senso comum referir-se à primeira Constituição republicana como obra de Rui Barbosa. Esses sensos comuns históricos, apesar de parecerem secundários, serviram para os argumentos do ministro, no sentido de estabelecer uma ponte entre o recente julgamento da Suprema Corte dos Estados Unidos, que considerava inconstitucional a proibição completa dos cultos religiosos, e a situação brasileira. Isso bastou para que o ministro recorresse aos argumentos do tribunal estrangeiro para fundamentar o seu voto.

Sem adentrar mais no mérito da questão, surgem algumas perguntas relativas ao tema deste trabalho que precisam ser enfrentadas. Como a história se insere na prática jurídica? Se tem impacto em argumentos e decisões, não seria necessário tratá-la com rigor, em vez de recorrer a sensos comuns que simplificam excessivamente as relações temporais? Afinal, um uso como esse da história do direito sustenta o recurso a continuidades e identificações, por meio de uma noção como a de "influência", além de personificar em um único personagem histórico, lembrado em geral por seu caráter liberal, toda uma complexa situação, transferindo aquele caráter para a operação jurídica presente de apropriação dos fundamentos jurídicos utilizados por uma corte estrangeira, em um outro contexto. Essas implicações não parecem irrelevantes. Levar a sério a história do direito é rejeitar que ela seja apenas um adereço ou ornamento retórico e buscar compreender, dentre outras coisas, como ela impacta as ações (e especificamente, as decisões) no presente.

Dois dias depois, em 5 de abril, no âmbito da ADPF n. 811, o ministro Gilmar Mendes proferiu decisão em sentido contrário, negando o pedido do Partido Social Democrático (PSD) para declarar a inconstitucionalidade de um decreto do Estado de São Paulo que proibia as atividades religiosas presenciais. Segundo o relator, as medidas temporárias de restrição ao exercício de atividades religiosas coletivas, como as do decreto paulista impugnado, adotadas como forma de combate à pandemia, são constitucionais e não violam o direito fundamental à liberdade religiosa.

Foi então que o debate chegou ao plenário. Antes de os ministros votarem, foram ouvidos os advogados das entidades admitidas como *amicus curiae*. O patrono do Partido Trabalhista Brasileiro (PTB), em sustentação oral, encerrou a sua fala dizendo: "Para aqueles que hoje votarão pelo fechamento da casa do senhor, cito Lucas 23, versículo 34: 'Então ele ergueu seus olhos para o céu e disse: pai perdoa-lhes, porque eles não sabem o que fazem'" (Rodas, 2021).

Qual é, afinal, o limite entre religião e direito? Quanto da religião pode penetrar o âmbito da argumentação jurídica? Esse encerramento de defesa jurídica, invocando a misericórdia divina, que implica a repreensão moral aos julgadores por um tribunal transcendental, não é novo. Já o vimos com Cândido Mendes, quando encerrou sua defesa do bispo de Olinda, dizendo aos julgadores que escolhessem entre o aplauso momentâneo da opinião pública e o julgamento deles próprios, pelo tribunal da história[133] e pela misericórdia divina. Isso ocorreu em um tempo passado, há quase 150 anos, quando o Brasil era um império e o catolicismo, a religião de Estado. É história.

[133] Já tivemos oportunidade de refletir sobre o papel do tribunal da história na constituição do direito em Angelelli (2019).

Mas as transformações pelas quais o mundo passou e passa trazem situações que não parecem inteiramente estranhas a essa história. Pelo contrário, similaridades são inclusive utilizadas em tentativas de revisão histórica e de reforma político-institucional, constituindo simulacros nada inocentes. Afinal, este tempo de pandemia é o mesmo em que alguns atuam pelo resgate de um passado monárquico idílico, para não dizer de um floreado passado recente – talvez mais presente que passado (Arantes, 2014) – de ditadura militar, e em que, com um parlamento cada vez mais ostensivamente religioso como pano de fundo, autoridades políticas afirmam que o Brasil é um país essencialmente cristão. Ignora-se, dentre outras coisas, o horror e a vergonha da escravidão que coexistiu com o regime monárquico, retoma-se a imagem-propaganda de ordem e ausência de corrupção que ornara as tenebrosas práticas que se instauraram a partir do golpe de 1º de abril de 1964 e borra-se cada vez mais o conceito de laicidade do Estado brasileiro, a ponto fazer ressurgirem antigos questionamentos, com a feição da novidade. Assim, aquelas similaridades-simulacros ganham cada vez mais a condição de estruturas de repetição, para não dizer de uma *longue durée*.

As reflexões em história do direito, não apenas para narrar eventos passados e produzir com isso mais conhecimento, mas em busca de compreender as confluências das temporalidades, certamente não são irrelevantes, especialmente quando se percebe que a recusa ou a indiferença a essas reflexões significam agir no presente com base em esquemas históricos simplistas, eles próprios construções históricas que servem a interesses e têm implicações práticas, levando a revisões narrativas, acompanhadas da retomada e da reiteração de estruturas sociais viciadas.

As relações entre história e direito e as configurações da história do direito são múltiplas, tanto potencialmente quanto na miríade das experiências históricas. Estudar a fundo o pensamento de um agente que se dedicou a desenvolver aquelas relações e, com isso, configurou a história do direito de determinada maneira, é apenas um passo, mas que não nos parece sem relevância, para levar adiante aquelas reflexões e compreender os usos e abusos da história do direito.

REFERÊNCIAS

Fontes primárias

ABREU, João Capistrano de. João Cointa, Senhor de Bolés. *In*: ABREU, João Capistrano de. **Ensaios e estudos (crítica e história)**, 3ª série. Rio de Janeiro: Edição da Sociedade Capistrano de Abreu; Livraria Briguiet, 1938, p. 13-30.

Almanak Laemmert Administrativo, Mercantil e Industrial da Corte e Província do Rio de Janeiro. Rio de Janeiro: Typ. Un. Laemmert, 1849-1882.

ALMEIDA, Cândido Mendes de. **A Carolina ou a definitiva fixação de limites entre as provincias do Maranhão e de Goyaz**: questão submetida a decisão da Camara dos Srs. Deputados desde 15 de junho de 1835, com hum mappa. Rio de Janeiro: Typ. Episcopal de Agostinho de Freitas Guimarães, 1852.

ALMEIDA, Cândido Mendes de. **Arestos do Supremo Tribunal de Justiça colligidos em ordem chronologica até hoje pelos advogados Candido Mendes de Almeida e Fernando Mendes de Almeida**. Rio de Janeiro : B.L. Garnier, 1885.

ALMEIDA, Cândido Mendes de. **As eleições da provincia do Maranhão, em 1842, sob a presidencia do Dr. Venancio Jose Lisboa**. Rio de Janeiro: Typographia Americana de I. P. da Costa, 1843.

ALMEIDA, Cândido Mendes de. **Atlas do Imperio do Brazil comprehendendo as respectivas divisões administrativas, ecclesiasticas, eleitoraes e judiciarias** – dedicado a Sua Magestade o Imperador o Senhor D. Pedro II destinado á instrucção publica no Imperio com especialidade á dos alumnos do Imperial Collegio de Pedro II. Rio de Janeiro: Lithografia do Instituto Philomathico, 1868.

ALMEIDA, Cândido Mendes de. **Auxiliar juridico servindo de appendice a decima quarta edição do Codigo Philippino ou Ordenações do Reino de Portugal recopiladas por mandado de El-Rey D. Philippe I a primeira publicada no Brazil.** Obra util as que se dedicão ao estudo do direito e da jurisprudencia patria por Candido Mendes de Almeida advogado nesta Corte. Rio de Janeiro: Typographia do Instituto Philomathico, 1869.

ALMEIDA, Cândido Mendes de. **Codigo Philippino ou Ordenações e Leis do Reino de Portugal recopiladas por mandado de El-Reu D. Philippe I.** Decima-quarta edição. Segundo a primeira desde 1603, e a nova de Coimbra de 1824. Addicionada com diversas notas philologicas, historicas e exegeticas, em que se indicão as diferenças entre aquellas edições e a vicentina de 1747, a origem, desenvolvimento e extincção de cada instituição, sobretudo as disposições hoje em desuso e revogadas; acompanhando cada paragrapho sua fonte, conforme os trabalhos de Monsenhor Joaquim José Ferreira Gordo e dos dezembargadores Gabriel Pereira de Castro e João Pedro Ribeiro; e em additamento a cada livro a respectiva legislação brazileira concernente as materias codificadas em cada um, sendo de quotidiana consulta, além da bibliographia dos jurisconsultos que tem escripto sobre as mesmas Ordenações desde 1603 até o prezente. Por Candido Mendes de Almeida. Advogado nesta Corte. Rio de Janeiro: Typographia do Instituto Philomathico, 1870.

ALMEIDA, Cândido Mendes de. **Direito civil ecclesiastico brazileiro antigo e moderno em suas relações com o direito canonico**. Rio de Janeiro: B L Garnier Livreiro Editor, 1866-1873.

ALMEIDA, Cândido Mendes de. Discurso. *In*: ALMEIDA, Cândido Mendes de; VASCONCELOS, Zacarias de Góis e. **Discursos proferidos no Supremo Tribunal de Justiça na Sessão de 21 de Fevereiro de 1874 pelos Exms. Srs. Conselheiro Zacarias de Góes e Vasconcellos e Senador Candido Mendes de Almeida por occasião do julgamento do Exm. e Revm. Sr. D. Fr. Vital Maria Gonçalves de Oliveira, Bispo de Olinda**. Rio de Janeiro: Typ. do Apostolo, 1874b, p. 39-56.

ALMEIDA, Cândido Mendes de. Introducção. *In*: LISBOA, José da Silva (Visconde de Cairu). **Principios de direito mercantil e leis de marinha divididos em sete tratados elementares, contendo a respectiva legislação patria, e indicando as fontes originaes dos regulamentos maritimos das principaes praças da Europa por José da Silva Lisboa (Visconde de Cayrú)**. Sexta edição accrescentada com os opusculos do mesmo author intitulados Regras da Praça, e Reflexões sobre o Commercio dos Seguros, além da lagislação portugueza anterior á independencia do Imperio e brazileira até a epocha presente, addicionadas a cada um dos tratados por Candido Mendes de Almeida. 2 v. Rio de Janeiro: Typographia Acadêmica, 1874.

ALMEIDA, Cândido Mendes de. **Memorias para a historia do extincto estado do Maranhão**: cujo territorio comprehende hoje as provincias do Maranhão,

Piauhy, Grão-Pará e Amazonas, 2 v. Rio de Janeiro: Typographia do Commercio, de Brito & Braga, 1860-1874c.

ALMEIDA, Cândido Mendes de. Notas sobre a historia patria. Primeiros tempos da descoberta do Brasil. – Varios assumptos. – Rectificações. Lidas na sessão do Instituto Histórico de 10 de Dezembro de 1875, pelo socio Candido Mendes de Almeida. **Revista do IHGB**, tomo XXXIX, parte segunda, p. 5-24, 1876a.

ALMEIDA, Cândido Mendes de. Notas para a historia patria. Segundo artigo. Os primeiros povoadores. Quem era o bacharel de Cananéa? Memória lida perante o Instituto Historico, pelo socio Candido Mendes de Almeida. **Revista do IHGB**, tomo XL, parte segunda, p. 163-247, 1877a.

ALMEIDA, Cândido Mendes de. Notas para a historia patria. Terceiro artigo. João Ramalho, o bacharel da Cananéa, precedeu Colombo na descoberta da America? Memória lida na sessão de 4 de Agosto de 1876, pelo socio Candido Mendes de Almeida. **Revista do IHGB**, tomo XL, parte segunda, p. 277-373, 1877b.

ALMEIDA, Cândido Mendes de. Notas para a historia patria. Quarto artigo. Porque razão os indigenas do nosso littoral chamavam aos franceses *Maírs*, e aos portugueses *Peró*? Memória lida nas sessões do Instituto de 10 e 24 de Maio de 1878, pelo socio effectivo Candido Mendes de Almeida. **Revista do IHGB**, tomo XLI, parte segunda, p. 71-141, 1878.

ALMEIDA, Cândido Mendes de. Notas para a historia patria. Quinto artigo. A catastrophe de João Bolés foi uma realidade? Lidas na sessão do Instituto em 5 de Dezembro de 1879. Por Candido Mendes de Almeida, membro effectivo do Instituto Historico. **Revista do IHGB**, tomo XLII, parte II, p. 141-205, 1879.

ALMEIDA, Cândido Mendes de. O nome de America será americano? Memoria lida na sessão do Instituo Histórico de 10 de Dezembro de 1875, por Candido Mendes de Almeida. **Revista do IHGB**, tomo XXXIX, parte segunda, p. 191-210, 1876b.

ALMEIDA, Cândido Mendes de. **O Tury-Assú, ou A incorporação d'este territorio á provincia do Maranhão com hum mappa**. Rio de Janeiro: Agostinho de Freitas Guimarães, 1851.

ALMEIDA, Cândido Mendes de. **Pinsonia ou a elevação do territorio septentrional da provincia do Grão-Pará a cathegoria de provincia com essa denominação.** Rio de Janeiro: Joao Paulo Hildebrandt, 1873b.

ALMEIDA, Cândido Mendes de. **Senador Cândido Mendes, 1871-1873**: pronunciamentos parlamentares. Organização e pesquisa Aurélio Wander Bastos. 2 v. Brasília: Senado Federal, 1982.

ALMEIDA JÚNIOR, João Mendes de. A nova phase da doutrina e das leis do processo brasileiro. **Revista da Faculdade de Direito de São Paulo**, v. 7, p. 153-183, 1899.

Anais da Câmara dos Deputados do Império do Brasil, 1843-1871.

Anais do Senado do Império do Brasil, 1871-1881.

BARBOSA, Rui. **O papa e o concílio**. Rio de Janeiro: Ministério da Educação e Cultura; Fundação Casa de Rui Barbosa, 1977.

BLAKE, Augusto Victorino Alves Sacramento. **Diccionario bibliographico brazileiro**. Segundo volume. Rio de Janeiro: Typographia Nacional, 1893.

BLAKE, Augusto Victorino Alves Sacramento. **Diccionario bibliographico brazileiro**. Quinto volume. Rio de Janeiro: Typographia Nacional, 1899.

BLUTEAU, Raphael. **Diccionario da lingua portugueza composto pelo Padre D. Ragael Bluteau reformado, e accrescentado por Antonio de Moraes Silva natural do Rio de Janeiro**. 2 tomos. Lisboa: Officina de Simão Thaddeo Ferreira, 1789.

Collecção das Leis do Imperio do Brazil. Rio de Janeiro: Typographia Nacional, 1838-1889.

COSTA, Vicente José Ferreira Cardozo da. **Que he o Codigo civil?** Lisboa: Typographia de Antonio Rodrigues Galhardo, 1822.

COUTINHO, Aureliano de Souza e Oliveira. Discurso inaugural do curso de historia do direito no anno 1896 proferido pelo lente cathedratico Dezembargador Dr. Aureliano de S. e O. Coutinho. **Revista da Faculdade de Direito de São Paulo**, v. 4, p. 35-49, 1896.

DIAS, Antonio Gonçalves. Exames nos archivos dos mosteiros e das repartições publicas para collecção de documentos historicos relativos ao Maranhão. **Revista do IHGB**, tomo XVI, p. 370-385, 1853.

Extracto dos estatutos do Instituto Historico e Geographico Brasileiro. **Revista do IHGB**, tomo I, p. 18-20, 1839.

FREITAS, Augusto Teixeira de. **Consolidação das Leis Civis**. 3. ed. Brasília: Senado Federal, Conselho Editorial, 2003.

Jornal do Commercio (periódico), Rio de Janeiro, ano 60, n. 61, quarta-feira, 2 de março de 1881

Jornal Maranhense (periódico), terça-feira, 27 de julho de 1841, n. 6.

LESSA, Pedro Augusto Carneiro. Da competencia do Estado para legislar sobre o processo das justiças locaes. **Revista da Faculdade de Direito de São Paulo**, v. 7, p. 185-208, 1899.

LESSA, Pedro Augusto Carneiro. **É a história uma sciencia?** São Paulo: Casa Elétrica, 1900.

LISBOA, José da Silva (Visconde de Cairu). **Principios de direito mercantil e leis de marinha divididos em sete tratados elementares, contendo a respectiva legislação patria, e indicando as fontes originaes dos regulamentos maritimos das principaes praças da Europa por José da Silva Lisboa (Visconde de Cayrú)**. Sexta edição accrescentada com os opusculos do mesmo author intitulados Regras da Praça, e Reflexões sobre o Commercio dos Seguros, além da lagislação portugueza anterior á independencia do Imperio e brazileira até a epocha presente, addicionadas a cada um dos tratados por Candido Mendes de Almeida. 2 v. Rio de Janeiro: Typographia Acadêmica, 1874.

MARTINS JUNIOR, José Izidoro. **História do direito nacional**. Rio de Janeiro: Empreza Democratica Editora, 1895.

MARTINS JUNIOR, José Izidoro. **Compendio de historia geral do direito**. Pernambuco: Ramiro M. Costa, 1898.

MELLO FREIRE, Pascoal José de. **Código criminal intentado pela Rainha D. Maria I**, segunda edição castigada dos erros. Lisboa: Typographia de Simão Thaddeo Ferreira, 1823.

NABUCO, Joaquim. **A invasão ultramontana**. Rio de Janeiro: Typographia Franco-Americana, 1873.

O Guajajara (periódico), sábado, 22 de agosto de 1840, n. 15.

O Guajajara (periódico), sábado, 19 de setembro de 1840, n. 21.

O Guajajara (periódico), sábado, 24 de outubro 1840, n. 26.

PALLAVICINI, Pietro Sforza. **Histoire du Concile de Trente**, t. 3. Paris: Imprimerie de Vrayet de Surcy, 1845.

PARDESSUS, Jean-Marie. **Collection de lois maritimes antérieures au XVIIIe siècle**. Paris: Imprimerie Royale, 1828-1845.

PORTALIS, Jean-Étienne Marie. Discurso preliminar ao primeiro projeto de Código Civil. *In*: LOPES, José Reinaldo de Lima; et. al. **Curso de história do direito**. 3. ed. Rio de Janeiro: Forense; São Paulo: Método, 2013, p. 193-205.

Relação nominal dos socios actuaes do Instituto Historico e Geographico Brasileiro. **Revista do IHGB**, tomo XLIII, parte primeira, p. I-XI, 1880.

RIBAS, Antonio Joaquim. **Curso de Direito Civil Brasileiro**, parte geral, 2 tomos. Rio de Janeiro: Typographia Universal de Laemmert, 1865.

ROCHA, Francisco José da. **Sociedades em commandita segundo o Codigo Commercial do Imperio do Brazil**. Rio de Janeiro: B. L. Garnier, 1884.

RODRIGUES, José Honório (ed.). **Atas do Conselho de Estado Pleno**. Brasília, DF: Senado Federal, 1978.

SAVIGNY, Friedrich Karl von. **Sistema del derecho romano actual**. Tomo I. 2. ed. Pamplona: Analecta, 2004.

SAVIGNY, Friedrich Karl von. Da vocação de nosso tempo para a legislação e a jurisprudência. *In*: LOPES, José Reinaldo de Lima; QUEIROZ, Rafael Mafei Rabelo; ACCA, Thiago dos Santos. **Curso de história do direito**. 3. ed. Rio de Janeiro: Forense; São Paulo: Método, 2013.

SERRA SOBRINHO, Joaquim Maria [Ignotus]. **Sessenta annos de jornalismo**: a imprensa no Maranhão (1820-1880). Rio de Janeiro: Faro & Lino, 1883.

VARNHAGEN, Francisco Adolfo de. **História geral do Brasil**. 7. ed. integral. São Paulo: Melhoramentos, 1962.

VÉLEZ SARSFIELD, Dalmacio. **Derecho Público Eclesiástico**: relaciones del Estado com la Iglesia em la antigua América Española. Buenos Ayres: Imprenta de J. A. Bernheim, 1854.

VIANA, Manuel Álvaro de Souza Sá. **Commemoração do centenario natalicio do Senador Candido Mendes de Almeida**: elogio historico lido na sessão do Instituto Historico e Geografico Brasileiro em 14 de outubro de 1918, pelo socio effectivo, Sr. Professor Dr. Manuel Álvaro de Souza Sá Vianna. Rio de Janeiro: Imprensa Nacional, 1919.

Referências bibliográficas

ABRANTES, Elizabeth Sousa; SANTOS, Sandra Regina Rodrigues dos Santos. Ana Jansen: a mulher e o mito. *In*: COSTA, Yuri; GALVES, Marcelo Cheche (orgs.). **Maranhão**: ensaios de biografia e história. São Luís: Café & Lápis; Editora UEMA, 2011.

AGNOLIN, Adone. **História das religiões**: perspectiva histórico-comparativa. São Paulo: Paulinas, 2019.

AIDAR, Bruno; LOPES, José Reinaldo de Lima; SLEMIAN, Andréa (Orgs.). **Dicionário histórico de conceitos jurídico-econômicos (Brasil, séculos XVIII--XIX)**. São Paulo: Alameda, 2020.

ALBANI, Benedetta. Unidad y gobierno de la Iglesia después del Concilio di Trento. El caso de Ibero-América. *In*: ALBANI, Benedetta; BARBOSA, Samuel; DUVE, Thomas. **La formación de espacios jurídicos iberoamericanos (s. XVI-XIX)**: Actores, artefactos e ideas – Comentarios introductorios. Max Planck Institute for European Legal History Research Paper Series. n. 07, p. 3-6, 2014.

ALMEIDA, Cândido Antônio Mendes de. **O Senador do Império: Cândido Mendes de Almeida**. C. Mendes Junior: Rio de Janeiro, 1943.

ANDERSON, Benedict. **Comunidades imaginadas**: reflexões sobre a origem e a difusão do nacionalismo. São Paulo: Companhia das Letras, 2008.

ANGELELLI, Gustavo. **História do direito**: tempos do sistema jurídico. Curitiba: Juruá, 2017.

ANGELELLI, Gustavo. O papel do "tribunal da história" na constituição do direito. **Pluri**, São Paulo, n. 2, p. 187-198, jul./dez. 2019.

ARANTES, Paulo Eduardo. **O novo tempo do mundo**: e outros estudos sobre a era da emergência. São Paulo: Boitempo, 2014.

ARAUJO, Valdei Lopes de. História da historiografia como analítica da historicidade. **História da Historiografia: International Journal of Theory and History of Historiography**. Ouro Preto, n. 12, p. 34-44, ago. 2013.

ARAUJO, Valdei Lopes de. Historiografia, nação e os regimes de autonomia na vida letrada no Império do Brasil. **Varia Historia**. Belo Horizonte, v. 31, n. 56, p. 365-400, mai./ago. 2015.

ARAUJO, Valdei Lopes de. História dos conceitos e história da historiografia: um percurso brasileiro. *In*: BENTIVOGLIO, Júlio; NASCIMENTO, Bruno César (orgs.). **Escrever História**: Historiadores e historiografia brasileira nos séculos XIX e XX, 2020, p. 31-52.

ARMENTEROS, Carolina. **The French Idea of History**: Joseph de Maistre and His Heirs, 1794-1854. Ithaca and London: Cornell University Press, 2011.

ASCARELLI, Tullio. A ideia de código no direito privado e a tarefa da interpretação. *In*: ASCARELLI, Tullio. **Problemas das sociedades anônimas e direito comparado**. São Paulo: Quorum, 2008.

ASSIS, Arthur Alfaix; MATA, Sérgio da. Prefácio. O conceito de história e o lugar dos *Geschichtliche Grundbegriffe* na história da história dos conceitos. *In*: KOSELLECK, Reinhart; *et al.* **O conceito de História**. Belo Horizonte: Autêntica Editora, 2013, p. 9-34.

AUSTIN, J. L. **How to do things with words**. Oxford: Oxford University Press, 1962.

BARBOSA, Samuel Rodrigues. Complexidade e meios textuais de difusão e seleção do direito civil brasileiro pré-codificação. In FONSECA, Ricardo Marcelo; SEELAENDER, Airton Cerqueira Leite (orgs.). **História do direito em perspectiva**: do Antigo Regime à Modernidade. Curitiba: Juruá, 2012, p. 361-373.

BARBOSA, Samuel Rodrigues. Quando historiadores advogam. Uso partidário do passado na história de Pedro Taques. *In*: RIBEIRO, Gladys Sabina; NEVES, Edson Alvisi; FERREIRA, Maria de Fátima Moura. **Diálogos entre Direito e História**: cidadania e justiça. Niterói, RJ: Editora da UFF, 2009, p. 293-304.

BARROS, Roque Spencer de. Vida Religiosa. In HOLANDA, Sérgio Buarque de (dir.). **História Geral da Civilização Brasileira**. São Paulo: Difel, 1974.

BASTOS, Aurélio Wander (org.). **Senador Cândido Mendes**: homenagem do senado e da inteligência brasileira. Rio de Janeiro: Educam, 1981.

BEHR, Thomas C. Luigi Taparelli D'Azeglio (1793-1862) and the Development of Scholastic Natural-Law Thought As a Science of Society and Politics. **Journal of Markets & Morality**, v. 6, n. 1, p. 99-115, 2003.

BERBEL, Márcia Regina; MARQUESE, Rafael de Bivar; PARRON, Tâmis. **Escravidão e política: Brasil e Cuba, 1790-1850**. São Paulo: Hucitec, 2010.

BERMAN, Harold. **Law and Revolution**: The Formation of the Western Legal Tradition. Cambridge: Harvard University Press, 1983.

BETHELL, Leslie (org.). **História da América Latina**: América Latina Colonial, volume I. 2. ed. São Paulo: Editora da Universidade de São Paulo; Brasília, DF: Fundação Alexandre de Gusmão, 2012.

BOFFEY, Daniel. Belgian ambassador throws King Charles II treaty into EU fishing debate. **The Guardian**, London, 8 Oct. 2020. Disponível em: https://www.theguardian.com/politics/2020/oct/08/belgian-ambassador-throws-king-charles-ii-treaty-into-eu-fishing-debate. Acesso em: 17 out. 2020.

BORRALHO, José Henrique de Paula. **A Athenas Equinocial**: a fundação de um Maranhão no Império Brasileiro. 2009. Tese (Doutorado em História) – Universidade Federal Fluminense, Niterói, RJ, 2009.

BOTERO BERNAL, Andrés. Pressupostos epistemológicos e metodológicos da *iushistoria*. *In*: BOTERO BERNAL, Andrés. **Estudos de história e filosofia do direito**. Curitiba: Juruá, 2013, p. 23-54.

CABRAL, Gustavo César Machado. Conservadorismo no pensamento político brasileiro: notas introdutórias. *In*: MIRANDA, Jorge; GOMES, Carla Amado (coords.); CAÚLA, Bleine Queiroz; ARRUDA, Gerardo Clésio Maia; CARMO, Valter Moura do (orgs.). **Diálogo ambiental, constitucional e internacional**, v. 6. Rio de Janeiro: Lumen Juris, 2016, p. 330-348.

CABRAL, Gustavo César Machado. **Ius commune**: uma introdução à história do direito comum do Medievo à Idade Moderna. Rio de Janeiro: Luman Juris, 2019.

CABRAL, Gustavo César Machado. **Os decisionistas portugueses entre o direito comum e o direito pátrio**. 2013. Tese (Doutorado em Direito) – Faculdade de Direito, Universidade de São Paulo, 2013.

CAMILO JÚNIOR, Ruy Pereira. A recepção dos "*Princípios de direito mercantil e leis de marinha*", do Visconde de Cairu, pelos comercialistas brasileiros dos séculos XIX e XX. **Revista da Faculdade de Direito da Universidade de São Paulo**, v. 112, p. 111-132, jan./dez. 2017.

CANDIDO, Antonio. **Um funcionário da monarquia**, Ensaio sobre o segundo escalão. 2. ed. Rio de Janeiro: Ouro sobre Azul, 2007.

CARONI, Pio. **Escritos sobre la codificación**. Madrid: Universidad Carlos III de Madrid, 2012.

CARONI, Pio. **Lecciones de historia de la codificación**. 2 ed. Madrid: Universidad Carlos III, 2013.

CARONI, Pio. **Saggi sulla storia della codificazione**. Milano: Giufrè Editore, 1998.

CARONI, Pio. Una "historia" para después del código. **Cuadernos del Instituto Antonio de Nebrija**, 9, p. 297-318, 2006.

CATROGA, Fernando. **Entre deuses e Césares**: secularização, laicidade e religião civil: uma perspectiva histórica. 2. ed. Coimbra: Almedina, 2010.

CEZAR, Temístocles. **Ser historiador no século XIX**: o caso Varnhagen. Belo Horizonte: Autêntica Editora, 2018.

CEZAR, Temístocles. Livros de Plutarco: biografia e escrita da história no Brasil do século XIX. **Métis: história & cultura**, v. 2 n. 3, p. 73-94, jan./jun. 2003.

COLLINGWOOD, Robin George. **The Idea of History**. Oxford: Oxford University Press, 1994.

COSTA, Wilma Peres. Orçamento. *In*: AIDAR, Bruno; SLEMIAN, Andréa; LOPES, José Reinaldo de Lima (orgs.). **Dicionário histórico de conceitos jurídico-econômicos (Brasil, séculos XVIII-XIX)**. São Paulo: Alameda, 2020, p. 129-166.

CRUZ, Guilherme Braga da. A formação histórica do moderno direito privado português e brasileiro. **Revista da Faculdade de Direito, Universidade de São Paulo**, 50, p. 32-77, 1955.

DA MAIA, Alexandre. Por uma história das imagens da normatividade do direito. *In*: FONTES, Pedro; CAMPOS, Ricardo; BARBOSA, Samuel Rodrigues (Orgs.). **Teorias contemporâneas do direito**: o direito e as incertezas normativas. Curitiba: Juruá, 2016, p. 279-295.

DA MAIA, Alexandre. O direito subjetivo como imagem: da invisibilização dos paradoxos na teoria do sistemas à interações e às situações comunicacionais na pragmática normativo-comunicacional de Tercio Sampaio Ferraz Jr. *In*: ADEODATO, João Maurício; BITTAR, Eduardo Carlos Bianca (Orgs.). **Filosofia e Teoria Geral do Direito**: homenagem a Tercio Sampaio Ferraz Jr. São Paulo: Quartier Latin, 2013, p. 139-167.

DA MAIA, Alexandre. Racionalidade e progresso nas teorias jurídicas: o problema do planejamento do futuro na História do Direito pela legalidade e pelo conceito de Direito Subjetivo. *In*: ADEODATO, João Maurício; BRANDÃO, Cláudio; CAVALCANTI, Francisco (Orgs.). **Princípio da legalidade**: da dogmática jurídica à teoria do direito. Rio de Janeiro: Forense, 2009, p. 03-11.

DOMINGOS, Simone Tiago. Os jesuítas e a unidade nacional segundo a *Revista* do IHGB (1839-1889). **Politica y Cultura**, primavera 2009, núm. 31, p. 161-179, 2009.

DOMINGOS, Simone Tiago. Política e memória do IHGB: a defesa dos jesuítas a partir dos artigos Notas para a história pátria de Cândido Mendes publicados em 1877 e 1879. *In*: Anais do XIX Encontro Regional de História: **Poder, Violência e Exclusão**. São Paulo: ANPUH/SP-USP, 2008.

DOSSE, François. Identidade nacional como forma organizadora do discurso histórico na França nos séculos XIX e XX. *In*: DOSSE, François. **A história à prova do tempo**: da história em migalhas ao resgate do sentido. 2. ed. São Paulo: Editora Unesp, 2017a, p. 11-38.

DOSSE, François. **Paul Ricoeur** – os sentidos de uma vida (1913-2005). São Paulo: LiberArs, 2017b.

DUVE. Thomas. Legal traditions: A dialogue between comparative law and comparative legal history. **Comparative Legal History**, v. 6, n. 1, p. 15-33, 2018.

DUVE. Thomas. The School of Salamanca: A Case of Global Knowledge Production, *In*: DUVE. Thomas; EGÍO, José Luis; BIRR, Christiane (orgs.). **The School of Salamanca**: A Case of Global Knowledge Production. Leiden: Brill Nijhoff, 2021, p. 1-42.

FALCON, Francisco José Calazans. Pombal e o Brasil. *In*: FALCON, Francisco José Calazans. **Estudos de teoria da história e historiografia**, volume III: história luso-brasileira. São Paulo: Hucitec, 2017.

FERRANTE, Riccardo. Cultura giuridica e codificazione. **Clio@Themis – Revue électronique d'histoire du droit**, n. 2, nov. 2009.

FERREIRA, Waldemar. **História do direito brasileiro**. Primeiro volume. 2. ed. Rio de Janeiro/ São Paulo: Livraria Freitas Bastos, 1962.

FONSECA, Ricardo Marcelo. A cultura jurídica brasileira e a questão da codificação civil no século XIX. **Revista da Faculdade de Direito UFPR**, v. 44, p. 61-76, 2006.

FORMIGA, Armando Soares de Castro. **Aspectos da codificação civil no século XIX**: história do direito e do pensamento jurídico. Curitiba: Juruá, 2012.

GEARY, Patrick. **O mito das nações**: a invenção do nacionalismo. São Paulo: Conrad, 2005.

GODOY, Arnaldo Sampaio de Moraes. Cândido Mendes de Almeida, historiador do direito. **Revista do Instituto Histórico e Geográfico Brasileiro**, Rio de Janeiro, a. 182 (485), p. 203-224, jan./abr. 2021.

GOMES, Orlando. **Raízes históricas e sociológicas do Código Civil brasileiro**. 2. ed. São Paulo: Martins Fontes, 2006.

GRES-GAYER, Jacques M. Ultramontanism. *In*: HALFMANN, Janet. **The New Catholic Encyclopedia**, v. 14. 2. ed. United States of America: Gale, 2003, p. 283-286.

GROSSI, Paolo. Absolutismo jurídico (ou: da riqueza e da liberdade do historiador do direito). **Revista Direito GV**, v. 1, n. 2, p. 191-200, jun./dez. 2005.

GROSSI, Paolo. *Code Civil*: una fonte novissima per la nuova civiltà giuridica. **Quaderni Fiorentini per la storia del pensiero giuridico moderno**, 35 (2006), tomo I, p. 83-114, 2006.

GUIMARÃES, Manoel Luiz Salgado. Nação e Civilização nos Trópicos. O Instituto Histórico e Geográfico Brasileiro e o projeto de uma história nacional. **Revista Estudos Históricos**, n. 1, v. 1, Associação de Pesquisa e Documentação Histórica, CPDOC/FGV, p. 5-27, 1988.

GUIMARÃES, Lúcia Maria Paschoal. Debaixo da imediata proteção de sua majestade imperial: o Instituto Histórico e Geográfico Brasileiro (1838-1889). **Revista do IHGB**, a. 156, n. 388, Rio de Janeiro, n. 388, p. 459-613, jul./set. 1995.

GUIMARÃES, Lúcia Maria Paschoal. Francisco Adolfo de Varnhagen (1816-1878). *In*: PARADA, Maurício; RODRIGUES, Henrique Estrada (orgs.). **Os historiadores: clássicos da história do Brasil**, v. 4: dos primeiros relatos a José Honório Rodrigues. Petrópolis, RJ: Vozes; Rio de Janeiro: Editora PUC, 2018, p. 47-65.

GUMBRECHT, Hans Ulrich. Pirâmides do espírito. Sobre a rápida ascensão, as dimensões invisíveis e o súbito esmorecimento do movimento da história dos conceitos. *In*: GUMBRECHT, Hans Ulrich. **Graciosidade e estagnação**: ensaios escolhidos. Rio de Janeiro: Contraponto: Ed. PUC-Rio, 2012, p. 15-59.

HALPÉRIN, Jean-Louis. História do direito. *In*: ALLAND, Denis; RIALS, Stéphane. **Dicionário da cultura jurídica**. São Paulo: Editora WMF Martins Fontes, 2012, p. 866-872.

HEGEL, Georg Wilhelm Friedrich. **A razão na história**. Lisboa: Edições 70, 2013.

HESPANHA, António Manuel. **Cultura jurídica europeia**: síntese de um milénio. Coimbra: Almedina, 2018.

HESPANHA, António Manuel. **Hércules confundido**: sentidos improváveis e incertos do constitucionalismo oitocentista, o caso português. Curitiba: Juruá Editora, 2010.

HILAIRE, Jean. Pardessus Jean-Marie. *In*: ARABEYRE, Patrick; HALPÉRIN, Jean-Louis; KRYNEN, Jacques (orgs.). **Dictionnaire historique des juristes français (XIIe – XXe siècle)**. Paris: Presses Universitaires de France, 2007, p. 609-610.

HOUAISS, Antônio; VILLAR, Mauro de Salles. **Dicionário Houaiss da Língua Portuguesa**. Rio de Janeiro: Objetiva, 2007.

JASMIN, Marcelo Gantus; FERES JÚNIOR, João. História dos conceitos: dois momentos de um encontro intelectual. *In*: JASMIN, Marcelo Gantus; FERES JÚNIOR, João (orgs.). **História dos conceitos**: debates e perspectivas. Rio de Janeiro: Editora PUC-Rio: Edições Loyola: Iuperj, 2006, p. 9-38.

KANTOR, Iris. A Academia Brasílica dos Renascidos e o governo político da América portuguesa (1759): notas sobre as contradições do cosmopolitismo acadêmico lusoamericano. **Revista de História das Ideias**, Coimbra, v. 24, p. 51-83, 2003.

KELLEY, Donald R. Circunspecção e prospecção. *In*: NOVAIS, Fernando Antonio; SILVA, Rogério Forastieri da (orgs.). **Nova história em perspectiva volume 2**. São Paulo: Cosac Naify, 2013, p. 389-442.

KELLEY, Donald R. **Historians and the Law in Postrevolutionary France**. Princeton, New Jersey: Princeton University Press, 1984.

KELLEY, Donald R. **The Begining of Ideology**: consciousness and society in the French Reformation. Cambridge: Cambridge University Press, 2009.

KIRSCHNER, Tereza Cristina. **José da Silva Lisboa, Visconde de Cairu**: itinerários de um ilustrado luso-brasileiro. São Paulo: Alameda; Belo Horizonte, MG: PUC-Minas, 2009.

KIRSCHNER, Tereza Cristina. Burke, Cairu e o Império do Brasil. *In*: JANCSÓ, István (org.) **Brasil: formação do Estado e da Nação**. São Paulo: Hucitec/ FAPESP/ Unijuí, 2003, p. 677-696.

KOSELLECK, Reinhart. **Crítica e crise**: uma contribuição à patogênese do mundo burguês. Rio de Janeiro: EDUERJ: Contraponto, 1999.

KOSELLECK, Reinhart. **Estratos do tempo**: estudos sobre história. Rio de Janeiro: Contraponto: PUC-Rio, 2014.

KOSELLECK, Reinhart. Estructuras de repetición en el lenguaje y en la historia. *In*: KOSELLECK, Reinhart. **Sentido y repetición en la historia**. Buenos Aires: Hydra, 2013b, p. 125-161.

KOSELLECK, Reinhart. **Futuro passado**: contribuição à semântica dos tempos históricos. Rio de Janeiro: Contraponto: PUC-Rio, 2006.

KOSELLECK, Reinhart. **The practice of conceptual history**: timing history, spacing concepts. Stanford: Stanford University Press, 2002.

KOSELLECK, Reinhart. Un texto fundacional de Reinhart Koselleck. Introducción al *Diccionario* histórico de conceptos político-sociales básicos en lengua alemana. **Revista Anthropos**: Huellas del conocimiento, Barcelona, n. 223, p. 92-105, 2009.

KOSELLECK, Reinhart; *et al.* **O conceito de História**. Belo Horizonte: Autêntica Editora, 2013.

LE GOFF, Jacques. **História e memória**. 7. ed. Campinas, SP: Editora da Unicamp, 2013.

LEITE, Beatriz Westin de Cerqueira. **O Senado dos anos finais do Império (1870-1889)**. Brasília: Senado Federal, 1978.

LOPES, José Reinaldo de Lima. **As palavras e a lei**. São Paulo: Editora 34/ Direito GV, 2004.

LOPES, José Reinaldo de Lima. Brazilian law and legal culture in the XIXth century. **Zeitschrift der Savigny-Stiftung für Rechtsgeschichte: Germanistische Abteilung**, 135, p. 295-326, 2018b.

LOPES, José Reinaldo de Lima. Código Civil e ciência do direito entre sociologismo e conceitualismo. **Revista do Instituto Histórico e Geográfico Brasileiro**, Rio de Janeiro, a. 178 (473), p. 77-96, jan./mar. 2017b.

LOPES, José Reinaldo de Lima. Consultas da Seção de Justiça do Conselho de Estado (1842-1889). A formação da cultura jurídica brasileira. **Almanack Braziliense**, n. 5, p. 4-36, mai. 2007.

LOPES, José Reinaldo de Lima. **Curso de filosofia do direito** – o direito como prática. São Paulo: Atlas, 2021.

LOPES, José Reinaldo de Lima. Direito e história: questões para uma estranha disciplina. **Revista História do Direito**: Revista do Instituto Brasileiro de História do Direito (RHD), Curitiba, v. 1, n. 1, p. 331-350, 2020.

LOPES, José Reinaldo de Lima. **História da justiça e do processo no Brasil do século XIX**. Curitiba: Juruá, 2017a.

LOPES, José Reinaldo de Lima. História do direito: sua (re)introdução e função nos cursos jurídicos. **Revista da Faculdade de Direito (USP)**, v. 113, p. 21-44, jan./dez. 2018a.

LOPES, José Reinaldo de Lima. Iluminismo e jusnaturalismo no ideário dos juristas da primeira metade do século XIX. *In*: JANCSÓ, István (org.) **Brasil: formação do Estado e da Nação**. São Paulo: Hucitec/ FAPESP/ Unijuí, 2003, p. 195-218.

LOPES, José Reinaldo de Lima. **Naturalismo jurídico no pensamento brasileiro**. São Paulo: Saraiva, 2014.

LOPES, José Reinaldo de Lima. **O direito na história**: lições introdutórias. 4. ed. São Paulo: Atlas, 2012.

LOPES, José Reinaldo de Lima. **O oráculo de Delfos**: o Conselho de Estado no Brasil-Império. São Paulo: Editora Saraiva: Fundação Getúlio Vargas, Direito GV, Escola de Direito de São Paulo, 2010a.

LOPES, José Reinaldo de Lima (ed.). **O Supremo Tribunal de Justiça do Império: 1828-1889**. São Paulo: Editora Saraiva: Fundação Getúlio Vargas, Direito GV, Escola de Direito de São Paulo, 2010b.

LOPES, José Reinaldo de Lima; QUEIROZ, Rafael Mafei Rabelo; ACCA, Thiago dos Santos. **Curso de história do direito**. 3. ed. Rio de Janeiro: Forense; São Paulo: Método, 2013.

LUHMANN, Niklas. **El derecho de la sociedad**. México: Editorial Herder, 2006.

LUHMANN, Niklas. **La ciencia de la sociedad**. Barcelona: Anthropos; México: Universidad Iberoamericana; Santafé de Bogotá: Ceja, Pontificia Universidad Javeriana, 1996.

LUHMANN, Niklas. **La sociedad de la sociedad**. México: Editorial Herder, 2007.

LUHMANN, Niklas. **Sociologia do Direito I**. Rio de Janeiro: Tempo Brasileiro, 1983.

LYNCH, Christian Edward Cyril. **Da monarquia à oligarquia**: história institucional e pensamento político brasileiro (1822-1930). São Paulo: Alameda, 2014.

MANNHEIM, Karl. **Conservatism**: a contribution to the sociology of knowledge. Oxom: Routledge, 1999.

MATTOS, Ilmar Rohloff de. **O tempo saquarema**. 7. ed. São Paulo: Hucitec, 2017.

MENDES, Felipe Ucijara Guimarães; GALVES, Marcelo Chece. Luís Antônio Vieira da Silva: o IHGB e a questão da Independência. *In*: BITENCOURT, João Batista; GALVES, Marcelo Cheche (orgs.). **Historiografia Maranhense**: dez ensaios sobre historiadores e seus tempos. São Luís: Café & Lápis; Editora UEMA, 2014, p. 35-55.

NOGUEIRA, José Carlos de Ataliba. **António Conselheiro e Canudos**: revisão histórica. A obra manuscrita de Antônio Conselheiro e que pertenceu a Euclides da Cunha. 2. ed. São Paulo: Ed. Nacional, 1978.

NOVAIS, Fernando Antônio; SILVA, Rogério Forastieri da. Introdução. *In*: NOVAIS, Fernando Antônio; SILVA, Rogério Forastieri da (orgs.). **Nova história em perspectiva volume 1**. São Paulo: Cosac Naify, 2011, p. 6-70.

OBEID, Rafael Issa. O fortalecimento da justiça secular no Estado confessional brasileiro do século XIX. *In*: SLEMIAN, Andréa; LOPES, José Reinaldo de Lima (orgs.). **História das justiças 1750-1850**: do reformismo ilustrado ao liberalismo constitucional. São Paulo: Alameda, 2018, p. 267-290.

OBEID, Rafael Issa. **Os debates em torno do estado confessional brasileiro do século XIX (1842-1889)**. 2013. Dissertação (Mestrado em Direito) – Faculdade de Direito, Universidade de São Paulo, São Paulo, 2013.

OLIVEIRA, Luciano. Não fale do Código de Hamurabi! A pesquisa sócio-jurídica na pós-graduação em Direito. *In*: OLIVEIRA, Luciano. **Sua excelência o comissário e outros ensaios de Sociologia Jurídica**. Rio de Janeiro: Letra Legal, 2004, p. 137-167.

OLIVEIRA, Maria da Glória de. Apresentação. *In*: OLIVEIRA, Maria da Glória de; ARAUJO, Valdei Lopes de (orgs.). **Disputas pelo passado**: história e historiadores no Império do Brasil (Coleção Estudos em História da Historiografia e Modernidade – Série SNHH). Ouro Preto: Edufop/PPGHIS, 2012.

PAIXÃO, Cristiano; CARVALHO, Claudia Paiva. O conceito de crise constitucional: esboço, delimitação e sua aplicação à história do Brasil República. *In*: WEHLING, Arno; SIQUEIRA, Gustavo; BARBOSA, Samuel (orgs.) **História do direito**: entre rupturas, crises e descontinuidades. Belo Horizonte: Arraes, 2018, p. 184-204.

PAMPLONA, Marco A. Pátria. *In*: FERES JÚNIOR, João (org.). **Léxico da história dos conceitos políticos do Brasil**. 2. ed. Belo Horizonte: Editora UFMG, 2014, p. 275-300.

PESSO, Ariel Engel. **O ensino do direito no Brasil**: das faculdades livres à Reforma Francisco Campos. 2018. Dissertação (Mestrado em Direito) – Faculdade de Direito, Universidade de São Paulo, São Paulo, 2018.

PETIT, Carlos. Derecho mercantil: entre corporaciones y codigos. *In*: CLAVERO, Bartolomé; GROSSI, Paolo; TOMÁS Y VALIENTE, Francisco (a cura di). **Hispania – entre derechos propios y derechos nacionales**. Milano: Giuffrè Editore, 1989, p. 315-500.

PETIT, Carlos. **Un Código civil perfecto y bien calculado**. El projecto de 1821 en la historia de la codificación. Madrid: Dykinson, 2019.

PIMENTA, João Paulo Garrido. **A independência do Brasil e a experiência hispano-americana (1808-1822)**. São Paulo: Hucitec: Fapesp, 2015.

PIMENTA, João Paulo Garrido. **Estado e nação no fim dos Impérios Ibéricos no Prata (1808-1828)**. 2. ed. São Paulo: Hucitec, 2006.

PIMENTA, João Paulo Garrido. **O livro do tempo**: uma história social. São Paulo: Edições 70, 2021.

PIMENTA, João Paulo Garrido. Passado e futuro na construção de uma história do Brasil no século XVIII. *In*: ARAUJO, Valdei Lopes de; NICOLAZZI, Fernando; MOLLO, Helena (orgs.). **Aprender com a história? O passsado e o futuro de uma questão**. Rio de Janeiro: FGV Editora, 2011, p. 115-130.

PIMENTA, João Paulo Garrido; ARAUJO, Valdei Lopes de. História. *In*: FERES JÚNIOR, João (org.). **Léxico da história dos conceitos políticos do Brasil**. 2. ed. Belo Horizonte: Editora UFMG, 2014, p. 103-120.

PIMENTA, João Paulo Garrido; FANNI, Rafael. Revolução no Brasil, séculos XVIII a XXI: a história de um conceito, um conceito na história. **Revista de História** (Universidade de São Paulo), v. 178, p. 1-25, 2019.

POCOCK, J. G. A. **Linguagens do ideário político**. São Paulo: Editora da Universidade de São Paulo, 2013.

PRODI, Paolo. **Uma história da justiça**: do pluralismo dos foros ao dualismo moderno entre consciência e direito. São Paulo: Martins Fontes, 2005.

RICOEUR, Paul. El cristianismo y el sentido de la historia. *In*: RICOEUR, Paul. **Historia y verdad**. 3. ed. Madrid: Encuentro, 1990, p. 73-87.

RODAS, Sérgio. Luiz Fux repudia ataque religioso ao Supremo feito por advogado do PTB. **Conjur – Consultor Jurídico**. 7 abr. 2021. Disponível em: https://www.conjur.com.br/2021-abr-07/fux-repudia-ataque-religioso-supremo-feito-advogado-ptb. Acesso em: 7 abr. 2021.

RODRIGUES, José Honório. **Teoria da história do Brasil**: introdução metodológica. 3. ed. São Paulo: Companhia Editora Nacional, 1969.

RODRIGUES, José Honório. Introdução. *In*: ALMEIDA, Cândido Mendes de. **Senador Cândido Mendes, 1871-1873**: pronunciamentos parlamentares. Organização e pesquisa Aurélio Wander Bastos. 2 v. Brasília: Senado Federal, 1982.

SANTIROCCHI, Ítalo Domingos. A coragem de ser só: Cândido Mendes de Almeida, o arauto do ultramontanismo no Brasil. **Almanack**, Guarulhos, n. 07, p. 59-80, 2014.

SANTIROCCHI, Ítalo Domingos. Dois poderes em desacordo: o fracasso da Concordata de 1858. *In*: XIII Simpósio Nacional da Associação Brasileira de História das Religiões, 2012, São Luís. **Religião Carisma e poder**: as formas da vida religiosa no Brasil, v. 1, São Luís: EDUFMA, 2012.

SANTIROCCHI, Ítalo Domingos. **Questão de consciência**: os ultramontanos no Brasil e o regalismo do Segundo Reinado (1840-1889). Belo Horizonte, MG: Fino Traço, 2015.

SANTOS, Arthur Roberto Germano. Bemtevis, cabanos e ligueiros: organização e atuação da elite política do Maranhão após a Balaiada (1842-1855). **Revista do Instituto Histórico e Geográfico Brasileiro**, Rio de Janeiro, a. 182 (485), p. 39-72, jan./abr. 2021.

SANTOS, Arthur Roberto Germano. **Uma história de partidos**: organização e atuação políticas da elite maranhense a partir da Assembleia Provincial e da Presidência da Província (1842/1857). 2016. Dissertação (Mestrado em História) – Escola de Filosofia, Letras e Ciências Humanas, Universidade Federal de São Paulo, Guarulhos, 2016.

SCHWARTZ, Stuart. **Cada um na sua lei**: tolerância religiosa e salvação no mundo atlântico ibérico. São Paulo: Companhia das Letras; Bauru: Edusc, 2009.

SKINNER, Quentin. Motives, Intentions and the Interpretation of Texts. **New Literary History**, 3, p. 393-408, 1972.

STOLLEIS, Michael. **Escrever história do direito**: reconstrução, narrativa ou ficção? São Paulo: Editora Contracorrente, 2020.

TURIN, Rodrigo. Uma nobre, difícil e útil empresa: o *ethos* do historiador oitocentista. **História da historiografia**, n. 2, p. 12-28, mar. 2009.

VILLAÇA, Antonio Carlos. **O Senador Candido Mendes**. Rio de Janeiro: Educam, 1981.

VILLAS BÔAS FILHO, Orlando. A constituição do campo de análise e pesquisa da Antropologia Jurídica. **Revista Prisma Jurídico**, v. 6. São Paulo, p. 333-349, 2007.

VILLAS BÔAS FILHO, Orlando. A historicidade da dogmática jurídica: uma abordagem a partir da *Begriffsgeschichte* de Reinhart Koselleck. *In*: BARBOSA, Samuel Rodrigues; COSTA, Carlos Eduardo Batalha da Silva e; RODRIGUEZ, José Rodrigo (orgs.). **Nas fronteiras do formalismo**. São Paulo: Saraiva, 2010, p. 27-61.

VILLAS BÔAS FILHO, Orlando. Juridicidade: uma abordagem crítica à monolatria jurídica enquanto obstáculo epistemológico. **Revista da Faculdade de Direito (USP)**, v. 109, p. 281-325, 2014.

WEHLING, Arno. A justiça na monarquia constitucional – A experiência brasileira da "monarquia temperada" no Primeiro Reinado. *In*: SLEMIAN, Andréa; LOPES, José Reinaldo de Lima (orgs.). **História das justiças 1750-1850**: do reformismo ilustrado ao liberalismo constitucional. São Paulo: Alameda, 2018, p. 237-266.

WEHLING, Arno; WEHLING, Maria José. A definição dos direitos no discurso político-jurídico da independência – tradição, liberalismo e a emergência da "liberdade negativa". *In*: WEHLING, Arno; SIQUEIRA, Gustavo; BARBOSA, Samuel (orgs.) **História do direito**: entre rupturas, crises e descontinuidades. Belo Horizonte: Arraes, 2018, p. 101-118.

WIEACKER, Franz. **História do direito privado moderno**. 4. ed. Lisboa: Fundação Calouste Gulbenkian, 2010.

ZERON, Carlos Alberto de Moura Ribeiro. **Linha de Fé**: A Companhia de Jesus e a Escravidão no Processo de Formação da Sociedade Colonial (Brasil, Séculos XVI e XVII). São Paulo: Editora da Universidade de São Paulo, 2011.